中公文庫

イエズス会の歴史（上）

ウィリアム・バンガート
上智大学中世思想研究所 監修

中央公論新社

William V. Bangert
A History of the Society of Jesus
Second Edition: Revised and Updated
The Institute of Jesuits Sources, St. Louis 1986
(First Edition: 1972)

This book is published with permission of
The Institute of Jesuit Sources, St. Louis Missouri, USA

イエズス会の歴史・上◉目次

第3章
急速な発展と新たな取り組み（一五八〇―一六一五年） 190

第4章
政治・文化の新たな覇権国家からの挑戦（一六一五―一八七年） 338

◉下巻目次

イエズス会の歴史・上

本文組&地図作成／山田信也（スタジオ・ポット）

はしがき

ヨーロッパ史や世界史の舞台で、カール五世（Karl V 一五〇〇―五八年、神聖ローマ皇帝在位一五一九―没年、スペイン王カルロス一世〔Carlos I〕在位一五一六―没年）時代以来、イエズス会が頻繁に登場する。歴史を専攻する学生や歴史愛好家たちが、それを意外なことに感じて、イエズス会についての比較的簡潔で、また包括的な書物を求めることが多々ある。だが驚いたことに、イエズス会研究に論点を絞った、しかも学問的な知見を具体的に提示してくれるような書物はほとんどない。ことに英語の書物となるとなきに等しい。けれども実は過去五〇年の間に、そうした研究は大いに進められてきていることでもあって、私はこうした欠落を何とか埋めたいと考えた。

本書は、イエズス会の今日までの歩みを総括的に紹介することを意図するものであり、同時にそれを一巻に収めることを当初より念頭に置いた。それゆえ簡潔を旨としなければならなかったが、イエズス会の歴史を貫く流動的かつダイナミックな特質はきちんと押さえたつもりである。イエズス会が体験した各時代は、それぞれ一つの踏み石の役目を果たしたと言えよう。過去に生み出されたものはそのまま未来に突入するための出発点になった。この間断なく前進する動きの中で、イエズス会はイエズス会ならではの固有の特質を常に変わらず保持してきた。このとぎれることなく継続してきた運動と、その本質的な性格を私は一つの確信のもとにまとめるべく尽力した。すなわち、イエズス会がそもそも何であり、また会が歴史の流れの中のあらゆる時点で何をなしうるかを知るための手がかりは、これまで会がいかにあり、何をなしてきたかということのうちに見出されるという確信である。私は歴史という天空に軌道をもつイエズス会の軌跡を辿り、このユニークな惑星のたゆみない運行を記録に留めておきたいと切望する。

とはいえ、こうしたたぐいの作業では、どこそこに焦点を合わせるということは全く不可能である。イエズス会は創立以来今日まで一つの修道会として活動してきた。教区司祭たち、諸修道会の会員たち、および信徒たちと共に働いてきたのであり、それは今も変わっていない。それゆえイエズス会の事業は、カトリック教会の歴史という幅広い織物を作り上げている一本の糸と見なすことができよう。他に何百本の糸があった。例えば、カプチン会員フランソワ・ル・クレルク・デュ・トランブレ（François Le Clerc du Tremblay、通称「ジョゼフ神父」〔Père Joseph〕または「パリのジョゼフ」〔Joseph de Paris〕一五七七―一六三八年）は黒幕の異名で知られた人物で、リシュリュー枢機卿（Armand Jean de Plessis, duc de Richelieu 一五八五―一六四二年）の腹心であった。カルメル会員ドミニクス・ア・イエス・マリア（Dominicus a

Jesu Maria 一五五九—一六三一年）はその熱気溢れる弁舌をもってティリ伯爵ヨハン・ツェルクラエス（Johann Tserclaes, Graf von Tilly 一五五九—一六三二年）とバイエルンのマクシミリアン大公（Maximilian I von Bayern 一五七三—一六五一年）の背後にあった、三十年戦争の初期の白山での決定的な戦い直前の会議に活気を与えた。また、オラトリオ会員リシャール・シモン（Richard Simon 一六三八—一七一二年）は聖書研究の分野で初めて近代における画期的な業績を上げ、正当にも「批判的聖書研究の父」と呼ばれている。フランシスコ会員クリストバル・デ・ロハス・イ・スピノラ（Cristóbal de Rojas y Spinola 一六二五頃—九五年）は一七世紀のカトリック側において、きわめて精力的に教会一致運動を推進した。アウグスチノ会員ヨハン・ウルリヒ・メゲルレ（Johann Ulrich Megerle、修道名アブラハム・ア・サンクタ・クララ〔Abraham a Sancta Clara〕一六四四—一七〇九年）は一八世紀のドイツ語圏カトリック教会では屈指の説教家であった。本書でイエズス会員が主役となるのは当然であるが、釣り合いのとれた歴史的判断を下すためには、イエズス会以外の教会史における重大な人物・事件・潮流にも常に目を留める必要がある。

すでにほぼ三世紀前に、フランスの教会史家ルイ・セバスティアン・ル・ナン・ド・ティユモン（Louis Sébastien Le Nain de Tillemont 一六三七—九八年）は、教会史を十分理解するために一般の歴史研究は不可欠である、と強調した。戦争の勃発、小麦の不作、国際間での外交政策の駆け引きや、民衆の中に熱病のごとく蔓延するヒステリー状態、急速に進展する工業化の波、その他数えきれないほどの出来事や要因によって、イエズス会がとった方針はしばしば変更を余儀なくされた。スペイン領アメリカにおけるエンコミエンダの制度[†1]、一七・一八世紀の諸大国間の闘争、イタリアのリソルジメント[†2]、アメリカ合衆国で実現を見た民主的統治、それを可能にした諸原則などは、イエズス会が向かおうとする航路の方向を示す舵手の役割を演じた。こうした世界史の背景についての知識を前提として話を進めざるをえないが、その無数の糸がイエズス会が織り成した糸と綿密に絡み合っている場合が数なからずあることを明らかにしたいと考え、随所ではっきりとその点に注意を喚起しておいた。

本書を書き進めるにあたりどのように区分をつけるかを種々検討したが、どれもこれも難点のあることに変わりはなかった。各章の標題を見ても明らかなように、私はこの著作を基本的には年代順に展開することにし、第1章と最終章を除いて、イエズス会が活動した主要な地域に応じて区分した。この方法によって全体的な判断を単純化する危険が避けられた。またイエズス会が体験を積み重ねたその複雑さ、体験の複合体を明らかにしたいと思う場合には、この方法は大いに役立った。だが出来事が様々に重なっているため整然とは秩序づけられない場合もあった。例えばクラウディオ・アクアヴィヴァ総長（Claudio Aquaviva 一五四三―一六一五年、総長在任一五八一―没年）時代には、一部の会員が会憲〔イエズス会会憲〕を抜本的に改変しようと企てたことがローマとスペインで反響を起こした。この件をめぐって私は本書でローマの「総長たち」を扱う箇所においても、スペインを扱う部分でも触れた。また、中国とマラバルの典礼論争を論じる際にもこれと同じ方途に従った。本書の最初の二章は比較的短く、叙述は簡潔なものにした。イグナティウス・デ・ロヨラ（Ignatius de Loyola 一四九一―一五五六年）と初期イエズス会に関しては、学術的に質が高くしかも広い範囲にわたる論考が少なからず出版されているからである。イエズス会が一六世紀の宗教的・文化的・社会的な動乱期に出現した意味合いについて、十分に掘り下げて論じることは、不本意ながら断念せざるをえなかった。この方面の優れた著作に故H・アウトラン・イヴネット（H. Outram Evenett）の『反宗教改革の精神』（*The Spirit of the Counter-Reformation*, Cambridge, 1968）がある。

同様に、紙幅の都合上、重要な意義をもつイエズス会の多くの業績、様々な失敗と挫折も割愛せざるをえなかった。そうでなければ、本書は膨大な人名と事件の堆積場と化したであろう。ある人物なり事件を省略すれば不満に思う読者もあろうが、こうした書物で誰また何を扱うべきかについて万人の合意を得ようとするのは不可能である。例えばほんの数例だが、西欧におけるロシア文字、ロシア語研究のための教科書を最初に著した人物で、ロシアについての権威、チェコ人のジリ・ダヴィド（Jiří David 一六四八―一七一三年）、さらにグアテマラ出身の中南米屈指の詩人ラファエル・ランディバル（Rafael Landívar 一七三一―九三年）、パラグアイ保護統治地の芸術家ジュゼッペ・ブラサネッリ（Giuseppe Brasanelli 一六五九―一七二八年）、また非ユークリッド幾何学に先鞭をつけたイタリア人数学者ジローラモ・サッケリ

(Girolamo Saccheri 一六六七―一七三三年)、近代主義運動に足跡を残したアイルランドの著作家ジョージ・ティレル(George Tyrrell 一八六一―一九〇九年)、花の画家として有名であったフランドル出身の助修士ダニエル・ゼーヘルス(Daniel Seghers 一五九〇―一六六一年)、時代の先端を行く建築家であった二人の助修士エティエンヌ・マルトランジュ(Etienne Martellange 一五六九―一六四一年)とジョヴァンニ・バッティスタ・トリスターノ(Giovanni Battista Tristano 一五七五年没)、秀逸なバロック音楽を作曲し、海外宣教地で亡くなったドメニコ・ツィポリ(Domenico Zipoli 一六八八―一七二六年)、また一八世紀フランスの慣習に対する、楽しく読める辛辣な批判が、彼を退会させることを要求するほどに当局の怒りを買ったジャン・グレセ(Jean Gresset 一七〇九―七七年)。

イエズス会士の公的ないし外交的な活動に関しても、いくつかの重要なエピソードについても、私はあえて触れなかった。例えば、アンリ四世(Henri IV 一五五三―一六一〇年、フランス王在位一五八九―没年)の改宗前にパリで行われた十六区総代会会議〔プロテスタントのアンリが王位につくのに反対するカトリック同盟の中心組織〕の審議にオドン・ピジュナ(Odon Pigenat)が参加していたこと、ポルトガルの国家評議会にマヌエル・フェルナンデス(Manuel Fernandes 一六一四―九三年)が任命されたこと、スウェーデンのクリスティーナ女王(Christina; Kristina 一六二六―八九年、在位一六三二―五四年)のカトリックへの改宗前にフランチェスコ・デ・マリネス(Francesco de Malines 一七〇七年没)とパオロ・カサティ(Paolo Casati 一六一七―一七〇七年）が派遣されたことなどである。このように大きく、活動も多彩な修道会を扱うにあたって、多様な領域から選んだいくつかの指摘で満足せざるをえなかった。

私の目の前に三つの著作がある。イエズス会士G・ルヴァン（G. Levenq）の『一八三一年のレバノンおよびシリアにおけるイエズス会の新しい宣教』（*La Nouvelle Mission de la Compagnie de Jésus au Liban et Syrie 1831*, Beirut, 1925）、イエズス会士ペーター・ジンテルン（Peter Sinthern）の『オーストラリアにおけるオーストリア人のイエズス会の宣教の五三年』（*53 Jahre Österreichischer Jesuiten-Mission in Australien*, Wien, 1924）、イエズス会士H・J・M・コッホ（H. J. M. Koch）の『ジャワ宣教の概観』（*Quelques Aperçus sur la Mission de Java*, Djokja, 1925）である。これらは、そしてこの他のいくつかの著作もそうだが、世界のある地域に対して私があまり注意を払わなかったことを叱責してくれる。実際、いくつかの国について私は言及しなかった。例えば、一九世紀にラテン・アメリカを細かく分割した多くの新しい国々を検討することは不可能であった。紙幅が限られているため、このように簡素にせざるをえなかったのである。

参考文献は特に参照した筆者によるもののみを挙げているが、一目でわかるように、私が恩恵を受けた大勢の学者中の幾人かしか示していない。そのうちの二人、イエズス会士ニコラス・P・カシュナー（Nicholas P. Cushner）とジョン・J・ゴドフリー（John J. Godfrey）が私のかつての学生であったということを述べるのは大変喜ばしいことである。次の八人のイエズス会の方々には特に感謝している。ジョージ・E・ギャンス（George E. Ganss）はイエズス会資料研究所長で、その編集に関する熟練と知識は兄弟愛の温かさによってのみ調和している。ウィリアム・A・キャロル（William A. Carrol）は会に関するジョン・アダムズ（John Adams 一七三五―一八二六年、第二代アメリカ大統領一七九七―一八〇一年）とトマス・ジェファソン（Thomas Jefferson 一七四三―一八二六年、第三代アメリカ大統領一八〇一―〇九年）との間の書簡を見せてくれた。セオドア・J・カニオン（Theodore J. Gunnion）、ジェームズ・J・ヘネシ（James J. Hennesey）、ロバート・E・マクナリ（Robert E. McNally）、クレメント・J・マクナスピ（Clement J. McNaspy）、故エドワード・A・ライアン（Edward A. Ryan）は、タイプ原稿の段階で、多くの有益な指摘を与えてくれた。ヒューゴー・J・ジャールマン（Hugo J. Gerleman）とセイマー・ローズン夫人（Seymour Rosen）にも、根気と細心の気配りをもって印刷のための原稿整理を助けてくれたことに感謝している。校正と索引作成に当たっては三人の神学生、アーサー・C・ベンダー（Arthur C. Bender）と、フランシス・X・クルーニ（Francis X. Clooney）、アーサー・R・マディガン（Arthur R. Madigan）に多大な援助をいただいた。私はこれらの皆さんに公に感謝を示したい。

一九七二年三月一二日

フォーダム大学にて　ウィリアム・V・バンガート

著者による第二版のはしがき

一九八三年の秋、イエズス会資料研究所長ジョージ・E・ギャンス師から、特に一九六五年から一九八三年に至る部分を付け加えて、『イエズス会の歴史』第二版の刊行を検討するよう依頼された。私はこの申し出を快諾し、一九七二年以降に発表された多くの研究成果を取り入れて改訂作業を行うこととした。取りかかってみるとそれは決してなまやさしい作業ではなかった。アルペ師（Pedro Arrupe 一九〇七—九一年、総長在任一九六五—八一年）とコルヴェンバッハ師（Peter-Hans Kolvenbach 一九二八—二〇〇八年、総長在任一九八三—没年）についての新しい資料はわずか二十ページ程度に圧縮しなければならず、また、財政上の理由から旧来のページ数のままに抑えて改訂を行うという制限があり、絶えず注意を強いられた。これはまさに神経を酷使する仕事であったが、しかし有益な作業でもあった。もし活字を組み直していれば本書の定価は何倍にもなったはずである。私はこの改訂新版を読者に提供できることを喜びとする。また本書を刊行したイエズス会資料研究所に対して衷心から謝意を表するものである。

一九八五年五月八日

第1章　創立者とその遺産

若きイグナティウス・デ・ロヨラ

カトリック教会には、今日、イエズス会として知られる団体があり、一万人の会員が、一六世紀前半に現れた一人の人物に各自の生き方を仰いでいる。廷臣で郷士、戦士で軍人、学生かつ教師、修道者で神秘家であったこの人物とは、イグナティウス・デ・ロヨラである。

イグナティウスは、一四九一年頃、バスク地方のギプスコアにあったロヨラ家の簡素で重厚な居城に、ベルトラン・ヤニェス・デ・オニャス・イ・ロヨラ（Beltrán Yañez de Oñaz y Loyola）とマリナ・サエンス・デ・リコーナ（Marina Sáenz de Licona）の一一人の子供――系

イグナティウス・デ・ロヨラ

図が失われているので正確なことはわからないが、あるいは一三人の子供——の末子として生まれ、アスペイティアの教会で受洗して、おそらくベネディクト会の聖イニーゴ・デ・オニャ（Iñigo de Oña 一〇六八年没）〔北スペイン、ブルゴス地方のオニャの修道院長〕にちなんでイニーゴ・デ・オニャス・イ・ロヨラ（Iñigo de Oñas y Loyola）と命名された。一五三七年のある書簡で初めてイグナチオ（Ignacio）という名を使っているが、これはイエスの聖名《みな》を崇敬したことで知られるアンティオケイアの聖イグナティオス（Ignatios 三五頃—一一〇年以降）〔アンティオケイア司教、殉教者〕に対する信心のためと思われる。巨大な山々がそそり立ち、肥沃な牧場が広がり、川の流れの豊かな、バスク地方の田舎の際立って美しい風景に囲まれてイグナティウスは生い立ち、粗削りの石材で築かれた邸宅が封建時代の争いの記憶を喚起し、カトリック信仰への熱誠と中世騎士道の掟への忠実を最高の価値に据える、中世に深く根差した家庭環境で人格を形成した。

　父親はイグナティウスを聖職につけようとしていたと見え、幼少の頃、彼に読み書きの初歩を学ばせた。母親はごく幼い頃に亡くなっており、父親もイグナティウスが一六歳の頃に他界したが、末子の教育についての決定をすでに下していた。イグナティウスは聖職につくための学問をする意向を見せず、むしろ軍人としての名誉と栄光に強く惹かれていた。そこで父ドン・ベルトランは一五〇六年頃、息子をアレバロの王室管財人、ファアン・ベラスケス・デ・クエリャル（Juan Velázquez de Cuéllar）のところにやり、イグナティウスはその導きのもとスペイン郷士かつ廷臣としての基礎教育を受けることになった。

ベラスケスが王家の要職にあったこの数年間に、イグナティウスは女王付きの女官たちと親しく交わり、完璧な作法と気品のある物腰と洗練を身につけ、それは生涯失われることはなかった。アレバロでイグナティウスは同時代の文学に親しむようになるにつれ、読書の範囲を広げた。『アマディス・デ・ガウラ』（*Amadís de Gaula*）〔一四世紀半ばに遡るスペインの騎士道小説〕その他同じジャンルの作品中の、途方もなく理想化された女性像や情愛のきわどく感覚的な表現に、若い心を満たした。派手な衣装をまとい、肩まで届くブロンドの巻毛に緋色の帽子をこれみよがしにかぶり、腰に刀剣を帯び、軍事教練や婦人たちとの交際や肉欲の罪を楽しみとしていた。後に彼自身が告白しているように、それは「名誉を得たいという大きく空しい望み」に刻印された生活であった(1)。

一五一六年、フェルナンド王（Fernando V, el Católico 一四五二―一五一六年、カスティーリャ王在位一四七四―一五〇四年、アラゴン王フェルナンド二世〔Fernando II〕在位一四七九―没年）の逝去後に生じた込み入った変化の中で、ファアン・ベラスケスは宮廷で失脚した。イグナティウスは彼の後見人であったこの元王室管財人が一年後にマドリードで亡くなるまでの失意の日々を共にした。その後、彼が下した決断は、力を奮えそうな戦場へと、つまり武勲を立てるという夢を実現するチャンスに彼を近づけた。パンプローナで近衛旅団を指揮していたナヘラ公爵（duque de Nájera）は、スペイン国境地方の有力者で、ロヨラ家の親戚であった。イグナティウスは一五一七年、ナバーラに赴いて公爵の部隊に入り、四年の間、馬上試合やキツネ狩や公の雑用をすることで過ごし、そのかたわら相変わらず小説を読んでいた。

ハプスブルク家（Habsburg）〔神聖ローマ皇帝〕とヴァロア家（Valois）〔フランス王〕は戦争でいさかいに決着をつけようとしていたが、ナバーラの山道もその戦場の一つであった。ナバーラの人々は、カトリック王フェルナンドがピレネー山脈南部の自分たちの領地を接収したことが念頭にあったため、一五二一年の春、フランス軍がパンプローナへ進軍すると、歓迎した。ナヘラ公爵の命でパンプローナのスペイン守備隊の指揮をしていたフランシスコ・デ・ボーモン（Francisco de Beaumont）は、情勢を絶望的と見て退却した。イグナティウスにとってこの撤退は恥ずべき逃亡であり、これに加わることは彼の名誉が許さなかった。彼はパンプローナの砦《とりで》を防衛しようとする者を結集し、フランス軍の猛攻撃に備えた。その時点で砦の総督とその司令官は降伏を望んでいたが、イグナティウスは同意を拒んで熱弁を奮い、自分の勇気を彼らにも吹き込んで彼らの弱気を勇猛さに転じた。

一五二一年五月二〇日、ヨーロッパ一の砲撃隊が城壁の前に大砲を据え、フランス軍は降伏の要請文を提示した。イグナティウスはそれをはねつけるよう総督を説得した。司祭がいなかったので、イグナティウスは中世の習慣に従って仲間に罪を告白し、それから土嚢《どのう》の上に陣取った。六時間にわたってフランス軍が砦に猛攻撃をしかけた末、城壁の一部が破れて歩兵隊がなだれ込もうとした。イグナティウスはその突破口に立ち、応戦しようと剣を構えたが、その時彼は右足を砲弾で撃たれて倒れた。守備隊の降伏がすぐさまそれに続いた。こうしてイグナティウス・デ・ロヨラの軍人としてのキャリアは、主君のために勇猛果敢に戦うというその夢を実現したまさにそのただ中に閉じられた。

フランス軍は負傷した捕虜を非常に寛大に遇した。イグナティウスを担架に乗せてロヨラ城へ送り届けたことにそれは現れているが、しかしその寛大さは外科的技量の代わりにはなりえず、足の骨折の整復技術は惨憺たるものだった。ロヨラ城でアスペイティアの医師たちがフランス人がなした誤った処置を矯正しようとした。それは後年イグナティウスが「ひどい荒療治」と言っているほど、苦しい体験だった。手術後回復せずに衰弱するばかりで、終油の秘跡を受け死線をさまよったが、その後快方に向かい徐々に体力を取り戻した。しかし治療後の足の状態は今なお勇敢な廷臣かつ戦士であろうとしていた者には満足のゆくものではなかった。折れた足の接合部がなめらかにかみ合わず、一つの部位が他の部位にのっかっている始末で、これが目に見えるほどの突起となり、また一方の足をもう一方よりも短くしてしまっていた。イグナティウスはこのような変形に甘んじえず、激痛を伴おうとも再手術を受けたいと願った。正装した騎士としての理想的な容姿を保つためならどんな苦痛も厭《いと》わなかったのだ。この手術はほぼ完全に成功し、イグナティウスはわずかに足を引きずりはしたが、再びぴったりしたズボンを履けるようになった。だが、この長引いた療養期間は、損なった健康を取り戻しただけではなく、彼の考え方と心情を変えることとなった。

治療が長引くにつれイグナティウスは退屈しのぎに騎士物語を所望したが、ロヨラ城では手に入らなかった。しかし看護に当たっていた侍女たちが、カルトゥジア会士ザクセンのルドルフス（Ludolphus de Saxonia 一二九五／一三〇〇頃―七八年）著『キリストの生涯』（*Vita Jesu Christi*）と、ドミニコ会士ヤコブス・デ・ウォラギネ（Jacobus de Voragine 一二二六頃―九八年）著『黄金伝説』（*Legenda Aurea*）〔中世最大の聖人伝集大成の一つ〕を持ってきてくれた。イグナティウスは『黄金伝説』のページを繰って、「永遠の王イエス・キリスト」に生涯を捧げた、「神の騎士」と呼ばれる人々の勇気を知り、また、『キリストの生涯』では、キリストは気高い教師であり、弟子たちが「聖なる騎士」として歩み、「キリストの受難の鏡」に見入ってそこに困難な戦いに耐える勇気を汲み取るよう望んでおられるということを読んだ。一連の新たな思念がイグナティウスの心をよぎるようになった。彼は聖人たちの生涯に驚嘆すべき気高さを見出し、そのキリストへの献身の徹底していることに心惹かれた。こうした考えは、軍人としての栄光や騎士としての武勲という以前から慣れ親しんだ思いに屈するのではあるが、しかしその後また聖人たちの勇気についての省察がそれに打ち勝つのであった。イグナティウスはこうした内的経験に興味を抱くようになり、満ち干きする自分の思いを細かく分析してみた。世俗的な思いは心を虚ろにし不安にするが、霊的な思いは深い平安と喜びをもたらす。この著しい相違の原因を探って、彼は、不安に満ちた虚ろなあらゆる思いをかき立てるのは悪魔で、静かな喜びを伴う霊的反省を呼び起こすのは神であるという結論に達した。彼の聖性への歩みの特徴の一つとなった並外れた内面への集中と内省力によって、イグナティウスは一つの根本かつ中心となる考えに至った。それは、キリストは王であり、聖人たちはその騎士、そして人間の心は悪魔と神との決戦の戦場であるというものである。(2) イグナティウスの聖人たちに対する、とりわけ彼らがキリストのためになした英雄的な苦行と激しい労働に対する感嘆は、彼らがなしたのと同様のことをなしたいという、固い決意に変わった。後年イグナティウスの腹心となったファン・デ・ポランコ（Juan de Polanco 一五一六—七六年）は、イグナティウスを常に偉大なことを志してやまない気高い人だと評している。(3) 確かに気高さと、聖性の高みを目指す志はイグナティウスが新たな生き方に踏み出した際の特徴であり、その決意は聖地巡礼の決心という形となって現れた。

イグナティウスのこの気高い志は、尋常ならぬ報いを受けた。ある夜、眠らずに横になっている時、幼子イエスを抱いた聖母マリアの姿をはっきりと見たのである。そこで大いなる霊的な喜びを味わうとともに、過去に犯した罪、特に淫《みだ》らな罪に対する深い嫌悪に駆られた。亡くなる三年前、自伝を口述する中でイグナティウスは、聖母にまみえたこの時以降、自分は貞潔にもとる思いに少しでも同意したことはなかった、と語っている。

ほどなく、パンプローナの戦闘で倒れた一〇か月後の一五二二年三月、イグナティウスはエルサレム巡礼旅行に出てもよいほど元気になったと判断し、ラバにまたがり、華やかな廷臣の装束をまとって、アランサスを目指して南に向かい、アランサスの聖母聖堂で足を止めて徹夜の祈りを捧げた後、東へ向かった。モンセラートへと一五日ほど旅を続けてベネディクト会の〔「黒いマリア像」で〕有名なサンタ・マリア・モンセラート修道院付属大聖堂に近づくと、巡礼用の、粗布でできた短い上着と杖と水筒とサンダルを買い、三月二一日の朝、修道院に到着した。そこでイグナティウスは、賢明で聖徳のある修道院長ファン・チャノネス（Juan Chanones）に相談して周到に準備した後、二四日に総告解をした。その後ラバを修道院に寄贈し、刀剣をチャノネスに渡して聖母の聖堂の前面の格子窓にかけてもらい、立派な服を乞食に与え、巡礼着をまとい杖を手にし、聖母の祭壇の前で夜通し祈った。

二五日のお告げの祝日の夜明け前にイグナティウスはミサにあずかり、そのままモンセラートを後にした。ロヨラ城での数か月の療養の間に始めた習慣に従って、特に印象に残った事柄をノートに書き留めるため、聖地への旅を二、三日遅らせることにしたのだが、知り合いに見とがめられることを恐れ、二〇キロ離れたマンレサという小さな町に赴いた。このときの決心は、イグナティウスの心を貫き、変化させる霊的体験として結実することになった。二、三日の短い滞在の予定は、一年ほどに延長された。

マンレサでイグナティウスは、過去の世俗的な生活を捨てることにおいて聖人たちと競い合うという、かねてよりの決意に身を投じたのである。かつての身なりにうるさい騎士は今や髪もくしけずらず指の爪の手入れもせず、子供たちに「ずた袋のおじいさん」と揶揄《やゆ》されながら、家から家へ日々パンを乞うた。マンレサ滞在期間中の大半はドミニコ会に修道院内の小さな庵を提供してもらっていた。イグナティウスは病院で病人の看護をし、カテドラルで毎日のミサと晩課にあずかり、日に七時間、ひざまずいて祈った。時には孤独を求めて荒涼とした岩だらけの丘の斜面の洞穴を訪れることもあった。その肉体の苦行は厳しく過酷だった。

大きく激しい内的な喜びがこの新しい生活を始めたイグナティウスを鼓舞したのだが、それは身を切られるほど惨めでつらい苦悶の入り口でもあったことがたちまちにして明らかになった。疑悩が襲来し、以前の告解が完全ではなかったという疑念に苛まれ、祈りの味わいは失せた。この心の乱れは数か月も続いた。イグナティウスはありったけの声をふり絞って神に助けを求め、子犬が自分を導いてこの苦しみを癒してくれるというなら喜んでそのもとへでも行こう、と叫んだ。ある日強い自殺の衝動を感じたため、心の平安の恵みを得るために長期間の断食を実行することにし、一週間、長い祈りと厳しい苦行を続け、食べ物も飲み物もとらなかった。彼の聴罪司祭はこれを知ると、続けないよう命じた。過去の罪が鎖の環のように心をよぎり、消えていた疑悩が再来するのには二日しかかからなかった。

その後、断固とした決断を下す日がやって来た。自分の心の動きを理解するようになるにつれ、イグナティウスは疑悩の正体を識別するようになり、以前の罪を告白しないことに決めた。すると平安が戻り、このひどい試練から自分を救ったのは神の憐れみの業《わざ》だという不動の確信を得た。次いでさらに驚くべきことが出来した。特別な恵みが、波のうねりのようにイグナティウスに迫り、それが彼を神秘的体験の高みに押し上げ、三位一体、主なるキリスト、聖母の幻視をもたらしたのである。ある日カルドネル川のほとりで、至高の光輝に照らされて彼の精神は満たされた。後年この決定的な体験を想起して、超自然について得たこの洞察の深遠さと広大さを次のように表現する。全生涯で受けた恵みのすべてを合わせても、カルドネル川のほとりで味わったものと比べうるほどの内的な満たしにはならない、と。たとえあの体験以後に賜ったすべての恵みと、自力で獲得した知識のすべてを一つの洞察にまとめたとしても、マンレサでのあの体験には深遠さの点でも照らしの点でも及ばない、と。その時から、自身の言葉で言えば彼は「別人」となり、教会の歴史において最も偉大な神秘家たちの列に加わったのである。(4)

人生のこの決定的な時期に、イグナティウスはキリスト教霊性史における金字塔となる、小さな著作に着手した。一五四八年の出版までに加筆修正はしたが、この小冊子の鍵となる思想と骨子は、マンレサを去る時には書きつけに明確に記されていた。『霊操』(*Ejercicios espirituales*; *Exercitia Spiritualia*) と呼ばれるこの小さな書物は、聖フランソワ・ド・サル (François de Sales 一五六七―一六二二年）〔ジュネーヴ司教、カルヴァン派になっていたジュネーヴの一帯の再カトリック化を推進した〕の『信心生活入門』（*Introduction à la Vie Dévote*, 1608）などとは異なり、霊性について論じたものではなく、祈りと良心の糾明の仕方、不偏心のもとに決定に至る道筋、種々の黙想と観想の方法についての一連の実際的な指導であり、霊操を行う者が神の御旨を見出し、それを果敢に実行する上での助けを与えることをもっぱら目指している。一貫性を持ちつつ体系的に構成された種々の指南は、その人の能力と力の一切を挙げて応えることを求める。つまり『霊操』は読み物ではなく、個々人の活動に当てはめるべき指南書である。それは重大な決定において――生き方の選定についての、あるいは道がすでに確定している場合はそのいっそうの聖化についての――頂点に達するという実践的目的意識を特徴とし、その人が至高の神に仕えるにあたって気高く生き、神の御旨を忠実に受け入れることに至る道を示すものである。

イグナティウスは『霊操』を区分しそれぞれを「週」と呼び、それが全部で四週ある。この四週は長さを自由に変えることができ、必ずしも各週が七日になるわけではないが、通常およそ全過程三〇日とする。第一週は人間のこの世での基本的目的についての厳粛な考察を前置きに、罪の悪についてと地獄の苦しみについての浄化の黙想を行い、奔放な情念で損なわれることとなしに当然に人が負うべき、至高の神への奉仕に光を当てる。第二、第三、第四週は、抗いがたい崇高さと魅力をもって現前し、すべての人に、付き従うよう召し出しておられるキリストのことで占められている。第二週で、イグナティウスは、キリストが、地上で生活された時、世間の知恵が認める原則や生き方を拒み、貧しく謙遜な生活を進んで受け入れ、人々の蔑《さげす》みに静かに耐え、御父の御旨を完全に成就することに自己を捧げ尽くすという、連続する諸段階を通って来られたことを示す。より近しくキリストを愛し彼に従うことができるよう、キリストを親しい方として知る恵みを求める祈りが何度も繰り返される。こうして黙想と観想が進むにつれ、キリストがご自分の悪魔との戦いの本質とご自分の生き方を明かして下さることにより、黙想者はますますキリストと似た者となってゆく。イグナティウスは、将来にわたって影響する重大な決定をする者に、基本的な霊的原則に留意させるべく、簡潔明瞭に述べる。霊的生活における進歩は、自己愛、自分勝手な意志、自己保持が屈服する度合いに比例する、と。決定的な規準は、神への賛美と神の栄光をより大いなるものとすることにある。そのような雄々しい決心を果たすことは、まさにその人の利己心の本体にメスが深く切り込むことであり、痛みを伴い、並外れた勇気を必要とするが、キリストこそがこの勇気の源泉である。イグナティウスは『霊操』の第三週では、キリストのその戦《せん》慄《りつ》すべき死に至る御受難を通しての毅然とした振舞いを、また第四週ではキリストの復活の燃える喜びと平安の光輝を観想するよう指導する。

この密度の高い、有機的に関係し合う一連の指示は、力を惜しまずに心底から応えるならば、生涯にわたってその人に刻みつけられ、よりよく神に仕えることになることを果たすための確固不動の決意が――それは選定の瞬間に出てくるのであるが――持続するようになる。第一週の冒頭にある原理と基礎の理論と、第二週直前にあるキリストの国についての観想が一つに結びついて、至高の神に仕えることにおいてキリストと共なる者となるという、気高く美しい考えを生み出している。[5] イエズス会員の養成において『霊操』は、かつても、そして今もなお、修練者を英雄的献身と聖性の本道を歩ませるための必須の手段であり続けている。

この小さな書物が、つい一年前には、『アマディス・デ・ガウラ』のような小説にうつつを抜かして、貴婦人を前にそれらしく振舞う騎士としての、あるいは戦闘の真っただ中で勇猛を奮う戦士としての自らのイメージを蜘蛛《くも》の巣のように張りめぐらせていた人物の筆から成るとは、どう考えても不思議と言うほかはない。語り口においては平明だが、正確を期そうとすれば、難物で切り立った断崖絶壁の岩肌のように厳しい『霊操』は、イグナティウスの魂において王なるキリストと闇の王の間で争われた辛い戦いの戦勝記念碑である。この、神の恵みのもとで成った個人的体験の証しこそは、イグナティウスがイエズス会に遺した何より貴重な遺産の一つである。

他方、『霊操』は、キリスト教近代史の基本文献に数えられ、その及ぼした影響はイエズス会に限られない。その言葉やフレーズは、黙想や宣教、説教や霊的指導を通して幾百万の人の心と思いに入り込み、悪魔の力に抗し十字架を模範として戦うよう招く王なるキリストの呼びかけに注意を怠らない人々の群れを創り出してきた。近代霊性の衣には広範囲にわたってマンレサの刻印が印されている。

一五二三年の二月の末頃、イグナティウスはマンレサを去り、聖地行きの船が出るヴェネツィアへと旅の一歩を踏み出した。バルセロナでも、教皇に巡礼の祝福と認可を受けるために赴いたローマでも、五月半ばから七月半ばまでの間出航を待ったヴェネツィアでも、イグナティウスは清貧遵守の生活を続け、食物を乞い、しばしば野宿した。七月二四日、イグナティウスはこの礁湖都市を出航し、一か月あまりの後、向かい風と環礁と嵐という海でよく遭遇する困難を経て、八月三一日ヨッパに上陸した。三日後おごそかに無言の行列を成した二〇人の巡礼仲間と共に、フランシスコ会の聖跡管理人〔エルサレムのフランシスコ会士〕の先導でエルサレム入りした。キリストとの所縁で祝福された様々な旧跡——聖墳墓〔埋葬地〕、ヨルダン川〔洗礼の地〕、ベツレヘム〔生誕の地〕、オリーブ山〔ゲッセマネの祈り、また昇天の地〕を訪れ、心満たされる感激の日々が続いた。イグナティウスはこの地を自分の残りの人生の住み処と決めたのだが、フランシスコ会の長上は、キリスト教徒とトルコ人とのおだやかならぬ関係のゆえに、こうした計画がきわめて危険であることを熟知していたため、この巡礼者の決意を断固として拒んだ。九月二三日、一九日間の記念すべき滞在の末に、イグナティウス一行はヨッパに戻り、三か月半、荒海と肌を刺す風と吹雪からなる危険の多い旅をして、一五二四年一月再びヴェネツィアに降り立った。

聖地に留まるという大望が潰《つい》え去ると、イグナティウスは自分の今後について別の方向づけをしなければならなくなった。マンレサにいた頃は、他の人々が神に定められた目的を果たす手助けをしたいという熱望を覚えていたが、この熱望が今や司祭になるための勉強に励むという決心として形をとることになった。長年の望みだったエルサレム巡礼は終わったが、彼はなお一三年もの長い期間、聖職への厳しい石だらけの道をひたむきに歩む巡礼者であり続けた。

イグナティウスはスペインに戻り、長きにわたる勉学の最初の期間である三年半を、バルセロナ、アルカラ、サラマンカで費やした。バルセロナでは三三の年齢で子供たちと一緒の文法の授業を受け、ヘロニモ・アルデボル（Jerónimo Ardévol）の教授のもと苦心の二年間、勉強に不慣れな頭を粘り強くラテン語の語尾変化と動詞の活用の習得に当てた。

この期間中イグナティウスは、敬虔で雅量があり、この貧しい悔い改めた信仰深い学生を尊敬して迎え入れてくれたパスクアル家（Pascual）に身を寄せた。イグナティウスは自分の食べるものを乞い、病院で病人を看護し、子供たちに要理を教え、冬でも靴底のない靴で歩き回った。その影響が広まり、貴族階級の女性たちの中にも熱烈な信奉者となる者が現れ、三人の若者がその生き方にあずかる決心をした。彼の深い神秘体験が生来の気品の魅力を高め、それが粗末な身なりを忘れさせるほど人々の心の琴線に触れた。イグナティウスの霊性の特徴の一つは、万事において神を探し見出そうとする姿勢にある。ポーランド人のイエズス会士ミコライ・ウェチツキ（Mikolaj Leczycki; Lancicius 一五七四―一六五三年）が記しているように、他者の内にキリストの似像を見ていることから来る、まるで自分自身のただ中にその人を引き入れるかのような温かい笑顔にそれが見て取れる。(6)

文法の勉強を終えた一五二六年三月、イグナティウスは、若さの活力に溢れ、いきいきと元気よくアルカラのヒメネス大司教（Francisco Jimenez [Ximenez] de Cisneros 一四三六―一五一七年、トレド大司教在位一四九五―没年）の有名な大学（アルカラ大学 一五〇八年設立）に赴いた。ここでイグナティウスは一年あまりの勉学の間重大な過失を犯した。学習の達成のためには順序と段階を踏む必要があることに気づかず、一度に、デ・ソト（Domingo de Soto 一四九五―一五六〇年）〔ドミニコ会の神学者〕の論理学、アルベルトゥス・マグヌス（Albertus Magnus 一一九三／一二〇〇―八〇年）〔ドミニコ会の神学・哲学者、後出のトマス・アクィナスの師〕の自然学、ペトルス・ロンバルドゥス（Petrus Lombardus 一〇九五頃―一一六〇年）〔イタリア出身の神学者〕の神学という複数の相異なる戦線に対して攻撃をしかけたのである。数か月にわたる努力の末残ったのは、頭がすっかり混乱したことと未消化の知識にすぎなかった。だがこの過失は、アルカラ大学とイグナティウス個人の知的前進問題をはるかに超えて影響を及ぼした。後にイエズス会士の教育計画を指示した際に、彼は種々の目標と手段の、段階的ヒエラルキーを主張しているからである。

アルカラでの大学の雑多な科目の履修もイグナティウスを日々の慈善の励行からそらすこ

とはなく、彼が大学でのキャリアを突然閉じることとなったのは、正確に言えば、つねに他人を助けようとする彼の性向のゆえであった。イグナティウスとバルセロナで一緒になった仲間たちは皆似たような身なりをして、感動的かつ効果的に霊的な問題を論じることで評判になった。スペインの歴史に入り込んで来た〔異端の〕照明派の思潮に神経をとがらせていた異端審問官たちが状況を調べていたが、母娘二人の女性の失踪により突如厄介《やっかい》な事態が生じた。この母娘はイグナティウスの忠告に反してハエンに巡礼に出たのであった。イグナティウスに責めを負わす無責任な噂《うわさ》で尾ひれをつけられて、取るに足りない出来事が大問題となった。審問官はこの幾分滑稽《こっけい》な騒動を調査する一方、イグナティウスを拘束した。約一か月半の監禁の後、イグナティウスは次のような判決を受けた。それは、布地また型からして巡礼着である装束を脱がねばならないこと、公的にも私的にも教えるのをやめねばならないこと、以上に違反すれば破門に付す、というものだった。後の方の宣告は他人の手助けをしようという熱望にひどい打撃を与えるものであったため、沈黙を強いられることを避けて、イグナティウスの一団は一五二七年六月二一日頃、サラマンカに向かった。

　この由緒ある古い大学町は、イグナティウスの受け入れに際しアルカラにもましてそっけなかった。イグナティウスは一五二七年七月初旬に到着し、九月半ばにはそこを去っている。この町に来て二週間とたたないうちに、彼は友人の一人と共に汚い牢につながれた。サン・エステバン修道院のドミニコ会士たちが彼を誠心から夕食に招き、その後彼らはイグナティウスにその生活の仕方や教えについて質問し、そうしてイグナティウスは三日間サン・エステバン修道院の客となっていた。そこに教区の司教総代理が割って入り、容疑者を投獄しろと命じたのである。イグナティウスは『霊操』の原文を公開審査のために提出した。神学上の尋問が続いた。マンレサでイグナティウスは辱めを受けてなおキリストに従うことの気高さをはっきりと理解したので、監禁という侮辱はこの理想への熱烈な傾倒を培うものにすぎなかった。後にブルゴス大司教となった司教総代理が心から同情を表してイグナティウスを訪れ調子を尋ねた。彼の応答はマンレサでの経験を得た男が自然に吐露したものであった。「はっきり言いますが、私が神の愛のために身に受けたいと思っているほどの軛《くびき》や鎖がサラマンカには十分にありません。もっとたくさんあればよい」。二二日の拘留の後、イグナティウスは以下の判決を受けた。彼とその一団は教義の上で正統であり道徳面でも汚点がない。よってこれまで通りの生活を続けてよい。ただし、今後四年間の勉学を終えるまで大罪と小罪の区別について解説してはならない、という制限付きであった。彼は憤慨した。とりわけ自分の教えが正統だと認められた点からして不当であると感じるこの制度に。イグナティウスはその人生においてユニークで実りの多い時代への扉を開くこととなる重大な決断をいくつか下しているが、ここで、スペインを離れパリ大学で勉学を進めることに決めたのである。

釈放から約二週間後、仲間たちと相談して、彼がパリで迎え入れの準備をするまで他の者はサラマンカに残ることにし、小さいロバに本を積み、スペインを東に横断してバルセロナに向かいそこで友人たちから施しを受け、フランスを北上してパリに至る、困難な旅に出た。パリに着いたのは一五二八年二月二日のことである。

パリとローマでの日々

イグナティウスはパリで七年間を過ごしたが、それは司祭職によりふさわしい者となるという重大なことを成し遂げた年月であった。パリで最初にしたことは実際にはある意味で後退だった。生来中途半端を嫌ったイグナティウスは、ラテン語文法と古典学を勉強し直すためにスパルタ式のモンテギュ学寮に入り、三七歳で再びラテン語の勉強に取りかかったのである。彼はここに一年半在籍した。

早々に彼は貧窮し、それが勉強の妨げとなっていた。サン＝ジャック病院の無料宿泊所を確保し、日々のパンを乞い歩いたが、生活のための情けを請うことで貴重な時間を消耗しているとすぐに気づいた。あるスペイン人修道士が彼に、夏期休暇の間にフランドルに行きブルージュやアントウェルペンのスペイン商人たちに学期を通しての経済援助を請えばよいと助言をした。イグナティウスは三年間、毎年援助を請いに出かけた。三年目にはロンドンにも赴いた。商人たちは寛大にも援助金を直《じか》に送ることでパリを離れないですむように計らってくれた。

一五二九年一〇月、イグナティウスはサント＝バルブ学寮で哲学課程を始め、一五三三年三月に学士号《リツェンティア》を、翌年には修士号をとった。一五三三年にはサン＝ジャック通りのドミニコ会修道院で、ドミニコ会士たちの指導のもと神学課程も始めた。(7) これまでの彼の教養は、その大部分を、ロヨラ城とアレバロで体得した宮廷的洗練と騎士の礼節という中世の伝統により形成されたものであった。今度はスコラ学者の哲学とトマス・アクィナス（Thomas Aquinas 一二二四／二五―七四年）〔ドミニコ会の神学者・哲学者〕の神学という中世のもう一つの遺産によって視野を広げることになった。イグナティウスがパリ大学で魅了された知的環境のうち以下の二つが公言されている。パリ大学の体系的な研究体制に感服したことと、この天使的博士〔トマス・アクィナス〕の教説に傾倒したことである。

勉学の間にもイグナティウスは、幾人かの学生仲間に霊操を指導し、自分の魂の中で激しく燃える神への愛の炎を彼らの魂の中に燃え移らせた。スペインで彼が得た同志たちは様々な理由で途中で脱落していた。イエズス会の初期の年代記者であるファン・デ・ポランコは、この小さな一団を早世した早産児にたとえている。しかしパリで彼の使徒的活動の理想に身を投じた六人は初志貫徹した。最初の同志はサヴォア生まれのブロンドの美青年で、親切で心優しいピエール・ファーヴル（Pierre Favre 一五〇六―四六年）であった。

ファーヴルはサント＝バルブ学寮に在籍しており、ナバーラ出身の学生で自分より六日だけ年上のフランシスコ・ザビエル（Francisco Xavier; Francisco de Jassu y Javier 一五〇六―五二年）と同室であった。一五二九年の秋イグナティウスがモンテギュ学寮をやめてサント＝バルブ学寮に移籍すると、自分の仲間としてイグナティウスを迎え入れた。ファーブルとザビエルは当時二三歳であった。ファーブルは少年の頃、故郷のアルプス地方のヴィラレで羊飼いをしていたが、早くから聖職者として生きることに惹きつけられるのを覚え、羊と一緒に野に出ている最中に一二歳で貞潔の誓いを立て、学校にやるのを渋る父親を説得し、トーンとラ・ロッシュで九年間勉強した後、一五二五年パリで大学の課程を始めた。

イグナティウスと出会った時期、ファーヴルは疑悩と誘惑から来る深い内的な苦しみを抱え、その上召命〔司祭または修道生活への神の召し出し〕について決めかねて悶々としていた。この苦しみからの解放を見出せるものなら草だけを食物とする荒れ地に隠棲しようというほど、苛まれていた。彼はイグナティウスの哲学の勉強を助けていたのだが、ある日自分の苦悩を打ち明けた。それはファーヴルにとって大いなる祝福の日であった。彼は教会の歴史において傑出した霊的指導者に数えられる人物の手に身を委ねたのである。[8]

ピエール・ファーヴル

イグナティウスはファーヴルに疑悩の原因を認

識することを教え、祈りと欠点の根絶、週ごとの告解、聖体拝領からなるプログラムの大要を彼のために作った。平安がファーヴルの心に下り、そうしてその平安とともに、主なるキリストへの奉献生活においてイグナティウスについて行くという決意が来たった。イグナティウスの指導のもとで霊操を行うのに費やされた一か月の後の一五三四年五月、ファーヴルは司祭に叙階された。

フランシスコ・ザビエルは眉目秀麗で朗らかなナバーラ生まれの者で、パンプローナに彼を待っている聖職禄があった。初めのうち彼は自分より一五歳年上のバスク人学生からある程度距離を置いていたが、イグナティウスはザビエルのために経済援助先を見つけてあげるなどの好意を示し、当初のうちとけなさを突き破った。そしてザビエルはいったんイグナティウスの気高い理想に触れるとファーヴルと同じようにし、かくしてロヨラとザビエルの名をつなぐ切れることのない鎖が鍛造されることになった。

一五三二年一〇月頃、イグナティウスは二二歳の上品で優雅なポルトガル人シモン・ロドリゲス（Simão Rodrigues 一五〇九／一〇―七九年）と懇意になった。次の年には、二一歳の聡明で恐れを知らないカスティーリャ出身のディエゴ・ライネス（Diego Laínez 一五一二―六五年）と一八歳の多才ではっきりものを言うトレド出身のアロンソ・サルメロン（Alonso Salmerón 一五一五―八五年）に、さらに一年後には、もう一人のカスティーリャ出身者で率直で飾らないニコラス・ボバジリャ（Nicolás Alfonso de Bobadilla 一五〇八／〇九―九〇年）に出会った。この全員がイグナティウスの精神の磁力に引き寄せられるのを感じ、キリストに仕えることにおいて彼に連なることに決めた。

この小さな一団が最初に直面した大問題は、彼らが勉学を終えた暁にその抱負をどのように形にするかを決めることだった。長いこと真剣に話し合った末に、聖地のイスラム教徒の中に自分たちの働きの場があるとした。自分たちの一致団結をより確かなものとし、その決意を強めるために、彼らは三つの誓願を立てることにした。その誓願は清貧、貞潔、聖地巡礼であるが、誓願の最後のものが実行不能であれば、ローマに赴き教皇の裁量に身を委ねることとした。

一五三四年の聖母被昇天の祝日〔八月一五日〕に、七人の学生は朝のうちにカルティエ・ラタンを出てモンマルトルの坂にあるサン＝ドニ聖堂まで歩いた。一行のうちただ一人の司祭であったピエール・ファーヴルがミサを捧げた。聖体拝領の折、彼はこちらを向いてひざまずいている友人たちと向かい合い、おのおのが順に三つの誓願を宣言する間聖体を掲げた。彼は友人たちに聖体拝領させると、祭壇の方に向き、自分も宣誓をして聖体を拝領した。その日彼らはモンマルトルの丘でただ心の中で感じた喜びを味わいながら過ごした。彼らはしっかりと結ばれた小さな群れとなった――無論まだ修道会ではなかった――。モンマルトルでのこの情景は今に至るまでイエズス会の伝統の中で最も大事な宝の一つとなっている。この四三年後、シモン・ロドリゲスは、この日の思い出は自分にとっていつまでも熱意の源で

イグナティウスの最初の仲間たち（上の列、左から：ディエゴ・ライネス、フランシスコ・ザビエル、ピエール・ファーヴル、中の列：ニコラス・ボバジリャ、シモン・ロドリゲス、アロンソ・サルメロン、下の列：パスカーズ・ブロエ、ジャン・コデュール、クロード・ジェ、下：ディエゴ・オセス）

あり、かつ「言葉に尽くせないほどすばらしいこと」だと述べている(9)。

数か月後イグナティウスは重病にかかり、医師は郷里に戻って養生に努めるよう勧めた。一五三五年春、仲間たちが勉学を終えたらヴェネツィアで再会することを取り決め、ピエール・ファーヴルを指導者に指名して、イグナティウスはスペインへと発った。彼がアスペイティアにいたのはたったの三か月であった。しかしその説教と要理の講義、ロヨラ城でなく聖マグダレナ病院に滞在することを譲らなかったことで、郷里の人たちに忘れがたい印象を残した。七月の終わり頃にイグナティウスはアスペイティアを後にし、ハビエルとアルマサンとトレドのそれぞれでフランシスコ・ザビエル、ディエゴ・ライネス、アロンソ・サルメロンの家族に会って友人たちのために必要事を処理し、バレンシアとジェノヴァを通って一五三五年一二月にヴェネツィアに着いた。一五三六年の一年間を彼はこの共和国で、主に神学の勉強の継続に没頭してすごした。

パリではさらに三人の学生がイグナティウスが残していった一団に加わった。ピエール・ファーヴルは、霊操指導の心得では初期イエズス会士たちの中で並ぶ者がないという惜しみない賛辞をイグナティウスから得ていたが、その技量をもって、友人でありサヴォアで同級であった司祭クロード・ジェ（Claude Jay 一五〇〇／〇四―五二年）、やはり司祭でピカルディ出身の、威風堂々たるパスカーズ・ブロエ（Paschase Broët 一五〇〇頃―六二年）、モン・ブランの麓《ふもと》のセーヌ出身で天真爛漫なジャン・コデュール（Jean Codure 一五〇八―四一年）を、一か月の黙想を通して指導した。三人ともファーヴルが詳しく説いた理想を自分のものとすることを決意した。

ヨーロッパの二人の強大なカトリック王、カール五世とフランソワ一世(François I 一四九四—一五四七年、フランス王在位一五一五—没年)の間の恥ずべき利権争いの再燃で、ファーヴルと彼が預かっている者たちはヴェネツィアへの出立の日取りを繰り上げることを余儀なくされた。全員が修士号を取得し一五三六年一一月にパリを発った。身を切るような風に打たれ、派遣されている兵士たちの査察を受け、冬の雨にぬかるんだ地を通っての難儀な徒歩旅行をし、しばしば膝上まで達する雪の中をやっと歩いてアルプスの山道を登り、ついに一五三七年一月八日、ファーヴルの回想によると「心は喜びに溢れ体も無事に」ヴェネツィアに到着し、そこで待っていたイグナティウスに合流した。

聖地で神に奉仕しようという抱負を抱いていた同胞にすぎなかったこの一五三七年一月から、彼らがイエズス会という名称の修道会として教皇の認可を受けた一五四〇年九月まではわずか三年半である。しかし、待ち受けている高邁な運命をまだ知らなかった彼らにとって、それは自分の人生を取り巻く状況がめまぐるしく変わる中、不確かな小道を手探りで進んで神の御旨を注意深く求める年月であった。聖地への航行を達成することが何よりの望みであったが、これはいつも挫折した。冬季の数か月間パレスティナ行きの船はないので、イグナティウスたちは町の病院に散らばって、病人の世話をし、床を磨き、死者を葬って、ヴェネツィアの人たちを驚かせた。四旬節中にイグナティウスは仲間をローマに送り、エルサレム巡礼の祝福と仲間のうち司祭でない者が叙階の秘跡を受ける許可を教皇に求めた。彼が自分で行かなかったのは、ローマにいる影響力のある二人の人物がイグナティウスの計画に偏見を抱いていると思うに足る理由があったからである。その人物とは、テアティノ会[†1]の創立者の一人であるジャンピエトロ・カラッファ（Giampietro Caraffa 一四七六―一五五九年、教皇パウルス四世〔Paulus IV〕在位一五五五―没年）と、皇帝カール五世の教皇特使ペドロ・オルティス（Pedro Ortiz 一五四八年没）である。ところが後者の方は態度を劇的に変えて一行を心から歓迎し、彼らが教皇パウルス三世（Paulus III 在位一五三四―四九年、アレッサンドロ・ファルネーゼ〔Alessandro Farnese〕一四六八―一五四九年）に謁見できるよう計らってくれた。謁見はかなり特殊なものだった。イグナティウスの友人たちは教皇の求めにより、教皇が食事をしている間中、神学の議論を行ったのである。だがこれが非常に彼らを益することになった。彼らの学識の広さは教皇に深い感銘を与え、教皇は見るからに満足してその要望を聞き入れた。ローマ・カトリック教会に新たな方向づけを成した教皇パウルス三世が、ひざまずくファーヴル、ライネス、サルメロンその他の者に祝福を与えようと両手を広げて立つのを傍観していた人々はことの重大さをとても推測できなかっただろうが、この出会いはカトリック改革の進展にとって重大な契機となった。この男たちこそは、ヨーロッパの信仰が再び照らされた時代の、最も透徹した光に数えられることになるのである。

イグナティウスは教皇パウルス3世にイエズス会の『基本精神綱要』を提出する

ヴェネツィアに戻ると、まだ司祭でなかった者のうち、年齢が若すぎるサルメロンを除く全員が、一五三七年六月二四日に叙階された。彼らはこの新たな霊的賜物に心の底から感謝し、四〇日間の祈りと償いの業を終えるまで初ミサを捧げることを控えたほどだった。彼らは二、三人ずつのグループに分かれてヴェネツィア共和国の各地に分散した。ヴェネツィアで、崩れかかって放棄された修道院を宿とし、乞い求めたパンを食べ、地べたに寝るという、イグナティウスとファーヴルとライネスの苦行は、少しでも世俗の心情に与《くみ》しないというこの人たちの決心の度合いをはかるものであった。日日《にち》は不明だが九月に全員がヴェネツィアに集まり、新たに叙階された人々が、さらに先送りしたイグナティウスとロドリゲスを除き、初ミサを立てた。

一五三七年の夏の間に、聖地へ行こうという彼らの希望は、ヴェネツィア、オスマン帝国間の緊張が高まり戦雲が地中海沿岸を覆い始めたために、またしても挫かれた。そこで、一〇月に今度はイグナティウスとファーヴルとライネスがローマに行き、他の者が北イタリアの諸都市で説教活動をするべく、再び分散することにした。別れる前に彼らは重大な決定をした。彼らの一致団結はもはや誰の目にも明らかであり、当然この一団の性格が問われることになろう。イエス・キリストが自分たちの模範であり、この方に自分たちの全生涯を捧げるのであるから、彼らは「イエズス会」(Compañía de Jesús) と名乗ることに決めた。(10) この名称の息吹きを受けつつ、ジェとロドリゲスはフェラーラへ、ザビエルとボバジリャはボローニャへ、ブロエとサルメロンはシエナへ、イグナティウスがヴェネツィアで迎えた新しいメンバーのディエゴ・オセス（Diego Hozes 一四九〇—一五三八年）と、コデュールはパドヴァへ旅立った。

一一月の終わり頃、イグナティウスとファーヴルとライネスはローマへの旅を一時中断して町から一五キロ離れた寂れた場所にある、ラ・ストルタという聖堂に立ち寄った。ここでイグナティウスは、父なる神と、御父のかたわらにいる十字架を担ったキリストが、自分を慈しみの眼で見つめておられるのを仰ぎ見るという神秘的な恵みの一つにあずかった。彼は御子が「私の望みはお前が私の僕《しもべ》となることだ」と言われ、御父が「私はローマでお前に好意を示そう」と言われるのを聴いた。この幻視は、自分の小さな群れをイエズス会として知らしめるという望みを増し、ローマで何が待ち受けていようと揺るぐことのないほどの、神の加護への信頼を深めた(11)。

永遠の都ローマで受けた歓迎は彼らを勇気づけるものだった。イグナティウスは霊操を指導し、ファーヴルとライネスは教皇の任命によりサピエンツァ〔ローマの教皇庁立大学〕で聖書と神学を講義した。翌年、一五三八年の復活祭までにその他の者も皆ローマに来て、トリニタ・デイ・モンティ〔ローマ市北部のピンチョの丘近く、いわゆるスペイン広場そば〕の側の小さな家でイグナティウスと再会した。説教にルター派の響きがあるのでイグナティウスたちがあるアウグスチノ会†2修道士を諭したところ、その追随者たちがイグナティウスたちに対する全く根も葉もない誹謗中傷を流した。それにもかかわらずイグナティウスたちはローマで深い印象を残す。イグナティウスは粘り強くこの虚偽の運動の支柱を壊し、さらに教皇パウルス三世に直訴して、自分と仲間たちが生活の面でも教説の面でも非難されるところはないという、ローマの統治者である教皇の公式声明を手にした。彼らは町のいくつかの教会で説教したが、それは説教があるのは四旬節と待降節だけだと思っていた信者たちにとって嬉しい驚きであった。一五三八年の降誕祭にローマを襲った厳寒のため、飢えに見舞われた人々が何百人も田舎から町になだれ込み、消耗し、凍え、飢えて路上に放り出された折、イグナティウスたちはこの憂うべき場に分け入り、凍えた不運な人々をアラチェリ〔サンタ・マリア・イン・アラチェリ教会、ローマのカピトリーノ近く〕のそばにあった自分たちの住み処に運び、もらい集めてきた食べ物と薪で食べさせ暖めてやった。五か月にわたるひどい月日の間に何千もの人々がイグナティウスたちの慈悲を身に受けた。

一五三八年の一一月の終わりに、エルサレム行きへの希望の小さな炎が消えたことがわかると、彼らは教皇パウルス三世のところに赴いて、インドであろうと世界中のどこであろうと教皇が望むならどこへでも行くとして、その裁量に全面的に身を委ねた。教皇はこの度量の大きい申し出を喜んで受け入れた。ピエール・ファーヴルはこれをイエズス会の創立に準ずる出来事と解釈している(12)。

この準創立は二年のうちに、会が修道会として教皇認可を受けるという、完全な創設へと発展した。この発展を始動させた要因の一つに、五年ほど経つこの団結が壊れることにもなりかねない深刻で差し迫った危機があった。一五三九年三月ブロエはジャンピエトロ・カラッファ枢機卿を通して、同輩の一人を伴ってシエナに行き、そこでサンタニェーゼ修道院とサン・プロスペロ修道院の改革に着手するように、との教皇パウルス三世からの命令を受けた。これがことの発端であった。他の高位聖職者たちはイグナティウスにその友たちの派遣を強く要請してきた。そこで一五三九年の四旬節の終わり頃、イエズス会の本来あるべき姿について、彼らは数か月にわたる議論を始めた。諸々の議事録のどのページからも、一人ひとりが祈り、誠実さに徹底してこの問題に取り組んだことが偲ばれる。何らかの形で団結を保持することについては意見が一致していることは当初から明らかだった。しかし、清貧と貞潔の誓願に、従順の誓願を加えるかという肝心な点については、祈りと償いによって強められつつ一か月近く討議検討してなお答えが見えないままであった。従順の誓願を加えるのであれば修道生活の重大な義務を負うことになるだろうことを、彼らは理解していた。四月半ば、彼らはついにこの重大な一歩を踏み出すべきだと結論した。この決定の重みを彼らがきわめて強く感じていたことは、モンマルトルの丘の誓願の日を彷彿《ほうふつ》とさせる特別なミサが取り行われたことに見て取れる。四月一五日、ピエール・ファーヴルが司式をし、各自は聖体拝領の際に、教皇の許可があれば修道会の形をとることを望むかどうか、その修道会に参加する意向があるかどうかを尋ねられた。一人ひとりが望むと答え、その後でファーヴルから聖体を受けた。[13]　五月から六月にかけて彼らは会の組織と将来の事業の諸側面について討議を続けた。

次の一歩は教皇に認可を申請することだった。そこでイグナティウスは自分たちで決定したことの概要を数ページにまとめ上げた。それは簡潔ながら後の『イエズス会会憲』（*Constitutiones Societatis Jesu*）の精神を準備するものであった。「本会において十字架の旗印のもとに神の兵士として奉仕しようと望む者は……」という、戦闘を思わせるこの文書の冒頭の言辞は、『霊操』と強く結びついている。この『基本精神綱要』（*Formula Instituti*）で表明されている会についての要点は以下がある。カトリックの教義およびカトリック的生活における人々の魂の進歩の世話を旨とする使徒的精神、教皇の命令により世界中どこへでも行くという特別な誓願に表明される聖座への忠誠、私有財産の所有権を捧げることによる清貧への奉献、総長への迅速かつ揺るぎない従順、使徒的活動への時間確保のためという観点から、通常の伝統的な聖務日課と美しい共唱の犠牲。

多くの修道会に悪評が立ち、修道会の数を削減すべきだと確信する高位聖職者もいたため、教会で新たな修道会を創設するのにこれより都合の悪い時期はほとんどないほどだった。イグナティウスが『基本精神綱要』を教皇に正式に提出してから、どっちつかずの未決の状態で一年と三週間が過ぎた。折あるごとに提出された文書を検討するよう依頼された枢機卿たちの意見は二つに分かれていた。ガスパロ・コンタリーニ枢機卿（Gasparo Contarini 一四八三―一五四二年）は即時認可に賛成したが、ジローラモ・ギヌッチ枢機卿（Girolamo Ghinucci 一五四一年没）は聖務日課の省略にルター派の影響があると懸念して躊躇していた。反対派の手ごわい中核はバルトロメオ・グィディッチオーニ枢機卿（Bartolomeo Guidiccioni 一四六九―一五四九年）であった。彼は修道士一般に反感を抱いており、すべての男子修道会を思い切ってただ一つにして、教区司祭という概括的カテゴリーと対になるようなものとするという考えに傾いているらしかった。イグナティウスはグィディッチオーニ枢機卿がこうした判断を固めることに対抗すべく強力な陣を張り、超自然的武器と自然的武器の両方をもって猛攻撃をしかけた。すなわち、イグナティウスは自分と仲間のわずかな司祭たちとで三千回のミサを捧げると全能の神に約束し、また彼らは自分たちの働きを認めてくれている影響力のある人物からの推挙の書状を得ることに努めたのである。するとフェラーラ、パルマ、リスボン、ボローニャ、シエナから非常に温かい賞賛を伝えるメッセージがローマに降るように届いた。ついにグィディッチオーニ枢機卿は共同体の会員数を六〇名以内に制限するなら反対を快くやめるというところまで折れた。一五四〇年九月二七日、教皇パウルス三世はグィディッチオーニ枢機卿の出した制限を採用しながらも、公開勅書『レギミニ・ミリタンティス・エクレシエ』（*Regimini militantis ecclesiae*）をもって正式の認可を与えた。教会法上認可された修道会としてのイエズス会がここに現実のものとなった。

さしあたって何より重大な問題として注目されたのは総長の選出であった。一五四一年の四旬節の間に出席可能だった六名が、イグナティウスとともにローマに集まった。この六名の票と、ドイツとポルトガルから送られて来たファーヴル、ザビエル、ロドリゲスの票は、全票一致でイグナティウスを選んでいた。イグナティウスははなはだ不本意であったが、聴罪司祭の強い勧めでようやくこの役目を受理した。一五四一年四月二二日、イグナティウスとローマにいる仲間たちはサン・パウロ・フオリ・レ・ムーラ大聖堂に赴き、イエズス会会員としての荘厳誓願を宣立した。

一五四四年に教皇パウルス三世は共同体を六〇名とする当初の制限を取り去り、一五五〇年には教皇ユリウス三世（Julius III 在位一五五〇―一五五五年）が公開勅書『エクスポスキット・デビトゥム』（*Exposcit debitum*）の中でこの会を正式に追認した。ほどなくこの修道会の会員は、特にイエスの聖名に結びついている者として、イエズス会士という名称で知られるようになった。これは当初は蔑称として、後には広く尊敬表現として用いられた。

初期の発展

イグナティウスはこの小さな一団の特徴に、機動性《モビリティー》と行動《アクション》という理念を与えた。それは、自らを教皇に捧げて教皇の望みのまま世界のどこへでも行くとして、全員が雄弁に表明していた理念であった。教皇パウルス三世は会を正式に認可する前にも、このイエズス会士たちをローマ以外の各地で用い始めていた。一五三九年に、教皇はパスカーズ・ブロエをシエナに派遣したが、ブロエが大学生への黙想指導や一般民衆への説教によって町の驚くべき刷新を成し遂げたという報告がそこから届いていた。同年、教皇パウルス三世はピエール・ファーヴルとディエゴ・ライネスをパルマ公国に急派したが、彼らは霊操により悔悛の秘跡と聖体祭儀に対するそれまでには見られなかった熱意を同地に呼び起こした。クロード・ジェの受けた最初の命令は紛争に苦しむバニョレアの町に赴くことだったが、彼はそこでその柔和で寛大な心でもってあらゆる人の心をつかみ、旧敵同士を和解させ、人々を秘跡に立ち戻らせた。日々の告解の数について彼は次のように記している。「今では真夜中まで教会から離れることができません。朝、人々が壁をよじ登って実に私の家の中にまで陣取り、告解するのを待っているのを見つけることさえあります」[14]。教皇パウルス三世は同じ年に、ニコラス・ボバジリャを、イスキアにてアラゴンのファナ（Juana）とその夫のアスカニオ・スフォルツァ（Ascanio Sforza）とを仲直りさせるという細心の注意を要する使命に用いた。しかしこれははじまりにすぎず、ボバジリャは司祭として働くべく、ガエタ、ナポリ、ビジニャーノへとやつぎばやに派遣された。

ほどなくしてこのイエズス会士たちの才能と熱意は、多方面にわたる重要な仕事に注がれるようになった。教皇庁の外交あるいはそれに準ずる任務、大学での教授職、トリエント公会議（一五四五―六三年）[†3]の神学顧問、学校経営、海外宣教。一五四一年の秋、アロンソ・サルメロンとパスカーズ・ブロエは、教皇使節として、ヘンリー八世（Henry VIII 一四九一—一五四七年、イングランド王在位一五〇九—没年）の制圧下にあって苦しむアイルランドで、諸侯たちの教会への萎えた忠誠心を鼓舞するという任務を担ったが、それはつかのまで挫折した。一五四〇年一〇月、ピエール・ファーヴルは、ヴォルムスとレーゲンスブルクで予定されていたカトリック—プロテスタント間の宗教討論会のためにドイツへ赴く神聖ローマ皇帝使節団のペドロ・オルティス博士の同伴者に指名された。外交儀礼上、ファーヴルがメランヒトン（Philipp Melanchthon 一四九七—一五六〇年）〔人文主義者、ルター派の宗教改革者〕とその一行と話すことは許されなかったが、ファーヴルは、霊操指導における卓越した能力、人を惹きつける態度、霊的な主題について意見を交わすにあたってのカリスマにより、ドイツの高位聖職者や司祭に新たな決断を促した。ドイツに入った最初のイエズス会士としてファーヴルは、この国の人々がその教義が理に適っているためにルター派に転向しようとしているわけではなく、聖職者の間にさえ広まっているカトリック的生活態度の衰微のゆえだという結論に達した。[15]ヴォルムスとシュパイアーまたレーゲンスブルクで、ファーヴルは特に教会の指導者たちに影響を与えることで——それはドイツ各地へのイエズス会の偉大な貢献と言えるのだが——この地の古来からの宗教的遺産の回復の動きを始動させた。

大学の講堂は早くから会員たちの職場となっていた。早くも一五三七年にはファーヴルとライネスがローマのサピエンツァ大学で聖書と神学を教えた。一五四三年にはクロード・ジェが、カトリック信仰のベテランの擁護者であったヨハネス・エック（Johannes Eck 一四八六—一五四三年）が亡くなって大学の神学部の要職に空席ができた後の、インゴルシュタット大学で活躍した。バイエルン公ヴィルヘルム（ヴィルヘルム四世〔Wilhelm IV〕。一四九三—一五五〇年、在位一五〇八—没年）がこのポストに就かせるべくジェを招聘したのである。ジェは、定着性を求める教授職が会の特徴の一つだと自分が思っている機動性に抵触することになると考えて辞退したのだが、駐独教皇庁公使ロベール・ヴォショプ司教（Robert Wauchope）の強い要請でやっと折れ、大学で「ヨハネの手紙」についての講義を受け持つことになった。これはジェにとり貴重な体験であった。この体験で彼はドイツの宗教的状況についての知見を深めることになり、司祭養成の質のひどさに気づいて愕然としたのである。彼は見解を一転させて、イエズス会が正規教育の分野に参入することを強く主張するようになった。[16] 別の使徒職でインゴルシュタットを離れていた六年の後、ジェは今度はアロンソ・サルメロンと若いオランダ人司祭、ペトルス・カニシウス（Petrus Canisius 一五二一—九七年）を伴って講堂に戻った。

カトリック教会内の刷新運動の最も重要な出来事はトリエント公会議であった。一五四五年一二月に公会議が開かれて三日後、ジェはアウクスブルクのオットー・トルクセス・フォン・ヴァルトブルク枢機卿（Otto Truchsess von Waldburg 一五一四—七三年）の代理として到着した。パウルス三世がイグナティウスに、この大事業のために彼のもとにいる人材をさらに派遣するよう要請したので、イグナティウスはファーヴルとライネスとサルメロンを任命した。しかしこのティロルの小さな町に来たのは後の二人だけだった。ファーヴルは一五四六年の夏に悪性の熱病にかかり、ローマで亡くなった。四〇歳になったばかりであった。博識と徹底した学問的態度によって、ライネスとサルメロンは司教たちのために舞台裏で計り知れないほどの助力をした。同時に総会の議場では教義のいくつかの論点に関してよどみなく雄弁に解題した。こうして教会史におけるこの画期的出来事を成功へと導く、イエズス会士のめざましい貢献が始まった。

トリエントや大学でのこうした任務は高度に専門的であった。しかしそれは初期のイエズス会士たちを、中欧西欧のすみずみでの一般民衆への説教活動や霊操指導をすることへの心からの献身から遠ざけるものではなかった。ローマ本部に留まっているイグナティウスを除く各会員が、驚くほどの勢いで幾多の町や都市をめぐり何百何千キロの旅を重ねていた。例えばクロード・ジェはバニョレア、ファエンツァ、ブレシア、レーゲンスブルク、インゴルシュタット、ディリンゲン、ヴォルムス、アウクスブルク、フェラーラ、ウィーンで働き、サルメロンはローマ、ナポリ、モデナ、ボローニャ、ヴェローナ、ベルーノ、ヴェネツィア、フェラーラで説教をして、同時代の偉大な説教家としての名声を得た。ファーヴルはおもに霊操を道具に用いて、パルマ、ヴォルムス、シュパイアー、レーゲンスブルク、マインツ、ケルン、ルーヴァン、リスボン、バリャドリードで、その柔和で魅力ある態度でもって、自分に対してと同様に、イエズス会そのものに対する多くの人の共感を得た。ファーヴルは多くの旅をしたが、特にドイツを旅した折に、自分の内的生活の変遷を日記に書き留める時間をとるように心掛けていた。それはファーヴルの『回想録』(*Memoriale*)として知られている。『回想録』は心打つ単純な筆致で記されており、聖霊の息吹に素直に応える、無垢で愛情に溢れた祈りの人たる彼の心を物語るものとして、今に至るまでイエズス会の最も貴重な霊的な宝の一つとなっている。[17] このように計画性をほとんどもたないままに、数多ある修道会のうちでこの幼な子は、司祭である会員たちが教皇や司教たちの指示のもとで驚くほど機敏に動き、ヨーロッパ中でますます名の知られる存在となった。

イエズス会士のメッセージに対する際立った反応の一つに、この修道会への入会希望者の数の多さがある。一五四〇年に会員は一〇名だったが、一五五六年、イグナティウスが亡くなった年には、約千名を数えた。パルマでは会の最初の殉教者であるアントニオ・クリミナーリ(Antonio Criminali 一五二〇—四九年)と、後にイタリアの偉大な説教家に数えられることになるベネデット・パルミオ(Benedetto Palmio 一五二三—九八年)を含む数名の者が、ファーヴルとライネスに出会って自分の召命を見出した。ルーヴァンでは神学生フランシスコ・ストラダ(Francisco Strada 一五一九頃—八四年)の雄弁とピエール・ファーヴルの霊的指導により、大学生の間でイエズス会の理念への熱狂が惹き起こされた。ファーヴルはこうした学生たちの中から八人をコインブラへ、一人をケルンへ養成のために送った。ポルトガルでは主としてシモン・ロドリゲスの影響力と国王ジョアン三世（João III 一五〇二―五七年、ポルトガル王在位一五二一―没年）の助成のおかげで、初期イエズス会は他のどこよりも発展し、一五四四年までに大学町コインブラに四五名からなる共同体ができた。

ポルトガルからの報告はイグナティウスを喜ばせたとはいえ、残念な知らせもあった。もめごとはイグナティウスの最初の仲間たちの一人である、他ならぬシモン・ロドリゲスの独善に起因するものだった。この洗練されたポルトガル紳士は母国で会を導く責任を任されると、本部に対してあやふやで反抗的な態度を見せていたため、イグナティウスはロドリゲスの退会処分を考えるまでに追い詰められた。しかし総長として、慈父のような愛情をもって、このふとどきな配下に非を悟らせ、これを償い、以前の理想に立ち帰る道へと導いた。ロドリゲスは、初期のイエズス会の歴史を詳しく伝える、最も貴重な文献の一つである『イエズス会の起源と発展』（*De Origine et Progressu Societatis Jesu*）を編むことで失敗を償った。この本は一八六九年にようやく出版された。

新たに入会したイエズス会士の中で、傑出していた二人の人物がいる。オランダ人のペトルス・カニシウスとスペイン人のフランシスコ・ボルジア（Francisco Borgia 一五一〇―七二年）である。一五四三年にカニシウスは、マインツでファーヴルの指導のもと霊操を経験し、自分の二二回目の誕生日に、イエズス会の一員となることを誓った。このラインラントの町での霊想とともに、この人物の五四年にわたる信じがたいほどの労苦が始まった。それは彼を、第二のボニファティウス（Bonifatius 六七二／七五―七五四年）〔イギリス生まれのベネディクト会士、ドイツに宣教した〕として知らしめることになった、五四年にわたる信じられないほどの労働が始まった。フランシスコ・ボルジアは上品で洗練されたスペイン最高の貴族――カタルーニャ総督兼ガンディア公――であったが、はからずもファーヴルとアントニオ・デ・アラオス（Antonio de Araoz 一五一五―七三年）に出会い、彼らが自分に開いてくれた霊的地平の虜となった。一五四六年に妻が亡くなると、ボルジアはスペイン貴族社会での高い地位を放棄してイエズス会士となり、国王の僕としての彼のキャリアを刻んでいた熱意のすべてをそのまま新たな生活様式に持ち込んだ。

早期からの会員数の増加は幸運な成り行きだった。そのためにこそ、イエズス会士が携わった多岐にわたる任務のうち、イグナティウスはイエズス会が独自の仕方で関わることになる教育と海外宣教という二つの分野を引き受け展開させることができたのである。

学校

教育は、説教活動と要理教育を含む広い意味で、つまり使徒職の一つの形としては、イエズス会の水脈の一つではあった。だがまもなくイグナティウスは自分が入会を許可した人々の養成の問題に直面し、正規の意味で、教育の内容を考えなければならなくなった。ライネスの提案を採用して、イグナティウスは神学生たちが学ぶ大学のある町に宿舎を設けた。一五四四年の末までにヨーロッパにこうした宿舎が七つできた。ガンディアは、イエズス会が一般学生の教育を使徒職とすることを決定づけた場所である。一五四五年にフランシスコ・ボルジアはガンディアでイエズス会神学生の養成のための学院を設立した。学長が哲学の公開討論会を開いたところ、反響を呼び、自分の子供たちが講義に出るのを許してくれるようにと頼む家族が現れた。ボルジアはこの願いを上奏し、一五四六年、イグナティウスは同意した。二年後にはこの学院はガンディアの若者に人文科学の課程を提供するようになった。

スペインでのこうした展開だけが、イグナティウスが学校という使徒職について思いめぐらすきっかけであったわけではない。一年前の一五四三年、ゴアのポルトガル人たちがそこに来ていたフランシスコ・ザビエルに、ディオゴ・ダ・ボウルバ（Diogo da Bourba）の地方学院にイエズス会士の教師を何名か派遣するよう依頼した。こうした成果についてのザビエルの報告は感激に満ちていた。ドイツからはクロード・ジェが、この悩める国では、教えることほどイエズス会にとって大事な仕事はない、と書き送っている。シチリア島では、イグナティウスの友人である総督ファン・デ・ベガ（Juan de Vega 総督在位一五四七—五六年）が、この島の宗教的・文化的な水準を高めることを望んで、メッシーナの市当局に、同地の若者のための学校の設立をイグナティウスに依頼するよう強く主張した。イグナティウスは、ヘロニモ・ナダール（Jerónimo Nadal 一五〇七—八〇年）、ペトルス・カニシウス、アンドレ・

デ・フルー（André des Freux 一五〇二頃―五六年）をはじめとする、注意深く選んだ一〇人のイエズス会士の急派をもって、懐広くこれに応じている。一五四八年一〇月メッシーナでの正式な学校の創立をもって、イエズス会は主には一般学生のための学校運営をヨーロッパで着手することになった。メッシーナは最初に打ち込まれた楔《くさび》の重量のある本体であり、ガンディアはその細く薄い縁《へり》である。

イグナティウスはこの新しい使徒職を評価するにあたって慎重だった。それはとりわけ彼がイエズス会に望んでいた機動性と清貧との関連で生じてくる問題のためだった。しかしいったん、教育の分野でいかに際立った教会への奉仕を果たすことができるかを悟ると、イグナティウスは、この新たな事業に自分の組織力の才をことごとく注いでヨーロッパ中に学院を設立することを、一五五一年一二月一日、回状で会に推奨した。自分の個人的な体験の反省に大いに導かれて、古典古代の文学、主にアリストテレス（Aristoteles 前三八四―三二二年）の哲学、そしてトマス・アクィナスを師とする神学研究を通しての、知識人の育成を推進した。イグナティウスは自由な判断に従って、古典の著者たちの古代世界、偉大な諸大学を生み出した中世世界、そして自分の同時代の人文主義に対するルネサンス的情熱の世界から建築石材を集めて教育の構造を形造ろうとした。地方の事情により、イエズス会の学校のすべてが全教科課程を提供できたわけでなく、文学と哲学に限るところもあれば、文学だけに限るところもあった。実際、神学が神学校以外で教えられることはほとんどなかった。しかしイグナティウスの理想は明確だった。イエズス会の学校は当初からカトリック改革の精神の旗手の一つとなり、社会のあらゆる階層に新風をもたらして、「少年の育成、世界の刷新」（Puerilis institutio renovatio mundi）という、大勢の初期イエズス会士たちの抱負を後押しした。ビヨン〔フランス〕の人々は自分たちの町でのイエズス会の事業を「初代教会が新たに生まれた」と表現している。[18]

こうした新たな仕事にあたっての喫緊の課題は、学校の管理者や教師を導く規範や指示の定式化であった。まもなくいくつかの案や小冊子が出てきた。一つはメッシーナで一五五一年、アニバル・デュ・クドレ（Annibal du Coudret）が出したもので、ポランコは「メッシーナの学事規定」（*De ratione studiorum Messanae*）という標題をつけている。ナダールは小冊子を三冊著し、一つは一五四八年のもので「メッシーナ学院規定」（*Constitutiones Collegii Messanensis*）と呼ばれている。次は一五五二年のもので「一般教養の配列と制度」（*De studii generalis dispositione et ordine*）として知られている。第三のものは一五五三年の、「学院の勉学のための規則」（*Reglas para los studios de los collegios*）である。[19]これらの文

ヘロニモ・ナダール

書は最終的な綱領が一五九九年に『学事規定』（*Ratio studiorum*）として定式化されるまでの半世紀間、吟味され篩《ふるい》にかけられ調整されることになる第一草案である。教育綱領の漸進的発展の中にイグナティウスの足跡は明らかである。パリ大学が彼が最良と考える学校であり、パリ大学の方法を採用するべきだと主張するにつれ、彼はイエズス会の学校が以下のような、基本的特徴をもつことになると断言した。明確に段階づけられた勉学の順序、学生の多様な能力の尊重、出席重視、多くの課題の付与。学校の秩序は、それはアルカラでイグナティウス自身が無駄に経験した混乱や、彼自身が目にした同時代のイタリアの学校――授業が少なく、学生が勝手に科目を選んでいた混沌とは別世界だった。サント＝バルブ学寮はイエズス会の教育学を育んだ揺籃《ゆりかご》であり、イグナティウスの天賦の才は古典研究を定着させ、それを広げ、一般化させたのだが、これは偉大な人文主義者エラスムス（Desiderius Erasmus 一四六六／六九―一五三六年）も達成できなかったことである。

イグナティウスが設立したあらゆる教育施設の中で最も傑出していたのは、一五五一年に開設されたローマ学院〔一五六六年に大学となる。現在のグレゴリアン大学の前身〕である。この施設では、方法論と教材の実験が大々的に行われていた。イグナティウスはローマ学院をあらゆるイエズス会の学校のモデルであるべきだと思い、絶えず配慮を惜しまなかった。彼は会の最も優れた学者たちの中から、アンドレ・デ・フルー、マルティン・デ・オラベ（Martín de Olabe 一五〇七／〇八―五六年）、マヌエル・デ・サ（Manuel de Sá 一五二八頃―九六年）といった面々をこの学院に集めた。こうして、専門分野において卓越した者となることを目指す、という代々のイエズス会士が引き継ぐ伝統が始まった。

メッシーナの学院が開設された一五四八年から彼の没年の一五五六年までの八年間に、イグナティウスはヨーロッパにおいて一般学生のための学校を三三校開き、加えて六校の開設に認可を与えた。ガンディアはイエズス会の歴史における分岐点であった。そこからイエズス会は学校教育の使徒職という長く果てしないように見える本道を歩み出したのである。

海外宣教

イエズス会が草創期から関わってきた第二の主要事業は、海外宣教である。ヨーロッパにおけるイエズス会士の増大は顕著だったが、海外への拡散はそれに匹敵する。気の遠くなるような遠距離、未知なる文化、奇妙な言語、さらにはキリスト教徒の裏切りといった困難に遭遇し、それらを乗り越えなければならないという点で、海外宣教はよりめざましいものであったとも言える。イグナティウスの没年には、彼の息子たちはインド、日本、ブラジル、コンゴに定着しており、またエチオピアに進出を始めていた。これらの冒険のすべてを、イグナティウスはポルトガルの高邁な君主、ジョアン三世の寛大な援助を得て始めた。最初のイエズス会宣教師がヨーロッパから外海にこぎ出したのはリスボンからであり、サン・ヴィセンテ（Vincentius; San Vicente 三〇三／〇四年没）〔サラゴサのヴィンケンティウス、ポルトガルの守護聖人〕の旗のもとでのことであった。遠隔の布教地で働いている七千人のイエズス会士のうちに今日でもなお生き続けている、イエズス会の宣教の輝かしい伝統における模範は、フランシスコ・ザビエルである。

ザビエルが極東の任務に当てられたのは、ポルトガル国王ジョアン三世が自分の広大な植民地帝国に溢れている何百万もの人々を教化したいと切望した結果であった。パリのサント＝バルブ学寮のポルトガル人の学長、ディオゴ・デ・ゴウヴェア博士（Diogo de Gouvea 一五五七年没）は、イグナティウス・デ・ロヨラを中心とする熱心な一団のことを思い出し、自分の君主に宣教師として推挙し、国王ジョアン三世は駐ローマ大使を介してイグナティウスに協力を求めた。その時、ローマにいた仲間はわずか六名だったが、イグナティウスはシモン・ロドリゲスとニコラス・ボバジリャの二人を選出した。ところが、ボバジリャが重病に倒れたので、イグナティウスは一五四〇年三月一四日、フランシスコ・ザビエルに代わりに行くよう告げた。ザビエルの返事は簡単なものだった。「はい。私はあなたのものです」。二日後、彼はリスボンへの途上にあった。国王ジョアンは二人のイエズス会士に非常に感銘を受け、少なくとも一人を広範にわたる司祭としての職務に当たる機会を与えるべくポルトガルに留め置こうと決め、ロドリゲスを召し抱えた。一五四一年四月七日、三五歳の誕生日にザビエルは、イエズス会に入ってまもない元教区司祭であったミセル・パウロ（Micer Paulo

一五六〇年没）と、ポルトガル人の有志で聖職志願者のフランシスコ・マンシリャス（Francisco Mansilhas）と共に七〇〇トンのサンティアゴ号に乗り、テージョ川を下ってインドへ向かった。

それは一年以上もの疲労困憊の旅だった。何か月もの間外海にあって長旅が単調さを増す中、窮屈な船底の船室と粗末でまずい食事、たびたびの同船者の船酔いの中で、ザビエルはその立派な人柄、他者への優しい心遣い、朗らかな振舞い、熱心な祈りに満ちた態度によってひときわ光彩を放っていた。一五四二年五月六日、サンティアゴ号は船体をきしませながらポルトガル領インドの首都、ゴアに到着した。

フランシスコ・ザビエル（1542年作）

ザビエルは一〇年間極東で過ごしたが、その仕事はおおよそ四つの段階に分けられる。まず彼は、漁夫海岸の住民の間で教え、次に海路六千キロを冒してモルッカ（マルク）諸島まで調査旅行に行き、さらに日本に信仰の基盤を据え、最後に、挫折に終わりはしたが、中国に入る努力をした。

ザビエルは、ゴアに四か月滞在した。ゴアはイエズス会士が東洋で行った偉大な宣教活動の活動拠点となるのであるが、すでにここ四〇年あまり宣教活動が行われ、おもにフランシスコ会士とドミニコ会士がその担い手となっていた。一五四二年九月、ザビエルはマンシリャスとミセル・パウロにゴアでの仕事を委ねて、最初の遠征に出た。インドの最南端にあるコモリン岬東岸に八〇キロにも及ぶ寂れた海岸に住む貧しい真珠取りの漁師たちへの宣教のためだった。彼は漁夫海岸でただならぬ問題に直面した。不毛で熱砂が続く海岸線には三万人の住民が住んでいたのだが、八年前にそのうちの二万人が受洗していた。ところが洗礼を施した司祭たちが原地の言葉を知らなかったため要理教育がなされていなかったのである。そこで彼は異教徒を改宗させるだけでなく、この新たにキリスト者になっていた人たちを教育しなければならな

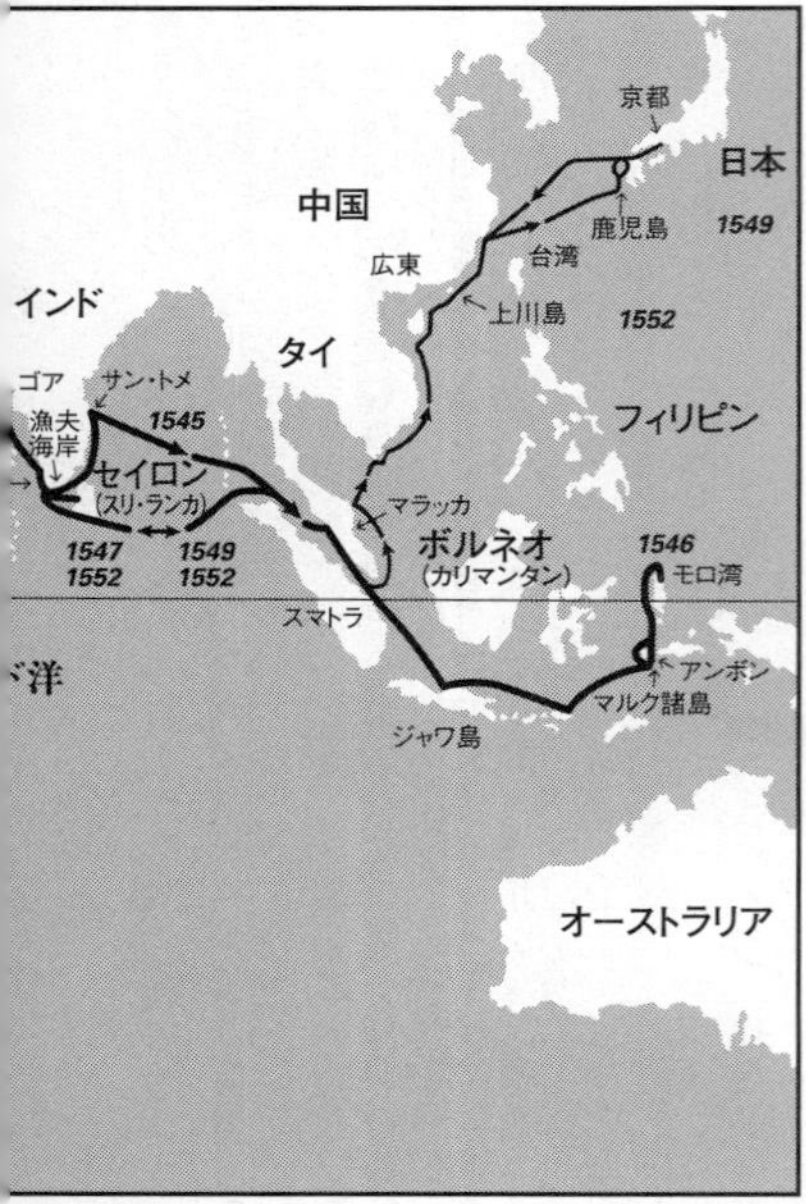

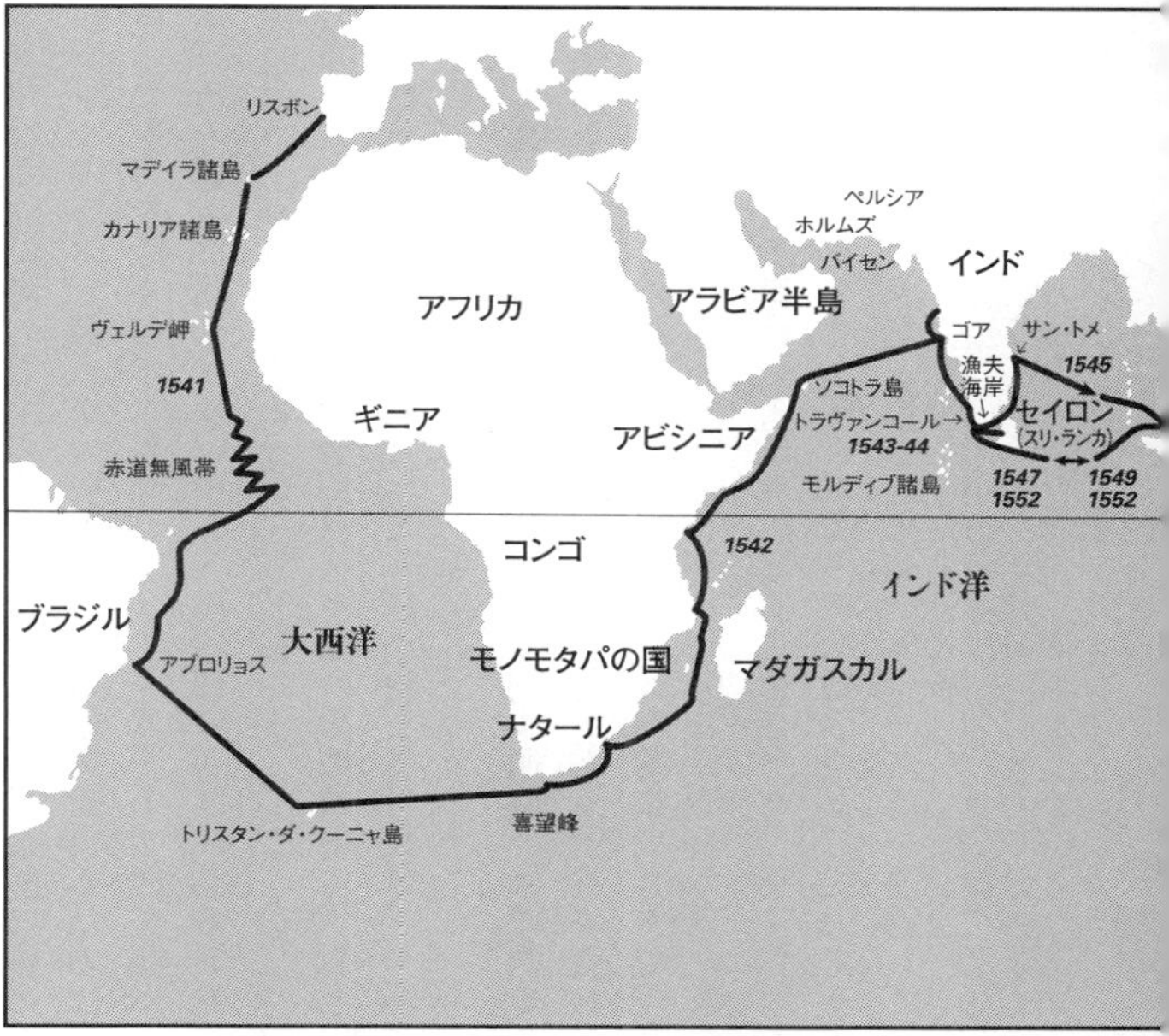

フランシスコ・ザビエルの航海地図（ロバート・F・オコーナー S.J.作製）

かった。ポルトガル語を少し話せる原地人の助力を得てザビエルは、十字の切り方、使徒信条、主の祈り、天使祝詞、告解の祈りをタミル語に翻訳し、苦心してこれらの祈りを自ら暗記し、それを人々に教えるというさらに骨の折れる仕事に着手した。照りつける太陽のもと、米のみを、たまには魚を糧として、ザビエルは村から村へ旅した。貧しい人たちを教導しつつ、古来の異教の慣行から引き離そうという、果てしない企てであった。山積する困難に加えてコモリン岬の君主の座をめぐって支配者たちの紛争が勃発した。マンシリャスと幾人かの要理教育者の協力を得るためにゴアに戻った一五四三年一〇月以後の数か月を除くほぼ二年間、ザビエルは不毛の漁夫海岸に留まっていた。一五四四年の末頃、その忍耐は報われた。インド南西部の海岸にあるトラヴァンコールで、隣村の人々の改宗を知り、キリスト教を受け入れればポルトガル人がムスリム〔イスラム教徒〕の略奪者から守ってくれることを知ったマクア族の漁民の中に、教会に向かう動きが広まった。ザビエルは疲れを知らぬ教師となって一四の村を駆け抜け、一か月のうちに一万人以上に洗礼を授けた。

彼に托された範囲には極東のポルトガル領の外輪であるインドから六千キロ離れたモルッカ諸島も入っていた。使徒聖トマスの墓がある聖堂に立ち寄って以降のほぼ四年の間、すなわち一五四四年八月からゴアに戻る一五四八年三月まで、ザビエルは同地で活動した。宣教が効果を上げるかどうかを見極め、祈りや要理をマライ語に翻訳し、現地人を教え、ヨーロッパ人の商人や船員や入植者には助言を与えた。乗り心地の悪い船で、ザビエルはベンガル湾を渡って、インドと極東の間の貨物集散地として栄える放蕩の地マラッカに赴き、その後植物の密生するマライ半島と細長い島ジャワ島を通過して、ポルトガルの財源となっている香辛料とりわけナツメグ生産で名高いモルッカ諸島に至り、強烈な日差しのもと、人のひしめき合うボートで、アンボン、テルナテ、モロタイを訪れた。こうした旅は、ポルトガル領内には二つの拮抗する精神的勢力があるという、ゴアでの最初の経験を繰り返すことになった。一つはあるヨーロッパ人たちの気高い高邁さで、そこに彼は力と励ましを見出した。もう一つは欲深で卑しく他人のものを欲しがる態度で、彼はこれにいつも心を痛めていた。心労と疲労に満ちたこの四年間は、彼個人がこの地についてなしえた計り知れないほどの高評価――司祭の常駐はこの上ない発展をもたらす――によって報われて余りあるものだった。

ザビエルの任務は容易ならぬものであったが、決していやな顔、難しい顔を見せず、魅力ある明朗さを失わなかった。ある観察者の言葉によれば、彼は口元に笑みを絶やさず任務を続けた。ヨーロッパにいる会友への書簡から、彼が霊操という泉のもとで力を回復していたことがわかる。「こうした苦難は、私たちが自分の忍耐を捧げるのを旨とするお方のために引き受けるならば、回復の源に変わります……キリストの十字架をいかに担うべきかをわきまえている者はこうした骨折りのただ中に休息を見出すだろうというのが私の信ずるところです[20]」。こうした精神はほとんど例外なく他のイエズス会士にも浸透していた。当時六人の仲間と共にコモリン岬で働いていたアントニオ・クリミナーリについて、ザビエルは一五四九年一月一四日に次のようにイグナティウスに書き送っている。「私の言葉を信じて下さい。アントニオは聖徳ある人物であり、この地の宣教のために生まれ出たのです。彼のような人をもっと送って下さい。私たちにはそうした者たちが必要です。コモリン岬の人々は彼が大事にしている仲間であり、キリスト教徒、原住民、サラセン〔ムスリム〕の誰にとっても彼はとても大切な人となっています」。同じ年の六月、数人の原住民が槍でクリミナーリを突き刺し、イエズス会に最初の殉教者が出た。一九〇五年の時点では会の殉教者は九〇七名に上る。[21]

　マラッカはザビエルにとって一つの頂点であり、それは自分の使徒職の範囲の枠を広げる出発点でもあった。というのは彼はそこで二人の来訪者に出会って、中国と日本に興味をもつようになったからである。モルッカへの途上で彼は謎めいた帝国、中国について語るポルトガル人と会った。それによると中国は外国に対して門戸を閉ざしているが、ポルトガル商人たちはその国の人々と密貿易を続けているということだった。ザビエルはマラッカで新たに友人になった人たちに、この閉ざされた国についてできる限りの情報を見つけてくれるよう頼んだ。モルッカからの帰途、彼は五年前にポルトガル人が発見したばかりの国、日本から来たヤジロウ（一五五一年頃没）という名の男に引き合わせてもらった。ヤジロウはザビエルに進んだ文明と豊かに発展した文化を有する民族についてつぶさに語った。ザビエルは日本を自分の将来の計画に入れることを決めた。ヤジロウはキリスト教徒になることを望んでいたので、ザビエルは信仰を学ばせるために彼を先にゴアに送った。

　ザビエルがヨーロッパからアジアへと大量に送り込まれたイエズス会の援軍のうちの三人と、インドでイエズス会に入会した一人と出会ったのもマラッカでのことだった。六週間の間、彼はこれら新参者に十分な情報を与えて指導し、その後モルッカに派遣した。ザビエルの手紙はヨーロッパのイエズス会の仲間たちに衝撃を与えるものだった。ポルトガル王のジョアン三世はザビエルがトラヴァンコールで一万人に洗礼を授けたという報告に感動し、この知らせを各教会で発表するよう命じ、コインブラに百人のイエズス会士を扶持することと、一五四六年初頭に一二人をインドに派遣することを取り決めた。アラオス神父は、説教活動によってインドで果たしているのと同じほど偉大な業を、ザビエルはスペインとポルトガルでも手紙によって果たしている、とイグナティウスに知らせている。(22)

一五四八年三月、ザビエルはゴアに戻った。一年間彼は宣教活動を組織化することに心血を注ぎ、他のイエズス会士たちの処遇を取り決め、ゴア、サン・トメ、キイロン、バセイン、ホルムズその他の遠隔地に配置した。自身は日本に行くことを決心した。

一五四九年の枝の主日〔復活祭の一週間前の日曜日〕に、ザビエルはコスメ・デ・トルレス神父（トレス。Cosme de Torres 一五一〇頃—七〇年）とフアン・フェルナンデス助修士（Juan Fernández 一五二六—六七年）、受洗し聖信のパウロ（Paulo）の霊名を受けて間もない日本人のヤジロウを伴い、ゴアの総督および司教両者の心打つ推薦状を携えてゴアを出港した。五月の末までに一行はマラッカに着き、六月下旬に中国の平底帆船で九週間の旅に出発した。ザビエルが日本最南の国であった薩摩の国の首都、鹿児島の岸を踏んでこの旅を終えたのは、モンマルトルの誓願の一五周年記念日である八月一五日のことであった。その時から、彼が「わが心の喜び」と呼ぶ国民の中での、二年半にわたる献身的な仕事が始まった。

すぐさま物見高い訪問者で一杯になった鹿児島のパウロ・ヤジロウの家が、宣教師たちの最初の宣教の場となった。漁夫海岸ではタミル語が、マラッカではマライ語がそうであったように、歩を進めるためにザビエルは日本語の学習という壁を突破しなければならなかった。ザビエルは、数か月間パウロ・ヤジロウの手ほどきでトルレスとフェルナンデスと共に学習し、その合間に帳面に日本語でカトリックの信仰の詳しい説明を書いた。これを彼はヤジロウの家と寺の境内で読み上げた。改宗者は多くはなく、おそらく二〇〇人ほどであったが、この転向は僧侶たちの怒りを買うのに足るほど顕著なものであり、彼らは大名を説いて改宗を厳しく禁じるようにしむけた。

鹿児島でのこうした突然の説教活動の停止処分は、ザビエルがこの国の改宗のために入念に練った計画の核心を実行に移すきっかけとなった。彼は仏教の総本山である比叡山と、北に遠く離れた都《ミヤコ》、現在の京都にいる帝の両者と接触することにした。ザビエルは帝から日本の人々にキリストについて話す正式の許可を得ようと思い、比叡山ではヨーロッパの大きな大学、とりわけ自分の母校であるパリ大学との連絡関係を創り出し、カトリックの学者たちを日本に次々に送ることを望んでいた。パウロ・ヤジロウに鹿児島の改宗者たちを任せ、一五五〇年の九月、トルレスとフェルナンデスと一緒に旅に出た。

初冬、ザビエルは鹿児島の北西二五〇キロにある平戸にトルレスを残し、そこからさらにほぼ二五〇キロを、悪路を歩きあるいは吹きさらしの船に乗って、有力大名の城下町、山口まで、フェルナンデスと共に旅を続けた。そこで二人は帳面に書付けていた信仰についての説明を読み上げたが、大勢の人の嘲笑と軽蔑に遭っただけだった。山口からさらに四〇〇キロ、ザビエルは草履をはいただけの、腫れ上がり出血した足で、雪道と凍て付いた川を渡ってやっとのこと歩き通し、連れの善良な助修士に感嘆の念を起こさせた。

大いに期待をかけていた都《ミヤコ》は、ザビエルの労に断固たる拒絶で報いた。比叡山は部外者の入山を禁じていた。帝に拝謁することは贈り物をしない限り不可能だった。その上、ザビエルとフェルナンデスは一一日間しか帝の町にいなかったが、それだけでも帝が実権を奪われた無力な主権者であり、昔日の栄光の影にすぎないことがわかるのに十分であった。ザビエルの壮大な目論見は、この国の社会・政治機構についてのひどく間違った情報にもとづいた浅はかなものだった。彼はこの現実を即座に受け入れて、新しい計画を立てた。山口の大名は実際に権力をもつ大名であり、こちらの威風を見せることでのみ心を動かされる。そこでザビエルは立派な衣装をまとい、――ポルトガル特使に任命されていたので――美しく書かれた信任状と、念入りに取り揃えた献上品を携えて山口の大名の前に姿を見せることにしたのである。彼とフェルナンデスは平戸まで戻り、ポルトガル人の協力を得て新たな冒険の準備をした。

山口の大内義隆（一五〇七―五一年）はすっかり心を動かされ、ザビエルとフェルナンデスをねんごろに迎えた。時計、眼鏡、オルゴール、葡萄酒など、客が持ってきた贈り物に魅了され、説教活動を許すばかりか、空寺を住み処として好きに使ってよいとした。このよそ者の教えを見極めようと、大勢がこの住居に押し寄せた。二か月の間に改宗者は五〇〇人を数えた。ザビエルは彼らが非常に知的で向学心に富み、新しい信仰への専心に余念のないことに喜びを覚えた。

ザビエルは教えながら学んでもいた。日本の人々が世界で一番博識なのは中国人であると思っており、芸術、思想、宗教の刺激と手本を海の向こうのこの大帝国に求めていることがわかった。この文化的依存関係を知ると、前々からのザビエルの中国への関心の度が増し、中国の改宗が日本の改宗に最も効果のある鍵だという見解に転ずることになった。自分の所領を訪れるようにとの豊後の大名の招きが、ザビエルが日本を去り、中国入国を企図する決心という一連の出来事の開幕となった。

一五五一年の秋、ザビエルは豊後に赴き、為政者の温かい歓迎を受けたばかりか、入港中のポルトガル船の船長で昔なじみのドゥアルテ・ダ・ガマ（Duarte da Gama 一五五五年以降没）に会う喜びを得た。ダ・ガマはザビエルに、日本到着以来初めて受け取る手紙を渡してくれた。そこにはよいニュースと悪いニュースが入り交じっており、漁夫海岸、マラッカ、コーチン、ホルムズで仲間のイエズス会士が宣教活動の展望を開いたとあり、またゴアの長上であるアントニオ・ゴメス（António Gomes 一五二〇頃—一五四年）が尊大で独裁的な態度に出ているともあった。ザビエルはかの地の状況をもう一度見極め、また日本宣教のための協力を得ようと、インドに戻ることに決め、信徒たちをトルレスとフェルナンデスに委ねて、一五五一年一一月中旬、ダ・ガマと共に豊後を出帆した。

広東沖の島々の近くで、ダ・ガマはザビエルの知り合いでもある、ディオゴ・ペレイラ(Diogo Pereira)が船長をしているポルトガル船と接触した。ペレイラは、密輸人として捕えられて広東の獄舎につながれたポルトガル商人の悲惨な話を聞いていた。救助を懇願しているこの囚人たちは、ポルトガルが両国間の友好関係を打ち立てるために広東に大使を送ってはどうかという提案を出している、ということだった。ザビエルはこの考えに飛びついた。もしゴア総督を説得してペレイラをポルトガルの対中国大使に任命させることができれば、自分はこの公式派遣団に加わって中国帝国に信仰の足掛かりを作ることができる。ペレイラは同意した。一五五二年二月半ばには、ザビエルはゴアに戻っていた。

彼がゴアにいたのは、総督による計画の認可を得て復活の主日に中国への壮大な冒険に向けて出帆するまでの二か月足らずだった。都《ミヤコ》で、日本の改宗のために立てた壮大な計画の突然の挫折を見たように、マラッカでも中国入国についての楽観的な計画が突然粉々になるのを目の当たりにしなければならなかった。著名な探検家でマラッカ海峡を発見した船長の息子、アルヴァロ・ダ・ガマ(Alvaro da Gama)が、理由は定かでないが、ペレイラがポルトガル大使として赴くことを突然拒んだのである。心底望んでいたことが暗礁に乗り上げたそのただ中にあってなお、ザビエルは広大な帝国の扉をキリストに向けて開くという夢を諦めることは決してなかった。公式の大使という支えを取り去られて、一五五二年八月末までに、中国の山々からわずか三キロ、広東から五〇キロの上川（サンシャン）島にいるポルトガル商人たちと合流する手はずを整えた。

ザビエルは禁を犯して自分を広東に送り届ける気がある者を見つけようと、中国商人たちにあたってみた。ポルトガル人たちは確実に投獄されることになる危険に身をさらさないようにと彼に懇願した。しかしザビエルの心は澄みきっていた。神の愛のために虜となる方が十字架から解き放たれて逃避するよりもずっとよい、と。彼はついに三五三クルサド〔ポルトガルの金ないし銀貨〕相当の胡椒《こしょう》の見返りで輸送手段の提供をしてもよいと言うある中国人を見つけた。航行日は一一月一九日と決まった。

ザビエルは船を待ちわびたが、それが来ることはなかった。惨めな掘っ立て小屋で半分飢え、一一月の刺すような風に凍えているうちに病気になった。一二月三日の夜半を少し過ぎた頃、一人の忠実な中国人の友人が死にゆくザビエルの手にロウソクを握らせ、息を引き取るのを看取った。イエズス会にとって中国は特に思いを寄せる布教地となり、その最も優秀な息子たちの仕事場となった。彼らは常に、東シナ海のわびしい上川島で寂しく死んでいった、この洗練されたバスク人紳士に、尽きせぬ霊感を見出したのである。

生前ザビエルは、インドの広大な沿岸地帯にも、またバセイン、テルナテ、マラッカ、コーチン、タナ、クイロンのポルトガルの植民地の学校にも仲間のイエズス会士を整然と組織化して配置した。日本にいるトルレスとフェルナンデスを援助するためにバルタサル・ガゴ(Baltasar Gago 一五一八頃―八三年)と二人の助修士を送っていた。改宗者は名士を含め少しずつ増え、一五五四年までに豊後におよそ六〇〇人、山口に一五〇〇人、平戸に二〇〇人となっていた。日本でイエズス会に入会した商人かつ船医であるガスパル・ヴィレラ(Gaspar Vilela 一五二五―七二年)とルイス・デ・アルメイダ(Luis de Almeida 一五二四/二五―八三年)という二人の献身的なイエズス会士の到着でさらなる成功のきざしが見えてきた。しかしさらなる悩みのきざしもあった。一五五四年、山口の紛争の勃発で多くのカトリック教徒が国元を出ることを余儀なくされ、カトリック信者の人口が三〇〇人にまで減ってしまったのである。

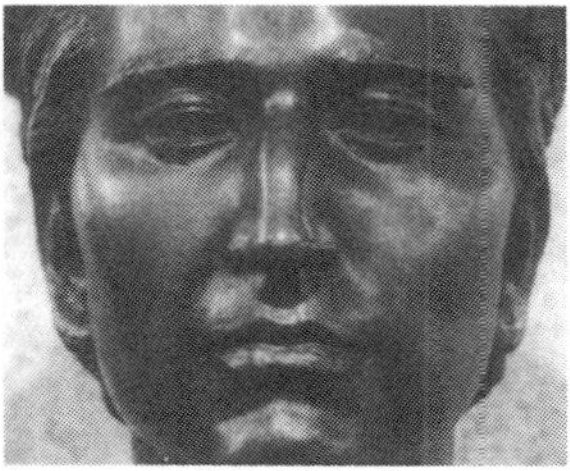
ルイス・デ・アルメイダ

輝く光と暗い陰が日本宣教の行く手に交錯していた。

ポルトガルの西方の植民地ブラジルは、釣り合いのとれた天秤さながら、東方のインドの植民地に、その広大さで匹敵していた。最初にブラジルでの任務を与えられたイエズス会士たちは、一五四九年三月二九日、広く美しい土地バイア・デ・トドス・オス・サントス州に向けて出帆した。植民地特有の困難な問題に取り組むには最適な六人の一行であった。長上であるマヌエル・ダ・ノブレガ(Manuel da Nóbrega 一五一七―七〇年)は三二歳、高貴な生まれの教養ある人であり、視野が広く迅速に事を行った。ファン・デ・アスピルクエタ神父（Juan de Azpilcueta 一五二一／二三―五七年）は語学に秀で、レオナルド・ヌネス神父（Leonardo Nunes）は活動力に溢れた人、建築技師のアントニオ・ピレス神父（Antonio Pires 一五一九頃―七二年）はいわゆる「何でも屋」、ディオゴ・ジャコメ助修士（Diogo Jácome 一五六五年没）は大工、ヴィセンテ・ロドリゲス助修士（Vicente Rodrigues 一五二八頃―一六〇〇年）は教師であった。

この植民地は早々と、種々の才能の寄り集まった一団の影響を受けた。到着の二週間後、イエズス会士たちはポルトガル人入植者と近隣の現地人の子供を集め、読み書き、歌唱、宗教の教場を作った。五か月のうちに、彼らは一〇〇人の現地人に洗礼を授け、五〇〇人から六〇〇人の洗礼志願者に準備教育を施していた。後にバイアとして知られるサン・サルヴァドルの彼らの粗末な泥小屋から、ブラジル文化の揺籠、コレジョ・マシモが育っていった。フランシスコ・ザビエルが日本に教会を立て、中国入国を準備していた一五四九年から一五五三年の間、ノブレガとヌネスはバイアの海岸沿いを南北に移動しながら、ペルナンブコ、イレウス、ポルト・セグロ、サン・ヴィセンテといった場所に足を止めて、宣教の可能性を探った。ノブレガは、海岸地域を小走りに往来しつつこの地の鼓動を感じ取っていたと、この旅について述懐している。またノブレガはバスク人ファン・デ・アスピルクエタについて、ヨーロッパの友人たちに次のように書き送っている。「その愛の炎で山々を燃え上がらせるほどの情熱をもって、彼はここかしこに走りまわっています(23)」。

大西洋岸に長く延びるポルトガルの植民地の背後には、歩くトゥピ族といわれる移動生活を営む人々が住む鬱蒼《うっそう》とした密林が不気味に迫っていた。信仰を根付かせるためには、文明の基礎である秩序と定住を彼らの前に切り開くのが自らの任務の一部であるとイエズス会士たちは理解した。一五五三年、ノブレガは大胆な決断をした。彼はサン・ヴィセンテの背後に聳える山々に分け入り、雄大な高原に至った。彼はそこが気に入り、原住民を定住させるという使徒職のための、学校および神学校を有する中枢機関を思い描きつつ、それをここに築くこととした。これがサン・パウロの起こりとなった(24)。

一五五〇年、さらに四人のイエズス会士が到着し、その三年後に、この時代にブラジルに渡った者たちの中で最も傑出した人物が到来した。病弱で身体が不自由な一九歳の神学生、ホセ・デ・アンチエタ（José de Anchieta　一五三四―九七年）がその人である。歌うように美しい声のゆえに「オ・カナリーノ」と呼ばれていたこのカナリア諸島のテネリフェ出身者は、四四年間、高い知性と並外れた記憶力そして勤勉な努力をブラジル宣教に捧げた。ノブレガとアンチエタは一五五三年一二月二四日サン・ヴィセンテで相見え、宣教史上屈指の偉大な協働がこの出会いより始まることになった。アンチエタは到着後半年のうちにトゥピ・グアラニ語のやわらかな発音をローマ字に写し取り、文法概要の草稿を著した。韻文や詩の技法を用いて彼はキリスト教の思想を原住民の歌で表現したので、ほどなく聖三位一体や、キリストと聖母を賛美する原住民の若者たちの歌声が森林にこだました。東方のザビエルのすべての手紙に輝き出ている霊操に発する燃える心が、西方からのアンチエタの報告をも高揚させている。

一五五四年は悲劇の年であった。方々へ機敏に動き回るために「飛び歩く神父」の異名を取っていた草分けの一人ヌネスが宣教報告のため帰欧の途中、洋上で命を落とした。二人の実務助修士、ペロ・コレイア（Pero Correia 一五五四年没）とジョアン・デ・ソウザ（João de Sousa 一五五四年没）が戦争をしているトゥピ族とカリジョ族の和睦を試みるためにノブレガにより森林地帯へ派遣されたが、カリジョ族に殺害され、会で最初のブラジルでの殉教者となった。こうした損失と、イレウス、ポルト・セグロ、エスピリト・サント、サン・ヴィセンテやインディオのささやかな学校に人材が散ったため、ヨーロッパのイエズス会に協力を求める請願が一斉に起こった。「原住民たちは霊的食物に飢えています。どうして神父たちや助修士たちが来て、この聖なる飢えを和らげてやらないのでしょうか」。「この地の異教徒たちは、新しい教会のための礎としてあなた方の血が注がれるのを待っています。おいで下さい」。「収穫は計り知れないほどあり、働き手が必要なのです」。しかし多くの宣教師を求める呼びかけのほかに、太鼓、笛、釣り針といった道具を求める請願も届いた。ブラジルの森林地域の変革を達成するために、イエズス会士たちは、宗教と文明という強力な影響力をもつ二つのものを堅固な結合体にまとめ上げたのである。

インド、日本、ブラジルでの宣教が前途有望であったのに対し、ポルトガル管区の全責任

ホセ・デ・アンチエタ

下にあったアフリカに入ろうとする最初のイエズス会の試みは、動きが遅々としているか、完全に挫折するかのどちらかであった。一五四八年、二人のイエズス会士がモロッコに、別の二人がコンゴに入った。一五五五年、コンゴの二人は、初めのうちは快く受け入れていた支配者と一夫多妻問題で決裂したために追放された。同年、二人はアフリカの全地域で最も幸先がよさそうに見えたエチオピアに入り込んだ。しかしほとんど初めから、そこでのイエズス会士の努力には為政者のごまかしがつきまとってきた。キリスト単性論派[†4]のキリスト教徒の国民が多いこの国を、クラウディウス(Claudius 在位一五四〇—五九年)という名の策略に富むエチオピア皇帝が治めていた。差し迫るムスリムの侵略者による征服に直面すると、クラウディウスはポルトガルに援助を求め、自分の国民をローマ教会に帰一させると約束した。ポルトガルが果敢な軍事行動でムスリムを追い払うと、クラウディウスの約束は即座に覆された。ムスリムが再び攻勢に転じると、クラウディウスはまたしても支援を訴えて、ジョアン三世に自分の意志が偽りないものであるしるしとして総大司教と宣教師団[†5]を求めた。ジョアン三世はピエール・ファーヴルを総大司教に任じたが、ファーヴルは王がその要請文をイグナティウスに送らないうちに亡くなった。ファーヴルの代わりに選ばれたのはファーヴルその人がイエズス会に入会させた者の一人であるジョアン・ヌネス・バレト(João Nunes Barreto 一五一七—六二年)であった。イエズス会の会員は、受諾を教皇から命じられない限り、教会内のあらゆる顕職を辞退すべきだというのがイグナティウスの断固たる原則であったが、バレトの場合には反対しなかった。それはエチオピアの総大司教職は実際には栄誉よりもむしろはなはだしい困苦と惨めな窮乏に通じる扉であるからだった。司教補佐として、バレトにはアンドレス・デ・オヴィエド（Andrés de Oviedo 一五一八—七七年）とメルシオル・カルネイロ（Melchior Miguel Carneiro 一五一六頃—八三年）の二人のイエズス会員が与えられた。イグナティウスが亡くなる四か月前の一五五六年三月三〇日に、叙階されたばかりの総大司教はリスボンから、挫折と失望が待っている地に向かって出帆した。

バレトがヨーロッパを去る一年前、ゴアのイエズス会士たちがエチオピア宣教に関わることになった。ゴア総督は総大司教のために前もって準備すべく、二人のイエズス会士、ゴンサロ・ロドリゲス神父（Gonçalo Rodrigues 一五六四年没）とフルシェンシオ・フレイレ助修士（Fulgencio Freire 一五一二／一四—七一年）をクラウディウスの宮廷に送った。二人は状況をありのままに見極めた。エチオピア皇帝のローマ・カトリックへの関心の度合いはムスリムの略奪者たちの接近如何によって上下するにすぎない。そればかりでなく皇帝の家臣たちはこの国の宗教上の方向づけを思い切って変革することをまず容認しないだろう。総大司教に関するきわめて悲観的な展望を得て、ロドリゲスは憂いに沈んでゴアに戻った。

エチオピアでの最初の経験は、苦悩に満ちたこの国での今後を予示するものであり、時折一筋の光が差し込むことはあっても、この国での宣教の歴史は厚く垂れ込める暗雲に覆われていた。とはいえ、これがイグナティウスの晩年に行われたイエズス会の宣教活動の成果一般の特徴ではないし、イグナティウスが寄与した、歴史上の偉大な文化的発展のもつ計り知れない意義を覆すものでもない。一六世紀前半は、活発な海外発見の時代であると同時に、人文主義のときめく時代でもあった。イグナティウスは教育と宣教を二つの主な使徒職とすることで、海外発見と人文主義の結合の達成を助けた。彼は自分の配下を大西洋を越えて、また極東にまで派遣し、彼らはその地で学校を開いた。ヨーロッパの偉大な文筆家たちは人文主義という共通な基盤の上にキリスト教界を再び一致させることを夢見ていたが、イグナティウスはさらに一歩先んじていた。彼は海外に目を向け、はるかかなたの海沿いにあるイエズス会の学校に、無数の異教徒たちを教会にもたらすための非常に有効な手段を見ていた。イグナティウス自身が海外発見と人文主義のこの重要な結合を創始したのではないが、彼とイエズス会が並外れた規模でそれを促進したのである。(25)

晩年のイグナティウス

教皇パウルス三世がイエズス会を承認した一五四〇年からイグナティウスの没年の一五五六年までの一六年間、イグナティウスがローマを離れたのは、会の仕事を遂行するため、また敵対する者同士を和解させるために、モンテフィアスコーネ、ティヴォリ、アルヴィトに赴いた数回だけだった。アフリカに自ら宣教に行くことを、またロレト〔イタリアのアドリア海側の巡礼地」に巡礼することを望んでいたが、いずれも状況により不可能になった[26]。彼は本部に留まり、父親のこまやかな愛情と、広い見識をもって四大陸にいる息子たちを導いた。自らしたためたり、または献身的な秘書ファン・デ・ポランコに書き取らせて、彼はおよそ六千通の手紙を書き送っている。しかし彼が息子たちを指導し着想を与えるために遺した最大の遺産は、『霊操』を別にすれば、『イエズス会会憲』である[27]。

イグナティウスは当然、イエズス会認可の公開勅書と一五四一年の春に決めた四九箇条にもとづいて会憲を打ち立てることになった。六年間は他の仕事や時には病気に妨げられて、少しずつしか進まなかった。一五四七年イグナティウスはファン・デ・ポランコを秘書にしたのだが、この有能で気さくなスペイン紳士が完璧に仕事を果たしてその重荷の多くからイグナティウスを解放したので、イグナティウスには『会憲』作成に打ち込む余裕ができた。イグナティウスは彼らが『エクサーメン・ジェネラーレ（一般的試問事項）』（*Fxamen generale*）と呼ぶ部分をこの文書の最初に置いた。それは、イエズス会士になろうという人々の手引きとするため、イエズス会の本質と目標についての概要を記したものである。その中でイグナティウスは、彼が旨としている二つの要素を強調している。それは入会志願者の選択に際して必要な厳しい選別と、会員各自に要求される全面的自己放棄である。イグナティウスはイエズス会の使徒的性格を強調し、その目的は会員各自の救霊と完徳ばかりでなく、他の人々の救霊と完徳にある、と正式に述べている。

イグナティウスは『会憲』を一〇部に分けた。そこで彼は会の外的構造と、その内的精神について説明している。権限と裁治権をイエズス会全体からの代表者の集まりである総会に第一義的かつ完全に置き、第二義的にそれにあずかるという形で、各種長上に置いた。基本的に管区長と、各管区から二名ずつの荘厳誓願会員司祭で構成される総会が総長を選出し、総長は終身その任に就く。管区長と地域の長上が各管区の管区会議で選出されるという伝統的なやり方とは異なり、総長には他の長上を任命する権限が付与される、とイグナティウスは決定した。会の構造に、イグナティウスはいくつかの階級、あるいは通例言うところの「級位」を設けた。会には、司祭または司祭職のために勉強をしている者と、叙階を受けることのない者がいる。前者の範疇に修練期の神学生がおり、これらの者が修練期を終えると無期限の単式誓願を宣立して入会を認められた神学生になる。知的訓練と叙階と、第三修練という霊的形成の締め括りの一年の後、単式または荘厳の最終誓願を宣立する。徳と勉学において傑出している者は荘厳誓願を宣立し、教皇の命令により世界中のどこへなりと行くことになる。これが荘厳誓願会員である。それ以外の会員が単式誓願を宣立した霊務助修士である。彼らは叙階を受けることのない者で、調理師、修理工、帳簿係といった会の実用面の世事を賄うことを仕事とする。彼らの中にも三つの段階がある。すなわち、修練者、修練期の最後に単式誓願を宣立し入会を認可された助修士、一〇年後に単式終生誓願を宣立する、養成された実務助修士がそれである。[28] どの修道会にも普通にある、入会志願者の受け入れや会員の退会の問題といったその他の細かい点は、イグナティウスは一般的な教会法用語で扱っている。

しかし『会憲』は一般的なものであると同時に個性に満ちたものでもある。イグナティウスが『霊操』の中に映し出したのと同じ生き生きした精神がそれを貫いて脈打っている。一人一人のイエズス会士は――イグナティウスが思い描くところによると――この世に執着することを心底忌み嫌い、キリストが愛し受け入れたことを自分も力の限り望む。他人からの拒絶を身に受けるとしても、キリストに倣い、キリストを真似る志をもつ。学問その他の人間的才能よりもはるかに重要な聖性を追い求める。万事において神を求める。修道誓願を扱う第六部で、霊的なことを第一に考える点で、イグナティウスは同じ敏感さを示している。所有物を放棄し、奉仕に対する報酬を辞退して、清貧を母親のように愛することを力強い言葉で会員各自に求めている。この奉仕に対する無報酬は、各人の聖性を養う以上の、大きな意味があった。広範なネットワークとなっている会の学校で、社会状況が変化を余儀なくしたここ二世紀余を除き、教育が無報酬でなされることをそれは意味していたからである。イグナティウスはさらに、貞潔の点で天使の純潔に倣うことを会員に求めている。しかし従順においてこそ、彼は自分の息子たちに自己愛の完全な放棄を迫った。彼は、私心なき望みのうちに神の御旨を見出し、父への愛のゆえに死に至るまで従順であったキリストに倣うようにと、すなわち「私たちの救い主キリストからのものであるかのように、長上の命令を〔常に」受け入れる用意ができているほどに」キリストに倣うように、と息子たちに勧告している。イグナティウスは会員間の意志の一致が神に仕えるための主要な手段であると確信していたので、キリスト教の信仰と愛の精神における従順をイエズス会の会員の証明と考えた。イグナティウスは、最後の第一〇部で、霊的な面こそイエズス会士の生活の本質的な位置に置かれるべきことを再度簡潔に述べ、その中で自らを「神の御手の中の道具」となす努力をするよう会員に求めて、『会憲』を締め括っている。

霊的なことに最大の関心を払いながら、イグナティウスは使徒職における人間的な手段選択を、不注意によっておろそかにすることは決してなかった。わけても神学生の養成と会が運営する学校での一般学生の教育という二つの問題に彼は幅広い関心を示し、これらに『会憲』の第四部を当てている。彼の思い描く教育目標は、カトリック的世界観をもち、同時代の市民生活、文化生活、宗教生活に知的かつ熱心に参与する能力のある教養人の育成にあった。彼は、適切な手段を選ぶことを常に意識しつつ、イエズス会の神学生のために、古典学、哲学、聖書学、実証神学〔教会法学、教会史学など〕およびスコラ神学〔体系的な教義学、神学的倫理学など〕を通して彼らを導き、教養と明晰さと明瞭な思考を持ち、教会の教えに精通した者とする教育に道筋をつけた。イグナティウスの構想は、古典、哲学、神学を取り入れることにおいて包括的であり、時間と場所の必要に即して適応することにおいて柔軟であり、学生の能力への配慮においては実際的、その人の精神面ばかりでなく道徳面での諸能力に注意を払うことにおいては周到で、世界の潮流の中で最善のものを敏感に感じ取ることにおいてはその時代その時代に即応していた[29]。

イグナティウスはこのような教育への幅広い関心にあって、『会憲』を通してたびたび——ジョゼフ・ド・ギベール（Joseph de Guibert 一八七七—一九四二年）によると一三〇回も

——高らかに唱えられる一つの理念と、イエズス会士の目的が個人の聖性と同胞の聖化の両方にあるという会の特徴を描き出している。その理念とは、諸々の決心の基としての、神の栄光、わけても神のより大いなる栄光の追及である。イエズス会士は「より大いなる」こと、つまり神の誉れと栄光にとって「より大いなる」ことに専心するのである。

イグナティウスは一五五一年の一一月までにこの偉大な仕事を終えた。彼が荘厳誓願会員の司祭の幾人かに感想を尋ねたところ、彼らは細かい点での変更についていくつか示唆しただけで賛意を表した。そこでイグナティウスは、イタリア、スペイン、ポルトガル、ドイツ、オーストリアのイエズス会共同体にこの会の法規の主旨を説明するという重大な使命のためにナダールを派遣した。

『会憲』は、その後にできた修道会、とりわけ女子修道会に計り知れないほどの影響を与えており、近代の修道生活の歴史における基本文書の一つとなっている。その使徒職重視、従来の修道生活形態からの離脱、社会参加、教会の現時の必要に迅速に応えること、熱心な活動と祈りの習慣の調和は、修道共同体を設立しようとする多くの人に着想を与えた。

教会における修道生活の長い伝統の一部として見た時、『会憲』は少なくとも二つの理由から、独自の位置を占める。第一に、『会憲』とそれを奉じる団体は、教会の戦闘機関として修道会を保持している。一六世紀には人文主義者たちの攻撃と、司祭団体また大学関係の組織の成長と、ローマの高位聖職者の中にも支持する者がいた修道会の一本化政策によって、見方によれば、修道会は教会において日没を迎えていたが、イグナティウスはその独創性によって機先を制した。一つの共同体での終身の居住、修道院会議での各共同体による主要事項の決定、各修道院による修道院長の選出、聖務日課の共唱という、修道会の機構に昔からある不可欠とされてきた修道形態を彼は破棄した。イグナティウスは斬新にも、不偏心と機動性と即応性をイエズス会士の特徴と決めた。第二に、『会憲』は明らかに近代的であるにもかかわらず、教会の初期の数世紀にまで遡って、修道生活を形成する上で必須の概念の一つを消滅から救い上げている。その概念とは、長上はあらゆる意味で、個々の修道者の霊的父であるということである。パコミオス（Pachomios 二九〇頃—三四六／四七年）後、封建的制度が発展するにつれ、財政的その他の理由で「聖職禄保管」（in commendam）が実施され、修道院長職はその共同体の会員でない者に「保管」され（宗教改革後のフランスではプロテスタントがこの地位に就くことがままあった）、惨めな結果を招いていた。規則にもとづいて教師かつ導き手として、霊的事柄と世事についての責任がその人のもとで進展することになっている、その人物を共同体外に移すことで、修道生活の生命力を支えるために必要不可欠な蝶《ちょう》番《つがい》を腐食させてしまったのである。イグナティウスは何世紀もの間に堆積した廃墟の層を切り出して、キリストと弟子とのそれに倣った、長上と各修道者の間の親密な関係という心臓に貴重な真珠を掘り当てた。(30) この意味で、パコミオスの時代のエジプトの砂漠がルネサンス期のローマに蘇ったと言える。

イグナティウスはしばしば重い病を得、この膨大な仕事はその都度進行を妨げられた。しかしその完成は息子たちのための貴重な遺産を創り出した。イグナティウスの死の時にいた千人ほどのイエズス会士も、続く幾世紀間の者たちも、『会憲』の頁を開けば、そこに、平明に美しく描き出されたイグナティウスの心と、自分の心を彼に似たものとする方途となる指針を知ることができた。一五五六年の夏、イグナティウスはこれが最後となる病に倒れ、七月三一日息を引き取った。

結論

イグナティウスの誕生から死までの六五年間に、その生涯には幾度もの大きな変化が起こった。その変化は教会の歴史と世界の歴史に重大な影響を及ぼしている。宮廷人かつ戦士であった者が巡礼者かつ学生になり、巡礼者かつ学生であった者が司祭かつ使徒となり、司祭かつ使徒であった者が著名な修道家族の創始者となったのであった。

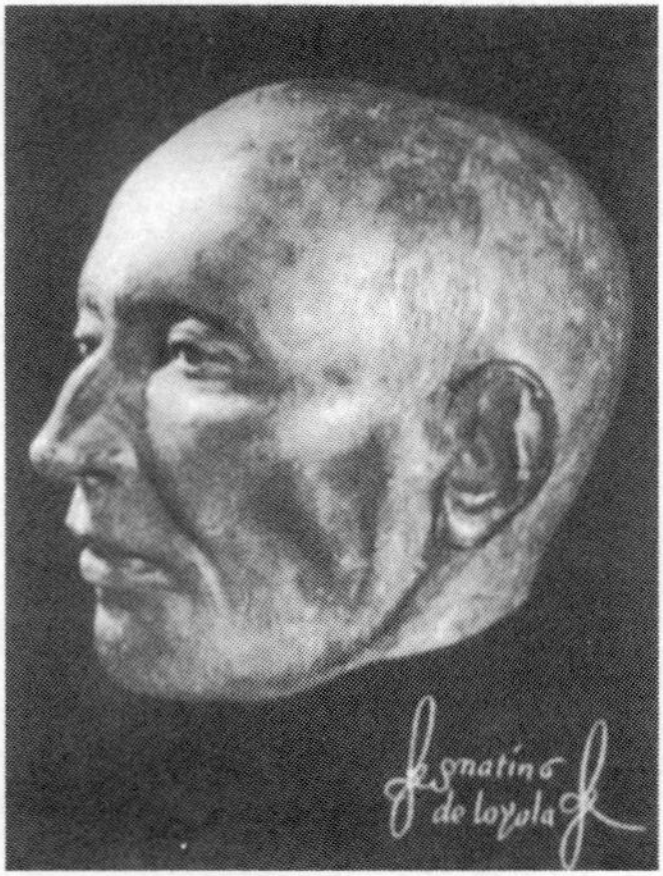

イグナティウスのデスマスクとサイン

ロヨラとマンレサの泉から湧き出た精神は『霊操』と『イエズス会会憲』という水路を通って数千の人々の心に流れ込み、イグナティウスが亡くなる頃にはヨーロッパばかりでなくインド、日本、アフリカ、ブラジルで働いていたイエズス会士たちの実人生のうちに具現化していた。それは、偉大な神に仕えることにおいてキリストの仲間となる、という精神であった。

会が教皇に認可されてからイグナティウスの死までの一六年のうちに、イエズス会士は、教育、海外宣教、霊操指導、外交的任務、諸修道会の改革といった、多岐にわたる教会の働きに携わるようになった。ヨーロッパ旧来の町々も新たに発見された海外の土地もマンレサの刻印を受けた。イグナティウスが個人的に神から賜った特別な恩恵の流れは「神秘主義の侵入」（une invasion mystique）と呼ばれている。[31] ローマの本部にいたイグナティウスから別のうねりも世界のすみずみへ流れて行ったのであるが、それは「使徒的宣教の侵入」（une invasion apostolique）と名づけてよいかもしれない。

　イエズス会の「使徒的宣教の侵入」は教会の動きにおいて孤立した出来事ではなかった。一六世紀に属する出来事として、この流れは、フィリッポ・ネリ（Filippo Neri 一五一五―九五年）〔オラトリオ会の創始者〕、カイエタヌス（Cajetanus; Caetano da Tiene 一四八〇―一五四七年）〔テアティノ会の創立者〕、トマス・ア・ヴィラノヴァ（Thomas a Villanova 一四八七頃―一五五五年）〔アウグスチノ会士〕、アビラのテレサ（テレジア。Teresa de Ávila; Theresia 一五一五―八二年）〔改革（跣足）カルメル会の創始者〕、十字架のヨハネ（ファン・デ・ラ・クルス。Juan de la Cruz 一五四二―九一年）〔カルメル会の改革者〕といった、カトリック改革という大きなうねりに――プロテスタントの挑戦とは関係なく――力と活気を与えた、この時代の他の多くの様々な聖性の源を考察すれば、より広くより深い意義をもっている。

第2章

地平の絶え間なき拡大（一五五六―八〇年）

総長たち

イグナティウスの没後の二五年間に、ディエゴ・ライネス（総長在任一五五八―六五年）、フランシスコ・ボルジア（総長在任一五六五―七二年）、エヴェラール・メルキュリアン（Everard Mercurian 一五一四―八〇年、総長在任一五七三―没年）の三人の総長が会を導いた。人材面からしても活動拡大の点からしても稀に見る発展の時期であった。メルキュリアンが亡くなるまでに、イグナティウス時代の五倍の、五千人のイエズス会士たちが、会宅《レジデンス》と荘厳誓願会員の住居と修練院のほかに、イグナティウスの時代より一一三校多い、一四四の学校を運営しており、海外の布教地を広げ、それはフロリダ、メキシコ、ペルーを含むまでになっていた。

ライネス（一五五八―六五年）

イグナティウスの没後、一五五八年七月二日ディエゴ・ライネスが総長に選出されるまで、二年が経過した。教皇パウルス四世とスペインのフェリペ二世（Felipe II 一五二七―九八年、スペイン王在位一五五六―没年）との関係は戦争に至りかねないほど緊張し、総会を召集することが事実上不可能だったため、その開催は長期にわたって遅延した。ともに会の政治的空白に起因する複雑で厄介な二つの難題が、この年月の不安定さを増した。一つは総長代理の同定問題に関することだった。イグナティウスは死の二年前、健康を害した時に、ヘロニモ・ナダールを総長代理に指名したが、体力が回復すると再び会の実務をわが手に戻した。その後、亡くなる直前に、彼はファン・デ・ポランコとクリストバル・デ・マドリード（Cristóbal de Madrid 一五〇三―七三年）に会の管理を委ねた。イグナティウスが亡くなった折、ナダールは三千キロ離れたスペインに居り、ポランコは総長代理を選ぶためにローマ周辺にいたわずかな数の荘厳誓願会員司祭を召集した。彼らは満場一致でディエゴ・ライネスを選んだ。だがイエズス会の中には、生前のイグナティウスによる総長代理の任命で正当な仕方でナダールが有していた権限が奪われたと感じている者もいたため、ライネスは自分の地位の合法性に若干疑問をもった。しかしナダールがライネスの選出を支持して、この件に決着をつけた。[1]

二つ目の難題は、気難しく御しがたい人、ニコラス・ボバジリャが惹き起こしたものだった。この予測しがたい人物は、『会憲』はまだ会に裁可されていないのだからイグナティウスの最初の仲間たちに——彼はこの人たちのことを「創設の神父たち」として言及している——対等の権限をもつ内閣のようなものとして会の行政を委ねるべきだという方針を打ち出したのである。同胞のイエズス会士たちが愕然としたのは、ボバジリャが、会に関する多くの案件を留保していた教皇パウルス四世に、イグナティウスを独裁者とし、『会憲』を混乱した理解しがたい指示に満ちたものと批判する陳情書を送ったことである。ナダールは精力的に反論を掲げ、ボバジリャの申し立てを痛烈に反駁した。高潔な人物であるドミニコ会士ミケーレ・ギズリエーリ枢機卿（Michele Ghislieri 一五〇四—七二年、教皇ピウス五世〔Pius V〕、在位一五六六—没年）が教皇からこの件の裁量を委ねられ、ボバジリャを説得してその無責任な画策を断念させた。会の内部の平和が戻り、一五五八年六月に二〇人の荘厳誓願会員司祭がローマに集まると、総会を召集することが可能となり、ディエゴ・ライネスが二〇票のうち一三票で総長に選出された。

総会の重要事案の一つにイエズス会『会憲』を検討することがあった。司祭たちはいくつかの些細な変更を除き、イグナティウスのペンから成ったままにこの文書を承認した。しかし彼らが解散する前に、会の組織の二つの基本的な要素である総長の終身制と聖務日課の廃止に対して、教皇パウルス四世が強く異議を唱えた。気性の激しい教皇がライネスに下賜した大荒れの謁見の中で、教皇は総長に、聖務日課を共唱しなければならないことと総長の任期が三年であるべきことを言い渡した。会の各共同体は聖務日課の励行に従順に応じ、一五五九年八月に教皇パウルス四世が逝去するまでの一年間それを続けた。教皇が逝去した後、ライネスは、口頭でなされたパウルス四世の命令は教皇の死後、以前の教皇たちの正式に公布された公開勅書に効力を譲り、以降これを守る義務が生じなくなるという、五人の著名な教会法学者の全員一致の意見を取り付けることができた。これにより総長は、歌隊席での聖務日課の共唱をやめるよう配下に指示した。[2]

七年間の総長職の終盤、ライネスは限られた時間しかその重責のためにとることができなかった。一五六一年七月から一五六四年一月までの二年半、新教皇ピウス四世（Pius IV 在位一五五九―六五年）の命を受けてローマを離れ、まずフランスのポワシーでの宗教会議（一五六一年）、次いでトリエント公会議を総括する諸会議に出席していたからである。ヘロニモ・ナダールはとても頼りになる助け手となった。ナダールは疲れを知らずに旅をして方々のイエズス会の共同体を訪れ、その明敏な知性と知恵で、様々な国籍の者たちに『会憲』の目的と構造と精神を説明するという、もともとイ

ディエゴ・ライネス

グナティウスが彼に委ねた重大な仕事を続けたのである。会の歴史の初期において、イグナティウス自身の生命が吹き込まれた『会憲』の頁を生けるものとし、イエズス会士の精神と心の一致を創り出すことにかけて、この人に並ぶ者はなかった。

フランシスコ・ボルジア（一五六五—七二年）

ライネスは一五六五年一月一九日に亡くなった。同じ年の七月二日、第二回総会で、三一票中二三票でフランシスコ・ボルジアが総長になった。総会は、広範囲にわたる一連の布告を出して、会の急速な発展によって生じた数々の問題に注意を怠っていないことを顕示した。発展はそれ自体としては喜ばしいが、祈りという内面生活に対する評価を弱め、各々が異なる道を行くことで会員間の一体感を損ねるという危険を伴った。総会は、会がその資力以上の仕事を担っていると判断し、学校の運営を見境なしに引き受けないよう通告した。そこでボルジアは一部の学校を閉鎖することに着手した。総会は、神学生の養成と会の行政整備の見地から、各管区に修練院と修学院を設置することを求めた。また、イグナティウスが強調していた会員間の緊密な一致を保持するために、三年ごとに各管区一名の代表が、総会を召集するしかるべき理由があるかどうかを決めるべくローマに集うことを決定したのだが、それがはなはだ賢慮ある一歩であったことは後々証明される。この集まりは代表者会議と呼ばれている。（一九六五—六六年の第三一回総会は、この価値ある制度の実質を保ちつつ、その構成員に変

フランシスコ・ボルジア

更を加えた。以降の代表者会議は毎回、選出された代表者ではなく各管区長で構成されることになる。）
一五六五年の総会は、神と一致した生活を重んじるというイグナティウスの遺産を保持するために、定められている祈りの時間を延長することが賢明だと考え、総長に自らが最良と判断したところに従ってこれを定める権限を与えた。そこでボルジアは、昼と夜、一五分ずつの二回の良心の糾明の他に、一日に一時間を祈りに当てるべしと指示した。これが徐々に発展して、「朝の黙想」と呼ばれるものになった。一五八一年の第四回総会は、「ボルジア師が導入した通りに、この有益なよい習慣を存続させるべきである」という決定をしている。
この規定は、イエズス会士の外的な活動により関心のある歴史家たちにはとかく等閑視されがちであるが、きわめて重要なものであった。というのは、熱意不足に蝕まれていた当時、この規定は多くの熱心なイエズス会士からよしとされたが、しかし祈りという会の基本的な事柄についてのイグナティウスの精神から、次の二点で逸脱していたのである。第一に、この規定はその性質上、一人ひとりのイエズス会士の心に鋭利なダイアモンドで刻まれているはずのイグナティウスの以下の洞察を、曖昧《あいまい》にする傾向があった。すなわち、イグナティウスは、苦労の多い使徒職に公然と献身するイエズス会士は、「万事において神を探し見出しつつ」愛と従順の精神のうちに行われる自分の仕事の中にも、正式な祈りにおけるのと劣らず、神との一致の強い絆を見出すべき、と考えていたのである。第二に、イグナティウスは個々人の魂を深く尊重し、精神、心、体の点で、また聖霊から受けた賜物である才能の点で、一人ひとりの魂が必要とするものが相異なることも尊重していたが、この規定はそうした態度から事実上離れることになりかねなかった。[3]

「万事において神を探し見出せ」というイエズス会士へのイグナティウスの要求に、すぐれて創造的な精神の根本洞察の一つが表明されている。この根本洞察と同じメッセージを提供するテクストは、イグナティウスがイエズス会の極東における最も不屈のパイオニアの一人、ガスパル・ベルゼ（Gaspar Berze 一五一五―五三年）に送った書簡の中にも多数あることを、現代の研究は明らかにした。イグナティウスはベルゼに次のように書いている。「あなたがいる国が、世界のこちら側よりも黙想が助けとなることが少なければ、そこで黙想時間を多くする理由も少なくなります。……聖なる奉仕に向かってすべてを完全に秩序づけていくところでは、すべてが祈りです。こうした考え方はイエズス会の会員一人ひとりに浸透しなければなりません。なぜなら隣人愛を行うには、祈りの時間からかなりの時間をとらなければならないからです。ましてこのような愛の業が祈りほどには神のお気に召さないと考えるようであってはならないのです[4]」。イグナティウスにとって、従順と主への奉仕のために行われる業は、秘跡的な性格をもつものであり、その業にあって彼の息子たちは正式の祈りと同じくらいたやすく神を見出すはずである。この観点からイグナティウスは、スペイン人の数名の会員から出た、一時間半の祈りを規定にしようという要望を容れて時間配分するのを拒んだ。スペインからの請願に共感をもったことで彼はナダールを叱責している。長時間の祈りに傾倒しているフランシスコ・ボルジアに、イグナティウスは一五四九年、次のように手紙を書いている。「人は祈っている時にのみ神に奉仕するわけでないことは悟る価値があります。……事実、祈り以外の仕方で、神により多くの奉仕が捧げられる場合があるのです」。(5)

イグナティウスはまた、個々人の魂における聖霊の働きに、深い尊敬を抱いていた。彼は、自然的にも超自然的にも非常に様々な才能をもっている者たちから成る大きな集団に適用される、普遍的な一つの規範を作ることには反対であった。一人ひとりのイエズス会士の祈りはその人独自の個人的なものであり、「神によってその人に授けられた恵みの程度」に対応している。イグナティウスは『会憲』（第三四二、第五八二条）で、養成中のイエズス会士と養成全体を終えたイエズス会士を区別している。イグナティウスは、養成中で霊的生活において育ちつつある人たちのためには、ごく簡単な日々のプログラムを書いた。それによるとミサの他に、各人は日に二回良心の糾明をし、さらに一時間を用いて聖母マリアの小聖務日課（または他の祈り）を唱えることになっており、また長上か霊的指導者から一人ひとりに対する指導を受けることになっている。イグナティウスは、養成中の者が「万事において神を探し見出す」ことに通じ、この点で成長することに最も神経を使っていた。イグナティウスは、養成を終えた者たちには、良心の糾明以外に「祈り、黙想、勉学、断食、睡眠を減らすことなどの修行や、苦行によって身体を鍛えることについては、分別に満ちた愛が各自に勧める規則以外の規則を与えるのは賢明でないように思われる。ただし〔本人がなすべきことについて〕、常に聴罪司祭に報告しなければならず、何が最善であるかに関して不確かである場合は、その件は長上にも報告しなければならない」[6]と力説している。神と一致した生活に努めて、長上または聴罪司祭と共に、その人個人の欲求とその人の使徒職の求めるところと調和するような祈りと償いの業の計画を作り上げることは、養成後のイエズス会士の課題とされていた。「分別ある愛」という規範は聖霊の働きのもとに柔軟性を許容するのである。

イグナティウスは、このような祈りの基礎として、イエズス会士一人ひとりのうちに、克己の精神が深く浸透していることを前提としていた。イグナティウスが言わんとするところは、『霊操』(第一八九条)の次の言葉に明確に示されている。「自己愛、我意、利己心から離れれば離れるほど、あらゆる霊的な事柄において進歩できる……。人間はだれでもそう考えるべきである」。この信念が使徒職へともたらされ——使徒職は従順によって任ぜられ、信仰と愛のうちに遂行されるが——、イエズス会士にイグナティウスが教えたように祈る能力を授ける。克己をなしえた者だけがイグナティウスの言う祈りに完全に入ることができる。

しかしボルジアの頃には、異論もあるが、ある歴史家たちの見解によれば、この確信の度合いが弱まっていた。会の祈りの精神の保持を確かなものとすることを望むことでは、総会の参加者たち全員が一致したが、これを達成する仕方については意見が分かれた。討議の中でフランス人とドイツ人の会員はイグナティウスの教えの継承を主張したが、多数派であったスペイン人とポルトガル人とイタリア人の会員は新しい仕方を支持し、後者が優って、総会は祈りに関する重要な規定を通した。これを第四回総会が一五八一年に再承認した。以後、一時間の黙想がイエズス会士の霊的生活における大きな特徴となった。

しかし一九六六年、第三一回総会が重大な変更をした。それぞれの修道会は第二ヴァティカン公会議[†1]（一九六二―六五年）の要請に鼓舞されて、自らの創立者の意図に忠実になることに霊的刷新の方途を見出していた。そこで総会はイグナティウスの、会の祈りについての教えを確認し、養成後の会員が、「分別ある愛」と長上の導きのもとでなら、一人ひとりの特別な要求に最も見合う祈り方でよいと定めた。このイグナティウスの源泉への（ad fontes Ignatianas）回帰によって、現代のイエズス会は創立者が企図し希望したことについて意識を深めることになった。

祈りに関するイグナティウスの基本的な直観をボルジアは忠実に守ることができなかったが、それに伴い、修道生活において伝統的な、いくつかの信心業に対する偏愛が染みついていった。[7] イグナティウスの拒絶とは対照的に、ボルジアは修道服を好み、旅行中でさえもロザリオ〔聖母に対する祈りを数えるための用具〕を帯につけていた。他のイエズス会士も無論そうであった。ボルジアが亡くなる少し前に、カトリーヌ・ド・メディシス（Catherine de Médicis 一五一九—八九年）〔フィレンツェのメディチ家出身で、フランス王アンリ二世（Henri II 一五一九—五九年、在位一五四七—没年）の王妃〕が彼のロザリオを形見にと所望している。ボルジアは、一五五六年にトルコの進攻が不穏なきざしを見せるようになった時、イエズス会の各共同体による連禱《とう》を始めたのだが、ムスリムの脅威が弱まった時も連禱の続行を命じた。これはイグナティウスがわけても退けたたぐいの慣習であった。

しかし、会のもともと計画されていた方向を変更するにあたって、ボルジア一人が事を成したのではなかった。ボルジアが総長に選出された三年後、ドミニコ会士であった教皇ピウス五世が、イエズス会の聖務日課での個人の朗唱に疑問を呈したのである。教皇は、その言によると、イエズス会士は世間との接触が多いのだから聖務日課の詠唱なしには「煙突掃除人のように真っ黒」になってしまうおそれがあるため、ゆるやかな形でもよいから古来の尊い慣わしを採用するよう命じた。教皇はまた、会の構造における荘厳誓願会員と霊務助修士との級位の区別をなくし、イエズス会の神学生全員が叙階前に荘厳誓願を宣立するよう命じた。しかしこれらの教皇による変更が効力をもったのは五年間だけであった。グレゴリウス十三世（Gregorius XIII 在位一五七二—八五年）は、選出されると一年以内にこれを破棄した。

ボルジアが優先順位の高い仕事の一つとしていたのが海外宣教であった。ボルジアが海外のイエズス会士に送った文書は、改宗者をより注意深く教育することや、一人ひとりの力の浪費の回避といった事柄についてのきわめて賢明な行動規範を示すもので、それは彼の使徒的視野の幅広さを証ししている。教会の宣教活動を枢機卿たちから成る中央委員会のもとに置くことをピウス五世に提案したのも、ボルジアであった。この提案は一六二二年、重要な省である布教聖省[†2]の開設として結実している。

メルキュリアン（一五七三―八〇年）

フランシスコ・ボルジアは一五七二年一〇月一日に亡くなった。第三回総会が一五七三年四月一二日に開かれたが、この会議には、不調和の要因となる二件のことを源とする暗雲が垂れ込めていた。第一は当時のイエズス会士のうちのある者たちが抱いていたスペイン人会員に対する反感という地域感情であり、第二はポルトガル王家が強く表明していたものだが、イベリア半島に住んでいた新キリスト教徒[†3]――ユダヤ教の信仰からの、実際の改宗者または偽装改宗者〔マラーノ〕――に対する悪感情である。

いくつかの地域のイエズス会士たちは、会におけるスペイン人会員の突出を不快に感じていた。最初の三人の総長はスペイン人であり、他のいくつかの高位も同様だった。イタリアのスペイン人長上は、イタリア式に通じておらず、ペドロ・デ・リバデネイラ（Pedro de Ribadeneira 一五二六―一六一一年）が呼ぶところの「スペイン風」（a la española）の方式をとっていた。そういうわけでローマのいくつかのグループに、次期総長に別の国の出身者を望む声があった。教皇グレゴリウス十三世はこの意見にくみしていた。教皇はアレッサンドロ・ファルネーゼ枢機卿を介してポランコに自分の意向を伝えた。ポランコは、自分はイグナティウス、ライネス、ボルジアのもとで秘書として会の統治を熟知しており、総長に選出されることになりそうなのだから、この反スペイン感情は大部分自分個人に向けられたものだと思った。そこで彼はいつもそうしたようにわれを顧みずに、自分の名前を候補に載せないように、しかし同国の者全員が選挙で締め出されることのないように、と教皇に懇願した。

総会開催の三日後、ポランコはサルメロンや少数の他の者を伴って、グレゴリウス教皇に祝福を願いに出向いた。グレゴリウス教皇は以前の総長たちの国籍について尋ね、スペイン人でない者が選出されるのを見たいと言った。ポランコは、各代表者は自分が最もふさわしいと思う人物に投票する義務があること、またある国籍の者全員を除外することはこの義務を果たすことを不可能にするかもしれないということを指摘して、丁重に異議を申し立てた。グレゴリウス教皇は、次期総長はスペイン人でない者がよいと思っていると強調し、ベルギー人のエヴェラール・メルキュリアンを一つの可能性として挙げた。再びポランコが異議を唱えると、グレゴリウス教皇は彼を制し、ポランコに祝福を与え、「平和のうちに行き、よい選挙をするように」という言葉とともに謁見者を去らせた。(8)

総会に波紋を投げていた不調和の要因の第二は、新キリスト教徒に対するポルトガル王家の反感であった。このことはレアン・エンリケス(Leão Henriques 一五七五—一六二二年)の率いるポルトガル・イエズス会士の代表者たちの到着とともに表面化した。セバスティアン王（Sebastian 一五五四—七八年、ポルトガル王在位一五五七—没年）とエンリケ枢機卿（Henrique 一五一二—八〇年、ポルトガル王エンリケ二世〔Henrique II〕、在位一五七八—没年）がエンリケスを通して会の総長として新キリスト教徒を選出することを許可しないよう教皇に強く執拗に申し立てており、エンリケスはその仲介者として振舞っていた。同じ頃、ポランコがユダヤ人である、あるいは新キリスト教徒に同情的である、という噂がローマに流布した。四月二二日が選挙日に決まった。その数日前、エンリケスは教皇に届ける親書をセバスティアン王からもう一通受け取り、二一日、グレゴリウス教皇が滞在していたフラスカーティ〔ローマ近郊の町〕に馬を走らせた。セバスティアン王の親書は、ユダヤ人の血を汲む者がイエズス会の総長になるのを未然に防ぐための、王家の干渉であったが、それはスペイン人が選出されないようにというグレゴリウス教皇個人の望みと合致した。スペインは新キリスト教徒の住民がいる国の筆頭であるから、ポルトガル王家を満足させ、同時に教皇自身の望みを達成するための有効な手立ては、スペイン人以外を総長に選出すべし、という明確

エヴェラール・メルキュリアン

な命令を下すことである。グレゴリウス教皇個人の意向は命令へと強まった。(9)

二二日、コモのトロメオ・ガリオ枢機卿（Tolomeo Gallio 一五二六―一六〇七年）が総会会場に入り、教皇がスペイン人の選出をはっきりと禁じたと告げた。選択の自由を取り去られて、集会に苦悩の色が走った。すべての目がこの件に関する卑劣漢としてこのポルトガル人に注がれた。エンリケスは自分の行動が導いた極端な結果に度を失い、偽りなしに悲しんで遺憾の意を表明し、教皇に取り消しを訴えることを申し出た。エンリケスは他の四人の使節と共にフラスカーティに赴き、グレゴリウス教皇に総会に完全な自由を回復するよう懇願した。グレゴリウス教皇は不承不承命令を撤回したが、スペイン人以外の者がよいという彼個人の考えをそのままにすることでは譲らなかった。翌日の最初の投票で、総会はエヴェラール・メルキュリアンを選出した。

このベルギー領ルクセンブルクのマルクール生まれで五九歳のメルキュリアンは、思慮深くバランス感覚をもつ人として知られており、管区長、アシスタント〔同じ地方の複数の管区を一つの管理のもとにおくアシスタンシーの長上〕、ドイツとフランスで巡察使を務めて得た行政上の経験という富を携えて新たな仕事に入った。メルキュリアンは、七年間総長職にあったが、その間、特に二つの事項にその優れた実務の才を用いた。一つは、一五七七年に彼が発布することとなる規則の作成であり、それは一定の行動規範が必須であった管区長、修道院長、副院長、会計係、修練長といった会の中の数々の重要な職務に関するものであった。いま一つは、学校関係の増え続ける指令や提案をふるい分け、評価し、統合するという仕事である。第三回総会は、イエズス会士たちが経営と教育現場の両面ではっきりと定義された教育法規の必要を感じていることを反映し、既存の大量の資料を吟味し評価することをメルキュリアンに委託した。ナダールの実験的試みを足場として学習計画の発展に寄与したのは、ディエゴ・レデスマ（Diego Ledesma 一五二四―七五年）である。彼はイエズス会士としての生涯のほとんどをローマ学院のために捧げた。レデスマは視野の広さとすみずみまで行き届く念入りな気遣いを合わせ持つ人で、一五六二年から没年の一五七五年までのほとんどの時間、ローマ学院における学事の組織化に携った。遺稿の中には学習計画についての草稿が七つと、未完の「ローマ学院の学事の規定と秩序」（*De ratione et ordine studiorum Collegii Romani*）と呼ばれるもの、またたくさんのメモがあった。これらの手稿の中で、レデスマは教育目標についての明確な概説と、授業、時間割、練習、勉強方法についての的確な配置において、適切なバランスを達成させている。他の教授たちもカリキュラムとその実施方法についての提案に寄与した。膨大な資料が集まっていた。メルキュリアンは一五八〇年八月一日に没するが、その時まで彼が心血を注いでいたのは、勉学に関する包括的な法規への一歩としてこれを研究し評価する仕事であった。

イエズス会は、二一の管区の一四四の学院、一〇の荘厳誓願会員の住居、一二の修練院と三三の宿舎に起居する五千人を越える会員を擁する会に成長して、広範囲に散らばった会員の行動と秩序を調整する必要が生じていた。メルキュリアンは様々な職務に関する規則を発布し、また学校の組織化に刺激を与えることで、この必要に応えた。整備統合が彼の時代の特徴であった。

イタリア

イエズス会士たちはイタリアの人々の目に何よりも教師として映っていた。学校の増加はめざましく、イグナティウスの亡くなる頃までにイタリア半島に開設されていたのは二〇校だったが、その二倍に増えた。町また町がイエズス会の学校を求めて叫んでいたが、学校増加の浮かれ気分の盛りに、資金不足と人材不足が生じ、長上たちは人々の熱狂を冷まし、注意深く事を進めることになった。サルメロンはナポリ管区長として、イエズス会を称賛するイタリアの民衆の要求と、自らに彼らが欲していることを与える力がないことに身を引き裂かれる思いをした。一五六五年頃、サルメロンはアトリ、ベネヴェント、サレルノ、カプア、ポッツオーリ、コセンツァからの学校設置の要望を断らねばならなかった。サルメロンが増員要請をした折、フアン・デ・ポランコは、予備人員の派遣を叫んでいる会の管区はナポリだけでないということをサルメロンに思い出させなければならなかった[10]。イタリア北部では、カルロ・ボッロメーオ大司教（Carlo Borromeo 一五三八―八四年）〔トリエント公会議の教令にもとづき、北イタリア教会の刷新の実現に尽力した」の懇請で引き受けた隣接し合う地域の学校のいくつかが、ついに閉鎖されねばならなかった。

繁忙な蜜蜂《みつばち》の巣のようなこの教育活動の地に、ローマ学院は威光ある女王として君臨していた。その教室には歴代の総長が、会でずば抜けた秀才を教授として諸外国から招いていた。ドイツからはグレゴリウス暦[†4]にその数学の才能をユニークな仕方で表現したクリストフ・クラウ（クラヴィウス。Christoph Klau; Clavius 一五三七／三八―一六一二年）、スペインからは鋭い思弁で名高い二人の神学者フランシスコ・デ・トレド（Francisco de Toledo 一五三二―九六年）とフランシスコ・スアレス（Francisco Suárez 一五四八―一六一七年）、ポルトガルからは聖書学者マヌエル・デ・サ、フランスからは傑出した人文主義者であるピエール・ペルピニアン（Pierre Perpinien; Pedro Juan Perpinyà 一五三〇―六六年）。中でも最も傑出していたのは、地元イタリアのモンテプルチアーノ出身で、グレゴリウス十三世が一五七六年、創設したばかりの論争神学講座の教授に任命した、ロベルト・ベラルミーノ（Roberto Bellarmino 一五四二―一六二一年）である。この卓越した学者は、フィレンツェ、パドヴァ、ルーヴァンで説教者かつ教師として得た幅広い経験をもって一二年の間、プロテスタントによって惹き起こされた当時の問題とカトリック神学の関連について活気のある透徹したカトリック神学の講義を行い、これらの講義は三巻から成る本として刊行された（一五八六、一五八八、一五九三年刊）。『異端反駁信仰論争』（*Disputationes de controversiis christianae fidei adversus huius temporis haereticos*〔深

クリストフ・クラウ（クラヴィウス）

堀純訳、澤田昭夫監修『宗教改革著作集13　カトリック改革』教文館、一九九四年、所収）をその主たる部分とする本書は、ただ真理のみを求めるその知的誠実さによってものされた名著であり、当時流布していた敵意や罵倒の表現をまったく免れている点で宗教的寛容の鑑である。女王エリザベス一世（Elizabeth I 一五三三―一六〇三年、イギリス王在位一五五八―没年）の宮廷牧師であったマシュー・サトクリフ博士（Matthew Sutcliffe 一五五〇頃―一六二九年）はベラルミーノの論敵の側につき、『論争』を新たな「膨大な糞《ふん》の山に埋まったアウゲイアス王の家畜小屋†5」であるとし、ベラルミーノのことを「ほらふきはきだめの兵士」だと評した。

サトクリフの怒号をよそに、『論争』は神学という山脈の連なりの頂点の一つを極めたものである。この一連の著作の出現は次の三つの点で歴史的に重要な意味をもっている。第一に、ベラルミーノは他の神学者と同じようにキリストの神秘体としての教会についても論じているが、長い中世の発展とルネサンスを経験した一六世紀のカトリックが一般に考えていた形で、教会法および位階制†6に重点を置きつつ、教会の姿を描いている。第二に、この著作は、教皇の首位権†7と教会の可視性といった中心問題に議論の焦点を当てながら、一六世紀のカトリック側から見たプロテスタントの立場を浮き彫りにしている。第三に、この著作は続く三世紀間のカトリックの教会観の基調を定めた。一九世紀初頭にヨハン・アダム・メーラー（Johann Adam Möhler 一七九六―一八三八年）が神秘体としての教会についての教父たちの豊かな考察を再発見し、新たな思想の潮流を作った。しかし、一九世紀を通じてこの潮流が深まっていってもベラルミーノの影響は依然として強く、教皇権至上主義[†8]の強固な意見の形成を助け、それは第一ヴァティカン公会議[†9](一八六九—七〇年)において宣言された教皇の不可謬性[†10]の定義の中で頂点に達した。したがって『論争』は、同時代のみならず続く長い時代の権位となる文書であると同時に、枢機卿の時代のカトリックの教会論を要約するものであり、かつその後の三世紀の神学思想の源泉でもあった。

ベラルミーノ、スアレス、クラヴィウス、デ・サといった、出身地を異にする秀逸な学者たちを教授とし、時代の知的動向とも活発な接触を保っていたローマ学院が、モンテーニュ(Michel de Montaigne 一五三三—九二年)〔フランスの人文主義者・思想家〕により「偉大な人物の揺籃」と評されたのも当然だった。教皇グレゴリウス十三世の先導で、ローマでの司祭養成におけるイエズス会の影響の範囲が広がった。グレゴリウス教皇は、ローマ学院とドイツ学院への寛大な支援に加え、ハンガリー学院、ギリシア学院、イギリス学院をイエズス会に委託した。

学校に次いで、イエズス会士がイタリアで大きな民衆のグループと直接接触するにあたり、霊的生活の深化のために組織された信心会以上に効果的な媒体はおそらくなかった[11]。イエズス会の最初期より、こうした組織が町々に生じた。トラーパニ、パドヴァ、メッシーナの町のそれぞれが、ヘロニモ・ナダールが設立した信心会をもつようになるまでにはさほどもかからなかった。ファエンツァと、イタリアでは比較的大きな町であるブレシアはクロード・

ジェにより同様の成果を上げていた。その他にも同じような信心会がたくさんあった。これらの集まりに顕著な特徴は、深く内面的で熱意に溢れるキリスト教的生活の強調にあった。細かい点では様々であったが、どの信心会の会則も、頻繁な聖体拝領、黙想、良心の糾明を強調していた。一五四〇年、ピエール・ファーヴルは「少なくとも週に一度の告解と聖体拝領を逸することのないよう、なおいっそう努力しなさい」という訓戒で、パルマの多くの友人に対する教諭を締め括っている。第二の特徴は、貧しい人、病気の人、無学の人、世に捨てられた人の間での慈善の業を行うという、使徒職的な方向づけが強くなされていることであった。第三の特徴は、これらの集まりに含まれている会員層が、法律家、職人、若者、貴族、裁判官、その他専門職についている人々と、非常に幅広いことであった。だが、多くの信心会のうち、わけてもイエズス会の学校の若者の心を惹きつけそれに訴えたのは、聖母信心会であった。一五六三年、ローマ学院にいたベルギー人の若いイエズス会士、ジャン・ルニス（Jean Leunis 一五三二―八四年）は、当初、短時間の祈りと霊的読書のための集まりに生徒のいく人かを定期的に集めていたが、その後信心会を組織した。そこでは若者たちが聖母の庇護のもと、祈りのプログラムと秘跡の定期的な拝受、慈善の実践に従事することを誓約した。ルニスの企図した理想主義が伝播してゆき、一三年後にはイエズス会の学校全体で三万人の若者が、聖母信心会でいっそうの生活の聖化に努めるようになった。

修練院が、最初の修練者の中の聖人の存在によって恵みに与るということはそうあること

スタニスラウス・コストカ

ではない。ボルジアが一五六七年にクィリナーレ〔ローマ中央部の丘〕にサンタンドレアのローマ修練院を開設し、一年後の八月一五日に一八歳の修練者が亡くなった。スタニスラウス・コストカ（スタニスウァフ。Stanislaus Kostka; Stanisław 一五五〇—六八年）は勇敢で快活な人で、ポーランド貴族の子弟であり、ウィーンのイエズス会学院の生徒であったが、怒れる父親と暴力的な兄の頑固な反対に対して、ウィーンからアウクスブルク、その後ローマまで徒歩で辛い旅をすることで、イエズス会への神の召し出しに応える強い決意を見せた。そのローマで、ボルジアが彼を修練院に受け入れた。スタニスラウスは純真無垢な人柄で、その態度には目標に対する一貫したひたむきさと聖母への献身とがあいまっていた。その門をくぐった最初の一人である明朗な息子の幸福な思い出を、開設されたばかりのサンタンドレア修練院に残して、スタニスラウスは熱病に命を奪われた。

カトリック改革の中心的な出来事はやはりトリエント公会議であった。この公会議はこれまでの公会議にないほど長引きながら危機的な災いの脅威を生き延び、切望されていた教義上また司牧上の教えの集大成を教会にもたらした。明確かつ正確に公会議の教令を定式化するということは厳密さを要する作業であり、ここでもイエズス会士は重要な役割を果たした。

ペトルス・カニシウス、クロード・ジェ、また特にディエゴ・ライネスとアロンソ・サルメロンが、骨の折れる一連の研究、報告、協議、全体会議にしばしば駆り出され、彼らの力量は公会議の有効性を疑い始めた人々の心情に新たな勇気を注いだ。例えば、公会議の第二期（一五五一—五二年）。ライネスとサルメロンは一五五一年七月二七日にトリエントに到着し、公会議がほとんど行き詰まった状態にあり、わずかな代表者しか出席していないのを目の当りにした。しかし二人の出現に指導者たちは気を取り直し、「これで本当に公会議ができるでしょう」と安堵の叫びを上げた。公会議の最終期の第三期（一五六二—六三年）の一五六二年六月一八日、ペトルス・カニシウスはトリエントからフランシスコ・ボルジアに次のようにしたためている。「公会議の神学者の中で、アロンソ（サルメロン）神父が第一人者であるというのが、ここでの一般的な意見です。彼はイエズス会への賞賛を大いに高めています[12]」。カニシウスは、ライネスが遠からずイエズス会に対する好意的な雰囲気をさらに高めるはずだと言い添えている。ライネスは、司教の権限という公会議を座礁させかねなかった複雑な問題について、博識をもって教皇の特権を擁護して才気煥発に論じ、同説に反感と偏見を抱いているパオロ・サルピ（Paolo Sarpi 一五五二—一六二三年）ですらライネスのその弁を名演説と呼んだほどだった。ライネスとサルメロンは二人共、その堅固な学識でミサ聖祭と秘跡を論じた。若い頃からの親しい友人同士であるこの二人のスペイン人が、一五六三年一二月四日の感動的な会議に出席していたことは、ふさわしいことであった。この日、辛苦の一八年という長い年月にわたる、教会史における最も実りあるひとこまであるこの公会議をジョヴァンニ・モローネ枢機卿（Giovanni Morone 一五〇九―八〇年）が閉会した。ライネスとサルメロンは、荒波を抜ける進路の見取り図を描くことで、舵《かじ》をとる人たちの側にいたのであった。

イエズス会は、自らの霊的目標を公会議で生き生きと表明しつつカトリック改革の構成要素となるために、また人文科学研究への参加によってルネサンスの動的な影響の下にあったため、ごく自然に、神学者と人文主義者にとって非常に効果的な手段であった印刷機という比較的新しい道具を幅広く活用した。著述家としてのイエズス会士のカトリック的な関心の方向は、イタリアでの初期出版物に見受けられる。サルメロンの学術的に堅牢で博覧強記な聖書注解の一六巻本、アンドレ・デ・フルーとエモン・オージェ（Émond Auger 一五三〇―九一年）編集のマルティアリス（Marcus Valerius Martialis 四〇頃―一〇四年頃）〔ローマの諷刺作家〕の『諷刺詩』（*Epigrammata*）、フルヴィオ・アンドロッツィ（Fulvio Androzzi 一五二四―七五年）による、頻繁な聖体拝領とキリストの生涯と死の黙想についての小論考、雄弁なガスパル・ロアルテ（Gaspar Loarte 一四九八頃―一五七八年）による『キリスト教的生活の実践』（*Esercitio de la vita cristiana*）を筆頭とするいくつかの霊的小冊子。聖書学、神学、修徳論、歴史学、古典学、これらはみな、イエズス会の初期の出版活動の努力によるものであり、それはヨーロッパ文化の新たな源泉として、その諸分野に創造的な流れを注いだ。

建築

イエズス会士にとって、他の学問の諸分野への参加よりもおそらくより劇的であったのは、新様式の建築と会との密接な関わりであった。一五六八年六月二六日、ローマで華やかな式典があり、アレッサンドロ・ファルネーゼ枢機卿が、イエズス会士のために建てていたジェズ〔イエス〕教会の定礎を行った。ファルネーゼの教会はバロックの宗教建築のある種の原型になった。一六世紀の後半にルネサンスの建築様式は、ミケランジェロ（Michelangelo Buonarroti 一四七五—一五六四年）と結びついたマニエリスム様式[†11]の多彩な形態をとり、バロックとして知られるようになる様式へと徐々に発展し、それが流行した。ジェズ教会の建築開始の二、三年後、オラトリオ会士[†12]がキエサ・ヌオーヴァを、テアティノ会士がサンタンドレア・デッラ・ヴァッレを建てた。この三つの教会は堂々たるホールのような壮大な建造物で、ローマにあるバロック建築の中でもひときわ荘厳なものに入る。これらの建物は、統一感の体現に専心するバロックの好例である。精巧な絵画、豪華な装飾、金箔付の聖像が、建築上の図式《シェーマ》に統合されている。影に揺らぐ光。無数の力強い曲線。これらすべてを、荘重で印象的な統一の理念が統べている。建築、絵画、彫刻、すべてがダイナミックな壮大さのうちに相和して完全な調和を達成しているのである。(13)

とはいえイエズス会建築は一七世紀半ばまで建造物と色彩のこうした統合には達しなかっ

た。その意味でジェス教会は、バロック時代の充満にまだ直接にはあずかっていない。ジェズ教会のこの遅れは、イエズス会士が直面した重大な問題を明らかに示している。パトロンの問題である。基本的な構想と装飾の点で、イエズス会士は、パトロンであるファルネーゼ枢機卿の理想と企図に従っていた。イエズス会士は音響効果との関連で陸《ろく》屋根を望んだが、ファルネーゼとその建築家ジャコモ・バロッキョ・ダ・ヴィニョーラ（Jacomo Barocchio da Vignola 一五〇七―七三年）は丸屋根を主張した。ファルネーゼは一五八九年に亡くなった。着手されたばかりの内装工事は中止になった。ファルネーゼ家は枢機卿本人ほどジェズ教会の建造に関心をもっておらず、このうえの装飾に資金を出すことを拒んだ。イエズス会は資金を募ろうとしたが大した成果は上がらず、作業は遅々として進まなかった。一幅の絵画を描いたジョヴァンニ・バリオーネ（Giovanni Baglione 一五七一／七三―一六四四年）は、イエズス会は絵の代金を未払いのまま自分を待たせていると文句を言っている。一世紀以上の間、ジェズ教会は部分的に装飾されていたのみで、かなり殺風景だった。[14]

現代の典礼史家の中にはバロック様式の教会やバロック様式そのものを批判する者もいる。個人の興味から記されたこうした批判はともあれ、バロック様式の教会は多大な霊的影響を与えた。それは民衆にとって、復活し生けるキリストの歓喜と高揚に根差した深遠な霊性を放射するものであり、[15]キリスト者の希望の勝利を物語るものであった。また以前の多くの教会に似ず、バロック建築は民衆に開けた視界を提供し、祭壇とミサの劇的な進行を目の当たりにすることを可能にした。民衆は広々とした場所に説教を聞くために集まることができた。その説教こそは使徒職に携わるイエズス会士が常に用いた最重要の教化手段だったのである。

こうした長所にかかわらず、その時代のイエズス会士の中には、バロック様式の壮麗さに共感しない者もいた。一六一一年ルイ・リシュオム（Louis Richeôme 一五四四―一六二五年）は『宗教画――すべての御業《みわざ》について、神を称え、愛し、賛美する芸術』（*La Peinture Spirituelle ou L'Art d'Admirer, Aimer, et Louer Dieu en Toutes ses Œuvres et Tirer de Toutes Profit Salutere*）を出版したが、その中で彼は自分が建築上の贅沢《ぜいたく》と見るものを批判している。リシュオムは簡素で単純な様式を求め、「渦巻き状の飾りを戴くイオニア式の柱、片蓋柱、台座、絵画、レリーフ」[16]といった装飾について批判的に書いている。リシュオムの異議はあったが、イエズス会士は概ね時がたつにつれバロック様式を受け入れ、ヨーロッパでも海外でもこの様式で荘厳な教会を建てた。オーストリア、バイエルン、フランケン、スペインおよび植民地で、イエズス会士がその地で活動していることは、しばしばバロックの教会堂があることで識別された。

スペインとポルトガル

このめざましい発展の時期に、スペインのイエズス会の傑出した指導者であったのが、フランシスコ・ボルジアとヘロニモ・ナダールである。この二人の偉業は、フェリペ二世の有害な官僚組織とスペイン宮廷の度を超した国粋主義という当時最も力をもっていた二大勢力からの反発に遭っているだけに印象深いものとなっている。

カトリック王フェリペ二世は太陽のような存在で、スペイン社会のすべてが王を中心にして回っていた。ボルジアとナダールにとって不運なことに、二人はこの太陽からの光の通り道にいつもいたわけではなかった。フェリペ王は、ナダールの移動の自由を制限し、異端に汚染されないようにと、スペイン人イエズス会士が国を出てヨーロッパの他の地域に行くことを禁じ、またローマ学院のような機関の援助のためにスペイン通貨を持ち出すことを禁じた。イエズス会士へのフェリペ王のあまりの用心深さを見かねて、ピウス四世はイエズス会を弁護する私信を盛んに王に書き送った。

スペイン人は、自分たちが世に比類なきカトリック信者であって、キリスト教の信仰は自分たちにおいて全き実現を見ている、と思っていた。アントニオ・アラオスが、スペインのイエズス会のところどころにこの気分を注ぎ込んだ。ボルジアがスペイン全体の長上とされ、自分はカスティーリャ管区長の地位に留まっていたために憤慨して、かつては善悪の判断のついたこのイエズス会士は、狭量で盲目な最もたちの悪い国粋主義者に転じた。ユダヤ系の人たちを会に喜んで迎え入れるという点では、ナダール、ポランコ、ボルジアといった他のイエズス会士に公然と敵対し、ローマ学院のためにスペインの基金を使用することに怒りを込めて断固反対し、総長がスペインでなくローマに住んでいると言っては怒り、この不機嫌な失意の人は、スペイン宮廷に取り入り、有力者であるエボリの領主、ルイ・ゴメス・デ・シルバ（Ruy Gómez de Silva）と懇意になった。アラオスは、そのほかにも、長上たちが総長によってではなく各管区の代表者会議によって選出されるべきであるという弁で会の内部組織を攻撃することで、自分の国粋主義的思考を膨らませた。他のイエズス会士たちの中にもアラオスの態度に同化した者がいた。メルキュリアンは高まる批判の気運を抑えようと、ペドロ・デ・リバデネイラを派遣した。一五七七年、この機敏に事を運ぶ著述家は、会の組織を明快に擁護する書を出版したが、次期総長の時代の間スペイン管区を激しく襲う荒れ狂う嵐を食い止めるには及ばなかった。

ペドロ・デ・リバデネイラ

ボルジアとナダールは反対者に毅然と立ち向かった。ボルジアは監禁されたトレドの大司教バルトロメ・デ・カランサ（Bartolomé de Carranza 一五〇三―七六年）への同情を隠さなかったために、異端審問官の不興を買った。異端審問所の長官はボルジアが何年も前に刊行した、どの点でも正統な霊的著作を禁書目録に載せ、あるいは、恒例のポルトガル訪問をしていたボルジアを審判からの逃亡者と呼んで、誹謗を浴びせた。こうした暗い時代に、この高貴の人の忍耐と気高い霊的な勇気が光り輝いて、仲間のイエズス会士を鼓舞した。

ヘロニモ・ナダールの精神は、アラオスの悪意ある策略やスペイン官僚の陥穽や国王のうるさい監視にもその雅量さを少しも失わなかった。ナダールは仲間のイエズス会士たちに感激と喜びをもって迎えられつつ、『会憲』を解説することで、彼らの精神形成に大いに寄与した。アラオスがスペインでイエズス会士を他国の会員から引き離すもととなっていた時も、ナダールは幾百のイエズス会士の心と世界中の他のイエズス会士たちとを結びつけていた。その頃、スペインのイエズス会に、二つの非常に深刻な風潮が現れた。それは幾人かの長上たちの間で見られた極端な厳格主義と、純粋な観想生活のために会の使徒的目的を放棄することである。長上の中には、会の規則が要求している寛大で思慮深い態度から逸脱して、秩序を保つために拘置所と鞭打ちの導入を望む者がいた。ボルジアは総長として一五六五年から一五六八年の三年間に四人のスペイン人管区長全員を厳しさが過ぎるとして訓戒しなければならなかった[17]。

観想生活へ向かう強力な流れが当時のスペインを席捲《せっけん》しており、多くのイエズス会士がこれに屈した。イグナティウスはこれに反対するという点で譲らなかったが、彼の死後、それは深く侵食し、多くのイエズス会士がカルトゥジア会士[†13]になった。一五七四年、バレンシアの修道院長が、わずかな期間に自分の共同体の五人がその地方のカルトゥジア会修道院に行ってしまったと嘆いている。モンティーリャのある修練院長は、自分は終日部屋にこもっている一方で修練者たちを骨の折れる仕事でくたくたにさせるという仕方で、厳格主義者の特色と観想生活者のそれとを併せ持っているという始末だった。(18) さらに悪いことに、その頃、「照明された者たち」を意味するアルンブラドス（Alumbrados）の異端的教説による似非《えせ》神秘主義の波がスペインを襲っていた。メルキュリアンには警鐘を鳴らすにもっともな理由があったのである。彼はこの現実の危機に立ち向かうために、スペインに巡察使を派遣した。

この巡察使という金槌《かなづち》と、会に広まっていた観想にひたる風潮という鉄床《かなどこ》の間に運悪く挟まったのが、当時有数の霊的指導者の一人、バルタサル・アルバレス（Baltasar Álvarez 一五三三―八〇年）であった。問題自体は、会が許容する祈りの種類という、一つの明確な形に限定されていた。アルバレスは会のいくつかの要職に就いており、またしばらくの間はアビラのテレサが尊敬する、彼女の霊的指導者として活躍していた。彼自身、神から注入された観想の恵みを受けており、また彼がそれに向いた気質だと判断した人々には、神から注入された祈りに大きな価値があることを教えていた。アルバレスは『霊操』で説明されている祈りの方法を教えるのを怠らず、イグナティウスが強く主張する全面的な自己放棄を強調することもなおざりにせず、『霊操』にある祈りの方法と観想的祈りの間にも、また会の使徒的召命とより高い祈りの生活の間にも、対立するところはないとわかりやすく説いていた。巡察使のディエゴ・デ・アベリャネダ（Diego de Avellaneda 一五二九頃―九八年）は、メルキュリアンの権限を用いてアルバレスにそうした話をやめるよう冷淡かつ非情にも申し渡した。アルバレスはただちに従った。アルバレスの教説は、アントニオ・コルデセス (Antonio Cordeses 一五一八—一六〇一年) などの教えと同様に落ち度のないものであり、後年、ディエゴ・アルバレス・デ・パス (Diego Álvarez de Paz 一五六一—一六二〇年) とルイス・デ・ラ・プエンテ (Luis de la Puente 一五五四—一六二四年) の教えに組み込まれている。しかしメルキュリアンはまさにその時、イエズス会のある地域全体がその使徒的な目的の視野を失いかねない状況と向き合っていた。このような惨事を避けるために、メルキュリアンはスペイン史上きわめて傑出した霊的著述家たちの幾人かの有意義かつ正統的な価値を顧みずに、きわめて乱暴な措置を取った。メルキュリアンは、スペイン全体に浸透していた観想的な祈りへの動向を変えることはできず、その危険と逸脱は次世代まで会を悩ませ続けた(19)。

一方ポルトガルでは、セバスティアン王、エンリケ枢機卿、スペインのフェリペ二世と続いた統治が会に影響を及ぼしていた。コインブラ大学は宣教師を育成する重要な苗床であり続けた。ジョアン王〔三世〕はこの学院を掌中の珠とし、学問を活発に奨励していたエンリケ枢機卿はエヴォラ大学を知的中心地として栄えさせることを熱望した。エンリケ枢機卿は、一五六五年のリスボンのイエズス会学院創設に続いて、エヴォラの三つの学院を会の責任のもとに置いた。

コインブラ大学もエヴォラ大学も、おそらく会の歴史上最も偉大な形而上学者である、一人の神学者かつ哲学者によって光彩を放つことになった。[20] ペドロ・ダ・フォンセカ（Pedro da Fonseca 一五二八―九九年）は「ポルトガルのアリストテレス」として知られ、主にその著作『論理学綱要』（*Institutiones dialecticae*, 1564）と全四巻の『アリストテレス形而上学注解』（*Commentarium in Aristotelis Metaphysicam*, 1577-1589）によって、一六世紀のスコラ哲学の再生に起動力を与え、枠組みと方向づけをもたらした。彼は『論理学綱要』で、アリストテレスの「オルガノン」〔論理学諸著作〕と後世の論理学理論をきわめて明快に統合した。主著『アリストテレス形而上学注解』では精神の独自性と非依存性を明示しただけでなく、後にスアレスが完成させる形而上学の自律性を確立する仕事の第一歩を踏み出した。フォンセカは、時代の関心が人文主義に占められていることに敏感であり、アリストテレスのテクストを吟味する中で自らの著作に文献学的な活力を与え、また、正確かつ明確な言葉で自説を述べるという理想に至っている。フォンセカは一五九九年に七一歳で亡くなった。ポルトガルは植民地大国として人材の源であったが、フォンセカをはじめとする学者たちによって知的な意味でも一大勢力となり、思想の発信元となった。

二人のイエズス会士が、精神を病んでいたスペイン女王フアナ（Juana 一四七九―一五五五年、在位一五〇四―没年）の血筋をひく若く非現実的なセバスティアン王に、個人教授として寛大に奉仕した。王であるその生徒が英雄視していたルイス・ゴンサルヴェス・ダ・カマラ（Luis Gonçalves da Câmara 一五一九―七五年）と、ガスパル・マウリシオ・セルペ（Gaspar

Mauricio Serpe 一五三一―七八年）の二人は、箍《たが》の外れた王にアフリカのムーア人〔ベルベル・アラブ系のイスラム教徒〕に対する聖戦に出るという愚かな夢想を思い留まらせようとした。一五七八年、運命の戦闘でセバスティアン王が騎兵隊の無謀な襲撃のうちに自らの命でつけを払った時、セルペは敵に捕われて斬首された。

一五八〇年はポルトガル人にとって、フェリペ二世の軍隊が国を襲い、スペインによる六〇年にわたる占領時代が始まった苦難の年だった。ルイス・アルバレス（Luis Alvares 一五三九―九〇年）はポルトガル史のこの悲しむべき出来事の間、民心を鼓舞し続けた。彼はエヴォラの司教座聖堂で、侵略者に対するポルトガル人の団結を呼びかける説教をして人々を奮い立たせたのである。しかしいかに血と汗と涙をテーマに掲げて雄弁を奮っても、ヨーロッパ随一の歩兵隊を食い止めることはできなかった。こうしてイエズス会の長上たちには、ポルトガル人会員たちが東からの侵略者についての自説を述べることを留めようとする厳しい試練が始まった。

フランス

当時のフランスのどの修道会もそうであったように、イエズス会はカトリックとユグノー〔フランスのプロテスタント、特にカルヴァン派〕の間の流血と暴力による争いに強い衝撃を受けていた。カトリーヌ・ド・メディシスの摂政政治、ヴァシーの虐殺〔一五六二年に起こったユグノー虐殺〕、サン・バルテルミーの虐殺〔一五七二年、カトリーヌ・ド・メディシスの画策で起こったユグノー虐殺〕によって記憶されるべきものとなったあの無慈悲な闘争の間、挫折や妨げはあったがイエズス会士は増え続けた。一五七五年までに二つの管区は三一六名を数えるようになり、一五八〇年までに一五の学院を運営するようになった。

学院の分布は、会の発展特有のパターンを示す指標となっている。東部にあるヴェルダンとポンタ＝ムーソンの二つを含む三校以外は、学院はすべてフランス南部と中部にあり、パリのクレルモン学院がただ一つ北部にあった。オーヴェルニュ、ロレーヌ、ヌヴェールなどの地方では、イエズス会は、トゥルノン、ロレーヌ、アルマニャックの各枢機卿のような有力な聖職者や、サヴォア公爵（duc de Savoie）、ヌヴェール公爵（duc de Nevers）のような貴族、それにリヨン市の場合のような市当局の心からの招聘を受けてその地に根を下ろした。しかしパリでは、多くの議員や大学関係者によって、イエズス会士は自分たちが歓迎されていないことを思い知らされた。

パミエの司教ロベール・ド・ペルヴェ（Robert de Pellevé 一五一二―七九年）はビヨンのイエズス会の学校の輝かしい名声を耳にし、会を説得して、一五五九年カルヴァン派の居住地の中心にあるパミエに学院を開設させた。フランソワ・ド・トゥルノン枢機卿（François de Tournon 一四八九―一五六二年）はトゥルノンの大学がカルヴァン派の拠点になったことに悩み、一五六一年六月に数百人の学生から成るその施設を会にどうにか譲渡した。一五六三年、ギヨーム・デュ・プラ司教（Guillaume du Prat 一五〇七―六〇年）は、イエズス会士がモーリヤックで授業を始めてすぐに、オーヴェルニュの北部に南部のビヨンに匹敵するような学校を置きたいという願いを受理した。ジョルジュ・ダルマニャック枢機卿（Georges d'Armagnac 一五〇〇―八五年）はロデースとトゥールーズに、アレッサンドロ・ファルネーゼ枢機卿はアヴィニョンに、シャルル・ド・ロレーヌ枢機卿（Charles de Lorraine 在位一五六一―八七年）はポンタ＝ムーソンに、サヴォア公爵はシャンベリに、ヌヴェール公爵はヌヴェールに、それぞれ発起人となりその影響力を用いてイエズス会の学校を作った。リヨン、ボルドー、ヴェルダン、ブールジュにも学校が開設された。時代の趨勢は明らかだった。身分の高い人たちの奨励を通じて、イエズス会は、宗教および文化の面でフランスの生活に入り込んだ(21)。

この経験は決してたやすくなされたのでもなければ、悩みがなかったわけでもなかった。困難は溢れるほどあったが、最も過酷なのは、貧苦と宗教戦争による荒廃の二点であった。ド・トゥルノン枢機卿とギヨーム・デュ・プラ司教は学校の物質的安寧について配慮を示したが、他の人たちは呆れたことに相応の資金を提供しなかった。極端な例はパミエで、司教はカルヴァン派を阻止するという自分の関心を実際の財政援助に転化することはせず、その結果、学校を創設した司祭たちは不面目にも扉や窓のないあばら家に住まなければならなかった。他にも、学院の人たちが、時には乾いたパンとプラムと水だけという、餓死しそうな食事で生き延びねばならないというところもあった。アヴィニョンでは一五七八年のある日、買い物を担当している助修士が食料を買う金が金庫に一銭もないのに気づいた。ナダールは一五六八年のフランスの諸学院訪問の間、長上たちに、もっと多くの基金が学校に保証されるよう取り計らう責任を自覚するよう忠告した。

いま一つの障害は戦争であった。カトリックとカルヴァン派の間の闘争の警鐘が常に国中に鳴り響いていた。ユグノーの縦隊が策略をもって行動し略奪を行うので、休校を強いられるのが普通のこととなった。一五六二年の春、アンドレト男爵（baron des Andrets）がトゥルノンに入って来てイエズス会士たちの退去を要求した。留まれば住民全体に累を及ぼすことを悟って、二四人のイエズス会士は身をやつし夜陰に乗じて素早く町を離れた。戻ることができるまでに一年が過ぎた。一五六一年パミエの学校のイエズス会の教員たちは、ユグノーの猛襲の前に撤退し、学校の扉を閉ざした。扉が再び開かれたのは七〇年後であった。

パイオニアであるこれらの教師たちの多くは人の心を動かす説教家でもあった。エモン・オージェは幅広い才能をもった人で、その説得力のある説教でイエズス会の歴代の偉大な説教家の四、五人のうちに数えられ、フランスのイエズス会が誇る説教の雄弁術の輝かしく豊かな伝統に先鞭をつけた。このシャンパーニュ人の熱烈で多彩な言葉は神聖同盟〔一五七六年に設立されたユグノーに対するフランスのカトリック派の同盟〕の軍隊による反撃よりはるかに説得力があり、数千人単位でカルヴァン教徒をカトリック教会に戻した。「使徒言行録」で

エモン・オージェ

描かれている使徒時代を思わせるように、中部および南部フランスのユグノーの集落全体が、例えばリヨンだけでも二千人近くの人が、クローヴィス（Clovis I 四六六頃—五一一年頃）〔フランク王国の建設者、メロヴィング朝の創始者、カトリックに改宗しフランク人のカトリック化に努めた〕と聖王ルイ（Louis IX 一二一四—七〇年、フランス王在位一二二六—没年）の信仰に立ち帰った。

　こうした仕事をしていたのはオージェだけではなかった。イエズス会の学院は、おのずと、そこから司祭たちが近隣の町や村へと説教旅行に向かう起点となった。外国人のイエズス会士たちもフランス人会員の強力な助け手となった。一五七〇年かすかで絶え入りそうな信仰しか見出されなかったディエプで二、三日のうちに二千人をカトリックへと再び導いたイタリア人のアントニオ・ポッセヴィーノ（Antonio Possevino 一五三三—一六一一年）、ポッセヴィーノの基盤を受け継ぎ四千人以上のディエプの人々を回心させたベルギー人のオリヴィエ・マンナールツ（Olivier Mannaerts 一五二三—一六一四年）、ポアトゥの宗教改革史にその名が大きく記されているスペイン人のファン・デ・マルドナド（Juan de Maldonado 一五三三—八三年）である。[22]

ユグノーの挑戦は、カトリック教徒の信仰に関する驚くほどの無知を露わにし、基本的な教義を教えることが必要であることをはっきりと示すものであった。オージェはその雄弁のゆえに「フランスのクリュソストモス（Ioannes Chrysostomos 三四九／五〇―四〇七年）〔「黄金の口（クリュソストモス）」と呼ばれたコンスタンティノポリス総主教〕」として知られていたが、要理の本を出版して「フランスのカニシウス」というもう一つの称号を得た。ドイツのペトルス・カニシウスの卓越には及ばなくとも、それでもやはりオージェの業績はもはや放置しえない隙間を埋めるものだった。

同じ頃、フランスにおけるイエズス会では、聖なる雄弁と同じくらい栄光ある伝統となるもう一つのこと、すなわち、行いによる説教ともいうべき活動が始まった。彼らは、幾世紀にもわたり周期的に吹き荒れる伝染病に倒れた貧しい人々のために自らの命を犠牲にしたのである。この際立った犠牲者名簿の先頭を飾ったのは、フランスの最初の管区長で、温和で控え目なパスカーズ・ブロエである。彼は一五六二年九月一四日にこの至高の犠牲に奉じた。それからアヴィニョンでは七人がその模範に倣い、一五八〇年にはパリで三人、八二年にはブールジュで二人、八三年にはヌヴェールで四人、八五年にはボルドーで五人、ポンタ＝ムーソンでは一〇人、トゥルノンでは二人がそれに続いた。これらの統計は、ヨーロッパをしばしば苦しめたひどい伝染病に対する、イエズス会士の通例の対応の仕方を示している。現代の医学の発展以前、一九〇七年までに世界中で少なくとも二〇九四名の会員がこの使命に

殉じた。その後の研究はその数がもっと多かったことを示している。(23)

各地方で受けた歓迎とは対照的に、パリのイエズス会士は、議会と大学にしっかり足場を組んでいたガリカニズム〔フランス教会を教皇権から自立させようとする宗教的政治的思潮〕とカルヴァン派の勢力から絶え間なく辛辣な批判を浴びせられた。当初から引き継がれてきた最大の問題は、この国で法人としての法的認可を得ることであった。イグナティウス没後の五年間、パスカーズ・ブロエと不屈の人ポンス・コルドガン（Ponce Cordogan）は、覚書や訪問によって君主にイエズス会の件を忘れさせなかった。しかし二人は国王と貴族階級の間の幾世紀にもわたる古くからの抗争の板挟みになった。一五六〇年二月、フランソワ二世（François II 一五四四—六〇年、フランス王在位一五五九—没年）は、フランスのイエズス会を認め、アンリ二世が出した認可状を承認したのだが、それは九年間議会の公記録保管庫で無視され放置されたままだった。摂政政治の弱体化により自信を強めていた議会がこの文書を登録することを拒否したのである。四月二五日、国王は新たな認可状を出した。議会は登録を巧みに引き延ばす作戦に出た。一〇月九日、フランソワ国王は議会に王の要望に従うよう命令したが、その後まもなく若い国王は死に見舞われ、抗争は一〇歳のシャルル九世（Charles IX 一五五〇—七四年、フランス王在位一五六〇—没年）に引き継がれた。一二月二三日、カトリーヌ・ド・メディシスが自分の息子に代わってアンリ二世とフランソワ二世の認可状を承認する認可状を交付した。議会はまたも巧みに引き延ばしたあげくに、全国三部会†14もしくは公会議もしくは一五六一年にポワシーで開催されることになっていた宗教会議に問題を委ねた。

引き延ばしという壁に突破口を作り、非常に限られた枠の中ではあるが、イエズス会士がついに法的認可を受けたのはポワシーでのことだった。当時トリエント公会議のことですっかり忙殺されていた教皇の意向に反して、カトリーヌ・ド・メディシスは、ひどく分裂したフランスに平和をもたらそうとポワシーの町に宗教討論会を召集し、プロテスタントの著名な弁護者であるテオドール・ド・ベザ（Théodore de Beza 一五一九—一六〇五年）とピエトロ・マルティーレ・ヴェルミーリ（Pietro Martire Vermigli 一五〇〇—六二年）を招いた。四六人のカトリックの司教が出席した。教皇ピウス四世は教義に関するこれらの討論の成り行きを案じ、フランスが道を誤って異端に走ることを恐れて、イッポリト・デステ枢機卿（Ippolito d'Este 一五〇九—七二年）とライネス、ポランコの両神父をこの会議に送った。皇太后主催のこの不発に終わった会議で、二つの事柄が際立つようになった。一つは、聖体についてのベザの好戦的な発言とヴェルミーリの挑戦的で攻撃的な言葉によって暗示された、ユグノーがさらに増加するという深刻な予測であり、いま一つは、イエズス会という新しい修道会がカトリック教会にとっての強力な代弁者としてフランスにもあらわれたということである。その総長ディエゴ・ライネスは、卓越した才能を駆使して明瞭かつ正確に教義の論点を解説したばかりか、驚くべき大胆さをもって、カトリーヌ・ド・メディシスに対し、信仰の問題を解決しようとするのは彼女のすることではないと公に進言したのであった。

ついにイエズス会の法的地位の問題が審議された。トゥルノン、ブルボン、ロレーヌ、アルマニャックの枢機卿といったイエズス会の強固な賛美者たちの先導で、高位聖職者は一般に法人登録の裁定に好意的であった。しかし状況はきわめて微妙だった。特に登録許可はただちに自分の教区にあるクレルモン学院の法的認可をもたらすことになるために、イエズス会を不快に思っていた熱心なガリカニストのパリ司教ウスターシュ・デュ・ベレ（Eustache du Bellay 一五〇九—六五年）を無視することはできなかった。カルヴァン教徒の攻撃的な姿勢がデュ・ベレのイエズス会への反感を和らげることを望みつつ、司教たちは法的認可のための文書の作成を彼に任せた。

しかし、司教の決定したこの文書は彼が気持ちを変えていないことを露わにした。そのおもな主張は、イエズス会を修道会としてではなく一団体、また一つの学院として認め、しかもこれを次の一定の条件でのみ有効であるとする、厳しい制約を加えることにあった。すなわち、その会員たちはイエズス会以外の称号を選ぶこと、会員は完全に司教の管轄のもとにあること、何らの私権もなく一般の法律に服すること、パリ議会の権限に対立する教皇公開勅書にもとづくいずれの特権も放棄することである。ド・トゥルノンその他の好意的な司教たちにはデュ・ベレの文書が締めつけを旨としているのが気に入らなかったが、ともあれ、イエズス会を擁護する次の機会はそうすぐに生じるものではないと思い、一五六一年九月一五日、この文書に署名した。五か月後、議会はその文書の登録を決議した。イエズス会は屈辱的な条件で権利を奪われたが、フランスの青少年の信仰教育の必要が急を要することがわかっていたので、これを甘受し、「クレルモン学院協会」の名称をとった。(24) 妥協であったが、しかしライネスはこれを十全に活用することにした。彼は学院に優秀な教授陣を置き、会の中でも最も優れた学校にすることを計画した。こうしてパリでのイエズス会の苦闘は一つの区切りをつけた。

第二の苦難も、第一のもののように、泥沼の法律論であった。それは、クレルモン学院協会が一般人向けの授業を行う権利問題をめぐってのものだった。反対派の中核は、教皇権に対して強い敵愾心《てきがいしん》を抱く勢力の知的牙城であるパリ大学にあった。学内の一部の者たちがカルヴァン（Jean Calvin 一五〇九—六四年）の教義への共感を公言しており、彼らは協調してイエズス会に対する防備を固めていた。会の目的は二つあった。教師としての公の認可を得ることと、大学組織の枠組みへの編入である。先の目的は達成したが、後の方は失敗した。

イエズス会士はギヨーム・デュ・プラ司教が会に遺贈した金で、大学地区の中心部にある広く使い勝手のよいオテル・ラ・クールを購入し、法的手続き上「学校教諭免許状」（Lettre de scolarité）と呼ばれる、教師としての認可を受けるための正式の申請書を提出した。要請は全く時宜を得ていた。パリ大学総長は三か月ごとに交替していたのだが、その時点の総長であったジュバン・ド・サン＝ジェルマン（Jubin de Saint-Germain）はカトリックで、パリにおけるイエズス会士の活動に偏見がなかったからである。総長は要請を許可した。

一五六四年二月二二日、二人のずば抜けて有能な学者の授業がクレルモン学院で始まった。ともにスペイン人で、ミゲル・ベネガス（Miguel Venegas）は古典を教授し、ファン・デ・マルドナドは哲学、翌年以降は神学を講義した。二人はカルティエ・ラタン〔セーヌ左岸の大学・学寮などの集まる文教地区〕でセンセーションを巻き起こした。彼らの明快な解説と学識の広さによって、伝統的な講座であった古典文学や哲学の授業にはいきいきした新たな精神が吹き込まれた。特にマルドナドに魅了されて興奮した大勢の学生たちが教室を埋めた。一五七〇年にはその数は千人を超え、席を確保するために講義の二、三時間前に来る者もいた。(25)

エストレマドゥラ出身のファン・デ・マルドナドは、文学また神学の復興の活気に満ちたサラマンカ大学で知的な養成を受け、プロテスタントによって喚起された火急の諸問題に直面して、旧来のペトルス・ロンバルドゥスの『命題集』（*Sententiae*）の注解と、針の先まで洗練された三段論法による教授法を打破した。マルドナドは、聖書と教父の著作に学ぶ神学が同時代の知的好奇心を満足させる唯一の道であることを、その熱意と広い教養をもって示した。ライネスは、クレルモン学院の教授たちが注目せずにはいられないほど傑出した講義をすることで会の敵対者を賛美者また友人に変えることを望んでいた。しかし正反対の反応が起こった。パリ大学の講師たちは、マルドナドとその同胞のために学生が自分たちのもとを離れ、数を減らしていくことに当惑し、ますます頑なで非妥協的な態度をとるようになり、一五六四年以後の何年もの間、あの手この手でクレルモン学院を追い出す運動を容赦なく推し進めた。

この入り組んだ問題は結局法廷を通り、議会で決着を見た。一五六五年四月五日、議会はその判定を下した。両派の微妙なバランスを保ちつつ、議会はイエズス会士に教える自由を宣言したが、大学組織への編入の権利を否定した。しかし会の敵はこれに満足せず、マルドナドに集中砲火を浴びせ、ついに一五七七年目的を遂げた。教皇グレゴリウス十三世が、パリ大学の騒ぎが止まないのを案じ、マルドナドがクレルモン学院を去るようにとの意向を表明したのである。ブールジュがこの聡明な教師の新たな活動場所となった。大学関係者の中傷が、このスペイン人のパリとの絆を断ったが、マルドナルドはブールジュで著述のための閑暇を得たのであるから、彼らはそうすることでマルドナルドを身軽にし、主著『四福音書記者注解』（*Commentarii in quatuor evangelistas*, 1596-1597）を編ましめたのだと言える。マルドナルドは通常の伝統的な注解形式を捨て、テクストの字義的解釈に徹して、数巻から成る聖書注解を編んだが（出版は没後になった）、それはその解説の明快さと洞察力のゆえに今なお読むに耐えるものである。

この時代の終わりにも、イエズス会士はなおパリで教えていた。クレルモン学院をパリ大学に組み入れるという問題については、双方を満足させる解決に達していなかった。法律面でのこの袋小路は、教会とその敵対者を支配していた、より広く、より重大で、より基本的な緊張状態を象徴するものだった。イエズス会のフランスにおける事業を覆っていた不確定さは、フランス王国におけるカトリック―ユグノー間の優位競争の解決の難しさと質を同じくしていた。

ドイツと中欧

一五五五年、アウクスブルクの宗教和議とともに、ドイツはその歴史の新たな局面に至った。ルター派とカトリックは戦いを停止し、皇帝は帝国内のルター派の存在を公に認めることを強いられた。カトリックの地位を強化するためには根本的な霊的刷新が必要だった。年々安定した調子で成長しているイエズス会は、カトリックの活気の回復にそれだけの貢献をなした。一五七九年、一五年前ベルギー管区が分離したラインラント管区には二三四名の会員がおり、同じ年、オーストリア管区が一六年前に分離した上ドイツ管区には一七〇名がいた。一五八五年、オーストリア管区の名簿には二一〇の名が見える(26)。

カトリックの勢力・回復力・活力の復興にあってイエズス会が果たした役割を象徴するのは学院である。ペトルス・カニシウスは、一五五二年、クロード・ジェがウィーンに学院を開設した時に、フェルディナント王（Ferdinand I 一五〇三―六四年、ドイツ王在位一五三一―没年、神聖ローマ皇帝在位一五五六―没年）とバイエルン大公がインゴルシュタットで学院を後援することになるよう祈ってほしいとイグナティウスに願い、「そうすれば、ドイツの他の諸侯たちも学院が必要なことがわかってきて、だんだんこの人たちに倣うようになるでしょう」と言っている。カニシウスの言う通り、イエズス会の学院を求める要望が増え、一五八〇年までに、北はパーダーボルンとハイリゲンシュタットから南はルツェルン、インスブルック、ハルまで、西はトリーアから東はウィーンとグラーツまで、ドイツ語圏の三つの管区にはすでに運営しているか、または開設間際の学校が一九あった。これらの学院はすべてが同じ規模にまで、あるいは同じように迅速に発展したわけではなかった。規模拡大が顕著であったのは、一五六四年に学生総数五五〇名から一四年後に一〇三〇名に増えたトリーアの学院、一五六八年の一六〇名の学生数から二二年後に七〇〇名に増えたヴュルツブルクの学院、一五六一年の三〇名から五年後に五〇〇名に増えたマインツの学院である。緩やかに拡大していったのは、一五七八年の在籍者数二〇〇名から六年後に三六三名になったグラーツの学院、一五八〇年の八四名から二二年後に一二五名となったモルスハイムの学院である。これらの機関は明らかに大学水準のものであり、宗教面に留まらない重要な意味を担った。宗教改革によってドイツの知的生活にもたらされた混沌にあって、多くの学生が自国を去ってパリやルーヴァン、ドゥエやパヴィアの大学に向かった。国の衰微を招くこの移住を食い止めるために新しい大学が必要とされ、かつ古い大学の改革も必至であった。司教たちはイエズス会士を求めた。一七世紀初頭まで、帝国内にはイエズス会の援助なしに設立維持されていたベネディクト会士が経営していたザルツブルクを除き、カトリックの大学はなかった。帝国のカトリック圏内の大学はイエズス会のおかげで命脈を保った[27]。ハンガリーでは、トルコ人の支配下でない地域は広範囲にわたってプロテスタントになっており、イエズス会の出発はごく控え目なものだった。イエズス会士はエステルゴムのミクローシ・オラー大司教（Miklós Oláh 一四九三―一五六八年、在位一五五三―没年）の招きで一五六一年にこの地を踏み、ほどなくしてノディソンボト（トルナヴァ）に大学を開設した。以上のドイツとハンガリーの教育機関は、包囲された地域でのカトリックの学問と信仰の中心となり、イエズス会は他のカトリック世界から霊的刷新と知的興奮の流れを水路のようにそこに注ぎ込んだ。

イエズス会劇

この信仰覚醒の活動は、折々華やかな表現を見た。一五七四年にミュンヘンのイエズス会の学校の生徒たちが、教師の一人、ゲオルク・アグリコラ（Georg Agricola）作の、『コンスタンティヌス』と題する劇を上演した。町そのものが美しく飾られ舞台となった。千人の役者が出演し、上演は二日にわたった。クライマックスは、ミルヴィオ橋の戦い[†15]後のコンスタンティヌス（Constantinus I 二八〇年以降―三三七年、ローマ皇帝在位三一二―没年）の堂々たるローマ凱旋で、皇帝は四対の馬を御し、きらめく甲冑に身を固めた四〇〇人の騎手がその周りを囲む。この催しはミュンヘンの歴史にあって文化上の一大事件であり、イエズス会士がドイツに注ぎ込んでいた創造性と想像力の源泉の豊かさを証するものだった。[28]

それはまた、ヨーロッパ中のイエズス会の学校がなした偉業の一つをいきいきと描き出すものでもあった。その偉業とは、演劇の奨励である。会がヨーロッパでおもに通学生を対象とした最初の学校であるマメルティーノ学院をメッシーナに開設した三年後の一五五一年、イエズス会の学生たちがこの地で悲劇を上演した。一五五八年には、やはりメッシーナで、学生たちはスペイン人イエズス会士、フランシスコ・ステファノ（Francisco Stefano）が作った喜劇、『フィロプルトゥス——貪欲の末路』（*Philoplutus*）を上演した。ウィーンでは一五五五年、学生たちによる『エウリプス——万物の虚しさ』（*Euripus*）の上演をもって、長きにわたるこの町のイエズス会演劇の伝統が始まった。コルドバでは一五五六年、若者たちがその教師の一人、ペドロ・デ・アセベド（Pedro Pablo de Acevedo 一五二二頃—七三年）の作品、『メタネア』（*Metanea*）を上演した。[29]

イエズス会士が演劇を奨励することには二つの要素を含む教導上の目的があった。一つはいきいきとした教養娯楽的な仕方で自分たちの文法と修辞の技能を披露する機会を学生たちに与えることであり、いま一つは人を惹きつける方法で教義および道徳上の教会の教えを伝えることである。当初、脚本は学校の教科課程の重要な部分を占めていたラテン語で書かれ、テーマと題材は通例、聖書や歴史から取られ、『ゴリアテ』（*Goliath*）、『ヘルクレス』（*Hercu-*

les; ヘラクレス〔Heracles〕)、『サムソン』(*Samson*)、『ナブホドノソル』(*Nabuchodonosor* ネブカドネツァル)、『コンスタンティヌス』(*Constantinus*) といった題目であった。これらの劇は、様々な分野でその表出を見たバロック芸術を特徴づける徳と悪徳、神と人間、永遠と時間の間の緊張をしばしば利用している。簡素な原型はごく短期間のうちに、イエズス会士が各国語、音楽、舞踊、オーケストラ、役者の大群を導入するにつれ、爆発的に発展した。イエズス会の教育という面において演劇ほど、包括的で多様でかつ生気溢れる表現形式にまで発展した例はおそらく他になかった。

学校演劇に各国語と音楽を導入した先導者の中にはスペイン人のイエズス会士たちがいた。彼らは各国語をごく初期に採用した。時には序幕をスペイン語で上演し、時には貴族と平民の性格を区別する手段として前者がラテン語を、後者がスペイン語を話す対話を用い、時にはスペイン語の詩文を挿入した。初期の最も有名なスペイン人イエズス会士の劇作家ペドロ・デ・アセベドはいろいろな試みをしている。一五五六年には『メタネア』でラテン語の散文とスペイン語の詩文を併用し、一五六二年にはスペイン語の一一の音韻の詩文で序言を作り、一五六六年、幕間に三回のスペイン語の詩文が入るラテン語の散文劇『アタナシア』(*Athanasia*) を上演した。他国のイエズス会士もそれほど遅れをとっていなかった。一五八〇年ポンタ＝ムーソンで学生たちがフランス語で『オルレアンの少女』(*La Pucelle d'Orléans*) を上演し、その二年後、ルツェルンのイエズス会士たちはドイツ語で劇を上演する許可を受け、あるいは一五八八年、オーストリア管区の学校は、ドイツ語で幕間劇を上演することを許可されている。[30]

音楽や舞踊を用いることでも、スペイン人たちが先に立った。一五五八年、オカニャの学生たちが音楽と舞踊を取り入れた悲喜劇『ホセ』（*José*）を上演した。その一〇年後、ミュンヘンで、意匠を凝らしたバレエが『サムソン』の一部となり、オルランド・ディ・ラッソ（Orlando di Lasso 一五三〇／三二―九四年）の壮大な合唱が音楽を奏でた。一五八二年のインスブルックでの劇『トビアス』（*Tobias*）は実際イタリア風の歌唱劇ないしオペレッタで、イタリア・オペラがとりわけオーストリアおよび南ドイツのイエズス会劇に及ぼすことになる多大な影響を先取って示すものである。[31]

舞台装置と舞台の設定において、イタリア人、スペイン人、ドイツ人のイエズス会士たちは、早くから当初の素朴な形式から抜け出た。一五七三年のローマで、学生たちが巨大な書割を背景に最後の審判を題材とした劇を演じたが、そこには断罪された多くの人々が恐ろしく描かれていた。一五八〇年セビーリャで学生たちが『聖エルメネヒルド』（*San Hermenegildo*）を上演したが、その舞台装置は、前景の広い部分は同地の市街を表し、舞台の一方に聖人が囚われている塔があり、もう一方に花火でいっぱいになった別の塔があるというものだった。ミュンヘンで一五七三年に若者たちが『コンスタンティヌス』を上演したことはすでに述べた通りである。ドイツではおそらくこうしたイエズス会劇こそが、何よりもカトリック改革の自発性と活力をひときわ目立つ形で世に示したのであった(32)。

イエズス会は学問と学校だけに従事していたわけではない。ローマのイエズス会文書館には、中欧の至るところからの、教室外での活動についての長上と部下双方による報告が集められている。事務的な文章と無味乾燥な統計欄は、かつて町や村や田園で説教し、要理を教え、秘跡を授けるのが耳にされた、イエズス会士たちの声をかすかにしか反響させていない。例えば一五七三年、ヨハネス・レティウス（Johannes Rethius 一五三二―七四年）は、四旬節に、シュパイアーでペーター・ブリルマハー（Peter Brillmacher 一五四二―九五年）が週三回、アウクスブルクでグレーゴル・ヴォルフシェードル（Gregor Wolfschedl）が週三回、ザンクト・モーリッツでマルティン・ロイベンシュタイン（Martin Leubenstein 一五三一／三三―九六年）が週二回説教したと報告している。一五六四年、マルティン・シュテルフォルディアン（Martin Stervordian）は、ジャン・クーヴィヨン（Jean Couvillon 一五二二年生）とゲオルグ・ショーリヒ（Georg Schorich 一五三三―七三年）と一緒にした、六か月間にわたる下バイエルン地方の遊説旅行について述べている。一五六九年にショーリヒはボルジアに、ランツフートで自分の説教を聴いて

ヨハネス・レティウス

秘跡を受けた者が数千人に上ったと報告している[33]。

しかしながら、秘跡の授与についての報告ほど信仰の力の伸長を印象深く明らかにしているものはない。ウィーンのイエズス会の教会の司祭たちは一五六〇年の復活祭に七〇〇人に告解の秘跡を授けたが、一五六九年にその数は三千人になり、その後それを下回ったが、一五八四年に三五四〇人になった。グラーツでは学院が開設された一五七四年には、イエズス会の聖堂で復活祭に聖体拝領する者は二〇人しかいなかったが、二年後には五〇〇人、八年後に千人を超え、一五九〇年にはさらにその二倍になった。スイスのフリブールではせいぜい五、六人が降誕祭に聖体拝領していただけだったが、一五八二年にイエズス会士がこの地に学校を開設し、同年、六〇〇人が聖体拝領したことを報告できた。翌年の聖週間には二千人以上が告解をした。ケルンでは一五七六年、一万五千人がイエズス会の聖堂で聖体拝領したが、五年後にはその数は四万五千人に達した。同じ時期、トリーアでの聖体拝領者の数は、一万三千人から二万二千人に増えた[34]。ドイツで働いた最初のイエズス会士であるピエール・ファーヴルは、人々が秘跡を受けることに親しむように導かれるなら異端の危険は減少するだろうと自分の経験から判断している。ファーヴルは、「異端者たちが、教会で週に一回あるいは隔週での頻繁な聖体拝領を見、その力、その命の信心深い受け入れを、目の当たりにすれば、聖体祭儀についてのツヴィングリ派[†16]の教えをあえて説教する者は誰一人としていないことでしょう[35]」と述べている。イエズス会の記録中の統計は、ファーヴルの分析が的を射ていることを立証している。

この著しい発展はイグナティウスの精神から逸脱する危険も常に伴うものであった。しかしこの間、イエズス会の共同体の一つひとつが『会憲』という同じ造幣局から出た同じ硬貨であることを、この本道をたゆまず歩む使徒、司祭ヘロニモ・ナダールが保証した。ナダールはドイツを愛した。彼は巡察使として西ヨーロッパ全体を旅し、訪れたイエズス会の学校のいずれをも心にかけていたが、その報告概略には、「ドイツは私の関心の筆頭にあります。その必要性が待ったなしのものだからです」とある。しばしば極貧の中で、しばしば敵対者に囲まれて働く仲間の修道士たちにナダールは、喜びに満ちた、快活で朗らかな精神で、苦難に耐える固い決意をもたらした(36)。

別のイエズス会士の言葉を借りれば、依然「全ドイツの誇りであり誉れ」であり続けたのは、ペトルス・カニシウスである。この四半世紀の間カニシウスはドイツ、イタリア、オーストリア、ボヘミア、スイスとおよそ三万キロに及ぶ旅をして、常に紳士的で優しく深い思いやりをもって説教し、学院を創設し、司教や諸侯の相談に乗り、仲間のイエズス会士を力づけた。カニシウスは、一五五六年にオーストリア、ボヘミア、バイエルン、ティロルを包括する新たに創設された南ドイツ管区の管区長とされたことに見られるように、しばしば重責を担った。他の人たちは、彼が自著を出版する頻度に驚いていた。その著作はことごとく喫緊の課題に向けられたものだった。要理教育への関心は変わらずに持ち続けており、一五五八年には『小教理問答』（*Catechismus minor*）を出版したが、それは教義と木版画、詩歌から成る言わばメドレーで、楽しくも教育的なものだった。改訂版を見ると、彼がこれをよりよく、より有用なものにすることに飽くなき関心を抱いていたことが明らかである。しかしカニシウスが最も心血を注いで書いたのは、教会の歴史へのプロテスタントの巨大な挑戦である著作『マクデブルクの世紀』（*Magdeburger Centurien*）に対するカトリックの答えとして企画された三巻本〔『キリスト教教義大全』（*Summa doctrinae Christiana*）〕のうちの二巻の前半である。

イグナティウスの没後二五年間に、カトリック教会は中欧で美しく生気に溢れ、また霊的輝きにおいて成長した。イエズス会の一九の学校はこの復興に寄与したところが大きい。一五八一年に六〇歳を超えたペトルス・カニシウスが、この復興の指導的な企画者であった。

ペトルス・カニシウス

ポーランド

ドイツとロシアに挟まれた一六世紀後半のポーランド王国は、ポーランド本土と、大リトアニア公国およびそのルテニア〔現ウクライナ西部、カルパティア山脈の南の地方〕の領土、マツォヴィア公国、リヴォニア公国、プロイセン王国、プロイセン公領、クールラント公国という様々な国の寄り集まりであった。一五六九年にルブリン合同によって大リトアニア公国の国会がポーランドの国会(sejm)と合体した時に、リトアニアの広大な地域はポーランド王国の構成部分となった。国王ジグムント・アウグストゥス二世(Zygmunt Augustus II 一五二〇—七二年、在位一五四八—没年)が自分の王国を連合国(Rzeczpospolita)と呼んだ。一六世紀にこの連合国に深刻な精神的危機が陰を投げかけた。伝統的にカトリック教会に忠実であった各公国の国民が、古くからの忠誠をプロテスタントのために棄てつつあったのである。この背信を食い止めたのは、わけても、エルムラントの公爵兼司教のスタニスラウス・ホーシウス枢機卿(Stanislaus Hosius 一五〇四—七九年)とステファン・バートリ王(Stefan Bathory 一五三三—八六年、在位一五七五—没年)の二人である。両指導者ともイエズス会を大いに信頼しており、ポーランドの宗教生活に関する最大の試練に数えられるこの件にイエズス会士が関与する道を拓いた。

初期プロテスタントの成功と知略は、至るところでペトルス・カニシウスを身震いさせた。カニシウスは一五五八年に教皇使節の神学顧問としてピョートルクフの国会に出席した。彼はクラクフ、ロヴィッチュ、ピョートルクフへ旅した時に見聞したことから、ライネスに助言して、カトリック教会の命運は、司教と王の忍耐と不動の態度にかかっていると述べていた。しかし高位聖職者たちには勢いがなく、ジグムント・アウグストゥス二世はプロテスタントたちに面と向かうとどっちつかずの態度をとり、しかも神学問題ではまごつくばかりであった。一五六九年にはプロテスタントは議会で半数近い議席を占めており、司教議員を数に入れないなら、実際にはカトリックの議員を数で勝っていた。一六〇〇年になるまでに、二千のカトリックの教会がプロテスタントの手に落ちた。

しかしプロテスタントの前進は静かに、劇的ならぬ形で止められ、息を吹き返したカトリックの一団が攻勢に出た。一五五一年、スタニスラウス・ホーシウスがエルムラント司教になり、一五六五年、イエズス会士を招いて東プロイセンのブラウンスベルクの学院を運営させた。一五七五年に王に選立されたステファン・バートリは、イエズス会を小ポーランドのクラクフ、リヴォニアのリガ、リトアニアのポロツクへ招き、同じくリトアニアにあるヴィルナの学院を大学に格上げした。

ポーランド人はイエズス会になじむようになり、会の方も持ち前の、様々な国民性、国民気質への適応力を用いて、ポーランド人になじむようになった。一五七五年、ブラウンスベルクに学院を設置したわずか一〇年の後、メルキュリアンはポーランド管区を創設した。綿密に編成された教育計画に魅了され、イエズス会の学校を取り巻く知的で洗練された雰囲気に感銘を受けたポーランド人たちが教室を満たした。卒業生たちはこの国の社会や政界で活躍し、カトリックは知的な面でも信仰の面でも指導権を得始めた。学校を拠点に要理指導者や説教師が国中に広がっていき、カルンコフスキ神父（Karnkowski）やスタニスウァフ・ソコロフスキ神父（Stanisław Sokolowski 一五九三年没）のような雄弁の徒が、プロテスタントが掌握している地域に大きく食い込んでいった。この危機の時代に、こうした人たちすべての中で最も卓越した人物が現れた。著作家で雄弁な説教師、カトリック復興の道を半世紀近く導いたピョートル・スカルガ（Piotr Skarga 一五三六―一六一二年）である。彼は、叙階後四年目の一五六八年にイエズス会に入った。ポーランドのカトリックは、彼の力強い説教を聞き、説得力のある『教会合同についての対話』（*O Jednosci Kościota Bożégo*, 1577）を読んだその時、自分たちの真ん中に才知優れた代弁者がいることを知ったのであった。(37)

低地帯諸国、イギリス、その他の地域

ネーデルラントという、この、ドイツとフランスの文化のせめぎ合う十字路にいる、機敏で進取の気概に富んだ人々の中で、イエズス会はいったん地歩を固めると急激に発展した。しかし時は、スペインの支配に対する独立の機運が高まり、アレッサンドロ・ファルネーゼが南部のカトリック諸州とカルヴァン派が管轄する北部諸州の間に楔を打ち込む巧みな政策を推し進めているころだった。四つの学院やその他の会の住居は、不和と騒乱の因果関係に組み入れられるのを避けられなかった。

イグナティウスが手にすることができなかったネーデルラントにおける会の法的認可を、ペドロ・デ・リバデネイラが、フェリペ二世の宮廷での忍耐強い駆け引きによってついに手

に入れた。最初の学院が一五六二年にトゥルネに開設されたが、まもなくディナン、サントメール、カンブレ、ドゥエ、リエージュといったフランス語圏で、学院の開設が続いた。一五七五年、フラマン語〔ベルギー北部で話されるオランダ語系の言葉〕を話す人たちがアントウェルペン、ブリュージュ（ブルッヘ）、マーストリヒトといった金融拠点に、三つの学校を引き受けた。主にスペイン人たちがこれらの学院の最初の教師であった[38]。

一五七六年、諸州はゲント講和条約でスペインに対抗して連合した。スペイン国王の庇護を受けており、それゆえネーデルラントの愛国的動きに加わることのできなかったイエズス会士たちは、学院を放棄してネーデルラントを去らねばならなかった。この国外退去は一五八五年までの九年間続いた。

ジャンセニズムの根

イエズス会の、ネーデルラントの霊的および知的生活への関わりのうち最も目を引くのは、ミシェル・ド・ベ（バイウス。Michel de Bay; Baius 一五一三―八九年）に率いられた、ルーヴァンの学者の一団の神学説に挑んだことであった。バイウスはアウグスティヌスについての自説の中で、アダムの堕罪前の人間の自然的善と堕罪後の人間が生まれながらに病んでいる悪の両方を過大視する神学を展開した。彼は信仰と相容れない解釈をして、見当外れのところに楽観主義と悲観主義を代わる代わるに出して、恩恵、人間の自由、キリストの贖《あがな》いの業という重大な現実を度外視した。自然の秩序と超自然の秩序の区別の抹消から、彼の体系がカルヴィニズム[†17]に強力に刻印されていることが明らかであった。これがまもなくジャンセニズムの伝統へと発展する、影響力のある一大運動の始まりであった。当初からイエズス会の神学者たちは、バイウスの学説に対して断固たる立場をとった。こうしてイエズス会は、その後も神学の歴史において最も長引き、最も錯綜したものに数えられるこの論争に、後継者の代まで関わることになった。イエズス会士たちの参画はこれ以上望めないほど幸先よく始まった。一五七〇年、叙階されたばかりの二八歳のロベルト・ベラルミーノが、明晰明快な理論と博識を用いて、バイウスの逸脱に抗して六年にわたる応戦をルーヴァンで開始したのである。大きな脈絡からすればこの応戦は、ベラルミーノを論争に満ちたこの時代の知的闘争へと大きなスケールで導き入れるものだった(39)。

支配者が自分の支配地の宗教を定め、住民の宗教生活を導くのが一般的であったこの宗教上の危機の時代に、教皇庁はヨーロッパの様々な宮廷との接触をもつことを重要視していた。教皇たちは折に触れこの微妙な役目にイエズス会士を起用した。この役目に従事した者たちは決して大勢いたわけではないが、その仕事の重大さは人数からは測り知れない。それが一国の信仰を守る可能性を伴っていたからである。

スコットランドはこうした王国の一つであった。一五六一年、一九歳の若さで故フランソワ二世の寡婦となったメアリ女王（Mary Stewart 一五四二―八七年、在位一五四二―六七年）はフランスから帰国し、カトリックに抗する長老派の勢いが強くなっているのを知った。カトリックの命運は彼女の政策にかかっていた。教皇ピウス四世はイングランドのメアリ・テューダー（Mary I [Tudor] 一五一六―五八年、在位一五五三―没年）を手本に強硬策を進めるべく、オランダ人イエズス会士ホウダのニコラース・フロリス（ゴウダヌス。Nikolaas Floris; Nicolaes Florensz; Goudanus 一五一五―六五年）を急派した。一五六二年、フロリスがエディンバラに密かに入国した。その到着はどういうわけか明るみに出、牧師たちがスコットランドの人々に対して、「反キリストの使節」を捕え、その血で手を洗えと声高に説教したので、フロリスは二か月の間身を隠した。一五六二年七月二四日にフロリスはホリルードでやっとメアリ女王と秘密裡に言葉を交わすことができたが、教皇の勧告に対する女王の応答は曖昧で言質を与えないものであったので、この会見には実りないと悟った。フロリスは落胆したが、憎悪と卑劣と謀略の嵐の中心にいるこの孤独ならら若い女性に深く同情しつつホリルードを後にした。

四年後、別のイエズス会士が次代の教皇の代弁者としてメアリ女王に相対した。教皇ピウス五世はスコットランドにおける強硬策の必要について前任者と同じ考えで、イタリア人司教ヴィンチェンツォ・ラウレオ（Vincenzo Laureo）を選んで、不実な者を退けて自らが目指していることの実例を王国に示すようメアリ女王に勧めた。それに先立ってラウレオのために下準備をするべく、スコットランド人のイエズス会士エドマンド・ヘー（Edmund Hay 一五三四頃―九一年）が派遣された。一五六七年一月一四日、ヘーはこのイタリア人司教のドラスティックなメッセージの大筋を事前に知らせた。女王はたとえ不実な血であっても自分の臣下のそれを流す責任を負うつもりはないと断言して、この提案をはねのけた。[40]

　教皇庁が一時的でわずかな接触をもったもう一つの王国がスウェーデンである。一五七四年から一五八四年の一〇年間は、この北欧の国ではプロテスタントから勝利をやっと得られるものと思われていた。この希望は大部分イエズス会の小集団に負っていた。スウェーデン宣教は三段階で発展し、その各段階をこの使命に熟達した人が主導した。第一段階を主導したのがスタニスウァフ・ヴァルツェヴィツキ（Stanisław Warszewicki 一五三〇頃―九一年）、第二段階はラウレンティウス・ノルウェーグス（Laurentius Norvegus 一五三九―一六二二年）第三段階はアントニオ・ポッセヴィーノであった。

　この三人のイエズス会士たちの活動のおもな対象となったのは、カトリックの信仰に傾いており、ポーランドのカトリックの王女カタリーナ（Katharina 一五八三年没）と結婚したルター派の王ヤン三世（Jan III 一五三七―九二年、在位一五六八―没年）であった。一五七四年にヴァルツェヴィツキが女王に仕えるためにストックホルムに派遣された。ヤン王はこのイエズス会士から感銘を受け、カトリックになることに関心があることを表明した。しかし王は自分の改宗が、聖職者の妻帯、パンと葡萄酒の両形色による聖体拝領、自国語でのミサ〔第ニヴァティカン公会議以前のカトリックのミサはラテン語であった」という、三つの教会法上の免除如何《いかん》であることを明確にした。この三つはどれも、当時のプロテスタンティズムと結局は同一視されるものだった。王はまた国民の改宗は徐々に行われるものでなければならないと主張した(41)。

ヴァルツェヴィツキは長上に、スウェーデン語ができるイエズス会士の派遣を要請した。このことが、聡明で独創的なノルウェー人、通常ラウレンティウス・ノルウェーグスとして知られる、ラウリッツ・ニールセン（Laurits Nielssen）に道を開くことになった。彼はノルウェーのテンスベリの出身で、二〇歳で教育を続けるためにコペンハーゲンに赴いたが、そこで密かに働いている数人のイエズス会士に出会い、彼らの勧めでルーヴァンに行き、カトリックになり、イエズス会士となった。ノルウェーグスは一五七六年の春にストックホルムに来たのだが、ヤン王はその広い学識と雄弁術を喜び、即座に、設立されたばかりのストックホルム王立学院の学長かつ神学講師にした。ラウレンティウス・ノルウェーグスは、身分を明かさず、議論を呼ばないような主題に講義を制限して学校を見事なものに仕立て上げ、一五七九年の春には三〇人のルター派の牧師を含む七〇人の学生を名簿に登録していた。また一方ではヤン王を信仰に近づけた(42)。

これらの進展の知らせを受けた教皇庁はより多くの情報を欲し、教皇は上品で見識のある人物アントニオ・ポッセヴィーノを派遣した。ポッセヴィーノは神聖ローマ皇帝大使を装い、皇帝マクシミリアン二世（Maximilian II 一五二七―七六年、在位一五六四―没年）の最近の崩御の知らせを公式に携えて、一五七七年一二月にスウェーデンに到着した。ポッセヴィーノは明快で筋の通った論法によって王にカトリックになるべきだと納得させ、ローマ当局が王の出した特別な問題を解決する努力をしていると王に請け合った。どういうわけか、おそらくはポッセヴィーノの言及が楽観的に過ぎる印象を与えたために、ヤン王は、教皇グレゴリウス十三世がスウェーデンに聖職者の妻帯と両形色での聖体拝領、および自国語でのミサを保証するものと結論した。五月半ば、王は明確な一歩を踏み出した。五月一六、一七日に、王はルター派を捨て、聖体拝領をした。その後すぐポッセヴィーノはストックホルムを去って、三つの免除という表向きのことの背後にある、スウェーデンを徐々に改宗させるという王の計画を提示すべくローマに向かった。彼も北欧諸国の改宗のための独自の壮大な計画を描いていた。そのおもな項目には、ブラウンスベルクとオロモウツとヴィルナにスカンディナヴィアの人々のための神学院を設立する要請があった。だがローマ教皇庁は免除の要求に応えるのを拒んだ。その後教皇はポッセヴィーノをスカンディナヴィア、ロシア、バルト海沿岸地域に対する教皇使節に任命し、スウェーデンに戻るよう彼に命じた(43)。

ポッセヴィーノが一五七九年七月にストックホルムに到着すると、王は憤慨していた。ヤン王は自分の要請についての教皇庁の決定をすでに耳にしており、反感を覚えてカトリック教会から距離を置くようになった。この時代のどの宗教問題にも実際的に影響を与えていた外交上の問題が際立って表面化した。ヤン王は諸国との協力関係においてスウェーデンがカトリック圏に入るかプロテスタント圏に入るかという問題に直面し、外交的判断から中立策を選んだ。この微妙な状況にあってポッセヴィーノは冒険的な決断をした。ポッセヴィーノは、二者択一を王に迫る方策にすべての望みをかけて、スウェーデンにいるイエズス会士たち、その時点でおよそ八人に、秘密の覆いを取り去って、自分たちがカトリックの司祭であることを民衆に明かすよう命じた[44]。

この策は失敗に帰した。ヤン王は中立の立場から動くことを拒んだが、民衆の怒声のために、外国人の中で最も著名な人物であったラウレンティウス・ノルウェーグスに国外退去を命じた。ノルウェーグスが行ってしまうと、ポッセヴィーノはこれ以上留まる理由がないのを見て、五名のイエズス会士に後を託して一五八〇年八月にスウェーデンを去った。この苦境の闇に射す一条の光は、ポッセヴィーノが二回目の訪問の間に少なくとも三二人のスカンディナヴィアの若者を大陸の神学校に送り、スウェーデンを去る時にはさらに一六人を自分と一緒に連れて行ったということである。留まった五人のイエズス会士は、後にひどくおぼつかない状況に陥る。次

アントニオ・ポッセヴィーノ

章で述べるように、四年後、ロシア―ポーランド間を取り持つ教皇外交という、ポッセヴィーノの別の使命の中での交渉によって、この五人の立場は知らぬ間に危うくされ、スウェーデンから退去することになった。

ラウレンティウス・ノルウェーグスとポッセヴィーノはスカンディナヴィアで失敗した。この失敗に追い打ちをかけるように、両者は仲違いした。スウェーデンの宣教の歴史については、なかなか解きがたいいくつかの疑問がある。ポッセヴィーノが一五八〇年初めにヤン王の確約を強引に取り付けようとしたのは賢明であったのか。もしローマが王が要請した免除を与えていたら、カトリックの信仰がなおかなり命脈を保っていたこの国で、ヤン王の漸進政策はうまくいったのではないか。それによってスウェーデンが北欧のカトリックの一大前哨地になっていたら、三十年戦争[†18]の間にプロテスタントのグスタフ・アドルフ（Gustav Adolf 一五九四―一六三二年、在位一六一一―没年）が竜巻のような勢いでヨーロッパを席捲することはなかったのではないか。

カトリック教会から離れることをローマが危惧していたもう一つの国はアイルランドだった。だがアイルランドの教皇庁との絆はしっかりと保たれた。そしてこの結びつきを守ることについて、イエズス会は重大な点で貢献した。人数が限られていたので、イエズス会士たちは活動地域の選択を迫られた。かつてアングロ・ノルマンの築いた城壁のある都市にするのか、古代よりゲール人が住んでいた田舎にするのか。そして前者を選んだ。イングランド当局はアングロ・ノルマンの修道院を廃止し、それによってカトリックの教育の根源を断ち、小教区から一五四二年のダブリン学院創設に至るまで「王国の宗教改革と、われらが民のうち最も無教養な者たちに決然たるイングランド魂を教え込むこと」を目標に掲げる国教会の学校制度を打ち立てた。イエズス会士たちはこうしたプロテスタントに対抗すべく、その後幾世紀もの間カトリックの教育に心を傾けた。[45]

イエズス会のアイルランド宣教の先頭に立った司祭は、リメリック出身のデイヴィッド・ウルフ（David Wolfe 一五二八―七八／七九年）である。一五六一年一月二一日に、彼は教皇使節の権限を携えてコークに来て、七年間、司教不在の状況にもかかわらず、教え、秘跡を授け、並外れた持久力をもって民衆の中で活動した。彼はプロテスタントに拉致され、五年間をダブリン城の汚い地下牢で過ごして一五七二年に脱出し、その後、ポルトガル、スペイン、イタリアで、友人のジェームズ・フィッツモリス（James Fitzmaurice 一五七九年没）がイングランドのアイルランド征服に抗い遠征隊を送り出すのを支援することにその優れた行動力を注いだ。現存の資料では事情が明らかでないが、一五七六―七七年にウルフと会との連絡は断たれた。[46]

一五六五年頃リメリックで学校教育が始められた。だがイングランドの圧力により学校は転々とし、以後の一五年間にキルマロック、クロンメル、ヨールに一時的に居を定めた。そうこうするうちに、「旅する」「転々とする」学校が制度として発達し、国教会の主教たちの

ロバート・パーソンズ

苦情の種となった。この制度の揺籃期は殉教者の血によって印づけられた。一五七二年一〇月二五日にアイルランド人神学生エドマンド・ダニエル（Edmund Daniel; O'Donnell 一五四二—七二年）が信仰のために死んだのである。一五六四年にダニエルと、イングランド人で後にスウェーデンのアントニオ・ポッセヴィーノに同伴することになるウィリアム・グッド（William Good 一五二七—八六年）が、アイルランド情勢がわかっていない教皇庁の指示で、パリとルーヴァンを範とする大学を設立するためにアイルランド入りした。「アイルランド人のエドマンド」の名で知られていたダニエルは、リメリックの学校で教えた。しかし町長が告発者となり、ダニエルは捕えられ、王権至上の誓いをするのを拒んでコークで絞首刑に処された後、引き回され、四つ裂きにされ、ヨーロッパの土に信仰のために血を流した最初のイエズス会士となった(47)。

反カトリック刑法のイングランドにあって何にもまして信仰の希望がかけられていたのが、ドゥエのウィリアム・アレン（William Allen 一五三二—九四年）の神学校で教育を受けた教区司祭たちであった。優れた養成を受けたこの人たちのうち、トマス・ウッドハウス（Thomas

Woodhouse 一五三三／三五―七三年）とジョン・ネルソン（John Nelson 一五七八年没）の二人が捕えられ、ロンドン塔で処刑を待つ間にイエズス会への入会を求めた。二人はイングランドで死んだ最初のイエズス会の殉教者である。ウッドハウスは一五七三年に、ネルソンは一五七八年に命を落とした。メルキュリアンはアレンの強い要請により、イングランド・イエズス会宣教団を創ることに決めた。この総長が亡くなるつい一か月半前に、エドマンド・キャンピオン神父（Edmund Campion 一五四〇―八一年）、ロバート・パーソンズ神父（Robert Persons; Parsons 一五四六―一六一〇年）、ラルフ・エマソン助修士（Ralph Emerson 一五五一頃―一六〇四年）の三人のイエズス会士が、変装してケントの海岸に降り立った。三人ともイングランド当局の諜報組織の実力を知ることになった。

中近東

教皇グレゴリウス十三世が深く気にかけていたもう一つの民が、中世の真っただ中のインノケンティウス三世（Innocentius III 在位一一九八―一二一六年）の治世以来ローマに結びついていた、レバノンのキリスト教徒であるマロン派の人たちである。中東が戦争で疲弊したため、マロン派の人々とローマの意思疎通は幾世紀もの間事実上不可能になっていたが、一五七八年に総主教が古くからの一致の絆を再確認したいという希望を教皇に知らせてきた。この難しい使命のためにグレゴリウスは、ともにヘブライ語とアラビア語の学者であるトンマーゾ・ラッジョ（Tommaso Raggio）とジャンバッティスタ・エリアーノ（Giambattista Eliano 一五三〇—八九年）の二人のイエズス会士を選んだ。二人の司祭はマロン派の宗教状況を調査し、イスラム教徒やキリスト教分派の諸民族の中で孤立していた数世紀の間に、多くの教義上の誤りや間違った慣習がこの人たちの教会に浸透しているのを見出した。二人はローマへの報告書を作成し、一五八〇年にエリアーノが今度はジョヴァンニ・ブルーノ（Giovanni Bruno 一五四四—一六二三年）を伴ってシリアに戻り、クアンノビンの修道院で教会会議を指揮し、マロン派の人々の立派な協力で逸脱を正した。グレゴリウス教皇はこの使命の成功に喜び、ローマにマロン派の学院を設置し、それをイエズス会の管理下に置いた(48)。

極東

一五六一年五月の手紙の中でにルイス・ゴンサルヴェス・ダ・カマラは、ポルトガル管区が直面している宣教上の課題に対する驚きの気持ちをナダールに述べている。ゴンサルヴェスは教皇アレクサンデル六世（Alexander VI 一四三一—一五〇三年、在位一四九二—没年）のトルデシリャス条約[†19]によって引かれた境界線を念頭に、信仰の光に浴するにあたりポルトガルの熱意に頼るインド、モルッカ、日本、中国、ブラジル、またアフリカの海岸線にいる、幾百万の人々のことを思っていた。ポルトガル人イエズス会士は他国籍の者たちに助けられつつこの課題に見事に応え、ゴア、マラッカ、山口、マカオ、ベレン、リオ・デ・ジャネイロ、ルアンダといった地名は、イエズス会の記録の中でナポリ、アウクスブルク、ケルン、バリャドリード、コインブラと同じくらいなじみのあるものとなった。

ポルトガルの力の及ぶ領域全体において、わけても東洋は最も多くの宣教師たちを惹き付けた。フランシスコ・ザビエルが、その書簡によってヨーロッパ外の世界に対する多くのイエズス会士の注意を呼び起こし、おびただしい数の司祭、神学生、助修士の極東の地への移動を先導する結果になった。初めのうち移動集団は小さなもので、三、四人から五人ほどであったが、一五七四年には、うち三〇人をスペイン人、六人をイタリア人とする四二人が出帆するためにリスボンに集まった。一五七八年には一四人が、一五七九年には一二人、一五八一年には一四人が出帆した。(49)

広大な地域に散らばる会員の数がこのように増えたことで、力の配分を慎重に調整することが必須になった。一五七四年九月六日巡察使としてゴアにやって来たアレッサンドロ・ヴァリニャーノ（Alessandro Valigniano　一五三九—一六〇六年）が、優れた組織力と豊かな理解力を駆使して宣教の複雑な諸問題に取り組み始めた。三五歳のキエーティ生まれの長身の美丈夫で、聡明でかつ機知に富むこの人物は、三二年間東洋で働き、インド、日本、中国の教会にその足跡を残した。ザビエルの名は極東におけるイエズス会の宣教の始まりと初期の発展の記憶を、ヴァリニャーノの名はそれに続く整備統合の時代を想起させるものとなっている。

怒りっぽく激しい気性が、この優れたイタリア人が管轄する手腕をいくらか損ねていた。ヴァリニャーノにはものごとを簡単に一般化する傾向があり、ポルトガル人をあまり尊重せず、また、彼の目には日本人や中国人とは対照的にインド人は長所があまりないものと映っていたので、インド人のイエズス会への受け入れに関して不利な裁定を下した。彼の書いた文書のうちおよそ四五〇が現存しているが、それは人間の心についての興味深い研究対象にもなる。極東状勢は絶え間なく変化していた。東洋での三三年間に知識が増すにつれ、ヴァリニャーノの判断がいかに発展し変わっていったかを、これらの文書は明らかにしている。(50)

ヴァリニャーノは過去三二年間のイエズス会のインドでの経験を注意深く検討している。この経験には美点と欠点とが交錯していた。一五七一年から一五七二年にかけて、恐ろしい感染病がゴアで発生し、サン・パウロのイエズス会の学院の学生たちが病人を看護した。多数の者が、彼らの教師の数名と一緒にキリスト者の愛の団結に加わって命を落とし至高の犠牲に殉じることになった。一五六九年から一五七三年の四年間に、インド管区では、およそ四〇名のイエズス会士が、海難事故で、あるいは悪疫の流行によって亡くなっている。(51) その頃漁夫海岸ではパラバス人の中で五〇年以上働いたエンリケ・エンリケス（Henrique Henriques; Anrrique Anrriques 一五二〇―一六〇二年）が、自らの活動の前半期を終えようとしているところだった。タミル語〔インド南部やスリ・ランカに住むタミル人の言葉〕の最初の文法書の著述をその勤めにつけ加えるほどに疲れを知らないこの宣教師の美しい謙虚な心を、彼がしたためた書簡は映し出している。こうした自分を顧みない態度にヴァリニャーノは励まされずにはおれなかったが、他方、欠けている事柄についても認識していた。幾人かのイエズス会士がこの地での仕事に必要な訓練なしにインドに来ていたが、中にはただ変化を求めて志願し、派遣された者もいるとヴァリニャーノには思われた。そこで彼は使命に就かせる前に人物の適性を注意深く評価することを強く求めた[52]。

アレッサンドロ・ヴァリニャーノ

ヴァリニャーノがマカオと日本に向かって去って後、一五七九年、インドのイエズス会士たちに新たな広い展望が開かれた。北はヒマラヤ山脈に接し、ベンガル湾からカブールを超えて広がるムガル帝国〔一六世紀前半から一九世紀半ばにかけてインドを支配したイスラム帝国〕の皇帝アクバル（Akbar 一五四二―一六〇五年、在位一五五六―没年）から、イエズス会士を数名派遣してキリスト教を解説してほしいという要請を伝える使者が来た。宗教に関心を持つこの聡明な君主はおのおのの教義の真理を自分の眼前で討論させるためにペルシア、イスラム教、ヒンドゥー教の神学者たちをファテプールにある首都に連れて来ており、さらにキリスト教徒の見解を聞きたいと思ったのである。ムガル帝国の人々が洗礼を受けることにより、宣教の波がついにはインドの奥地の教会に至る大きな曲がり角を曲がり始めるかもしれないという想像がイエズス会士を圧倒した。この胸躍る使命のために、クラウディオ・アクアヴィヴァの甥で三〇歳の柔和で祈りの人ロドルフォ・アクアヴィヴァ（Rodolfo Acquaviva 一五五〇—八三年）と、イスラム教徒からの改宗者であるペルシア人フランシスコ・エンリケス（Francisco Henriquez）と、カタルーニャ生まれのアントニオ・デ・モンセラーテ（Antonio de Monserrate 一五三六頃—一六〇〇年）の三人の司祭が選ばれた。三人は一五七九年一一月一七日にゴアを去り、三か月半後に魅惑的な町、ファテプールに到着した。

討論は壮麗な会議の間で厳かに遂行された。部屋の中央には豪華に装飾された柱が立っており、それが四つの座につながる四つの雅やかな橋の中心となっていた。この座にイスラム法学者とペルシアのスーフィズム〔神秘主義的傾向をもつイスラム教の一派〕の代表者と、ヒンドゥー教の僧侶と、イエズス会士という四つの宗教・宗派の代弁者が座り、強大な支配者が坐す玉座に向かって全員が目を伏せた。目指すはこの人の知性を打ち負かすことであった。アクアヴィヴァは温和な性質にかかわらず激しい論客であり、アクバル皇帝は論敵の神経を逆撫でしないよう彼に注意を与えねばならなかった。討論は過度に長引いた。七か月後、アクアヴィヴァはイスラム教徒たちが立場を少しも変えないとゴアに書き送っている。アクバル皇帝はアクアヴィヴァに対する好意を公然と見せて、人前で自分の腕をアクアヴィヴァの肩にかけて一緒に散歩し、三位一体とキリストの受肉の秘義が自分のキリスト教受容をためらわせる障壁となっていると、この司祭に打ち明けた。その後討論は突然中止された。一五八〇年の末頃にカブールで反乱が起こったのである。アクバル皇帝は戦争の準備をし、エンリケスはゴアに戻り、モンセラーテは軍隊について行った。アクアヴィヴァはファテプールに留まり、ペルシャ語の勉強と祈りと贖罪に時間を捧げた。

その半年前の一五七九年七月二五日にアレサンドロ・ヴァリニャーノが日本に上陸し、イエズス会宣教の巡察を始めた。二八年前にフランシスコ・ザビエルがトルレス神父とフェルナンデス助修士をこの地に残して去って以降、この国の状況には重大な変化が起こっており、この変化がイエズス会の事業に大きく影響した。ザビエルが去った当時の日本は文字通り「戦国」、つまり戦時下の国であった。六六の国の錯綜した同盟関係の常なる変化は混沌とした確執を生み、それがイエズス会士に幸いしたり躓《つまず》きとなったりした。ある国で敵視されても他国では友好的に迎えられるということがあった。とはいえ、不断に生じる戦乱は宣教の定着をはなはだしく妨げた。ヴァリニャーノが来る一〇年前に、織田信長（一五三四―八二年）という強大な支配者による統率のもとで、日本は国内の統一に向かいつつあり、群雄割拠の時代はすでに過ぎさろうとしていた。キリスト教の命運は、日本の世事に属する幾多の他の要素同様、この中心人物の手に握られていた。

イエズス会の増員は、ヴァリニャーノが到着した時点で、二八名の司祭を含む五九人に上っていた。その中には、バルタサル・ガゴ、ガスパル・ヴィレラ、ルイス・フロイス（Luis Frois 一五三二—九七年）、ルイス・デ・アルメイダ助修士のような機略縦横の有能な人材が含まれていた。動乱に満ちた騒然とした社会でキリスト教を教えることの苦悩を、彼らは各自の体験により学んでいた。例えば山口ではおよそ一五〇〇人が洗礼を受けたが、一五五六年の内乱を経てキリスト教を敵視する大名に代わり、司祭が再びこの地に住むことができるまでに二〇年かかった。平戸の出島でガゴは一月の間におよそ一四〇〇人に洗礼を授けたが、一五六〇年にこれまで好意的であった大名が立場を変え、カトリックに対する迫害を開始した。自由に説教してよいという公の〔将軍足利義輝（一五三六—六五年）による〕布教許下状に助けられて当初ヴィレラは京都で成功を収めたが、その成功も一五六一年、一五六三年、さらに一五六五年から一五六九年にかけての政治的・軍事的動揺によって頓挫した。[53]

イエズス会士たちは非常な忍耐と勇気とを求められた。最大の苦難はおそらく、習慣を異にし、しばしば敵意をもった人々に囲まれた孤独であった。ヴィレラは六年間、同胞のヨーロッパ人に会わず、また三年間、必要な品を得られないためにミサを立てることができなかった。ガゴが受け取ったゴアからの手紙は六年間に一通だけだった。二千人のならず者が暴動を起こし博多の町になだれ込んできて、ガゴは町から逃げなければならなかったが、悪人の手に落ちて三か月間虜になり、死の危険にさらされた。ガゴの神経はこうしたことを経て参ってしまい、衰弱の末、一五六一年にインドに戻らねばならなくなった。[54]

一五六九年には強大な織田信長が国の頂点に登りつめ、分裂していた国を統一した。その年の四月、この尊大で人に恐れられている指導者が、京都でルイス・フロイスと接見した。信長は二時間城の建設作業を監督しながら吊り橋に腰を下ろし、フロイスと親しく語り合った。貴人は明らかにこのイエズス会士に好意をもち、どちらかというと非公式なこの会合が、不可知論者を自認するこの人物とキリスト教宣教師の間の珍しい親交の始まりとなった。これは日本の教会の未来を約束するものだった。(55)

一年後、フランシスコ・カブラル（Francisco Cabral 一五三三―一六〇九年）がザビエルの最初の同伴者であったコスメ・デ・トルレスに代わって布教長となった。カブラルは強い確信を持っていた。大名の意志が臣下にとっての法であるのだから、教会の任務は大名たちの改宗によって最もよい仕方で達成されうる。一五七〇年から一五七八年の間に洗礼を受ける大名はますます増え、教会に向かう波が広がり、イエズス会の活動に新たな局面が開かれた。一五七一年に古参のガスパル・ヴィレラが一七年にわたる宣教に疲れ果ててゴアに引き上げたが、彼は日本のカトリック信者を三万人と見積もっている。八年後にはその数は一五万人になった。

しかしこうした数字は両義性をもっており、実態を捉えているわけではない。これらの数はこれと釣り合うほどの、私心なく信仰に帰依し、ふさわしからぬ動機を免れているカトリック信者の群れを表しているわけでないことは確かである。キリスト教徒であることの公言は、ポルトガルとの貿易に参入したいと思っている数人の大名たちにとって、南蛮商人と交誼を結ぶ便利な手段になった。ビロードの帽子、コルドバ産の革製品、精巧なガラス製品、そしてとりわけ垂涎《すいえん》の的であった中国の絹が、信仰告白の本来の動因に取って代わったのである。一般住民の多くは大名によって上から強いられたがためにキリスト教を受け入れた。集団改宗の際立った例は大村と天草と豊後である。大村では、大名の大村純忠（一五三三―八七年）が一五六三年に受洗し、一五七四年に異教徒を壊滅させることを決めて異教徒に領外退去を命じた。一五七五年には〔領内の〕二万人が受洗し、一五七七年には大村領五、六万の住民の中に一人の異教徒もいなくなった。一五七一年にはカトリック信者が四〇人しかいなかった天草では、一五七九年には君主とその妻の受洗に続いて領民すべて、一万人がカトリック信者となった。豊後での進展はゆっくりしたものだった。しかし領主の大友宗麟（一五三〇―八七年）が一五七八年に入信すると、同地のカトリック信者の数は一年のうちに二五〇〇〇人から六千人に増えた[56]。

こうした改宗者たちの多くは十分誠実であったが、時勢の産み落とした種を調べて、どの粒が育ちどの粒が育たないかを言い当てることは誰にもできないことだった。ヴァリニャーノは、商品を積んだポルトガルの商船がイエズス会士たちの日本での活動にとってきわめて重大な問題として浮上してくることをいち早く見て取っていた[57]。

学問の世界はこれらの草分けのイエズス会士たちに非常に多くのものを負っている。というのは正式な報告あるいは通信文という彼らの膨大な著述を通して、この時代の日本の政治情勢の重要な展開が記録されたからである。ことの経過を間近で見ていたヨーロッパ人が、この国の記録で描き出されるものよりもはるかに信憑性の高い記述を残している。フロイスは日本史の大作を著している。フロイスやガゴ、ヴィレラ、オルガンティーノ・ニェッキ＝ソルド（Organtino Gnecchi-Soldo　一五三二—一六〇九年）の書簡は、上質の杉材と金箔の装飾とほのかに光る鏡によって際立つ、城の息を呑むほどの美しさについていきいきと描写し、仏教の儀礼や寺院、国民気質を詳細に描き出している。こうした描写があまりに完全であるので、ローマのこの報告の編集者たちは、その言葉によれば、書簡の「冗長で細目にわたる」特徴を嫌い、仏教の諸宗派と寺院についてのこうした「教化的でない」記載をとがめて、かなり無慈悲に検閲官の筆を行使して削除した。しかし近年の学者たちは、これまで出版されていなかった報告を編集して、昔日の削除をある程度修復した。すると、教化的でないという危険とはほど遠く、日本のイエズス会士たちがきわめて聡明で正確な報告者であったことが今や明らかになった。[58]

アフリカ

アフリカ宣教は、エチオピア、エジプト、ザンベジ川流域、アンゴラの四つの地域で行われた。先の三つの地域で、イエズス会士は誤っているか、虚偽であることさえままある情報を道しるべに、虹の彼方の霊的黄金を空しく探求し始めた。

エチオピアでは、クラウディウス皇帝が単性論派の国民をカトリック教会に導き入れるという意向を言明して、自国でのイエズス会の宣教を始動させた。しかし前章で見たように、一五五五年に皇帝へ遣わされたイエズス会の使節は、皇帝の声高の言質には中身がなかったことを明らかにした。それでもジョアン・ヌネス・バレト大司教の補佐司教アンドレス・デ・オヴィエドは、この宣教地を完全な崩壊から救うために雄々しい努力をし、皇帝の考えの中に、見せかけでなく、エチオピア教会をローマに結びつけることに至りうる動機があるかどうかを探ってみた。一五五七年、オヴィエドは五人のイエズス会士の一行を連れて宮廷に赴いた。これが四〇年にわたる奮闘の始まりとなったが、それはただこの六名個々人の傑出した英雄的生き方としてしか実らなかった。オヴィエドは単性論派の神学者たちと討論し、『教皇の首位性』(*De romanae ecclesiae primatu*)と題する書物を著したが、クラウディウス帝から得たものは怒りと敵意のみであった。クラウディウス帝の後継者はオヴィエドが数人を改宗させることに成功したがために彼を砂漠に放逐した。この宣教事業の終結を企図した教皇ピウス五世にオヴィエドは、ただ一人の魂にも向けられているキリストの愛という見地から見事な抗議文を送った。一五七七年、この英雄的な司教は二〇年にわたる異常な苦難の末に亡くなった。仲間のうち二人はオヴィエドの死に先立って、一人は強盗に、一人はイスラム教徒に殺された。他の三人は最後までこの寂れた不毛の地に踏み留まった。一番最後に残ったのは、幼子のような心を失わない愛すべき人物、フランシスコ・ロペス（Francisco Lópes 一五一七頃―九七年）であった。[59] 彼はオヴィエドの死後二〇年、そして六人全員で最初にクラウディウス帝の宮殿に赴いてから四〇年後の一五九七年に亡くなった。

　オヴィエドの宣教と同時期に、より文明化された別の土地で、イエズス会士たちが単性論派の活動を封じる努力をしていた。一五六一年、教皇庁の代表としてクリストバル・ロドリゲス（Cristóbal Rodríguez 一五二二―八一年）と、ユダヤ教からの改宗者ジャンバッティスタ・エリアーノが、総主教ガブリエル七世（Gabriel VII 在位一五二五―六八年）と会見するためにアレクサンドリアに着いた。ガブリエルがエジプト教会とカトリック教会の再統合を交渉する願いを知らせて来ていたのである。この使命は、信任状をうやうやしく携えて、自らの教会員の群れをカトリック教会に連れて行くという望みについての総主教の代弁者を自称する、アブラハム（Abraham）という名前の愛想のよいシリア人がローマに現れたことで始まった。教皇ピウス四世はイエズス会士にこの細心の注意を要する仕事を引き受けるよう要請した。ライネスはロドリゲスとエリアーノをエジプトに送った。五

クリストバル・ロドリゲス

世紀のディオスコロス一世（Dioskoros I 四五四年没、在位四四四―五一年）によってなされた打撃を修復するという楽観的な期待は、しかし即座に萎えた。総主教には教皇に服従する意向は少しもなく、信任状をアブラハムという人物に与えたのは、ただこのシリア人のローマ見物をしたいという強い願望の実現を助けるためだった、という気まぐれな筋書きがわかったからである。この奇妙な出来事で、イエズス会士たちはカトリック教会と東方教会の間の関係の、嘆かわしい、期待を裏切ってばかりの歴史に初めて加わった。[60]

アフリカ大陸の南東部のマカランガ族に対する宣教は、イニャンバーネを擁する国の首長であるガンバ（Gamba）が司祭派遣を頼んだことで始まった。ガンバの依頼は、彼の息子たちがモザンビークでポルトガル人と接触をもったことで生じた。ゴアに知らせが行くと、イエズス会士は他に類を見ないほど厳しい禁欲と苦行の人、三四歳のポルトガル人、ゴンサロ・ダ・シルヴェイラ（Gonçalo da Silveira 一五二一―六一年）を長とした三人で宣教師団を編成した。一五六〇年二月には三人はモザンビークに着いた。病気のため一人はインドに戻るのを余儀なくされたが、シルヴェイラとアンドレ・フェルナンデス（André Fernandes 一五一八頃―一九八年）はほどなくオトングに到着し、七週間のうちに四五〇人の現地人に洗礼を授けた。

ポルトガル商人たちの間に流布していた、黄金の宮殿が建ち並ぶザンベジ川近くの巨大な帝国についての噂がシルヴェイラを魅了し、モノモタパ（統治者）を改宗させて、南アフリカのすべての国を教会に導くという夢を抱かせた。シルヴェイラはフェルナンデスをオトングに残し、身の毛のよだつような旅の後にモノモタパの村落に着いたが、きらめく宮殿にいる堂々とした人物ではなく、竿と草でできた無骨な小屋で統治する汚れた半裸の支配者を目にしただけだった。シルヴェイラは実際はひどく落胆していたが、そのために目的からそれるようなことはなかった。彼は二五日の間に支配者とその母親に洗礼を授け、まもなくキリスト教徒の住民を三〇〇人までに増やした。

成功は彼自身の破滅を生んだ。この村落の数人のムスリムがシルヴェイラの存在を不快に思い、気まぐれな皇帝の迷信に働きかけてこの司祭を殺害する計画に皇帝を引き入れた。一五六一年三月一五日、シルヴェイラは十字架の前で数時間祈り、真夜中頃に眠りについたその直後、陰謀者たちが彼を絞め殺した。オトングで、フェルナンデスもまた、成功に対する妬みの影響に気づいていた。カトリックの信仰を説教することが不法とされた。疲れ切って病気となったフェルナンデスがゴアへ引き上げ、これをもってイエズス会の短期間のこの宣教事業は打ち切られた。

シルヴェイラの死の二年後、フランシスコ・デ・ゴウヴェイア（Francisco de Gouveia 一五三一―七五年）とアゴスティニョ・デ・ラセルダ（Agostinho de Lacerda）の二人の司祭と、二人の助修士がアフリカ大陸の東海岸のアンゴラに入った。ほとんど初めから彼らは深刻な反対に遭った。ラセルダはまもなくして亡くなった。ドンゴのアンゴラ人の王は、ゴウヴェイアなしには生きられないと言って一五七五年六月一九日にこのイエズス会士が亡くなるまでの一四年間彼を虜とした。援軍が初めてやって来たのは、ゴウヴェイアが死ぬたった四か月前のことだった。二月一一日にガルシア・シモエス（Garcia Simoes）とバルタザル・アフォンソ（Baltasar Afonso）の二人の司祭と助修士がルアンダに到着した。

この新たな派遣団はアンゴラ人たちの中でかなりの成功を収めた。彼らは、まず言語を習得した後、三年の内に二〇〇〇人の現地人をキリスト教に改宗させた。一五九三年までにはキリスト教徒は八千人を数えた。彼らは、自分たちの使徒職にとっての要の行事である洗礼式を、荘厳かつ感動的に執り行った。アフォンソは一五七八年の復活祭の八日間に受洗した七〇〇人について記しているが、そこで、新しくキリスト教徒となった者たちが火をともしたロウソクと棕櫚《しゅろ》の枝を手に行列して行進した時、アンゴラ人たちが感嘆したさまを描写している。また彼は、クアンザ川上流で自分が達成したことの一つについて記述し、六時間にわたってほぼ四〇〇〇人に洗礼を授けた儀式について述べている。その儀式の後、現地人たちが、悪魔が地を離れることを求めて声を上げつつ、偶像を炎に一斉に投げ入れたとある。この宣教地が成功を約束しているにもかかわらず、援軍はわずかであり、一五八〇年の二月にもう二人のイエズス会士がやって来ただけだった。(61)

ブラジルとスペイン領アメリカ

西半球のブラジルの宣教組織は行き届いており、活発であった。中心人物はなおもマヌエル・ダ・ノブレガとホセ・デ・アンチエタの二人だった。一七世紀のイエズス会士シマン・ヴァスコンセリョス（Simão Vasconcellos 一五九六頃―一六七一年）は、『ブラジル州におけるイエズス会の記録』（*Chronica da Companhia de Jesu do Estado do Brasil*, 1663）という著作の中に、興味を惹く口絵をつけている。それは新世界に向かって帆を上げる、イエズス会を象徴する船が、ブラジルの動植物にふちどられて描かれている挿絵であり、船上のイエズス会士たちの一団の中にイエズス会の旗を高々と掲げたマヌエル・ダ・ノブレガが立ち、帆船の片側には「〔この者たちには〕一つの世界では足りない」（Unus Non Sufficit Orbis）の文字が見える。豪胆、熱情、楽観主義がこの絵から輝き出ている。これこそは初期ブラジル宣教の精神であった。イエズス会士たちの数は着実に増えていたが、アンチエタはコインブラにいる者たちに警告して、ブラジルにある障害を宣教師が切り抜けるのに熱い気持ちのみでは十分でないと言い、「鞄に徳をぎっしり詰めてやって来なければなりません」と力説している。(62)

広範囲にわたる活動は、自ずと二つの仕方で続いていた。海岸沿いの町々に向けてのものと奥地の密林においてのものである。都市では学校事業が続行しており、中には拡張するものもあった。バイアの学院は一五七二年に哲学をカリキュラムに導入し、一五七五年には最初の学士号を授与し、一五七八年には五つの修士号を授けた。この植民地の都市部にとって一五六六年は重要な年だった。八月にポルトガル人が歴史に残る包囲攻撃を行って、フランスがリオ・デ・ジャネイロに据えた強固な砦を奪い取ったのである。ノブレガとアンチエタはこの要塞の包囲戦と占領の時、その地にいた。ノブレガの先見性を示すもう一つの例としてであるが、彼はイエズス会の本部をサン・パウロからリオに移し、大きな港を見降ろす土地に修練院と修学院を建築した。彼はポルトガルの植民者たちを励ましたり、近隣のタモヤ族を感化して態度を軟化させたりして、新しい入植地を活気づける人物になった。アンチエタはリオの発祥についての豊富で詳細な記録によって「リオの洗礼証明書」を書いた。(63)

密林の原住民の中では、イエズス会士の目的は基本的には一つのことであり続けた。それは、安定した社会組織で生活することでインディオたちが迷信やカニバリズム〔人肉を食べる習慣〕や蛮行から遠ざかり信仰を学ぶことができるよう、アルデイアス（aldeias）と呼ばれる固定した共同体にインディオたちを定住させることである。アンチエタは、活気に満ちた元気よく華やかな宗教劇と讃美歌を驚くほどたくさん創り続けて、この転換の過程を楽しいものにした。インディオたちは物語ること、劇を作ること、笛を吹くことを学んだ。彼らは歌うことで教会に至ったのである。アンチエタが初期ブラジルの霊性の形成に影響を与えたことは、まさに、優れた国民文学の基礎を据えたことでもあった。

一五七〇年、悲劇がこの宣教地を襲った。七月一五日、カナリア諸島沖で、フランス人のカルヴァン教徒たちがブラジルに向かって航行中の四〇人のイエズス会士を殺したのである。この宣教地を巡察したイグナシオ・デ・アセヴェド（Ignácio de Azevedo 一五二六〇―七〇年）は、事業の膨大さを身をもって知り、より多くの人員を求めてヨーロッパに戻った。一五七〇年七月二日、七三人のイエズス会士たちがアセヴェドに先導され、三艘の船でリスボンから出航したが、ユグノーの海賊ジャック・ソル（Jacques Sores）がカナリア諸島沖でアセヴェドの船に追いつき、団長とその仲間の三九人を虐殺した。一五七〇年から一五七一年にかけての短い期間に、ブラジルへ航行中の別の一二人のイエズス会士がフランスの海賊船の餌食となった。またブラジル本土では、一五七〇年一〇月にまだ齢五三であった偉大なノブレガが死んだ。長上として士気を高める賢明な指導を行った一〇年間を含む、二一年間の宣教生活の末のことだった。

イグナシオ・デ・アセヴェドと仲間たち

この時代はアンチエタの管区長時代とともに幕を閉じた。彼のローマへの数々の長い書簡は、今なおこの国とその住民についての知識の宝庫である。アンチエタは、地理、天候、自然について鋭敏に注意を向けて、多様で魅力的な樹木、草、葉、流れ、鳥、花についてのいきいきとした詳細な描写をヨーロッパ人に伝えた。この足の悪い四三歳の会員は、管区長として二年間のうちにバイアから海岸沿いを北へ一六〇〇キロ行ってはまた戻り、その後サン・ヴィセンテへ南にもう一六〇〇キロ行った。コインブラにいる同胞のイエズス会士たちへのアンチエタの報告には、「仕事は薬です」とあった。実に、この広大な宣教地でのイエズス会士たちの特徴は仕事であった。

スペイン人イエズス会士は西半球での宣教事業に関してポルトガル人の同胞に一七年間遅れを取っていたが、いったん開始すると迅速に動いた。彼らは、一五六六年に始めて、六年のうちにフロリダ、メキシコ、ペルーというヌエバ・エスパーニャ〔新大陸のスペイン領〕の三つの主要地域に入った。フロリダ宣教は失敗したが、メキシコ、ペルーは驚くほどの成功を収めた。

一五六六年、フロリダのセント・オーガスティンの厳しく無慈悲な創設者、ペドロ・メネンデス・デ・アビレス（Pedro Menendez de Aviles 一五〇九—七四年）が、豊饒の楽園としてその地を描写し、原住民を改宗させるようイエズス会に要請した。ペドロ・マルティネス神父（Pedro Martínez 一五三三—六六年）、ファン・ロヘル神父（Juan Rogel 一五二八頃—一六一九年）、ビリャレアル助修士（Francisco Villarreal 一五三〇頃—一六〇〇年）の三人が命を受けた。三人の船はセント・オーガスティンを探したが見つからず、未知のアメリカの水域に迷い、フロリダの海岸線をさまよった。そこは、草木が生い茂る未開地で、陸には虫がうようよし、住民は原始的で、メネンデスの言う、花と豊穣と春の女神の国とは似ても似つかないところだった。一〇月六日、マルティネスは調査のために上陸したところインディアンに殺されて、北米で最初のイエズス会士の殉教者となった[64]。ロヘルとビリャレアル助修士は、フォート・テケスタという村落に滞在したが、一年間働いても原住民をただの一人も改宗に向かわせることはできなかった。

ほどなくしてファン・デ・セグラ（Juan Bautista de Segura 一五二九―七一年）とアントニオ・セデニョ（Antonio Sedeño 一五三五／三六―九五年）を含む六人のイエズス会士がフロリダに来たが、現状のすさまじさに仰天し、情勢を見極めるためにハバナに退いた。フロリダ喪失はキューバ獲得になった。この一時的撤退の一つの結果が、ハバナでの学院開設だったからである。一五七〇年九月、セグラは七人のイエズス会士の遠征隊を率いて大陸に引き返したが、この遠征は全員が殺されて終わった。資料は明らかでないが、このスペイン人たちは、現在のジェームズ川とヨーク川の間のいずれかにあったアジャカンという地域の首長であるドン・ルイス（Luís）というインディアンと何らかの仕方で接触した。セグラはドン・ルイスの招きによりアジャカンへの宣教に取りかかり、一行は一五七〇年九月一〇日に上陸し、おそらくヨーク川の南岸近くの地点に居を定めた。ドン・ルイスは宣教師たちが住み着くのを助けた後、彼らと手を切ったため、飢餓が差し迫った。一五七一年二月四日、首長と他のインディアンたちが、食物を求めて首長のもとに来た二人のイエズス会士を殺し、九日に首

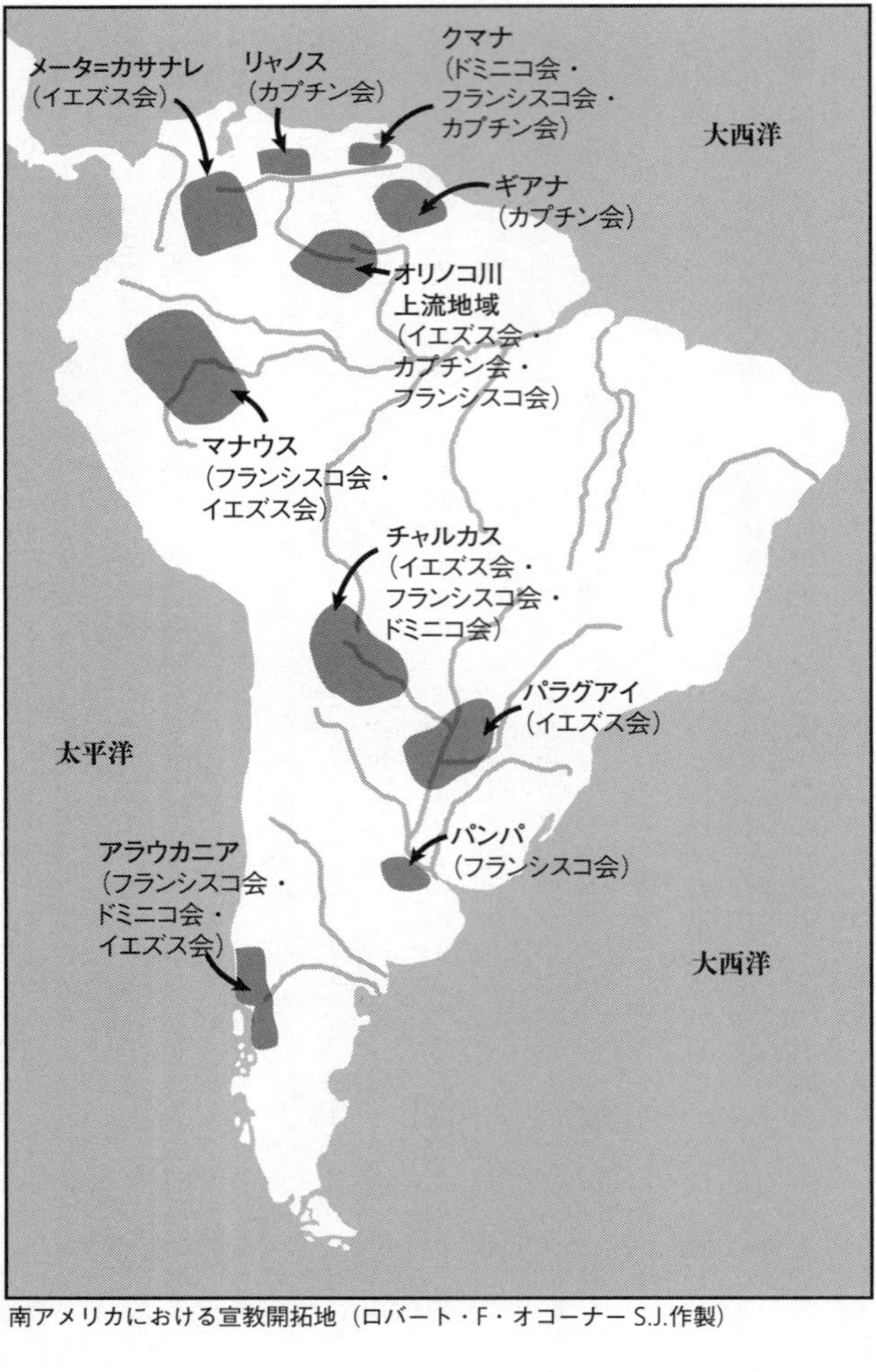

南アメリカにおける宣教開拓地（ロバート・F・オコーナー S.J.作製）

長が率先して残りの者を虐殺した。ジェームズタウン創設の三六年前の八人のスペイン人イエズス会士のこの殉教は、ヴァージニアの歴史の黎明期に鮮烈な印象を残している。(65)
サンタ・エレナでは、神父三人と助修士一人が丸一年の間にようやく七人の原住民に洗礼を授けたに留まった。ロヘルとセデニョは総長フランシスコ・ボルジアに、人員を他の場所に送るよう進言した。この提案は、イエズス会士にメキシコで働くことを求めるフェリペ二世の要請と合致した。

宣教先がメキシコへとそれたことは幸いだった。セデニョが先導し、ロヘルと、一五七二年九月二八日にメキシコ・シティーに入ったペドロ・サンチェス（Pedro Sánchez 一五二五―一六〇九年）以下のスペインから新たに来た一五人の一行がこれに従った。二年の内に、イエズス会は、教会、三〇〇人の少年を収養するメキシコ・シティーの学校、オアハカとパックアロの学校を立てて、霊性面と文化面でこの重要な植民地の生活に入り込んだ。

一方、南西部では、メキシコに移る五年前にスペイン出身のイエズス会士が新たな布教地を開いた。一五六七年、スペインの四つの管区がそれぞれ二名ずつの会員を、フランシスコ・ピサロ（Francisco Pizarro 一四七五頃―一五四一年）〔インカ帝国の征服者〕によって伝説にされた地、ペルーでの任務に就かせた。ペルー向けの用員は絶えず一定に増補されたが、その中には、はやり立つ探検家気質と学者の知的好奇心を併せ持った優れた司祭たちがいた。一五六九年に来たアロンソ・デ・バルサナ（Alonso de Barzana 一五三〇―九七年）は、ペルー北

ホセ・デ・アコスタ

部の荒れ地、その後アンデス東部の谷に踏み入り、探検の成果として、インディオの五つの言語の文法書と辞書、さらに〔それらの言語による〕祈禱書を世に出した。ディエゴ・ゴンサレス・オルグイン（Diego González Holguín 一五五二―一六一七／一八年）は、ケチュア語とプキナ語とアイマラ語の植民地政府の公認通訳となり、やはり現地語に精通しているディエゴ・デ・トレス・ルビオ（Diego de Torres Rubio 一五四八―一六三八年）と共に、ペルーの言語の基礎研究となる著作をものした。才気煥発な若い長上ホセ・デ・アコスタ（José de Acosta 一五四〇―一六〇〇年）は、イエズス会の二つの住居を行き来する長旅の合間に、インディオ文化についての大量の情報を集め、膨大で権威のある著作『インディオの自然史と慣習の歴史』（*Historia Natural y Moral de las Indias*, 1590）を纏め上げた。

こうした個々のイエズス会士の活動よりも永続的に影響を与えたのが、一五六八年にリマに開設された、サン・パブロの学院である。サン・パブロ学院はスペイン領アメリカで最も古いイエズス会の学校であり、ヨーロッパから来る知的潮流を通す水路、ペルーの副王支配地域における会の統治の中枢、イエズス会の他の学院の母体、医学研究所という、広範囲に

わたる多様な役割を担った。サン・パブロ学院は、二世紀にわたってペルーの文化生活を活気づけた。(66)

結論

一五八〇年までにカトリックとプロテスタント双方のヨーロッパは、イエズス会という新たな霊性上の勢力が世界に登場したことに注目せずにはおれなかった。当時会員の総数は五千人であった。とりわけ学校運営と海外宣教という二つの任務が、会員たちの留意を求めつつ進展した。イエズス会士は一四四の学院を運営し、日本から東インド、アフリカ、ラテン・アメリカに及ぶ宣教地本部の帯を世界にめぐらせた。以後の活動の型が定まった。この時期には、会の命運が、しばしば、会の活動地域の政治的・社会的構造の趨勢にかかっていることが明らかになっていた。イエズス会の使徒的精神は、会を当時の現実的な実世界に投げ入れた。そのために、フェリペ二世の官僚、フランスのガリカニズム、スペインおよびポルトガル王室の後見といった既存の勢力が、会の日々の前進と後退、成功と挫折を左右していた。こうしたことは、様々な変化が常に待ち受けているという確信とともに、イエズス会の波乱に富んだ将来を予言するものであった。

第3章
急速な発展と新たな取り組み（一五八〇―一六一五年）

総長クラウディオ・アクアヴィヴァ（一五八一―一六一五年）

イエズス会の第五代総長はクラウディオ・アクアヴィヴァであり、その在職期間の三三年一一か月はこの修道会の歴史で最も長いものである。第四回総会が一五八一年二月七日ローマで開催された。総長代理のオリヴィエ・マンナールツほか数名の司祭が、総会の議事の祝福を願い教皇グレゴリウス十三世に拝謁した。教皇は謁見者たちに向かって次のように厳かに語った。「貴修道会は、文字通り聖なる修道会であり、世界中に広がっている。貴君たちの学院や会宅が、貴君たちが目にするいずこにもある。貴君たちは数々の王国、数々の州、実に全世界を導いている。すなわち、今日、異端者に抗がう神によって立てられた組織で、貴修道会より優れたものはない。新たな誤謬が国外に広がりつつあったまさにその時に、貴修道会は世に出た。それゆえ、この修道会が会員を増し、日々栄えることは、またとりわけそれがよい長上たちによって統治されることは、為政者たち並びに諸国民の（およびまた私自身の、と付け加えたい）益のために何にもまして重要である。……貴君たちが、最も深刻な仕事を手にしており、その結果について神に釈明の義務があることを覚えなさい。貴君たちの全生涯の中で、これほど重大な職責を果たすことはないであろうということを、確信しなさい[1]」。

総会は、会に在籍してまだ一四年の、三七歳のローマ管区長、クラウディオ・アクアヴィヴァを選出した。アトリ公爵（duca di Atri）の子息で、古典、哲学、神学、法律の教育を受け、司祭に叙階され、ヴァティカンの権力中枢部の要職に就いていた、このきわめて聡明な人は、一五六七年七月に、二四歳の時、イエズス会に入会し、修練期を経て、短期間哲学を教えた後、ナポリの修道院長、ナポリ管区、その後ローマ管区の管区長にと次々に任命された。アクアヴィヴァが長年にわたり扱わねばならなかった問題は驚くほど込み入っていた。それは、会員の数が五千人から一万三千人とほぼ三倍増となる中で、イグナ

クラウディオ・アクアヴィヴァ

ティウスの理想と目的を純粋かつ真正なものに保つこと、学校が一四四から三七二に、会宅が三三から一二三に、管区が二一から三二に増えるのに伴う円滑な組織化、中国とインドの現地文化にカトリック信仰を適応させること、イエズス会の教育方法の成文化、海外宣教の拡張を指揮すること、といった問題である。

この多才な総長の多くの業績の中でも抜きん出ているのは、イエズス会のイグナティウス的性格を保ったことである。イエズス会士たちの中の不満分子の小集団が会を崩壊寸前に追いやったが、アクアヴィヴァは問題をはっきり見て取り、イグナティウスの目的を確実に理解した。その施政は立法上の中央集権化の促進というローマ教皇庁的環境《ミリュー》を反映しているとはいえ、彼はその根気と手腕で自分の相続したものを元のままに保った。この苦闘にはさらにより広い意味があった。この苦闘により、アクアヴィヴァはスペイン王権とスペイン異端審問所というヨーロッパで最も独裁的な二つの機関との直接対決に至り、それによりこの総長は専横支配に対する自由の主張者の一人となったのである。スペイン王権と異端審問所は、基本的に、自らの理念を実現するイエズス会の自由を制限することに努めた。アクアヴィヴァは、これに思うままに食い物とされることを勇敢に拒んで、教会内での自由という点でまさに驚くべき勝利を収めた。

スペインのイエズス会は、こうした悶着の産卵場所だった。以前にアントニオ・デ・アラオスによって煽動された強固なスペイン国家至上主義の精神にかぶれた当地の少数の会員が、イエズス会『会憲』を抜本的に改変しようと企てた。彼らが目論んでいたいくつかの変更の中で、管区長と修道院長の任命を含む総長職の権限の基本的な縮小と、これらの任命権が付与される管区会議の創出という二つがとりわけ重大であった。これらの不平分子はスペインで宣伝工作を行い異端審問所の疑念を惹き起こし、また、事実を歪曲した一連の不当な建白書をローマに送ることで、シクストゥス五世（Sixtus V 在位一五八五―九〇年）とクレメンス八世（Clemens VIII 在位一五九二―一六〇五年）の二人の教皇の心にイエズス会についての不安感を呼び起こした。

シクストゥス五世は、そうしたイエズス会士が秘密裡に進展させた計画に協力した。これらの司祭である会員は、スペイン・イエズス会には司教の巡察こそが必要だとフェリペ王を説得した。王の外交官たちが密かに働きかけ、シクストゥス五世はカルタヘーナ司教ヘロニモ・マンリケ（Jerónimo Manrique）を巡察使に任命した。不満をもつイエズス会士の一人ディオニシオ・バスケス（Dionisio Vázquez 一五二七―八九年）は、この巡察が異端審問所の隠密の手続きに従って実施されるよう勧めた。この小集団に連なるもう一人の人物、エンリケ・エンリケス（Henrique Henríquez 一五三六―一六〇八年）は、巡察使にイエズス会士の組織を変更する権限を与えるべきだと力説した。フェリペ王はこうした勧めに沿って命令を決定し、異端審問所の方法を採用すること、また、イエズス会に特徴的なことのうち、地方の長上を任命する総長の権利と、会の統治における総長への従属関係に特に注意を向けるよう指示した。

アクアヴィヴァは司教による巡察というもっともらしい外観のもとにある破壊的意図を見抜き、手腕を揮って粘り強く防衛戦を実行した。彼はスペインとポルトガルの各管区長に、巡察に対して抗議をするよう命じ、荘厳誓願会員の司祭の中から最も名の知られている者に署名させてから、フェリペ王がイエズス会士の連帯が真にはどこにあるかを理解し、煽動者たちが一握りの無遠慮に発言している少数派に過ぎないことを見て取るのに有効な証拠として、それを王に提出するよう指示した。アクアヴィヴァはフェリペ王に宛てて自らの異議申し立てを付け加えた。さらにアクアヴィヴァは教皇シクストゥス五世のもとに赴いて、マンリケによる巡察が、強大で妬み深い王家によって、スペインのイエズス会士を総長の統制から遠ざける結果に容易に至りかねないと教皇に説明した。教皇は心動かされたが、まだためらっていた。そこでアクアヴィヴァはさらなる理由を提示した。若い頃に三人の私生児の父となった司教によってなされる巡察ではふさわしさに欠ける、と。率直で改革に熱心な教皇にとってはこれで十分だった。教皇はマンリケを巡察使とすることをとりやめた。その後アクアヴィヴァは、ペルーで長年経験を積んだ宣教師、ホセ・デ・アコスタを含む三人のイエズス会士をスペインとポルトガルの管区の巡察使として指名して、巡察使の空席を満たした。

しかしシクストゥス五世はなおもイエズス会の仕組みに不安を感じ、教皇庁の異端審問所が『会憲』を検閲することを決めた。アクアヴィヴァは、ヨーロッパ中でイエズス会士と共働している、司教や諸侯によって発せられる以上に雄弁なイエズス会擁護はないことを承知して、彼らに証言を求めた。イエズス会が教会にとって重大な意味をもっているという称賛を惜しまない手紙が四方からローマになだれ込んだ。アクアヴィヴァはイエズス会士の生き方のうち、定期的な苦行の省略、長上に向き合っての指導による良心の糾明、神学生の誓願の種類といった点について異端審問官が示した難点に、明確かつ理知的に答えた。教皇シクストゥス五世は、「イエズス会」という名称の一点を除いて満足した。聖なる主の御名を一つの修道会が冠するのは傲慢の印だと思ったのである。そこで教皇は、称号を変えるべく正式な要請を自分に申し入れるようアクアヴィヴァに命じた。アクアヴィヴァはその通りにし、シクストゥス教皇は名称変更のための布告をさらに検討するために机に置いたが、文書を公布しないまま、一五九〇年八月二七日に逝去した。翌年教皇グレゴリウス十四世（Gregorius XIV 在位一五九〇―九一年）がイエズス会の綱要を追認する二つの勅書を発布した。[2]

クレメンス八世の時代に再びもめごとが起こり、アクアヴィヴァはイエズス会の本質的な組織に対する三つのゆゆしい攻撃に向き合わねばならなかった。第一に、スペインの不満分子が総会の召集を要求し、総長の権力剝奪を謀った。彼らは計画遂行をアクアヴィヴァが以前に信頼を置いていた人物、ホセ・デ・アコスタに委ねた。宣教師としてペルーで成功し、近くはスペイン巡察使となったアコスタは、管区長に任命されなかったことを深く根にもっていた。アコスタはローマに来て、アクアヴィヴァの知らぬ間に教皇クレメンス八世に拝謁し、スペイン・イエズス会士たちの中にある動揺と、その原因が長上たちの世俗的な態度と総長の持つ膨大な権力にあると説明し、その善後策は総会にあると力説した。クレメンス教皇は清廉潔白な人物で、アコスタの話に心底不安になって、アクアヴィヴァに総会を召集するよう命じた。

アクアヴィヴァは、こうした画策の背後に、イエズス会における総長の役割と機能をイグナティウスの基本構想から変容させる、という隠れた目的を見て取った。この陰謀はすぐさま阻止された。総会に送る代表を選ぶために召集された管区会議で、不満分子からは一人も代表に選ばれなかったのである。陰謀者たちは別の策略をめぐらせて総会の運営を制御すべく、切れ者だが気難しい神学者で、アクアヴィヴァに批判的であるローマのスペイン人イエズス会士、フランシスコ・デ・トレドの共感と協力を得た。アコスタは、総会組織の運営をトレドの手のうちに入れることを見越して、トレドを枢機卿にすることをクレメンス教皇に要請するよう、フェリペ王に提案した。さらに、教皇は、トレドを総会を統括する役に就かせるよう依頼を受けた。クレメンス教皇はトレドに枢機卿の赤い帽子を与えた。しかしアクアヴィヴァは優れた手腕を揮い、新枢機卿が総会を牛耳るという案を捨て去ることを教皇に納得させた。

このように不穏な端緒をもった第五回総会が、一五九三年一一月三日に開催された。教皇のメッセージは、イエズス会が初めの頃の熱情から逸したという報告が自分に届いている、そこで集まった司祭たちに対策を講ずることを望む、という重苦しいものであった。アクアヴィヴァ本人が強く主張して、一つの委員会が一か月かけて、アクアヴィヴァの総長としての指導を審査することとなった。報告は、彼が自分の判断に固執しすぎる傾向があること、時に依怙贔屓が見られることが指摘されたほかは、完全にアクアヴィヴァを支持するものだった。ローマにいるスペイン大使セッサ公爵（duque de Sessa）が、『会憲』の変更を求める意見書を提出したが、代表者たちは満場一致で干渉を拒絶した。

その後総会は『会憲』を攻撃した者たちに対して発議し、教令第五四でその者たちに「不実の子」の烙印を押し、退会させた。総会はもう一つの教令（五二）で、ユダヤ人やムーア人の家系の者の入会を禁じた。次のような理由が挙げられた。イエズス会士は憤激を買うような特徴を免れているべきであるが、新キリスト教徒の子孫は不興を招いて会の仕事を害することは日々経験するところである、それゆえユダヤ人やムーア人の血を引く者たちをもはや会に受け入れない方がよい。こうして純潔主義（limpieza de sangre）がイエズス会の特徴の一つとなったが、これはイグナティウスの態度と全く相容れない見解である。次の総会における教皇レオ十三世（Leo XIII 在位一八七八―一九〇三年）の口頭による決定がこの障害を長い年月をかけて徐々に緩和し、一九四六年の第二九回総会においてようやく完全に取り去られた。(3)

トレドとアコスタとセッサは他にも陰険な策を弄したが不発に終わった。二か月半後総会が会期を終えてみれば、総長職は元のままに留まり、イエズス会のアクアヴィヴァへの忠誠心は確かなものであった。この勝利の意味はイエズス会のイグナティウス的性格の保存にほかならなかった。そしてこの勝利を導いた者はアクアヴィヴァであった。彼はイグナティウスの思想を確実に把握して、何が危機に瀕しているのかを理解していた。彼より洞察力に劣る人物なら、平和を手に入れるのを望んで妥協したかもしれない。彼の反対の側に立つものは、最終的にはキリスト教界で最も強大な勢力である、スペイン王権とスペイン異端審問所であったのである。また、彼より勇気のない人物なら、反対者の巨大な力の前に屈したかもしれない。この勝利にはイエズス会という範囲を超える意義があった。キリスト教界の強大な組織という枷《かせ》を断ち切ることが可能であることが、ここに証明されたのである。アクアヴィヴァは、ヨーロッパのその後の、自由へと邁進する人類の草分けであったとまでは言えないが、とはいえ、イエズス会にとって自らの性格を決定する自由を獲得したのであった。

だが危機は終わっていなかった。あの賢人・アクアヴィヴァの総長職を終身とすることに関してクレメンス八世が長く疑念を感じていたことから、第二の危機が生じた。教皇はこの問題の当面の解決は、アクアヴィヴァ個人に関する限り、ナポリ大司教に彼を任命することだとほのめかしたのである。あるイエズス会士は、クレメンス教皇への影響力を誇示していたトレド枢機卿に、教皇を思い留まらせるよう頼んだが、トレドは断った。その後、ポルトガル人で補佐役であるジョアン・アルヴァレス（João Alvarez）が、言葉巧みにトレドを再考に駆り立てた。アルヴァレスは、もしアクアヴィヴァが大司教にされるなら、この総長に非常に感服している多くの諸侯たちが、アクアヴィヴァが枢機卿となるよう促すだろうと暗示したのである。トレドは、アクアヴィヴァが枢機卿会の同僚となると考えると全く不愉快であった。そこで教皇のところに赴いて、アクアヴィヴァを総長の座に残すよう教皇を説得し、クレメンス教皇に対する自らの影響力が本物であることを証明して見せた。

第三の危機は、スペイン宮廷の強大な力を後ろ盾にする一個人の悪意に端を発していた。フェルナルド・メンドサ（Fernando Mendoza 一五六二―一六一七年）は反抗的なイエズス会士で、レモス伯爵（conde de Lemos 一五七六―一六二二年）の知己を得、レモス夫人の聴罪司祭となった。夫人は、国王フェリペ三世（Felipe III 在位一五九八―一六二一年）の黒幕であるレルマ公爵（duque de Lerma 一五五三―一六二五年）の姉妹であった。アクアヴィヴァはメンドサを宮廷から切り離そうと何度も試みたが失敗に終わった。その後メンドサは長上に対して攻勢に出た。レルマ公爵を通してフェリペ三世にアクアヴィヴァをスペインに招くよう仕向けたのである。アクアヴィヴァは邪な配下の手に落ちる恐ろしい危険を見て取り、招待を丁重に

フェルナルド・メンドサ（中央）

断った。すると王は総長にスペイン行きを命じるようクレメンス八世に依頼し、教皇は引き受けた。こうした厳しい圧迫のもと、アクアヴィヴァは健康を損なって重い病にかかった。クレメンス教皇は病状を見極めるべく自分の侍医を差し向けたが、教皇の侍医は旅行など論外だという点で他の七人の医師と一致した。アクアヴィヴァが回復しないうちにクレメンス教皇は逝去した。スペイン訪問問題は立ち消えとなり、総長の自由への脅威は取り去られた。そうこうするうちにメンドサはペルーのクスコの司教に任命された。

一六〇八年から一六〇九年にかけて、二つの出来事が、この年月の緊張を和らげる平和と喜びの涼風を会全体に送った。一六〇八年、二年前の代表者会議の呼びかけで召集された第六回総会がアクアヴィヴァへの信任を宣言し、また翌年の七月二七日に教皇パウルス五世(Paulus V 在位一六〇五―二一年)がイグナティウス・デ・ロヨラを列福したのである。

アクアヴィヴァは、イエズス会の初期の精神を存続させることにおいて、自分への批判の動きに応じる以上のことをなした。アクアヴィヴァは確信をもって積極的に行動して、イグナティウスが生み出した原理にもとづいた霊的実践という、実践上の伝統の輪郭を描き、これを組織立てた。また、イエズス会の活動の実りがイエズス会士一人ひとりの神との一致と親しさに依拠することを確信し、長上たちおよび会全体に宛てて数多くの手紙を送り、その中で繰り返し、イグナティウスの遺した伝統の実践を勧め、あるいは説き、あるいは強いて、自らの時代の新しい状況にそれを適応させた。彼の見るところ、イエズス会は初めの頃の熱情と霊的な高みへの向上心を失っていた。アクアヴィヴァは、一六〇四年と一六一三年にも、この問題について長上たちに呼びかけ、その原因は規則と指示の不足にあるのではなく、手元にある規則と指示の「実行不足」にあるのは確かであり、敬虔な望みや大志も、真の愛のしるしである実行へと移さないなら何ら意味をもたないと力説している。彼がたびたび戻ってゆく主題は「霊の刷新」、すなわち内面生活の定期的な一新で、それは仕事や勉学の中ではなはだ必要とされることである。(4) 一五八七年、彼はイエズス会の存続が謙遜、従順、愛徳のような確かな徳への渇望にかかっていると強調した。

イエズス会士の霊的卓越は、会員が驚くほど急速に増加するにつれ衰えた。イグナティウスは大所帯になった時に、必ずというのではないが起こりうる危険を認識していた。そしてもし彼がより長く生きることを望んでいたならば、それは入会認定をもっと厳しくするためであったであろう。(5) イグナティウスがエリートのために企図した理想を幾千の会員の一人ひとりの心に、植えつけることが、アクアヴィヴァが献身的に全力を傾けて取りかかった困難な課題であった。

一五九〇年五月八日付の、イエズス会における祈りと苦行という主題を扱った手紙は記念すべきものである。イエズス会の精神を、長い祈りと厳しい苦行に見る者たちと、使徒的活動の本質的な位置を強調する者たちの間の隔たりは相変わらず大きかった。アクアヴィヴァは問題をきっぱりと決着させることにし、イエズス会の使徒的性格を明確に保ちつつ、単刀直入に次のような簡潔な原則を定めた。養成を終了した各イエズス会士が、与えられた仕事を終えた後の時間を祈りや信心書の読書に当てる自由。内的な祈りに経験豊かな者が、聖霊の働きのもとで祈りの形式と内容を選ぶ自由。イエズス会士の祈りは、使徒的奉仕へと方向づけられるものであるには相違ないが、それがいつでも直接の実践的目的をもつことは、イエズス会士に強制されていない、ということ。イエズス会士には、自由時間にも使徒職の労苦のために観想の喜びを進んで犠牲にする用意があること。労働の最中でも祈る態度を身につける必要。苦行を用いるにあたっては節度を守り、聖性のために有益な手段を使用するに際し、怠惰と過剰の中道を得る努力をすること。(6)

アクアヴィヴァが会の霊的気風を高く保つ努力をしたのは書簡でだけのことではなかった。彼は『イエズス会の長上が用いるための、霊的病の治療の手引き』(*Industriae pro Superioribus ad curandos animae morbos*, 1600) という不朽の価値を持つ小冊子の中で、霊的原則一般の正確かつ現実的な適用を提案し、彼自身の統治の仕方を特徴づける「やさしさと力強さ」の適切な組み合わせをいかに達成するかを説明している。

このように、イエズス会の霊的遺産の保持に専心したことが、アクアヴィヴァの長い在職期間を刻印している。こうした関心は、総長自身の先導と三つの総会を通して、膨大な法規集成を生み出した。一五九三年の総会は、修練期を二年とした。一六〇八年の総会では、イエズス会士は各々、毎年八日間か一〇日間の霊操をしなければならないこと、まだ養成を完全に終えていない者たちには、誓願の二年ごとの更新に先立ち特別な祈りの三日間を置くべきであることが定められた。アクアヴィヴァは、イエズス会の養成の最終年に厳格に定められた形式で修練を行うこととし、それは第三修練と呼ばれている。

　こうした法制定は、イグナティウスの理想を明瞭かつ有効なものに保つという強い決意からのものであったが、形式主義と字義にこだわる法律主義に陥る危険を孕んでいた。さらにまた、根本的な目的への明確な見通しを失う危険もあった。まさにこの危険が第三修練を微妙に損なうことになった[7]。養成の最終年のためのアクアヴィヴァの指示は、細目にわたる外的な訓練の概要と、個々人の霊的態度の強調により、この制度を伝統的な修道院の型にはめるようなものだった。肉体的また精神的に助けを必要としている人々に奉仕することの中での、使徒的活動を彼は以前は強調していたが、それを変えた。こうした活動は適性を見極めるための試験であると同時に修養として機能していた。すなわち、イエズス会の召命に含まれている活動的で骨の折れる仕事に対する個人の適性の最終吟味として役立つという点で、それは試験であった。個人を心の学校（schola affectus ; the school of the heart）で教育するという点で、つまり当人がイエズス会士の生活態度にとって本質的な根本的自己放棄と謙遜において成長するという点でそれは修養であった。一九六五年から一九六六年にかけての総会は、以前の仕方へと現状を突破する必要を認識し、三年間の第三修練期におけるいくつかのケースで、実験的な修練を行わせ、その後、それらの修練の結果についての比較研究が特別部会でなされるべきことを決定した。この研究を元に総長は養成期間の最終年についての指示を作成するように規定された。

イエズス会の教育制度

アクアヴィヴァは、イエズス会内部の精神に深い関心を寄せるとともに、会の教育制度のことを熟考した。学校運営ほどイエズス会士が活力を注いだ使徒職の分野は他になかった。学院設立の要請の声が彼のもとに押し寄せ、総長職の最初の三年間に六〇ものこうした依頼を彼は拒まなければならなかった。一五九三年までに、アクアヴィヴァはヨーロッパ中の一五〇の誘致を辞退している。世紀が変わる頃にはイエズス会は二四五の学校を運営しており、アクアヴィヴァが亡くなる時までにその数は三七二に上った。

イエズス会の学校の出色の人気もまた、歴史において、一つの理想が霊的・文化的土壌に受容可能な形で入り込むことの一つの具体例であった。人文主義の流行がこのような環境の創出に一役買っていたが、それだけではなかった。霊的刷新もまた広まっていたのである。一五世紀末の都市部の中流階級の信徒は、内面生活に関する膨大な量の書物を熱心に読んでいた。「新しい敬虔」(devotio moderna)[†1] の延長であるこうしたジャンルの書物が、イエズス会の学校が歓迎される知的・霊的性向を、少なくとも部分的に創り出した。イエズス会は、

歴史の連続のうちに、中世後期の多岐にわたる源泉から湧き上がっていた改革の精神を推し進めたのである。(8)

学校の増加と同様に重大であったのは、メルキュリアンが着手した『学事規定』の完成であった。これは遅々として進まず、骨の折れる作業となった。一五八四年、アクアヴィヴァは仕事の継続を、六人から成る委員会に委ねた。委員会は、七か月間集中して没頭し、『学事の規定および方法』（*Ratio atque institutio studiorum*）を作成した。しかしそれは、レデスマとナダールに見られた有機体的特徴に欠け、六人の委員の個人的関心を映し出して養成の哲学的・神学的側面を強調する、内容的にまとまりのない文書であった。一五八六年にアクアヴィヴァは批評を求めて諸管区にそれを送った。諸管区の委員会は徹底的に自分たちの仕事を果たし、率直に意見を述べた。彼らの報告は、広範にわたる意見の相違と、様々な国民性の背景を反映して、書類の山を築いた。アクアヴィヴァは再吟味を委ねた者たちに、報告を分析し、相互に関連づけ、統合する仕事を根気よくやらせた。学校の経営者と、種々の科目と授業の教諭たちのための規則の形で新しい文書ができたが、それは前のものの散漫な性格に比べ、実用性の点で明らかに異なっていた。一五九一年にアクアヴィヴァは三年間の試用期間を設けて各地の学校にそれを送った。以前の版のようには批判は厳しくなく、規定として確定に至る見込みがあった。一五九九年一月、アクアヴィヴァは最終的な文書が整えられたことをついに宣言することができた。この『学事規定』はイエズス会の学校関係者に提供された。一五九一年版の四〇〇ページに比べて二〇八ページという、より簡潔にまとめられたこの『学事規定』は、文法から神学のクラスまでのカリキュラムと首尾一貫した等級別の目的と方法を示している。それは目下の一五年にわたる委員会の仕事ばかりでなく、以前の、『会憲』第四部でイグナティウスによってなされた準備やメッシーナ学院でのナダール、ローマ学院でのレデスマによるものをも、緊密なまとまりで統合している。半世紀の知恵と経験がこれを貫流している。『学事規定』が実行に移された学校のすべてが神学と哲学という高度な学科を有していたわけではなかったが、それは古典語の強調と、ラテン語で思惟を明確に表現するという理想により、ヨーロッパの人文主義の伝統の重要な部分を担った。

学校以上に行き渡っていたのが聖母信心会である。社会のあらゆる階層の霊的エリート養成のためのこの道具の有効性についての報告が、世界中の町から届いた。一つの町には、特定の職人、役割、社会階級のための、つまり職人、役人、知的職業人向けのいくつかの信心会があるのが普通であった。アクアヴィヴァはこの運動の性格に決定的な転換をもたらした。(9) ジャン・ルニスが、聖母を各会員の守護者として、マリア信心をこの組織の特徴としたのであるが、アクアヴィヴァはさらに一歩進んで、マリアへの奉献の行為を始めたフランス・ド・コステール（Frans de Costere 一五三二―一六一九年）によって元の幹に接ぎ木された、封建的忠誠を思わせる発想を用いて、一五八七年の信心会の規定で、聖母を信心会そのものの守護聖人と定めた。第二の貢献としてアクアヴィヴァは、教皇庁による信心会の教会法上の認可を獲得した。一五八四年、教皇グレゴリウス十三世が、ローマ学院の信心会を、他の信心会すべてが支部とされる母体として承認した。これはその集中した内面生活と使徒的愛徳により、幾千もの人により高邁な生活の仕方を提供する、世界に広がる有機的組織体を創出することであった。一五八四年の教会法上の創設の後の二〇〇年間に、ローマ学院の信心会はおよそ二五〇〇の支部を持つに至った。

イタリア

イタリアにおける二人のイエズス会士の死をもって、一五三〇年代初めにパリでイグナティウスが形成した親密な仲間の一団との最後の生きた鎖の環が断ち切られ、イエズス会の命運は全面的に次世代の手に委ねられた。アロンソ・サルメロンが一五八五年にナポリで、ニコラス・ボバジリャが五年後にロレトで亡くなった。彼らのイエズス会はイタリアの若者を強く惹きつけ、大勢の者が途絶えることなくこの修道会に入会した。アクアヴィヴァの在職中にその数は一六八九人から二七六三人に増えた。つまり三四年間に千人以上増えたのである。学院と会宅は四二から七五になった。

この着実な快進撃に対し、一つの重大な妨害が生じた。反教皇派のヴェネツィア共和国とヴァティカンの間では何年にもわたって軋轢《あつれき》が高まっていたが、一六〇六年に極限に達し、教皇パウルス五世はヴェネツィアを聖務停止〔教皇・司教などがある一定の都市・地域においてミサや洗礼など一切の聖務を停止すること〕に付した。イエズス会はカプチン会[†2]とテアティノ会と一緒に教皇側についた。この忠誠のゆえに、これらの修道会は国外追放の罰を受けた。この衝突から、有名な論争が起こった。その論争の主要人物の一人はベラルミーノ枢機卿で、いま一人がパオロ・サルピ（Paolo Sarpi 一五五二―一六二三年）であった。この頭がよく如才ない聖母マリア下僕会[†3]の修道士は、ヴェネツィア政府の反教皇的な目論見をはばかることなく支持し、教皇庁とイエズス会をともに軽蔑し、啓蒙主義の合理主義者の戦術を先取りしながら、教皇庁破壊に向けた一段階としてイエズス会を壊滅させるという思いを募らせていた。サルピの率いる一団のおびただしい数の著作物に対して、ベラルミーノは教皇の命により応答しなければならなかった。両者のやり取りが長々と続いた。パウルス五世は平和を回復することを願っていたが、ヴェネツィア人たちは条件の一つとして、イエズス会士のヴェネツィアへの帰還禁止を主張した。教皇は拒否した。行き詰まりは打破できないものと思われていたが、アクアヴィヴァは持ち前の視野の広さとバランス感覚をもって、平和という目標に対してイエズス会が障害となることを許さないよう、教皇に熱心に説いた。パウルス教皇は総長に同意し、一六〇七年に二つの国家の関係は回復した。イエズス会がこのやんごとなき共和国に再入国を許されるまでには五〇年かかった。

イグナティウスと仲間たちはイタリアにおいて、民衆への説教というイエズス会の伝統の端初を開いていた。この時期の彼らの後継者たち、中でもジュリオ・マンチネッリ（Giulio Mancinelli 一五三七—一六一八年）は、自分たちがイエズス会士の原点にかなう者であることを証明した。マンチネッリの精力的な活動はイタリアを出てはるかかなたにまで及んだ。彼はカトリックから離れたダルマチアで活発な宣教活動を行い、コンスタンティノープルに派遣された際には[†4]、フランス大使の庇護のもと、オスマン帝国内のラテン人たちを鼓舞し、ギリシア正教の中にローマ・カトリックとの再統合への関心を起こさせ、トルコ人の奴隷であったキリスト教徒に慰めを与えた。

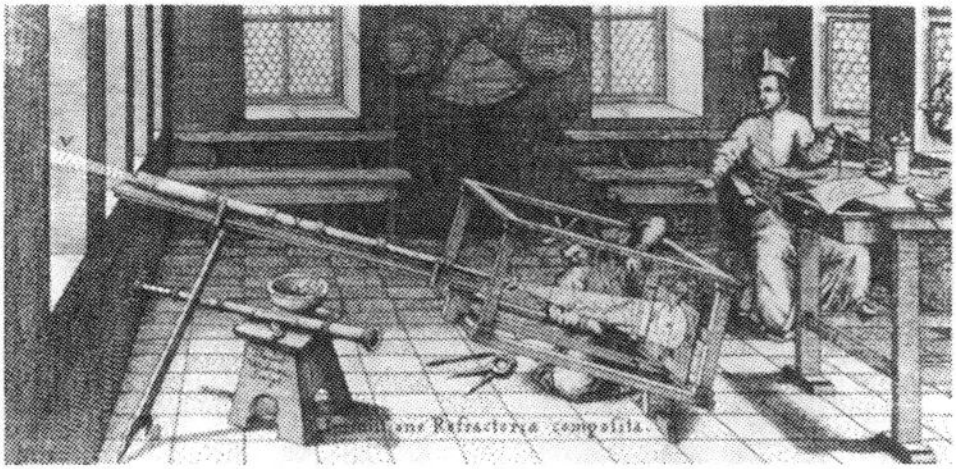

クリストフ・シャイナー

　学問の分野では、ローマ学院は、まさに、それを「世界の集約」と呼んだフランチェスコ・サッキーニ（Francesco Sacchini 一五七〇—一六二五年）による記述通りだった。特に際立っていたのが、教授陣の中でも重要な地位を占めていた、大勢のきわめて有能なドイツ人たちであった。ドイツはもはや他のカトリック世界からだけの国ではなく、カトリック改革の刺激に見事に応え、教会の生命力に大きく貢献し始めた。

　ローマ学院に派遣されてクリストフ・クラウ（クラヴィウス）の同僚となった人たちの中に、別の二人のクリストフ——グリーンベルガー（Christoph Grienberger 一五六一／六四―一六三六年）とシャイナー（Christoph Scheiner 一五七五―一六五〇年）がおり、二人とも天文学者であった。この三人の人物がローマにいた時期はガリレオ（Galileo Galilei 一五六四―一六四二年）事件という危機の始まりと一致している。アリストテレスの宇宙観と新進の天文学の観測結果の間の厳しい緊張関係が生んだ、一連の問題のうちの中心は、コペルニクス（Nicolaus Copernicus 一四七三―一五四三年）〔ポーランドの天文学者〕がその著『天体の回転について』（*De Revolutionibus Orbium Coelestium*, 1543）の結論として提示した学説であった。イエズス会の天文学者はある点ではガリレオに同意した。彼らはこの偉大な人の木星の衛星と金星の満ち欠けの発見を確かめ、その結果、アリストテレスの見解と天体の不変性についての天球層の体系は放棄されねばならないことを確信し、この最前線の知識に心底夢中になり、ガリレオが一六一一年にローマに来た折には、温かく迎え入れた。しかし彼らは、コペルニクスの主張の客観的な妥当性については、その自然科学的証拠を求めていた。しかし、その時点までに明らかにされた疑義を払拭するものではなかったため、彼らはティコ・ブラーエ（Tycho Brahe 一五四六―一六〇一年）〔デンマークの天文学者〕の中道の見解――それは、宇宙の中心に地球が静止していることを主張し続け、かつ、新しい発見をも説明しうるものであった――を受け入れた。ガリレオの主張が聖書のいくつかの章句と衝突すると思われたため、神学者がこの件に携わるようになった。そして当時、ロベルト・ベラルミーノが意見を求められることは必定だった。この老枢機卿は活発な討論において限られた役割を演じただけだったが、それだけでも彼の学識の限界が明らかになった。ポルトガル人イエズス会士、ベント・ペレイラ（Bento Pereira 一五三五―一六一〇年）を含む他の神学者たちは、聖書解釈においてベラルミーノより進んでいたし、またガリレオ自身は、一八九三年の教皇レオ十三世の回勅『プロヴィデンティッシムス・デウス』（*Providentissimus Deus*）の教説のいくつかを優れた仕方で先取りしていたのである。ベラルミーノはグリーンベルガーの助言に後押しされて教皇パウルス五世に、ガリレオの主張は機知に富むが、現段階では実証性のない憶測であると進言した。そこで一六一六年二月二四日、ガリレオを悲しませる教皇庁の決定を個人的に伝えるというつらい仕事がベラルミーノに回ってきた。ガリレオは生涯の終わりまで、この会合で自分は自らの見解・学説のどれひとつ撤回を求められていないこと、また罰を科されていないという、一六一六年五月二六日付のベラルミーノの署名入りの証書を大切にとっていた。[10] この入り組んだ事件におけるベラルミーノの役割はこれで終わった。偉大な科学者の有名な裁判は、この枢機卿の死の一二年後の一六三三年に行われた。

ところで、ベラルミーノはイタリアのイエズス会士の同時代人の中で、天体がどう動いているかということよりも、いかにして天（国）に行くかに、ことのほか関心を示していた二人の人物と知り合いになった。その一人、マントヴァ出身の若い貴族のアロイシウス・ゴンザーガ（アロイジオ。Aloysius Gonzaga; Aloysio; Luigi 一五六八―九一年）は、ルネサンス的生活の魅力を退け、ただひたすらにイグナティウスの理想に献身し、悪疫に見舞われた人を看病して一五九一年六月二一日に二三歳の若さで亡くなった。青少年の保護聖人として知られている人物ではあるが、彼はローマの浮浪児たちに教理を教え、四人を慰め、病人への慈善事業に殉じた人であり、社会福祉の使徒職の保護聖人としても適切かつ正当に称えられるであろう。ベラルミーノはアロイジオの聴罪司祭であった。いま一人の同時代人、ベルナディーノ・レアリーノ（Bernardino Realino 一五三〇―一六一六年）は、慈愛に溢れ、常に変わらぬ親切な態度で四二年間アプーリア州の小さな町であるレッチェの霊的指導者となった。ベラルミーノは二年の間、彼が籍を置いていたレアリーノ管区の管区長であった。一九四七年に教皇ピウス十二世（Pius XII 在位一九三九―五八年）はレアリーノを列聖した。

アロイシウス・ゴンザーガ

ベルナディーノ・レアリーノ

サンタンドレア・アル・クィリナーレの修練者たちは、これらの有名な同時代のイタリア人イエズス会士のうちの少なくとも幾人かを個人的に知っていた。ベラルミーノは生涯の最後の年を修練者たちと一緒に過ごした。彼らは遠隔の地で信仰に殉じた他のイエズス会士たちについて、芸術作品を通じて知っていた。殉教はカトリック改革の重要な霊的テーマの一つであった。修練院の壁には、勝利のシンボルである棕櫚と王冠を戴き、各自の守護天使とともに描かれた、イエズス会の殉教者たちの絵があった。ルイ・リシュオムは、『宗教画』の中に、現在では失われたこれらの絵について、崇敬と畏敬の念を込めて述べている。アソーレス諸島の沖合で殺されたイグナシオ・デ・アセヴェドと三九人の同志、インドのサルセットで虐殺されたロドルフォ・アクアヴィヴァとその四人の友人たち、日本の長崎で磔刑になったパウロ（一五六四―一五九七年）〔パウロ三木〕とヨハネ（一五七八―一五九七年）〔五島のジョアン草庵〕とヤコブ（一五三四―一五九七年）〔ディエゴ喜斎〕、エチオピアで首を切られたアブラハム・デ・ゲオルギイス（Abraham Francisco de Georgis 一五六三―九五年）、インドのコモリン岬で槍で刺殺されたアントニオ・クリミナーリ、イギリスで処刑されたエドマンド・キャンピオン、アレグザンダー・ブライアント（Alexander Briant 一五五六―八一年）、ヘンリー・ガーネット（Henry Garnet 一五五五―一六〇六年）、エドワード・オウルドコーン（Edward Oldcorne 一五六一―一六〇六年）、トマス・コッタム（Thomas Cottam 一五四九―八二年）。リシュオムは修練者たちに次のように語りかけている。「皆さん、これは一五四九年から一六〇六年までに殺されたあなた方の兄弟たちを描いた絵です。これらの絵はこの人たちの記念に誉れを与えるためばかりでなく、あなた方に模範を示すために、この部屋に置かれているのです」(11)。

スペインとポルトガル

この時期のスペインには、イエズス会の歴史における二つの流れがあった。一つはへどろの溜まった淀んだ流れで、源泉は不満をもつ修道士の小集団であった。他方はきらめくばかりに澄んだ透明な流れで、その源はイエズス会の名簿の大部分を占めている敬虔かつ献身的な者たちで、その中には聖性と教養を究めた気高い人たちがいた。イエズス会『会憲』を守ろうとするアクアヴィヴァのローマでの長い苦闘は、すでに見たようにスペインに端を発していた。スペインで三、四〇人ほどのイエズス会士から成る一団が、当時蔓延していた狭量な国家主義に影響され、超国家主義的なイエズス会に敵対するようになり、会の体制を変えることを提案したのであった(12)。彼らは人数が少ないにもかかわらず、この国の二大勢力である君主制の政体と異端審問所に足場を置いていたために、その力は強かった。中でも四人の人物が、おのおの長上との折り合いが悪く、この運動を推進した。ディオニシオ・バスケスは、正当に評価されていないと感じていた。フランシスコ・アブレオ（Francisco Abreo 一五二八―九二年以降）は自らの援助を求めるべく私的な旅に出、自分の秘書と従者にするために助修士を二人与えてほしいと長上に願った。ゴンサロ・ゴンサレス（Gonzalo González）は学校の生徒たちに反学長のちらしを配った。エンリケ・エンリケスは検閲を受けた後の倫理神学についての自著に、六〇ページの未検閲のページを挿入した。

彼らにとって自分の感情を発散する一番確かな方法は、異端審問所のイエズス会に対する疑念を喚起することであった。権威の問題に非常に敏感である自らの属する修道会への異端審問官たちの警戒心を呼び起こそうと、彼らは管轄権を問題とするいくつかの覚書を作成した。彼らの見立ては当たり、一五八六年三月二四日、トレド管区長アントニオ・マルセン（Antonio Marcén）ともう一人の司祭が異端審問所に連行され、消息を断って、二年間不可解な沈黙が続いた。「捕われの神父がたについて、彼らがインドに行ってしまったかのように、何ひとつわかりません」とカスティーリャの管区長は述べている。その後まもなくもう二人の者も投獄された。

反対者たちは、攻撃の手を広げる絶好の機会を素早く捕えた。バスケスはどの異端審問官の血も凍らせるような図を描いて見せた。それは、巨大な権力を有するイエズス会総長がもしもカトリックの信仰から踏み外すなら、管区長や院長として異端者を任命するという単純な仕掛けで世界を誤謬で満たしうるであろう、というものであった。それに対する自明の措置は、総長の権限を削り、統治機関の形をとる代表者会議に長上の選択権を置くことである。

バスケスはまた、イエズス会の諸段階の級位制について、それが「名誉と不名誉の度合い」に等しいために不和の源となっている、と不正確に伝えた。エンリケスはその時には各学院に行き渡っていた『学事規定』を、トマス・アクィナス神学に抗う組織的活動の武器だと言った。異端審問所は即座にイエズス会の『会憲』と『学事規定』の写しを要求した。

この攻撃はとりわけ二つの理由で挫折した。ローマでアクアヴィヴァが真実を見事に呈示したことと、スペインで異端審問所が行き過ぎで失敗したことである。総長はこの件を直接教皇シクストゥス五世のもとに持って行き、バスケスとエンリケスの告発が、嘘のかたまりにすぎないことを明示した。教皇庁の国務長官であるジローラモ・ルスティクッチ枢機卿（Girolamo Rusticucci 一五三七―一六〇三年）は、はぐらかしのうまい異端審問所長官ガスパル・デ・キロガ枢機卿（Gaspar de Quiroga 一五〇〇／一二―九四年）に、イエズス会に提出を要求した文書を返還するべきこと、また監禁中の四人のイエズス会士の裁判をやめるべきことを強く指示した。

異端審問所は急ぐあまりに裁判でしくじった。アクアヴィヴァはトランシルヴァニアで疫病で死んだ三〇人のイエズス会士たちに代わる志願者を募った。進み出た大勢のスペイン人の中から、長上たちは六人を選んだ。バスケスとエンリケスは直接異端審問所に赴き、トランシルヴァニアの異端に感化されうる状況に置かれることで、この六人のイエズス会士が受けることになる耐えがたい仕打ちを並べ立てた。キロガはフェリペ二世の賛成を得て、イエズス会士全員がスペイン領内に入ったままでいるように命じ、イエズス会の管区長たちに、違反すれば破門に付すとして、配下の者に異端審問所の許可なしの出国を許さないよう申し渡した。トランシルヴァニア行きに向けて選ばれた者たちは国境で足止めされた。数々の理由でフェリペ二世に対しひどく立腹していたシクストゥス五世は激昂した。教皇特使はキロガを厳しく叱責し、罷免すると脅した。異端審問所はローマからのこの重圧のもと、監禁していた四人のイエズス会士の無実を認めた。その後それに続いて、スペイン・イエズス会の司教巡察という不成功に終わった企てと、一五九三年と一六〇八年の総会による、バスケス、エンリケス以下の者たちに対する烈しい譴責があったのはすでに見た通りである。

この不和によって生じた緊張は、別のところからの深刻なイエズス会批判によってさらに増大した。四人のドミニコ会士がイエズス会の『会憲』を変えることを目論んで団結したのである。ドミンゴ・バニェス（Domingo Bañez 一五二八―一六〇四年）とディエゴ・ペレド（Diego Peredo）は、サラマンカ大学の教壇から、アロンソ・デ・アベンダニョ（Alonso de Avendaño 一五九六年没）とゴンサロ・ロメロ（Gonzalo Romero）は説教壇から、その理由を主張した。攻撃は一五八二年に始まり、一〇年あまり続いた。他のドミニコ会士の一般的な態度とは全く異なり、この四人はイエズス会を激しく攻撃した。フェリペ二世の聴罪司祭である同じドミニコ会の修道士ディエゴ・デ・チャベス（Diego de Chaves 一五〇七―九二年）が、影響力のある味方であった。バニェスはある神学論争で、人を修道士にするのは荘厳誓願のみであるのだから、イエズス会の霊務助修士と実務助修士は、修道士の身分にないという命題を擁護した。ヒル・ゴンサレス・ダビラ（Gil Gonzalez Dávila 一五三二―九六年）はイエズス会の弁護に立ち、またローマ教皇庁はバニェスの説を退けた。ペレドは修練期の終了に宣立される単式誓願を攻撃し、この誓願を宣立した人が一般信徒の身分のままであり、勉学と霊的生活によっていつか会に入る日に向けて準備をしている者であるにすぎないと説いた。一五八三年二月一日、教皇グレゴリウス十三世は、公開勅書『クアント・フルクトゥオジウス』（*Quanto fructuosius*）の中でペレドの主張を退けた。このドミニコ会士は、グレゴリウス教皇は教皇としてではなく教授という私的な立場から発言していると主張した。教皇は一五四八年五月二五日付の、より明確な公開勅書『アスケンデンテ・ドミノ』（*Ascendente Domino*）で、イエズス会『会憲』の認可にまつわるあらゆる疑念を払拭した。ペレドはこの公開勅書が正式の形で発布されていないと非難して応酬したが、教皇庁はこの主張を退けた。イエズス会の組織に対する公然たる敵意は、二つの修道会の間に平和が浸透しなければならないと強く述べる、一五九五年二月四日付の王命によってようやく止んだ⑬。

これらの陰謀者が作り出した不和は、この時期のスペインを貫流していた、銀色の帯のように澄んで透明な、あのイエズス会の歴史のもう一つの流れから、あまりに簡単に耳目をそらす。イエズス会士の大半の中には創造的かつ建設的な精神が力強く作用しており、その精神に駆り立てられつつ、彼らはそれぞれに、学校事業を拡張し、秀でた水準の著作を世に出し――それが彼らを西洋文明の文化的指導者の中に入れることになった――、神の恵みのもとに聖性の高みという険しい山に登ったのであった。アクアヴィヴァの時代にイエズス会はスペインに三一の会宅を開設し、そのほとんどは学院であった。総長が亡くなった年には四つの管区の二千人以上のイエズス会士が八七の共同体で働いていた。

民衆への説教は、イエズス会士が熱心に取り入れた司牧活動である。一五九〇年にアクアヴィヴァは、広範囲に影響を及ぼす指令を発した。それは、村落に入り民衆に信仰を宣べ伝える二、三人から成る説教団を管区長が組織せよ、というものである。しかしこの指示が発令される前でも、学院や会宅は説教者のグループが四方に散ってゆく活動拠点となっていた。一五八四年にはトレドの荘厳誓願者の住居の八人の司祭が村から村へ巡り歩くことに一年間を費やした。その同じ年、カスティーリャのイエズス会の各学院は、村々に家庭訪問をする宣教団を派遣している。この大規模な民衆教化活動を容易にするために、ディエゴ・レデスマは『キリスト教の教え』(*Doctrina Christiana*) と題した要理の本を出版したが、これは好評を博し、ポーランド語とルテニア語を含む複数の言語に翻訳された。著名な要理教育者としては他にヘロニモ・リパルダ (Jerónimo Ripalda 一五三五―一六一八年) がいる。行動が教えに栄冠をかぶせた。一六世紀最後の三年間に疫病がスペインを荒廃させた。イエズス会士たちはこの生命の危機にあってためらうことなく立ち上がり、一五九八年にはカスティーリャだけでも病人を看護する中で四〇人以上が亡くなった。

ガブリエル・バスケス

ルイス・デ・モリナ

教育と霊的指導におけるイエズス会のこうした活力は、スペインの黄金時代の多様な豊かさの一部にすぎなかった。多方面にわたる文化的卓越のうち、哲学と神学の分野でイエズス会士は幾人かの傑出した指導者を得た。六名の優れた知的才能をもつ人物が突如として出現したのが皮切りであった。アンダルシーアの三人――フランシスコ・スアレス、トマス・サンチェス（Tomás Sánchez 一五五〇―一六一〇年）、フランシスコ・デ・トレド――、そしてカスティーリャの三人――グレゴリオ・デ・バレンシア（Gregorio de Valencia 一五四九―一六〇三年）、ガブリエル・バスケス（Gabriel Vázquez 一五四九―一六〇四年）、ルイス・デ・モリナ（Luis de Molina 一五三五―一六〇〇年）――である。彼らは思弁と形而上学を重視して、スコラ学に大きな貢献をした。それは、中世的世界観の解体に対する一六世紀の応答の一つを体現している。新たな知的諸問題、新たな研究形式、新たな文化的方向づけは、「中世の秋」[†5]の間の、スコラ学的思惟の不毛さを露わにした。人文主義とルター派は、刷新の必要性への反応の二つであった。スペインの神学者、とりわけドミニコ会とイエズス会の神学者は、中世的な問題の捉え方と思考方法に再び生命を与え、自分たちの独自の仕方でこの挑戦に向き合った。聖書と教父の原典を資料として幅広く使用することで彼らは自らの著作に歴史感覚を導入した点で近代的であるものの、スコラ学の大道を辿ることを選び、そのようにしてスペイン・スコラ学の復興《ルネサンス》として西洋神学の歴史に一つの地位を占めるほどのものを創り出したのである。

フランシスコ・デ・トレド

　トレドの教えと著作には第一級の明瞭さ、優雅さ、厳密さがあった。思惟の包括性の点では他の者たちの方が優れていたが、しばしば見られる皮肉の鋭さにおいてはトレドに比肩する者はいなかった。サンチェスは博識で、道徳の問題についての権威として際立っており、とりわけ、頻繁に再版された『婚姻の秘跡』（*Disputationum de sancto matrimonii sacramento.*, 1602）で、広く認められると

フランシスコ・スアレス

ころとなった。この時代のスペイン・イエズス会の思想家の中で最も秀でているのがフランシスコ・スアレスである。彼は恐ろしいほどの知的関心の広さと、思弁的諸問題を洞見することにおいて非凡な明敏さに恵まれていた。勤勉で人に好かれる、虚弱なこのイエズス会士は、四〇年間スペインとローマとポルトガルで講義し、その間にスコラ学的な代表作を著した。彼の全集のヴェネツィア版（一八五六―七八年）は、二折判で二三巻に達している。聖堂、教室、書物、ペン――これらがこの際立った人物の、本道からそれることのない人生を織り成したものである。

『形而上学討論集』（*Disputationes Metaphysicae*, 1597）と『法律論』（*De Legibus*, 1612）がスアレス著作の中で最も有名である。『形而上学討論集』は、伝統的精神と独創的精神双方の所産であり、スコラ形而上学の初の完結した体系を具現させたものとして、近代の一大事件であった。同書の影響はスペインとポルトガルに留まることなく、北方に及んだ。特にドイツで温かく迎えられ、その地で一六二〇年までに六度も版を重ねた(14)。スペインのスコラ学の力強い再生は、イベリアの広域にわたる海外植民地化と、ヨーロッパにおける国民国家意識の増大とあいまっていた。内外のこうした進展は、これ以上ないほど大きく複雑な熟慮を要する諸問題を生み出し、フランシスコ・デ・ビトリア（Francisco de Vitoria 一四八三／九三―一五四六年）とスアレスの率いるスペインの俊英たちは、その解決に努めたのであった。スアレスは、諸国家共同体として出現しつつあるもののために、国際法を厳密かつ体系的に言語化しようとした。スアレスはこれを自然法と人類の普遍的共同体という概念の枠組みの中で考え、国家関係管理についてフーゴ・グロティウス（Hugo Grotius 一五八三―一六四五年）〔オランダ生まれの法学者。自然法の父、国際法の祖と呼ばれる〕やザムエル・フォン・プーフェンドルフ（Samuel von Pufendorf 一六三二―九四年）〔啓蒙時代のドイツの法学者〕といった、偉大な思想家の道を準備した。これは西欧文明に対するスペインのいくつかの際立った文化的貢献に数えられる。

三人のカスティーリャ人のうち、グレゴリオ・デ・バレンシアはドイツのディリンゲンとインゴルシュタットの大学で大半の仕事をした。ビヤエスクサ・デ・アロ出身のガブリエル・バスケスは学生たちを歓ばせた。バスケスは厳密な思惟と明快な表現が一致することを持論とし、広い教養、機敏な知性、鋭い言語使用で公開討論に命を吹き込んだ。同時代の神学の世界では、スアレスとバスケスの二つの名が切り離せないものとなり、二人の学説はしばしば学問的討論の対象となった。サラマンカ大学の学生は、バスケスとスアレスのどちらが第一の栄誉を与えられるべきかという問題を論じた。バスケスは精力的かつ忍耐強く振舞って真理探究における思想の独自性を常に保った。ベネディクトゥス十四世（Benedictus XIV 在位一七四〇―五八年）とレオ十三世の二人の教皇は、ともに彼らの知的業績を評価していた人であるが、バスケスの学才に特に賛辞を述べている[15]。

ルイス・デ・モリナは、幾世紀もの後に知られるようになるが、それはおもに、彼が激しい論争を惹き起こした当事者であることによる。モリナは明晰で鋭敏な思想家で、恩恵と自由意志の融和という困難な問題に取り組んだ。仕事に取りかかるにあたり、彼の思索を条件づけた二つの影響があった。第一は意志の自由の否定に対するイエズス会士の本能的とも言うべき反発であり、第二はイエズス会の、きわめて独創的だが驚くほど知られていないスコラ学者、ポルトガル人のペドロ・ダ・フォンセカの教えである。イエズス会士としてモリナはルターとカルヴァンの決定論的神学に対抗した。イグナティウスは『霊操』の「教会と心を合わせるための規定」第一七則に、「恩恵について長く話したり強調したりしすぎることによって、人間に自由な意志がないと考えるような毒が生まれないように警戒すべきである」（第三六九条）と記している。モリナは学生時代フォンセカのもとで学んだ。フォンセカは、効果的恩恵のもとにありながら人間の自由な意志は基本的には損なわれていない、というトリエント公会議の教義を学問的に立証するべく、「中間知」（scientia media）と呼ばれる解決を考案した。モリナはこの「聖なる中間知」の教義を採り入れ、三〇年間の研究の後、『恩寵の賜物、神の予知、摂理、予定および劫罰との自由裁量の調和』（*Liberi arbitrii cum grati-*

ae donis, divina praescientia, providentia, praedestinatione et reprobatione concordia〔別宮幸徳訳、上智大学中世思想研究所編訳『中世思想原典集成20　近世のスコラ学』平凡社、二〇〇〇年、所収〕）を著した。文学的ではないが有名なこの作品は一五八八年に刊行された。それは教会史上最も厳しいものの一つとされる神学論争も引き起こす、最初の一投石であった。この本は即座に、急先鋒であるドミンゴ・バニェスに連なるドミニコ会士たちの鋭敏かつ強烈な反対に遭った。学問性の高いこの熾烈な論争の中で、神学者たちは、効果的恩恵のもとに働いている意志の自由をいかに保つかという困難な問題に集中し、恩恵の必要を否定するペラギウス（Pelagius 三六〇頃—四二〇年頃）主義[†6]の落とし穴と、意志の自由が損なわれているとみなされるプロテスタント主義の間を慎重に進んだ。恩恵の効果という観点から問題に近づくドミニコ会士と意志の自由から出発するイエズス会士が、効果的恩恵、充足的恩恵、予定、神の知という難解な概念を、猛攻と反撃の材料として論争全体に組み込んだ。モリナとバニェスが双方の陣営の強力な論客であった。イエズス会の『会憲』へのドミニコ会士の攻撃で惹き起こされた悪感情が神学の領域にまで溢れ出したのである。討論があまりに激しくなったために、一五九四年に教皇クレメンス八世が、裁定のために教皇庁にこの件を訴えるよう命じたほど、討議は過熱した。そこでも、一〇年以上にわたって論争は長引き、報告書、書類、小冊子が山と積まれ、クレメンス教皇の面前での討論さえも幾度となく行われた。教皇パウルス五世が突然の停止を求め、一〇年前にベラルミーノ枢機卿が提案した実際的な解決案を採用しつつ、

イエズス会士とドミニコ会士双方に、相手側の教義を無謀だの異端的だのと決めつけるのを禁じなければ、それはいつ果てることなく続いたことだろう。人間の魂における神の働きという偉大な神秘についての、長い戦いに傷つき疲れ果てた勇士たちの上に、待望の平和がもたらされた。抗争で立ちのぼった埃《ほこり》に覆われ埋もれてしまった諸事の中に、モリナの他の著作群がある。それらは教会と国家の関係と同時代の経済について熟慮を重ねる作品であった。モリナの生まれた同じ年の一五三六年、学問の世界に波風を立てる運命のもとに別のカスティーリャ人が誕生した。ファン・デ・マリアナ（Juan de Mariana 一五三六―一六二四年）は、短気で高慢で挑発的ではあるが博学の異才で、その著作は広範な主題に及んでいる。彼は『貨幣の改鋳について』（*De monetae mutatione*, 1609）で、通貨切下を痛烈に批判した。政府は、王に対する背信のかどで、フランシスコ会の修道院に彼を監禁した。彼は任務でローマ、メッシーナ、パリへと赴き、自国についてほとんど知られていないことに気づいた。これを改めるために、彼は全二〇巻の『イスパニア史』（*Historiae de rebus Hispaniae*,1592）を著した。そこには近代的な意味における厳密な批判はないが、人を惹きつける力強さと、文体の荘厳さがある。しかし、モリナの場合と同様、一つの著作がマリアナの他の著作すべてを圧倒した。一五九九年、彼は、フェリペ三世に献呈された、キリスト教君主の理想像を描くことを意図した名著、『王と王の教育について』（*De rege et regis institutione*〔秋山学・宮﨑和夫訳、前掲『中世思想原典集成20　近世のスコラ学』所収〕）を出版した。彼は著述の中で、暴君殺害の合法性の問題を、賛否両論を提示しつつ、針先の天使の数について論じているかのように淡々と冷静に論じた。そして彼は、暴君がその座から追われるべきであり、必要ならば殺されるべきであるという説を支持した。たとえ暗黙のうちにであっても、その決定を民衆が下したならば毒殺以外の仕方でなされるべきである、と。この件《くだり》はスペインでは混乱を招くものではないが、アンリ三世（Henri III 一五五一―八九年、在位一五七四―没年）が暗殺者の刃に倒れたフランスでは危険なものであった。アクアヴィヴァは即座にこの本を非難し、暴君殺害にわずかでも共感を抱くことを非常に厳しい言葉で禁じた。

これらのイエズス会士はスペイン神学の復興《ルネサンス》に様々な程度で関わっている。新世界を開拓した征服者たちのように、彼らのうちの優れた学者は学問の世界に新地を開いた。この新地開拓を多くの要因が推し進めていた。トマス・アクィナスの神学についての新解釈、聖書と教父のテクストに対するエラスムス的情熱、公会議関連文書を重んじる歴史感覚、優雅な文体への人文主義的愛好。この新地の征服者として際立つのは、マルドナド、トレド、バスケス、スアレスで、それぞれには独自の強調点があったが方向性は同じであった。形而上学、歴史学、聖書学、教父学の調和である。

二つの星がこれらのイエズス会士を導いた。一つは、イエズス会の『会憲』の規定で、イエズス会士が養成の中でスコラ学と実証神学と聖書を学ぶように指示している。いま一つは、偉大なフランシスコ・デ・ビトリアのもとでのサラマンカ大学におけるドミニコ会神学の復興《ルネサンス》である。ビトリアはその非凡な才能によって、自説の中にこの三者の魅力的な調和と均衡を創り出した。聖ドミニコ（Dominicus 一一七〇―一二二一年）の他の子たち、特にメルチョル・カノ（Melchior Cano 一五〇九―一六〇年）、ドミンゴ・デ・ソト、ペドロ・デ・ソト（Pedro de Soto 一四九五／一五〇〇―一六三年）がビトリアの灯《とも》した火を受け継ぎ、サラマンカでそれを燃やし続けた。マルドナド、トレド、スアレスが最初に学んだのはサラマンカであった。バスケスはアルカラのドミニコ会士のもとで学んだ。これらのイエズス会士によって、スペインは主に二つの仕方でカトリック・ヨーロッパを助けた。一つは、スペインはパリ、ローマ、プラハ、コインブラ、ディリンゲン、インゴルシュタットの大学に彼らを神学復興《ルネサンス》をもたらす廷臣として派遣したこと、そして他は、来るべき一七世紀の実証神学の開花への道を準備したことである。

豊かさの点でこの人たちの神学・哲学の能力に匹敵したのが、スペインのイエズス会士たちの生活と著作にともに結実した聖性である。四六年間、マリョルカのパルマ学院の門番という目立たない地位にあったアロンソ・ロドリゲス助修士（Alonso Rodríguez 一五三三頃―一六一七年）は、なみなみならぬ聖徳の生涯を送り、一八八八年に列聖された。ロドリゲス助修士は、長上の命に従って自伝とその他いくつかの小作品を著し、それによりイエズス会の偉大な神秘家の一人として注目されることになった。ロドリゲスを個人的に知り、彼から霊感を受けた者の中に、もう一人の聖人、若いペドロ・クラベル（Pedro Claver 一五八〇―一六五四年）がいた。彼は後にヌエバ・エスパーニャのカルタヘーナで、黒人奴隷の使徒となった。

多くの著作家の中で、今なお影響を及ぼす二人がいる。一人はルイス・デ・ラ・プエンテ、いま一人はパルマの聖なる門番と同じ名前の人である。ラ・プエンテは、神学教授、修練長、修道院長、巡察師といった地位にあった期間を含む三〇年間のイエズス会士としての生活の後に、霊的著者としての際立った活動を始めた。中でも、序文に祈りについての重要な記述のある『われらの信仰の神秘についての黙想』（*Meditaciones de los Misterios de Nuestra Santa Fe*, 1605）、『完徳に関する論考』（*Tratado de la Perfección en Todos los Estados de la Vida del Cristiano*, 1612-1616）、『バルタサル・アルバレス神父の生涯』（*Vida del P. Baltasar Álvarez*, 1615）である。ラ・プエンテは熟練の注意深い神学者として、その著作の中で常に情熱的な敬虔と教義上の正確さとの絶妙な結合を実現している。

アロンソ・ロドリゲス

一六〇九年は霊性文学にとって画期的な年であった。アロンソ・ロドリゲス（Alonso Rodríguez 一五二六―一六一六年）の『完徳とキリスト教的諸徳の実践』（*Ejercicio de Perfección y Virtudes Cristianas*,

ルイス・デ・ラ・プエンテ

1609）がその年に刊行された。この著作は少なくとも二〇の言語に翻訳されている。ロドリゲスは四〇年間、長上と修練長として仲間のイエズス会士に霊的主題で講話をしてきた。これらの講話をまとめて出版するよう求められ、彼は分厚い三巻本を世に出した。的確で堅実な助言と、地に足のついた現実感覚、聖人や砂漠の師父の生涯の数々の逸話に見られる洗練されたユーモアが、同著の特長をなす。ロドリゲスは高邁な神秘主義に対して少しも反感をもっていなかったが、それにもかかわらず霊的生活の修徳的側面を強調し、それによりスペインのイエズス会士の一部にあった、何にも妨げられない観想生活に向かう傾向を抑える努力をしていたアクアヴィヴァの強力な助けとなった。

ポルトガルでイエズス会士が直面した最も微妙な問題は、スペインによる彼らの祖国征服から生じていた。長上たちは配下の者の愛国心が抵抗活動として噴出せぬよう、警戒し続けなければならず、大体は成功したが、とまどうこともままあった。ポルトガル人のイエズス会士とスペイン王家の間を脆《もろ》くはあるが一種の友好的な雰囲気が支配していた。一五八一年の七月中、リスボン行幸に際してフェリペ王は、修道会の施設の最初の訪問先としてイエズス会の荘厳誓願宣立者の住居を選び、一五八三年のスペイン帰還に際してはエヴォラを経由して、イエズス会の学院〔現エヴォラ大学〕に立ち寄っている。この君主はイエズス会に対する賛辞を一度ならず表明してはいるが、イエズス会士はその言葉を真の親愛の表現というよりも国王としての外交辞令だと見た。この招かれざる君主との関係は、当然ながら、ほとんど心からのものにはなりえなかった[16]。

スペインによる支配で管区の発展が制限されることはなかった。一五七九年から八〇年、疫病のためにおよそ六五名の会員が死亡したこともあったが、その後は管区は急速に前進した。一五八〇年の四八四名から一五九四年には五七〇名、一六一五年には六六五名に増員している。一六一〇年には一七の会宅があった。リスボンの学院は広く人気を博し、一五八八年には二千人の在学生がおり、優秀な教師たちのもと、特に人文学において古典研究が開花した。

フランス

この三五年間のフランスにおけるイエズス会の歴史を地政学的に描写することは、不均等で問題含みの、極度に対照的な領土を描くことに着手するようなものである。この国の荒々しく破壊的で気まぐれな歴史が何もかもを動乱に投げ入れたために、そうならざるをえなかったのである。

一五八〇年、国王アンリ三世と神聖同盟〔ユグノー戦争中に結成されたカトリック側の同盟〕の高名な領袖であるギーズ公（Henri de Guise 一五五〇―八八年）の間の見解の相違によって生じた大きな亀裂が、カトリック陣営を切り裂いた。イエズス会は国王にも公爵にも多大の恩を施しており、傑出したイエズス会士エモン・オージェがヴァロア家の、クロード・マテュー（Claude Mathieu）がギーズ公の、友人かつ相談役として協力していた。この国の命運がかかった二派の対立の激化は、フランス人の会員一人ひとりの心情をかきたてないはずがなく、イエズス会士の団結を破壊しかねない重大な危機をもたらした。

アクアヴィヴァの方策は、フランスのイエズス会士を政治の大変動から分離する、というものだった。彼は明確な指示を下した。政治に関わらないこと、イエズス会内部でも政治的話題は避けること、説教壇で自分の信用を落とす話をしないよう警戒すること。アクアヴィヴァはオージェを宮廷から、マテューを同盟側から遠ざけにかかった。イエズス会士両人は従順であったが、国王とギーズ公が反発した。結局、不断の努力により――それはギーズ公の場合により労力を要したが――総長は二人のイエズス会士をイタリアでの任に就かせることができた。一五八七年にアクアヴィヴァは如才なく賢慮あるヴェネツィア人、ロレンツォ・マッジョ（Lorenzo Maggio 一五三一―一六〇五年）を巡察使としてフランスに派遣した。マッジョは約一年間、各共同体の修道精神を調査しながら、会員の和を保つために尽力した。

ギーズ公と国王が二人とも殺害され、カルヴァン派のアンリ・ド・ナヴァール（Henri de Navarre 一五五三―一六一〇年）〔後のフランス王アンリ四世 Henri IV 在位一五七二―没年〕が王冠を要求するという事件が特徴づけている一五八八年から一五八九年にかけての年月は、イエズス会の自制を厳しい吟味にさらした。彼らは一般にアクアヴィヴァの指示への忠実を守ったが、当時紛糾している話題について意見を述べる者がそこかしこにいた。一五九三年一二月、神聖同盟の支持者であるジャック・コモレ（Jacques Commolet 一五四八／四九―一六二一年）が次のように言って、ベアルネ（Béarnais）〔アンリ四世〕の追随者たちを挑発した。「あなた方は、ナヴァール王が高潔な貴公子、闘士、征服者で、親切で慈悲深いと言いますが、……宗教については一言も述べません。われわれの信仰を保持するという保証を、この人が与えてくれさえすればよいのですが」。翌年、ディジョンで、クリストフ・クレマンソン（Christophe Clémenson）は、ナヴァールに対して断固たる態度を示すようにと、民衆に熱心に説いた(17)。

アンリ四世のカトリック信仰への改宗と、一五九三年から一五九四年にかけてのフランス国王としての戴冠は、新君主に対する忠誠の誓約を表明するか否かという、厄介な問題をイエズス会士に突き付けることになった。それに先立つこと九年の一五八五年、教皇シクストゥス五世が、アンリに対し異端に堕落した者として破門を宣告した。アクアヴィヴァは一五九四年三月、フランスのイエズス会士に、聖座を重んじて、現教皇がシクストゥス五世によるとがめを解くまでは王への忠誠の誓いをすべきではないと指示した。もしそれにより国外追放となるにしても、追放を選ぶべきである。パリにおけるイエズス会士の立場は急速に悪化した。敵対者たちは彼らが国王に対して不忠実であると触れ回った。パリの聖職者もソルボンヌ〔もともとはパリ大学の学寮、パリ大学神学部の代名詞となった〕の教授陣も誓いを立てた。教皇特使はそれを許容できるものと判断した。こうした間断のない圧力のもと、おもには教皇特使の見解に導かれて管区長は、イエズス会士がアンリ四世に対する忠誠を誓う用意がある、と表明した。アクアヴィヴァは即座にこれを不可とし、断固たる調子で次のように書き送った。「あなたがカトリック教徒一般だけでなく、本会の者たちをも傷つけているのだということを、知っていただきたい。……各国の数多くの管区から、苦情が私のもとに届いています。……その人たちは、あなたの誓いの申し出を会に対する侮辱と見ています(18)」。

この叱責が、それから一年以内に起きたイエズス会士のパリ追放で頂点に達する、延々と続く不運の幕開けとなった。五月に、パリ大学学長のジャック・ダンボワーズ（Jacques d'Amboise 一五五九―一六〇六年）が、イエズス会の国外追放を高等法院に要求をすることで、この首都にとって非常になじみ深い過去の運動を復興させた。こうした裁判は初めてではなかったが、大学側の弁護人であるアントワーヌ・アルノー（Antoine Arnauld 一五六〇―一六一九年）が法廷に出現したことで、多少の新鮮味が加わった。しばしばアルノー家の「原罪」と呼ばれる彼の演説は、繰り返される戦闘の開幕の一投石であり、以後、世代を継いでイエズス会は、しばしばアルノー家の「原罪」と呼ばれる論を張るフランス屈指のこの名家と交戦することになった。アルノーは敵意を烈火のごとく露わにしてイエズス会士を、神聖同盟の創設者、スペインの手先、オランィェ公ヴィレム一世（Willem I 一五三三—八四年）〔オランダ連邦共和国の事実上の初代君主〕暗殺の共謀者として激しく非難した。だがそれは抗議の声を惹き起こすことにもなった。司教、貴族、町の行政機関がこの弁護人に盛んに応酬したのである。パリの高等法院は判決を保留にした。

しかし高等法院は長く躊躇することはなかった。六か月後、突然の出来事がパリを震撼させ、イエズス会の敵対者に幸運の糸口を与えた。一五九四年一二月二七日、気が触れた法学生のジャン・シャステル（Jean Chastel 一五七五—九四年）が国王暗殺未遂事件を起こしたのである。シャステルがかつてクレルモン学院の哲学の講義に出席していたことが調査により暴かれた。これだけで十分であった。シャステルが拷問に遭いながらも共犯者はないと主張したにもかかわらず、哲学教授のジャン・ジェレ（Jean Géret 一五五九—九五年）は牢に放り込まれた。クレルモン学院は捜索を受けた。図書館員のジャン・ギニャール（Jean Guignard 一五九五年没）の部屋で暴君殺害を論じる書物と神聖同盟を支持する書物が発見された。あわただしく公平性を欠く審議のうちに、法廷は不運なギニャールを火刑柱に送り、一五九五年一月七日に彼は炎の中で死んだ。高等法院はイエズス会に即座にパリを立ち退くよう命じた。

しかし、このひどい打撃がフランスにおけるイエズス会の存続の命脈を断ち切ったわけで

ジャン・ギニャールの火刑

はなかった。ボルドーとトゥールーズの高等法院はパリでとられた行動に倣わなかった。そのためいくつかのイエズス会の学校は仕事を続けた。個々の学校の運命は、宗教戦争の趨勢に左右された。リヨン、ディジョン、ピュイ＝アン＝ヴレの学校はかなり苦しめられた。ボルドーの学校は一五八九年に閉鎖した。ポンタ＝ムーソン大学は学生数の急激な落ち込みに悩んだ。しかし他方、ブールジュやヌヴェールの学校は順調に発展し、一五九三年に神父たちはロデースでカリキュラムに哲学を加え、ビヨンでは神学を加えた。いくつかの新しい学院を開設しもした。一五九二年にペリグー、一五九三年にオーシュにできたのがそれである。

パリではイエズス会士が国外追放から戻ることができるまで八年かかった。この年月の終わりに、イエズス会に対する国王の態度に劇的な変化が起こり、敵意は情のこもった友情に取って代わった。アクアヴィヴァは国王の性格を正しく見て取っていた。真理の光が与えられるなら、アンリ国王は、その雅量と公正さで事の成り行きを反転させるであろう。このように考えつつ彼は、反イエズス会陣営によって国王の上に置かれた不信の軛から王を解き放つことに忍耐強く取り組んだ。アクアヴィヴァはパリ高等法院の追放命令の影響を受けていない管区のイエズス会士に、国王に対する忠誠の模範として振舞うよう指示した。ジャック・シルモン（Jacques Sirmond 一五五九—一六五一年）、フランシスコ・デ・トレド、アントニオ・ポッセヴィーノを含む数人のよく知られたイエズス会士が、アンリ国王に対する破門宣告を解くことを教皇に願い出た。クレルモン学院の学長であったアレクサンドル・ジョルジュ（Alexandre Georges）は、教王クレメンス八世との謁見で、クレメンス（慈悲深い）という教皇の名に訴えて、「フランスの王に慈悲深い手を差し伸べるよう」に願った。魅力に溢れた人柄のルイ・リシュオム神父は『フランスとナヴァールの最もキリスト教的な国王アンリ四世に宛てた、イエズス会修道士のいとささやかな諫言と要望』（*Tres-humble Remonstrance et requeste des religieux de la Compagnie de Jesus, Au Tres-Chrestien Roy de France et de Navarre, Henry IV, 1598*）という労作を著した。

　教皇クレメンスはフランスの悲しむべき宗教的現状から意を決して、追放されたイエズス会士の再入国に向けて動いた。教皇はこれを破門宣告の取り消しの条件にしようとまで考えた。しかしアクアヴィヴァは——彼の個性なのだが——カトリック全体を広く見渡して、アンリ四世の教会への服従はフランス国内の平和を保証するものであり、それが数日でも遅れるのならイエズス会が二度とパリに戻らない方がましだ、と教皇に告げた。クレメンス教皇

ピエール・コトン

は一五九五年九月一七日にアンリ国王を赦免した。一年半後の一五九七年一月二〇日に、教皇はイエズス会士の再入国を許すよう正式に要請した。だが、アンリ国王は、イエズス会士はスペインの回し者であり国王に対する反逆の誘発者である、という深い疑念をなおも抱いていた。クレメンス教皇は、特使のオラツィオ・デル・モンテ（Orazio del Monte）を通じて事を推し進めた。聡明なロレンツォ・マッジョがこれに同伴した。アンリ国王は一五九九年九月に二人の訪問者を迎え、その訴えに心底感銘を受け、それまでほどは強硬な態度をとらなくなった。その後、躊躇と疑いの最後の痕跡は、当代のイエズス会士きっての好人物ピエール・コトン（Pierre Coton 一五六四―一六二六年）によって払拭された。マッジョは国王と対話をするようコトンに命じたが、これが大きな成果をもたらすことになった。コトンは、優しく愛敬のある人柄、魅力的で洗練された立居振舞、明敏な頭脳の人で、すでにドーフィネとラングドックの信仰を説教の力で活気づけた実績があった。五月二九日、アンリ国王は、コトンともう一人のフランス人イエズス会士、イニャス・アルマン（Ignace Armand 一五六二―一六三八年）をフォンテーヌブロー〔パリ郊外にある国王の宮殿の一つ〕に迎えた。三人は城の回廊を散策し、寛いで談笑した。国王がコトンに説教するよう依頼し、その説教はこのイエズス会士をアンリ国王の終生の友とした。「このようなことは」聞いたことがない、と国王は感想を述べた。イエズス会の申し立ては通った。(19)

二人のイエズス会士は国王と共に、一五九四年の法令を無効にする条文を苦労して作り上げた。アンリ国王は徹底した政治的現実主義者で、ガリカニストの感情を踏みにじることの危険を知っていた。そこで条文には、帰国するイエズス会士が国王に忠誠の誓いをすること、秘跡の授与に特定の制約を課すことを盛り込んだ。一六〇三年九月一日、国王はルーアン勅令の名で知られる、イエズス会の復帰に関する勅令を発布した。

輝かしい未来の到来を約束する、明るい夜明けがイエズス会に訪れた。勅令発布後の五か月間に、三二の町がイエズス会の学院設立を要請した。国王は申し入れをした町の中からいくつかを選び、ほどなくして一八の新しい学院が整備された。それは、北はカンとルーアンから南はカオールとエクスまで、東はトロワから西はレンヌに及んだ。しかし国王は持ち前の判断力でガリカニストとパリ高等法院の力を見て取り、クレルモン学院の開設は許可しなかった。こうした学校のうち、アンリ国王はアンジェ近郊のラ・フレーシュに開設した学校に目をかけていた。国王は優美で雅なシャトーヌフに学校を創設、これを「世界一美しい学校」だと思った。一六〇四年一月の開設の後一年以内に、千人を超える学生が入学した。初期の卒業生のうち最も有名なのが、ルネ・デカルト（René Descartes 一五九六―一六五〇年）である。

イエズス会は急速に発展した。一六〇五年に二つの新しい修練院が、リヨンとルーアンに開設された。一六〇八年には、トゥールーズ新管区を含めたフランスのアシスタンシー〔地域ごとの管区連合〕が創設された。一六一〇年には四五の共同体に一三〇〇名の会員がいた。国王は満悦し、「汝たちには全く感服している」とイエズス会士に語った。

カトリック貴族たちが王国内のユグノーの武力の存在を忘れることができなかったのと同様、イエズス会の著作家や説教者はカルヴィニズムの神学を奉ずる小集団のことが念頭から離れなかった。その結果、彼らの使徒職は大いに論争的な性格をもつようになった。ジャン・ゴントリ（Jean Gontery 一五六二―一六一六年）が『宗教上の争いを終わらせる真の方法』（*La vraye procedure pour terminer le différent en matiere de Religion*, 1607）を、ギヨーム・ベイル（Guillaume Bayle 一五五七―一六二〇年）が『教理問答および今日の論争の要約』（*Catéchisme ou abrégédes controverses de notre teypus, tauchant la religion catholigues*, 1607）を、ルイ・リシュオムが『ユグノー派の偶像崇拝』（*L'idolatrie huguenote*, 1608）をそれぞれに著したのは、時下の精神的危機に対する応答のためだった。このような論争的な著作は膨大な数に上る。一五九二年だけでもリヨンの神父たちは、一四〇ものカトリックを宣伝する書物や小冊子を発行している。一五九八年に「ユグノーの教皇」と呼ばれるフィリップ・デュ・プレシー＝モルネー

(Philippe du Plessis-Mornay 一五四九―一六二三年）が、聖体に関する著作を出版すると、ジャン・ド・ボルド（Jean de Bordes 一五六〇―一六二〇年）、フロントン・デュ・デュク（Fronton du Duc; Fronto Ducaeus 一五五八―一六二四年）、ルイ・リシュオムをはじめとするイエズス会士から激しい口調での反応があった。

イエズス会の説教者を一番悩ませていたのは、田舎の農民に見られる信仰に関する驚くべき無知であった。カルヴィニズムへの転向は彼らの無知のせいもあった。イエズス会士たちは組になって、おもに南部で村から村へと移動した。彼らの活動の記録は、いつものテーマに刻印されている。つまり、信仰の基本的な真理を教えること、迷信を正すこと、カトリック的生活への熱意に再び火をつけること、秘跡を受けるために回帰する群衆を迎え入れること。人知れず勤勉に働くこうした宣教組から、会でフランス最初の殉教者が出た。一五九三年二月、ジャック・サレス（Jacques Salès 一五五六―九三年）とギヨーム・ソルトムッシュ助修士（Guillaume Saultemouche 一五五七頃―九三年）がユグノー派の者に捕えられ、最後まで揺らぐことなく聖体におけるキリストの現存の真理を主張しつつ、惨殺された。

エモン・オージェによって確実に基礎を据えられた、説教活動で卓越した者となるという伝統は、ピエール・コトンばかりでなく、ジャン・ゴントリとガスパール・ド・セギラン（Gaspard de Séguiran）にしかるべく引き継がれた。ゴントリは精力的でいかめしく厳格で、アンリ四世は、ゴントリの天国よりコトンの地獄の方が自分は好きだと微笑みながら言ったものだった。ド・セギランは教養のある洗練された人物で、スコラ学の諸概念に人間味を付け足すことに長《た》けていた。イエズス会の説教者は、カルヴィニストとの公開討論という独自の策をかなり頻繁に用いた。例えばジャン・ブロサール（Jean Brossard）とアンベール・ボエ（Imbert Boët）が参加した、真の教会を論題とする、メイスでの三日にわたる会合はその一つである。[20]

神学論争の陰鬱で重苦しかった地に、敬虔と神秘体験を重視する、新しい霊性の澄みわたる最初の風がさわやかに吹き抜けた。イエズス会士は、この宗教上のルネサンスに霊的指導と霊的著作という二つの仕方で加わった。アンリ・ブレモン（Henri Bremond 一八六五―一九三三年）は、フランスの一七世紀前半の霊性面の偉業の背後に、女性のインスピレーションがあると感じていた。[21] いくつかの新しい女子修道会が現れ、それらはしばしばイエズス会士を賢明で有為な相談役としていた。ジャン＝アントワーヌ・ド・ヴィラール（Jean-Antoine de Villars）とジャン・ジャンティ（Jean Gentil）は、アンヌ・ド・クザントンジュ（Anne de Xainctonge 一五六七―一六二一年）がドールで創設した†7ウルスラ会の采配に関して彼女に助言した。ド・ヴィラールはまた、ジャンヌ・フレミオ・ド・シャンタル（Jean Frémiot de Chantal 一五七二―一六四一年）を真の召命へと導き、それはフランソワ・ド・サルとの協働と聖母訪問会†8の創立として開花した。アヴィニョンにあるイエズス会の学院のピエール・ペケ（Pierre Péquet）は間接的にウルスラ会員を助けている。というのは、彼は熱意に満ちたプロヴァンス人教区司祭セザール・ド・ビュス（César de Bus 一五四四―一六〇七年）に素晴らしい養成を施し、このド・ビュスがウルスラ会員の教育の使徒職を南仏全域に広めたからである。ボルドーのジャン・ド・ボルドは、ジャンヌ・ド・レストナック（Jeanne de Lestonnac 一五五六―一六四〇年）が、イエズス会の仕事を補うため、現在ナミュール・ノートルダム修道女会[†9]として知られるマリア会を設立するのを助けた。パリでは、ピエール・コトン、ジャン・ゴントリ、シャルル・ド・ラ・トゥール（Charles de La Tour）の三人のイエズス会士が、マドレーヌ・ド・サント＝ブーヴ（Madelaine de Sainte-Beuve 一六三〇年没）が、一六〇七年に、若い女性たちを霊的に養成しつつウルスラ会の規則に従って一つの団体へと組織化する手助けをした。後にコトンは、フランソワーズ・ド・ベルモン（Françoise de Bermond）がプロヴァンスで始めた他のウルスラ会の集団のために、彼女がパリで施設を開設するのを援助している。

　フランソワ・ド・サルの魅力に刻印される、敬虔的ヒューマニズムとして知られる運動の中で、ルイ・リシュオム、ピエール・コトン、エティエンヌ・ビネ（Etienne Binet 一五六九―一六三九年）が新たな道を開いた。リシュオムは、喜びをその基調とするいきいきした想像力をもって人生における善美なる事柄を前面に据えながら、その著作の中に彼自身の魅力的で愛すべき性格を描き出している。コトンは、フランソワ・ド・サルの『信心生活入門』に様々な意味で比肩しうる、『信心における霊魂の内的専心』（*Intérieure occupation d'une âme dévote*,

1608）という著作で、祈り、射禱、短い黙想を集め、まとめ上げた。それは、楽観的で力強い愛のうちでの神への自己奉献という考えに従って展開されている。コトンは「こうした祈りの旋律をかき消す他の耳障りな音を許してはならない」といった警句に満ちたこの著作で、フランス宮廷のたくさんの人の内面生活を形成した。(22) ビネは『病人と苦しむ者の慰めと新しい生命』（*Consolation et rejouissance pour les malades et personnes affligées*, 1616）、また修道会の長上向けの『よりよい霊的指導――厳格か寛容か』（*Quel est le meilleur gouvernement, le rigoureux ou le doux? Pour les superieurs de religion*, 1637）のような広く流布した著作で、こうした信仰熱心な環境形成に大いに貢献した。

フランスのイエズス会士たちの仕事は順調で自信に溢れていたが、一六一〇年五月一四日に突然の打撃をこうむった。この日、フランソワ・ラヴァイヤック（François Ravaillac 一五七八―一六一〇年）という精神を病んだ者が、パリの路上でアンリ四世を暗殺したのである。歴代のフランス国王の中でも最も愛されたこの国王とイエズス会士の七年間の心からの友情は、悲劇的な結末を迎えた。最後の書簡の中で彼は、「わが学院、ラ・フレーシュ」という愛用の言い回しを用いつつ、自分の心臓がそこに葬られることを望んでいた。

国王殺害は、イエズス会の敵対者にとって進撃の合図となった。彼らはラヴァイヤックの非道な所業とイエズス会とを関連づけようとした。それは失敗したが、フランス国外のイエズス会士たちは心ならずも自らの著作によって、攻囲されている自分たちの同胞に突きつけ

られたガリカニストらの槍に鋼の先端をつけるはめになった。一六一〇年六月、高等法院はファン・デ・マリアナの『王と王の教育について』を正式に焚書処分にした。前に述べたように、暴君殺害についてのマリアナの一節は、スペインではほとんど波紋を起こさなかったが、フランスでは大嵐を惹き起こした。早くも一五九九年にリシュオムは、この箇所に潜むフランスのイエズス会にとっての危険性をアクアヴィヴァに進言した。アクアヴィヴァは攻撃的な部分を訂正するよう命じ、一六一〇年七月、正式にきわめて明確な表現で、イエズス会は王の殺害に全く関係をもたないことを宣言した。しかし打撃を被ることは回避できず、反イエズス会陣営は幾世代にもわたり、これを格好の材料として思うままに使った。同年、

ロベルト・ベラルミーノ

ロベルト・ベラルミーノは、ウィリアム・バークリ（William Barclay 一六八五—一七五三年）の王権神授説[†10]擁護への反論として、『世俗の事柄における教皇の権限について』（*De potestate Summi Pontifcis in rebus temporalibus*）を出版した。それは、世俗の事柄に関して教皇が君主に対し間接的に権力を行使できる、とする、教皇の主張を擁護している。国王の教会支配を認める立場の人々は激怒し、高等法院はベラルミーノの学説に関する譴責決議を下した。ある者は興奮して

次のように記している。「フランスよ、お前の子供たちの心に、力強く休みなく警鐘を打ち鳴らす時がきた……」(23)。

こうした感情的な雲行きの中、パリのイエズス会士は大失態を演じた。アンリ国王が亡くなるや否や、彼の政治的な知略に反して、イエズス会びいきの皇太后マリー・ド・メディシス（Marie de Médicis 一五七三―一六四二年）にクレルモン学院の授業の再開を訴えたのである。彼女は一六一〇年八月に、希望通りの許可状を交付した。イエズス会士は再び、王家の命を高等法院から発布させるという、長く苛立たしい仕事に着手した。

高等法院は一六一一年一二月二二日に裁定を下した。判事たちは、特許状の登録を延期し、イエズス会士たちが教えることをあからさまに禁じたばかりか、法廷に出頭し自らの教説をソルボンヌの教理に一致させる旨の宣言書に署名することをイエズス会士に命じた。その後、彼らはねじをさらにきつく締め上げた。ソルボンヌの掲げる教理についての自らの理解をはっきりさせ、イエズス会に強く反発していた法務次官ルイ・セルヴァン（Louis Servin 一五五五―一六二七年）に入れ知恵されて、イエズス会に以下のことを要求した。神の下でフランス国王には俗事に関して指図する者がいないと是認すること、地上のいかなる権力も、教会の公会議さえも、国王の臣下を国王への忠誠の誓いから解く力を持つことを否定すること、最後に、ガリア教会〔フランスのカトリック〕の権利と自由を口頭でも書面でも支持することである。事は袋小路に突き当たったかに見えた。パリの司法当局はイエズス会士に、イエズス会の最も偉大な学者たち、とりわけベラルミーノの教皇権についての教説を公に退け、ガリア教会の自由の名目のもとに、聖座には容認できない原則を認めるよう命じた。その後、次々と新たな展開があり、イエズス会士は悪い状況から抜け出ることができた。高等法院の足並みが乱れたのである。判事たちが一人残らずガリカニズムを熱心に信奉していたわけではなく、中には子弟をイエズス会の学校に通わせる者さえもいた。また、ソルボンヌの学者たちも全員がベラルミーノ排斥に賛同していたわけではなかった。アンドレ・デュヴァル（André Duval 一五六四―一六三八年）やニコラ・イザンベール（Nicolas Ysambert 一五六五／六九―一六四二年）のような人は、ローマに共鳴する態度を示していたからである。しばらくすると教皇特使ロベルト・ウバルディーニ（Roberto Ubaldini 一五七八―一六三五年）がその重職から高等法院の命令を緩めた。

これらの要因から、次の二点でずいぶん緩和された文言ができた。第一は、セルヴァンによって具体的に書き込まれた四項目が取り消されたことであり、第二は、「ガリカンの自由」という言葉に、ローマがこれを黙認してきたことを暗示する「この王国で常に古来より保持され認められてきた」という語句をつけ加えたことである。一六一二年二月二二日、管区長であるクリストフ・バルタザール（Christophe Baltazar）と、フロントン・デュ・デュク、ジャック・シルモン他が登録所に赴き、国王の神聖性、王の権威の支持、「この王国で常に古来より保持され認められてきた」ガリアの教会の自由に関連することについても、ソルボンヌの見解に従うことを宣言した。アクアヴィヴァはこのように細かな語句のつけ足しで問題回避をしたことに強い不快感を示し、教皇は管区長の行動にひどく失望しており、このような文書に署名するならクレルモン学院を閉鎖した方がましだと言いつつ、管区長を厳しく譴責した。(24)

イエズス会士にとって、フランスほど自らの市民社会における立場を明確に吟味することを強いられたところはどこにもなかった。そしてこうした圧力のもと、多くの者がベラルミーノの理論、すなわち俗事に対する間接的教皇権行使の理論から離れ去った。彼らはフランス人として自らの国王に対する忠誠を感じていたが、イエズス会士としては自らの修道会の教皇に対する特別な結びつきを忘れることはできなかった。これらの義務が一緒になって彼らの意識にすさまじい緊張を与えていた。アンリ四世暗殺後の混乱の最中、イエズス会の敵対者が会を王への不忠の咎で告発すると、コトンはこれに抗うべく、イエズス会士は以下の四項目からなる声明文に血判を押す用意があると述べた。王権が任意の者に偶然に与えられると信じるのは異端である。フランス国王は教会の長子であり、地上の他の王の地位を超える稀な卓越した特権を授けられている。(国王に対する)従順を拒むことは違法である。国王に反抗する者は破滅を招く。ベラルミーノとスアレスに明白に異論を唱えるようなことをコトンは何も表明しなかったが、その言葉には後世のボシュエ(Jacques Bénigne Bossuet 一六二七―一七〇四年)〔王権神授説を提唱した〕の言明を思わせる響きがある。

こうした考えは著述の中に現れただけではなかった。パリのイエズス会士たちは教皇が間接的に世俗権力に関与するという主題を議論し合い、アクアヴィヴァは彼らが以下の所説を表明するという報告書を受け取った。教皇権のこの側面についてのベラルミーノの学説は教義の本質ではないこととの確信。イエズス会士が信仰の問題としてこの学説を支持することへの困惑。イングランドのカトリック教徒が、異端の司法官からこの教説の否定以外には問題のない誓いをなすよう提案されることがあれば、それを拒むべきではないという信念。こうした宣誓を断ったために死に追いやられた同地のカトリック教徒は殉教者ではなく、信仰のために死んだとは言えないという確信。一六一〇年一二月、アクアヴィヴァは管区長と荘厳誓願者の住居の長上、またコトンに対して、この種の問題を論議することについて厳しい訓戒を書き送った。

懲らしめを受けた者たちに、心配事がそれだけでは十分でないとでもいうかのように、またもや国外の会員の一人が、フランスのイエズス会士に対する悪感情の爆発を引き起こした。今回は穏健なフランシスコ・スアレスが原因となった。一六一四年にスアレスは、イングランドのジェームズ一世（James I 一五六六―一六二五年、イングランド王在位一六〇三―没年、スコットランド王ジェームズ六世〔James VI〕在位一五六七―没年）に対する忠誠の誓いに異議を唱えるために『カトリック信仰の擁護』（*Defensio Fidei*）を出版した。この本は国王の教会支配を認める立場の人々の神経を逆なでし、新たな嵐がイエズス会に吹き荒れた。高等法院はこの書物を焚書に処するよう命じた。パリの長上は度を失い、スペインとイタリアの管区長たちに直接次のように書き送った。「あなた方の管区で、これに類する書物について以後の出版を断じて禁じて下さるよう希望します」[25]。

悲劇の核心は、フランスのイエズス会士が俗事における教皇権の間接的行使というベラルミーノの理論を問うたのが、教会―国家間の関係に関する神学の発展から見て時代に先んじていたことにあった。一六一〇年と一六一二年のアクアヴィヴァの譴責により、彼らは教会の不忠の子と見なされたが、その実彼らは、後に神学者たちが綿密に調べて覆いをとった真理の側にいたのであった。

先行する思想家たちを優れた形で解釈し総合したベラルミーノは、教皇が教皇として直接かつ無媒介的にいかなる俗権も教皇領以外にはもっていないとする一方で、教皇はその霊的権能により、霊的価値が問われている場合には俗事における間接的権力をもっている、と説いた。この間接的権力をベラルミーノは、異端の支配者を退位させる世俗的方策へと、実践的な面で範囲を広げた。現代の多くの神学者は、こうした俗事的手段の使用に関するベラルミーノの結論が、教会の権力はそれ自体としてただ一つであり、それはただ霊的なものであるという彼の前提と両立しうるかを問題にし、支配者の退位のような政治的問題への介入がこの唯一で霊的な権力の延長として見なされうるかどうかを疑問視している。ベラルミーノに対して提起された問題は、教会が自らと信仰を守る権利問題でもなく、倫理的案件に向き合う教会の権利問題でもなければ、世俗権力が何らかの仕方で秩序を導き正す際の権利問題でもない。それはむしろ、これらの権利の行使の問題であった。不正な支配者の退位といった世俗的秩序の手続きや手順を教会が掌握し使用することの是非なのである。現代の神学者の中には、教会の権力は純粋に霊的であるという見解の一貫性を守るために、教会の世俗的手順の不採用を要求する者が少なくない。現代のフランスのイエズス会士アンリ・ド・リュバック（Henri de Lubac 一八九六―一九九一年）は、ベラルミーノの間接的権力の中に「論理を欠いた」ものを認め、これを「まがいものの妥協」と評している[26]。

ベラルミーノの難点は、他の多くの者たちと同様に、キリスト教界（res publica christiana）という単一社会である中世世界が過ぎ去ったこと、そして教皇権が秩序と正義を守るために一時的手段として介入しなければならなかった若く未熟な中世の政治世界が国民国家へと成熟したことを悟るのに失敗したことにあった。不正な支配者を退位させる教会の権利を論じる中で、ベラルミーノは中世に支配的であった歴史的状況の文脈内で思考して、相対的で一時的なことを絶対的なところにまで持ち上げるという過ちを犯した。彼は、過ぎ去ってゆく国家秩序の細部に永遠性を付与した。彼が気づかなかったのは、国民国家が成熟した大人の意識へと達しつつあること、またそれが自らの行動を正して方向づける国家固有の社会制度を自覚し、教会に対して教会がかつて行使した世俗への介入、わけても不正な支配者に手を下すことを拒んでいるということであった。

結果から見れば、フランスのイエズス会士は、こうした現代の神学者たちが説くところを実践しようと試みていたのである。諸々の出来事による圧力を通して、彼らはヨーロッパの政治的発展における新しい時代が、成熟しようとする国民国家の登場として夜明けを迎えていることを感じ取っていた。固有の目的と権利を備えるものとして彼らは国家を論じ尽くしたのではなかった。たしかに、それはいまだに十分に考え尽くされてはいない。しかし自分たちを苦しめる特殊な状態に直面して彼らは、歴史の展開における特定の時代の条件下にある事実の一時的性格をより深く理解した後世の神学者の結論を、すなわち教皇は不正な支配者を退位させるような俗権を有していないということを、実践面で先取りしたのである。彼らは教皇権という聖職者政治の観念に染まった思潮と教会―国家関係についての限定的な神学理論との調和から抜け出た、新時代の先駆者であった。だが彼らは苦しむことで代償を払った。その後何年にもわたり、彼らの苦境は同じ状態のままだった。

しかし、ベラルミーノと正反対であったフランスのイエズス会士の立場が、このイタリア人のイエズス会神学者の真の業績を帳消しにすることは不可能である。ベラルミーノは二つの点で、聖俗関係に関する思想上、偉大な貢献を果たした。第一に霊的権力と世俗的権力の二つを区別したこと、第二に霊的権力の首位性と俗権の従属を明快な言葉で擁護したことである。前者により、彼は過大視された聖職者政治の観念についての誤解を取り除き、後者により、人間の霊的自由の名のもとでイングランドのジェームズ一世が主張する絶対王政に挑んだ。フランスのイエズス会士はこうした一般原則について議論はしなかった。しかし彼らがまさに抗議したのは、教皇権についてのベラルミーノの実践上の結論である。そしてそのために彼らはとがめを受けたのだった。

ベラルミーノとの意見の相違によって、アンリ四世の死によって解き放たれた敵対勢力からフランスのイエズス会士が放免されたわけではなかった。政治的敵意の暗雲が彼らの上に垂れ込めていた。しかし、暗闇だけではなかった。陽光が雲間にしばしば差し込んだ。リシュオムは説得力に富むイエズス会弁護の書『イエズス会士を弁明して嘆く』（一六一五年）を出版し、コトンは数多のパンフレットと『イエズス会士の団体に関する声明』（一六一五年）[27]で同様に会を弁護した。一六一四年に召集された三部会では、国中から多くの報告書がイエズス会を雄弁に賛美していた。イエズス会士は、数多くの友人を反対者に対抗させることに成功した。

ドイツと中欧

神聖ローマ帝国とオーストリア・ハプスブルク家の領土内で、イエズス会士は彼らの学校によって、レオポルト・フォン・ランケ（Leopold von Ranke 一七九五―一八八六年）〔ドイツの実証主義歴史家〕によれば、世界史に類のない運動を創出した。進取の気概、成長、前進が、この時代のイエズス会の学問、説教、要理教育といった司牧職のすべてに見られる特徴であった。[28]

アクアヴィヴァの総長就任時、七〇〇人のイエズス会士が一九の学院の責任を担っていた。彼の没年には、イエズス会士の人数はほとんど一七〇〇人に達し、学院は倍以上になっていた。学校の在学生は非常に多かった。一五八二年にケルンの学院には千人の学生がおり、一五九〇年のウィーンでも同数であり、一六〇四年のディリンゲンには七〇〇人の学生がいた。ミュンヘンでは学生数は一五八七年の六〇〇人から一七年後には九〇〇人に増え、ヴュルツブルクでは一五九〇年の七〇〇人から一四年後には一〇七〇人に増えた。[29]

学校生活の豊かさは演劇の場で色彩も豊かに表出され続けた。形式と技術面はますます多様性をもって発達した。コーラスとアリアが増えた。書割りは、静かな湖水、絶えず動く海原、満天の星、美しい風景、建造物、銃眼つき胸壁《きょうへき》など、より凝ったものとなった。火薬、照明、役者を浮遊させる仕掛けはより洗練された。高度な練習を積んだオーケストラも伴っていた。一六四三年、ミュンヘンにおける『テオフィルス』(*Theophilus*)の上演では、三二の小曲をオーケストラが奏でた。また、一五九七年のミュンヘンでの公演が好例だが、劇にはしばしば、学校演劇の枠を超える想像力の広がりと大胆さがあった。同年同地でイエズス会の壮麗な聖ミカエル教会が献堂されたが、それを祝って学生たちは『聖ミカエルの勝利』を上演した。大迫力の九〇〇名のコーラスが響きわたり、三〇〇を数える悪魔が地獄の炎に

投げ込まれるという興奮の場面で幕を閉じた。(30)

学校は勉学に適した環境を提供し、それはイエズス会士が神聖ローマ帝国の学問・文化に貢献することを助けた。学校演劇の作者として名を馳せた偉大な教師かつ文献学者であったティロルの人マテウス・ラーダー（Mathäus Rader 一五六一―一六三四年）、その関心がギリシア語文法から考古学にわたる秀逸な著作家かつ学者であったシュヴァーベンの人ヤーコプ・グレッツァー（Jakob Gretser 一五六二―一六二五年）、バイエルンの人ゲオルク・マイル（Georg Mayr 一五六四―一六二三年）は広く尊敬を集めたギリシア研究者であり、ボヘミアの人ヤーコプ・シュパンミュラー（ポンタヌス。Jakob Spanmüller; Pontanus 一五四二―一六二六年）は優

ヤーコプ・グレッツァー

ヤーコプ・シュパンミュラー（ポンタヌス）

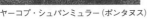

グレゴリオ・デ・バレンシア

れたラテン語教科書シリーズで多大な影響を及ぼした古典学者であった。彼らはいずれもイエズス会の学院の枠組みの中にふさわしい活躍の場を得ていた。

知的な使徒職の重視は、ドイツまた中欧では長らく顧みられなかったスコラ神学の栄誉ある地位の回復への道を開いた。スペイン人のグレゴリオ・デ・バレンシアとロドリゴ・デ・アリアガ（Rodrigo de Arriaga 一五九二―一六六七年）、オランダ人のマルティン・ファン・デル・ベーク（ベカヌス。Martin van der Beeck; Becanus 一五九三―一六二四年）という、ドイツ人ではない三人が、ドイツの高等学問を他国の知的動向と接触させた。グレゴリオ・デ・バレンシアは二四年間、ディリンゲンとインゴルシュタットで教え、プロテスタントと論争し続けた。彼の哲学・神学著作には、秩序と明晰な方法への熱意が現れている。アリアガはプラハで講義し、トマス・アクィナスの『神学大全』（*Summa Theologiae*）の注解を編んだ。〔公正で多才なベカヌスは『スコラ神学大全』（*Theologiae Scholasticae Summa*, 1612-1620）の著者であり、グレゴリオ・デ・バレンシアと共に、教会の権威についての神学論争の方法論的・学問的基礎を築くことに多大な貢献をした。ドイツ人のイエズス会士たちはその師からよく学び、グレゴリオ・デ・バレンシアの高弟アダム・タンナー（Adam Tanner 一五七二―一六三二年）に顕著だが、それに見合うだけのカトリック教会擁護論を展開した。

学校という枠組みは帝国のイエズス会士を近隣の民衆から隔てなかった。説教や、要理教育に携わる司祭や神学生が村や集落に散らばっていった。彼らの報告書は町やその周辺の地理の教科書のようである。彼らはコブレンツを拠点にアンダーナハ、リンツ、モンタバウル、ハッヘンブルク、ラインブルクで説教し、ケルンを拠点にオーバーヴィンター、ツルピヒ、ノイスで説教した。そこでイエズス会士が出会った民衆の中には、四〇年から六〇年も秘跡を受けていない者もいた。要理教育の報告のうち典型的なものは、一五九〇年のハイリゲンシュタットの学院による年間記録で、一五の村で、日曜・祭日、四旬節の間には週二回、公教要理を教えたという記録がある。一五九四年にメルキオル・トリテス（Melchior Torites）は、イエズス会の会員が要理を教えるために四〇の村を訪れていると、フルダから報告している。[31]

領邦国家であるドイツ語圏では何かにつけ分裂の気風が支配的であったが、宗教の場合、それは激しい敵意を呼び起こしていた。完全に徹底的に相手を打ち負かそうとする願望が、不寛容で頑なな宣伝活動に拍車をかけた。一六世紀末、こうした文書には激しい言葉遣いが目立つようになっていた。イエズス会士は、プロテスタント側に対抗して文章を書いたが、ジギスムント・エルンヘッファー（Sigismund Ernhoeffer 一五九七年没）やコンラート・フェッター（Konrad Vetter 一五四八―一六二二年）にも、同時代人に見られる攻撃的な文言がないわけではなかった。アクアヴィヴァはこれを厳しく戒めた(32)。世紀の変わり目に、カトリックとプロテスタントの双方で、相手側の宗教への知的寛容の根拠を探る学者も現れた。重苦しい雲行きの中にあって、オーストリアで最初にこうした態度を示したカトリックの神学者は、マルティン・ベカヌスである。彼は一六〇八年に寛容論を理性的に評価する著作を出版した〔*Aphorismi Doctrinae Calvinistarum*〕。

一つの団体としてのイエズス会は、プロテスタント側から無視されるはずはなかった。彼らの思いには大きな幅があった。イエズス会士一人ひとりを、サタンの子であり地獄の使者と見るルカス・オシアンダー（Lukas Osiander 一五三四—一六〇四年）、イエズス会士の卓越した学識と教養と徳を認めたアンドレアス・ドゥディット（Andreas Dudith 一五三三—八九年）、そして健全な教育のためにイエズス会の学校に子弟を預けるプロテスタントの親たちの、声には出されない信頼。ヒルデスハイム、ウォルムス、エアフルト、ミュンスターのような新しくできた学院の中にはルター派が多い地域にあるものもあったが、学識と教養を備えた徳のあるイエズス会の教師の忍耐と勤勉と献身により、多くのプロテスタントはカトリックについて新しいイメージをもつようになった。改宗が起こった。イエズス会士はアウクスブルクでは一五九〇年から一六〇〇年の間に毎年二九人から五九人ほどを改宗させ、レーゲンスブルクでは一五九三年に四二人、一六〇一年には五二人、ウィーンでは一五七〇年から一六一〇年の間に七〇人から二一三人、一六一一年に三〇〇人ほど、一六一五年に五〇〇人を改宗させた。こうした記録は、驚くほど改宗者が多いことを示すものではないが、宗教を分断する壁が崩れないものではないということも示していた。(33)

アクアヴィヴァの没年には、ピエール・ファーブルがドイツでのただ一人のイエズス会士として活動した時期から七五年の歳月が流れていた。ファーヴルの後は、ほかならぬペトルス・カニシウスが、この長い期間に生じた重要な変化と関係している。彼は、一五四三年にイエズス会士ファーヴルの仲間になって以来、五人の総長のもとで、ドイツの土壌にイエズス会の使徒職の最初の若木が根を張り、森林へと順調に育つのを目にした。この喜ばしい成長は、この森林を育てた彼の忠実に多くを負っている。一五九七年一二月二一日、スイスのフリブールで、この愛すべき、毅然とした、幼子のような心の持ち主であるイエズス会の聖人は亡くなった。

ハンガリーでは、同時代の偉大な三人のペトルス――カニシウス、スカルガ、パーズマーニ（Péter Pázmány 一五七〇―一六三七年）――のうちの第三番目のペトルスが、故国を聖ステファノ（Stephanus）〔原始教会の七助祭の一人、キリスト教の最初の殉教者〕の信仰のために守った。ペトルス・パーズマーニは一五七〇年ナジワラドにプロテスタントとして生まれ、一三歳で改宗し、一七歳でイエズス会に入会した。彼はローマの論客の大御所ロベルト・ベラルミーノに師事した。危機感と熱意に漲るニトラ司教――後のエステルゴム大司教――フェレンツ・フォルガーチ（Ferenc Forgach 一六一六年没）は、驚くべき早さで名家が次々とカトリックから離れる絶望的な状況に直面し、パーズマーニに協力を頼んだ。このイエズス会士は一六〇一年にハンガリーで仕事を始め、すぐに時の人になった。彼の著書や説教は、多大な効果をもたらし、ハンガリー文学史上の金字塔となった。カルヴァン、フランソワ・ド・サル、パスカル（Blaise Pascal 一六二三―六二年）がある意味においてフランス語を形成したが、同様にパーズマーニはハンガリーの哲学・神学用語の創出者であった。彼はドイツとフランスのプロテスタントが日常語を使うことを通して成功したことに留意しながら、自分の国でも同様にした。より直接的世に影響を及ぼした彼の仕事は大貴族に対してなされたもので、彼はそのうちの三〇以上の家門をカトリック教会に帰らせた。(34) 他のイエズス会士たちはトロワルツ、クルージュ、トルナヴァに開設した学院によって仕事に取りかかり、パーズマーニの働きを支えた。プロテスタントの潮に飲み込まれたかのように見えたヨーロッパに、いま一つの地域が干拓された。

ポーランド

二つの名前が、ポーランドにおけるイエズス会の運命の二つの側面を映し出している。イエズス会の内的な原動力となったピョートル・スカルガと、王家の好意を示したジグムント三世（Zygmunt III 一五六六―一六三二年、在位一五八七―没年）である。両人は、イエズス会が繁栄し続ける環境を整えることに腐心し、その結果、一五九九年にアクアヴィヴァは一一の学院、二つの修練院、四三二人の人員から成るポーランド管区からルテニア準管区を創出し、一〇年とたたないうちにこれを管区にした。

イエズス会士はポーランドの民衆説教に手ごたえを感じた。精力的なスカルガに歩を合わせて、イエズス会の司祭たちは、国の中心地域から国境の州に至るまで、幾千もの人々に語りかけた。イエズス会士の説教を聞くことは当時の流行ともなり、プロテスタント住民でさえ時代遅れにならないように気を配っていた。この徹底した説教活動は、文化面で際立った成果をいくつかもたらした。説教者たちはルテニアとリトとリトアニアの言語の習得に配慮を怠らず、常に使用することでこれらの言語を生かし続け、特にリト語とリトアニア語に関しては、事実上それらが消滅する危機をかわした。(35) ポーランド語は、ヤクブ・ヴィエク（Jacób Wujek 一五四〇—九七年）の聖書翻訳から繊細な優雅さを、スカルガの『聖人たちの生涯』（*Żywoty świętych*, 1597）からいきいきした活力を受けた。後者は、同じくスカルガの『国会に対する説教』（*Kazania seimowe*, 1600）とともに、この国で最も広く読まれた本に数えられ、一八世紀の三分割時代に至るまで、ポーランド最高の文学的業績であり、特に一九世紀においては、文化と愛国心の鼓舞に計り知れないほどの影響をもたらしたものである。

国政の場では、国王ジグムント三世その人が、ポーランドにおけるイエズス会保護のシンボルとなった。だが、イエズス会士たちが憤りと非難の嵐にさらされた時期が短期間だがあった。非は彼らの方にあった。悶着はこの国の国政という微妙な領域に端を発していた。隣国ドイツとロシアの共通見解は、八世紀にわたる歴史からしてポーランド人は自前の統治技術を学んでいないというものだった。ポーランドの社会構造内では、対立する勢力がしばしば極度の緊張関係に至った。大地主たちは自国の「黄金の自由」を語るが——彼らは自国の制度を、君主制、貴族制、民主制の優れた点の統合だとうぬぼれていたが、しかしそのどれ一つとして真に理解していなかった——、実際にはそれは「薄く金箔をかぶせた」混沌にすぎなかった。君主制を強化することを狙った改革運動が展開し、イエズス会士は真の愛国者としてこれに提携した。地主階級は憤慨し、君主制支持の趨勢を打ち破るべく決起した。一六〇六年のニコライ・ゼブルジドフスキ(Nikolaj Zebrzydowski)の反乱は特に強力だった。敵意と怒りがイエズス会士に激しく降り注ぎ、政治の舞台からの早急な退却を余儀なくされた。嵐は急速に通り過ぎたが、イエズス会士は、先の見えない政争にあって一方のみを支持すること以上にポーランドにおける自分たちの将来を危険にさらすことはないという、尊い教訓を学んだ。

すべてのポーランド人同様、イエズス会士も東部国境の大国を意識せずにはいられなかった。また、教皇たちはモスクワという第三のローマが、第一のローマとの一致に入ることをしばしば夢見た。この時期にイエズス会士は東欧の諸国民をカトリック教会に導くための、三つの別々の営みに加わった。二度は失敗したが、一度は部分的に成功した。

第一の試みは一五八一年に行われた。すでにスウェーデンでの苦い経験でもまれていたアントニオ・ポッセヴィーノがイヴァン雷帝（Ivan IV 一五三〇―八四年、ロシア皇帝在位一五三三―没年）の宮廷へと派遣された。幾人かの教皇がロシアとの関係を打ち立てようとしたが、失敗していた。それゆえ、一五八一年二月にイヴァン四世の三人の使節がローマに現れた時の興奮は大変なものだった。ロシア皇帝は、ポーランドとの戦争の成果がはかばかしくないために、教皇による紛争調停を求め、西方に向けて自国の門戸を開くという魅力的な確約を申し出た。教皇グレゴリウス十三世は、古くからの障壁を突破し、聖座とロシアを結んで強力な対トルコ同盟の可能性を得ようと、この機会に飛びついた。教皇は使節を派遣することを決め、ポッセヴィーノをこの重大で厄介な責任に当てた。

一五八一年八月一二日、ポッセヴィーノは初めてイヴァン皇帝に拝謁した。その後交渉が始まったが、それは失敗する命運にあった。イヴァン皇帝はその厚情の影で、実はポーランド側の軍事的成功を阻止することのみを目的としており、それ以上のことには興味がなかった。教皇の立脚点は、あらゆる外交上の合意の真に確実な基礎としての宗教上の一致が必要であるということであり、それはポッセヴィーノがイヴァン皇帝に提出したフィレンツェ公会議[†11]の法令の写しに象徴されていた。だが、ロシアの立脚点は、まずはポーランドとの講和のための調停役を果たすようにという差し迫った要求であった。皇帝は譲らずに交渉を進め、その条件は厳しく、ポッセヴィーノは皇帝の意見を容れて、まず俗事の方から片づけることに同意した。

　その後、ポッセヴィーノはポーランド人と接触し、キヴェロヴァ・ホルカという国境の小さな村で、二つのスラヴ系の大民族間の向こう一〇年間の停戦を首尾よく取り決めた。だがポッセヴィーノがモスクワに戻ると、イヴァン皇帝は宗教問題に触れるのを避け出した。一五八二年二月二一日は、ポッセヴィーノにとって忘れられない日になった。この日、ポッセヴィーノは、教会一致問題という教皇から受けた使命の核心を前面に出し、イヴァン皇帝に相対した。イヴァン皇帝は猛烈な怒りを爆発させ敵意も露わにあざけりの言葉を吐いた。皇帝は、ずっと以前にそれでもって自分の息子を殺したことがある王笏を、このイエズス会士の頭上に振りかざした。その間中、ポッセヴィーノはこの恐ろしい皇帝に対して静かに落ち着きはらって佇んでいた。三月一四日に彼は、交渉権限をもたないロシア人使節を伴ってモスクワを出てローマに向かった。こうして、ローマ—モスクワ間の宗教上の合意という魅力的な到達点に向けてのポッセヴィーノの苦心は、単なる贈り物と外交辞令の交換に終わった。

　この外交はスウェーデンに影響を与え、ポッセヴィーノが一五八〇年に去った後この地に留まっていたイエズス会士の出国という事態を招いた。ロシア人とポーランド人の争いを処理するにあたり、ポッセヴィーノはスウェーデンがバルト海沿岸地域での事情の発展に強い関心をもっているという事実に直面せざるをえなかった。スウェーデン軍はエストニア、リヴォニア、インゲルマンランドの相当の部分を征服している。しかしポーランドはこの地域についての権利を主張した。ポッセヴィーノのポーランドの主張への共感表明は、スウェーデン国王ヤン三世の心をいっそう遠ざけることになった。スウェーデン宣教に明らかな損害を与えても、ポッセヴィーノにはポーランド側につくしかるべき理由があった。一つには、気まぐれなスウェーデン国王を説得してカトリック教会に対する積極的な姿勢をとらせる機会はありそうになかったからであり、一つには南バルト海沿岸地域でプロテスタントの勢力を押え込むことは、カトリックの北欧攻略の布石の一つであったからである。ヤン国王は自らの憤慨を見せつける機会を得た。一五八三年九月、カトリックであった王妃が逝去すると国王は、ストックホルムの王立学院と他の二校の教員から司祭を解雇するよう命じた。一五八四年の早春にイエズス会士はスウェーデンを離れた。同地での宣教は失敗したのである。

東欧に対するイエズス会の第二の事業は、ルテニア人の中の親カトリック運動を奨励することにあった。ルテニア人は、常にポーランドとロシアの間で翻弄されているスラヴ諸民族の中でも重要な一群だが、国の平衡を保つために重要な地域はガリツィアであった。同地はビザンツの祭儀と宗規の下にあったにもかかわらず、徐々にローマ向きになりつつあった。こうした心情を盛り上げることが、ピョートル・スカルガの主要な関心事の一つとなった。一五七七年にスカルガは、『神の教会の一致』（*O Jedności Kościoła Bożego*）という時宜を得た説得力のある本を出版した。本書で彼は、東方教会全体とカトリック教会の再統合という論題を取り上げずに、あえてポーランドとルテニアの地域に焦点を絞った。トルコ人の支配下にあるコンスタンティノープルの総主教〔ギリシア正教の最高位聖職者〕と相携えても、前世紀の衰退に帰因する彼らの悲しむべき状況からすることは決してできず、このことは教皇庁との連携によってのみ達成できる。スカルガはルテニア人に、華麗な綾織の衣装をまとった美しい女王・カトリック教会の内で、彼らの祭儀と典礼を守り続けることができると請け合った。スカルガはまたルテニア人に、彼らが東方教会とカトリック教会の再統合を議するフェラーラ・フィレンツェ公会議〔一四三七—四五年〕に参加していたという歴史的事実を想起させた。他のイエズス会士はスカルガを支えた。スタニスウァフ・ソコロフスキはローマとの統合を奨励する二冊の本を出版し、ヴィルニュスの司祭たちは、説教や指導により聖座に好意的な知的雰囲気を創り出した。実に、ルテニアの言論界がこれほど活発になったことはかつてないことだった。アントニオ・ポッセヴィーノは教皇グレゴリウス十三世を説得して、ヴィルニュスにルテニア人のための神学校を設立してもらい、ローマのギリシア学院と同じように、オロムツ、ブラウンスベルク、プラハのイエズス会学院で奨学金を支給してもらった。

ルテニア主教たちはついにローマとの合同を正式に要請し、一五九五年一二月二三日、教皇クレメンス八世は、ルテニア教会がローマ教会との一致のうちにある教会であると宣言した。翌年の一〇月、ブレストで行われた感動的な式典で、スカルガと他のイエズス会士が列席する中、ルテニアの主教たちが霊的な喜びに溢れて、両教会の合同の批准を厳かに宣言した。これが世に言うブレスト合同で、基本的にはフェラーラ・フィレンツェ公会議における合同の気運の、特定地区内での実現である。この合同はポーランド—ルテニア連合内のルテニア人を含めることになった[36]。だがこの記念すべき達成はまもなく弱まった。正教会に留まる決心をする人々が現れて、ルテニア人側に亀裂が走ったのである。前途には悲しむべき不和の日々が初まり、ルテニア人への憂慮でカトリック勢の喜びは完全なものにはなりえなかった。

イエズス会の第三の東欧攻略は再びロシアに向けられたものだったが、奇妙な結果に終わった。この新事業における中心人物は、ロシア皇位の正当な後継者であると主張していたドミートリー（Dimitri 一六〇六年没）という怪しげなロシア人であった。一五八四年にイヴァン四世が崩御すると、無政府状態が続き、七年後、ひどい混沌状態の最中に皇帝イヴァンの年若い息子ドミートリー（Dimitri Ivanovich 一五八二—九一年）が失踪した。イヴァン皇帝の没後およそ二〇年たった一六〇三年に、ボリス・ゴドゥノフ（Boris Godunov 在位一五九八—一六〇五年）がツァーリ〔ロシア皇帝〕であった時、自分が行方不明のドミートリーだと主張する一人の青年がポーランドに現れた。教皇使節クラウディオ・ランゴーニ（Claudio Rangoni）はこの人物を信用した。国王ジグムント三世は、この人物のロシア皇位に対する権利主張を支持することにした。ランゴーニは彼をイエズス会士カスパル・サヴィツキ（Kaspar Sawicki 一五四二—一六二〇年）に引き合わせた。ドミートリーはカトリックになる望みを表明し、一六〇四年四月一七日にサヴィツキはこのロシア人の信仰宣言を受け入れた。

ポーランド国王と教皇使節とイエズス会士の前にうっとりするようなすばらしい展望が開けた。それはつまり、ドミートリーをツァーリの座につけたら、彼の先導と鼓舞のもと、ロシアとカトリックとの合同がそれに続くというものだった。教皇クレメンス八世は慎重な反応を示したが、その後継者のパウルス五世はこれに夢中になった。ドミートリーはポーランドで兵を集め、ミコライ・ツィルツォフスキ(Mikolaj Czyrzowski)とサヴィツキの二人のイエズス会士を従軍司祭として伴って、ロシアに行軍した。彼の軍隊は勝利を収めながら突き進み、一六〇五年六月二〇日に、民衆に歓呼されてモスクワに入城した。ロシアとの一致は間近だと思われた。しかしその間にも、新支配者に対抗する政治的・宗教的な勢力がその勢いを増して迫っていた。カトリック教会の典礼・伝統と同一視される二人のイエズス会士の存在は、民衆を遠ざけがちであった。一六〇六年二月、ツィルツォフスキはドミートリーに、彼に対する陰謀が進行中だと警告した。一六〇六年五月二七日、暴動が勃発しドミートリーはクレムリン宮殿で暗殺された。サヴィツキにイエズス会の学院を開設する計画について話して間もなくのことだった。彼がイヴァン四世の息子でないのは確かで、おそらくは帝位にあったボリス・ゴドゥノフの敵対勢力の手先であった。ドミートリーは、ヴァティカンと霊的助言者かつ密偵かつ従軍司祭としてこの不思議な陰謀に加わったイエズス会士の途方もない希望を自らとともに葬った。全民衆の伝統的な信仰と教会への忠誠心をカトリックへと転向させるという企図は遠大であった。しかしそれは、一人の不確かな支配者の才覚という脆弱な基盤を持つのみであった。

この時期は耳障りな不協和音で幕を閉じた。一六一四年、会に腹を立てて復讐に燃えた元イエズス会士ヒエロニム・ザホロフスキ（Hieronim Zahorowski 一五八三頃―一六三四年）が、ラテン語タイトル『モニタ・セタレタ』として知られている『イエズス会の秘密の指令』（*Monita Secreta Societatis Jesu*）を出版した。ザホロフスキはこの著作で、イエズス会士が隠れた指令のもとでその悪事と策略を巡らせていることを暴露しているかのようであった。根も葉もない内容であることが早々に認められたにもかかわらず同書は、反イエズス会論の一種の原型として幾世紀もの間、故意に、あるいは故意にでなくともイエズス会を攻撃する大量の言説に方向づけを与えた。

低地帯諸国、イギリス、その他の国々

スペイン領ネーデルラントでは、一五七六年の戦争による荒廃の後、イエズス会士は再建のために活発な活動を始めた。国外追放から戻って管区の仕事を導いたのは、広い視野のもとで実務的判断を下す強力な率先者、オリヴィエ・マンナールツであった。マンナールツは、若いイエズス会士の養成に細心の注意を払い、傑出した教師、著作家、説教者を輩出することを明確に意図し、知的で系統立った勉学を奨励して、当初は廃墟の中にあったこの管区を

成功の高みまで押し上げた。アクアヴィヴァは一六一五年に七二歳で亡くなったこの精力的な建設者を、「自らの管区の父」と呼んでいる。

社会環境はマンナールッの目的にかなっていた。ベルギー諸都市の活気ある進取の気概に溢れる中産階級はイエズス会の使徒職に対する人文主義的なアプローチに心から応え、ほどなくスケルデ川とマース川に洗われる、ヨーロッパの片隅の自分たちの地に学校を方々に作った。マンナールッがこの仕事を始めてから二五年後には、七三〇人のイエズス会士が二八の学院を経営していた。一六一二年、アクアヴィヴァはこの管区を二分した。

学校の活力と堅実性と近代性はイエズス会士たち自身の学問的態度であり、彼らはそれを高等教育の現場へと伝えた。神学者の中で最も傑出していたのはレオンハルト・レイス（レッシウス。Leonhard Leys; Lessius 一五五四―一六二三年）であった。その著作と講義は時勢に直接関係し、同時代の社会問題に関心が向けられている。可変的世界への不変の原理の適用を見て取る、彼のきわめて優れた精神を物語っている。レッシウスの『正義と法について』（*De iustitia et iure caeterisque virtutibus cardinalibus*, 1605）は、一六世紀の移り変わる社会構造を考慮して道徳原理をわかりやすく提示したもので、思想界に計り知れない影響を与えた。レッシウスはまた、ロベルト・ベラルミーノから――両人は頭脳の明晰さだけでなく、穏やかで謙虚な人柄の点でもきわめて似かよっているのだが――バイウス派との神学論争を引き継いでいる。一五九〇年代には好戦的な空気が神学界を覆っており、レッシウスはルーヴァン大

レオンハルト・レッシウス（レイス）の著作集の口絵

学とドゥエ大学の両方から自分の著作に下された非難と戦うという苦痛を味わった。聖座がオッタヴィオ・フランジパーニ枢機卿（Ottavio Frangipani 一五四三―一六一二年）を通じて介入し、問題となっている学説上の要点は別のこととした上で、枢機卿は両陣営に相手側を非難するのを控えるよう指導した。ベルギーのイエズス会士たちは、問題の核心の入り口で立ち止まることをいさぎよしとせず、アクアヴィヴァに教皇庁での教義上の決定を手に入れてくれるよう依頼した。総長は苛立つ息子たちにきっぱりと答えた。「ローマで勝利を得るのが易しいことだと考えているなら、間違いです。相手側には後見人と代弁者がおり、これがはなはだ影響力をもっているのです[37]」と告げた。まもなくルーヴァン大学での論争は、恩寵と自由意志をめぐるドミニコ会士とイエズス会士の間の、より大きい争いに飲み込まれた。

聖書学では、コルネリッセン・ファン・デン・ステーン（コルネリウス・ア・ラピデ。Cornelissen van den Steen; Cornelius a Lapide 一五六七―一六三七年）が、聖書の字義的解釈を強調して、ローマに赴任するまでルーヴァン大学で二〇年にわたり見事な講義をした。教父学では、アンドレ・ショット（André Schott 一五五三―一六二九年）が、同時代の識者と連携して教父の著作の校訂版を編集した。フランソワ・ダギロン（François d'Aguilon 一五六七―一六一七年）は当時としては注目すべき光学についての論文を著し、オドン・ファン・マルコット（Odon van Malecote）は科学界で栄誉ある地位を得た。しかし、ベルギー人イエズス会士が創出した最大の不朽の業績は歴史研究にある。ヘーリベルト・ロースウェイデ（Héribert

Rosweyde 一五六九―一六二九年）は、ネーデルラントの多くの図書館に所蔵されている聖人伝の豊かさに魅かれ、聖人伝についての批判校訂版を創り出すという計画を心に抱いた。一六〇三年、彼はマンナールツにこの件を切り出したところ、マンナールツは持ち前の知慮深さから許可を与えた。この簡単な発端から、『聖人言行録《アクタ・サンクトールム》』（*Acta Sanctorum*, 1643～）という巨大事業が起こった。同書は今なお世界的に有名なボランディストたち（Bollandistes）〔最初にこれを出版したイエズス会士ボラン（Jean Bolland 一五九五―一六六五年）にちなみ、『聖人言行録《アクタ・サンクトールム》』を引き継いで編纂していった者たちをこう呼ぶ〕の努力によって発展し続けている。

　二人の人物が、霊的な問題を扱う著者たちの中で特に際立っている。四〇以上の修徳書と論争的書物の著者である多作の人フランス・ド・コステールと、秀でたフラマン語の名文家で、その著作の軽快な語り口と喜びと独創性に満ちた精神のゆえに人気を博したヤン・ダヴィド（Jan David 一五四六―一六一三年）である。『オランダの松明《たいまつ》を消すための芯切りばさみ』（一六〇七年頃）と、『悪い習慣を拭い去るためのスポンジをもったキリスト教徒の家政婦』（*Den Christelychen Huys-Houder; met eene spongie der quader seden*, 1607）、『キリスト教徒のはちの巣』（一六〇〇年）、『教会の儀式の花園』（*Bloemhof der Kerckelicker Cerimonien*, 1607）その他、似たような題名の書物を、フラマン人は温かく受け入れた。

　民衆への説教、信心会の指導、総聖体拝領の準備という直接の使徒職についてのベルギーのイエズス会士のやり方は他の管区のそれとよく似たものだったが、その流儀のうち一つの

ボラン『聖人の言行録』第1巻（1月分）の口絵

企画は独自のものであった。一五八七年に、トマス・セリ（Thomas Sailly 一五五三―一六二三年）がネーデルラントの総督アレッサンドロ・ファルネーゼに会し、二人の会話から、総督の軍隊のための正式な従軍司祭団の制度が出てきた。それはイエズス会に委託され、一二人の司祭がそれに任命された。他にも入隊する者があったが、一六〇〇年に総数が二四名に達した時、アクアヴィヴァは、あまりに多くの者が共同体の外で生活することに当惑し、人数を半分にするよう命じた。こうした従軍司祭はスペイン軍の中の霊的な雰囲気を高めることに成功しそれゆえに敬われたが、中には戦場で死んだ者もいた。オステンデの包囲攻撃では一〇名が、ニューポートでは一六〇〇年七月二日、たった一日で三名が命を落とした。こうした勇敢な行為についての報告は、イエズス会士に対するベルギー人の熱意を深めた。

ネーデルラントの北部七州は、当時、カルヴァン派の制圧下にあり、外国の宣教地のようで、オランダの霊的再征服に着手しようとするカトリック教徒の熱意を挑発しており、ベルギーの司祭は誰もがこれを念頭に置かずにはいられなかった。一五九二年クレメンス八世はオランダ人への宣教をイエズス会に委託した。コルネリウス・ドゥーイスト（Cornelius Duyst）と、ウィレム・ファン・レーウ（Willem van Leeuw）が、密かに、ミサの祭儀、秘跡、霊的勧告を、苦しめられていたカトリック教徒にもたらし、この企てに大成功を収めたことで、これに続くことになる数多くのイエズス会士を先導した。

アクアヴィヴァは二つのベルギー管区の偉業を認めて、格別な賛辞で彼らに敬意を表した。

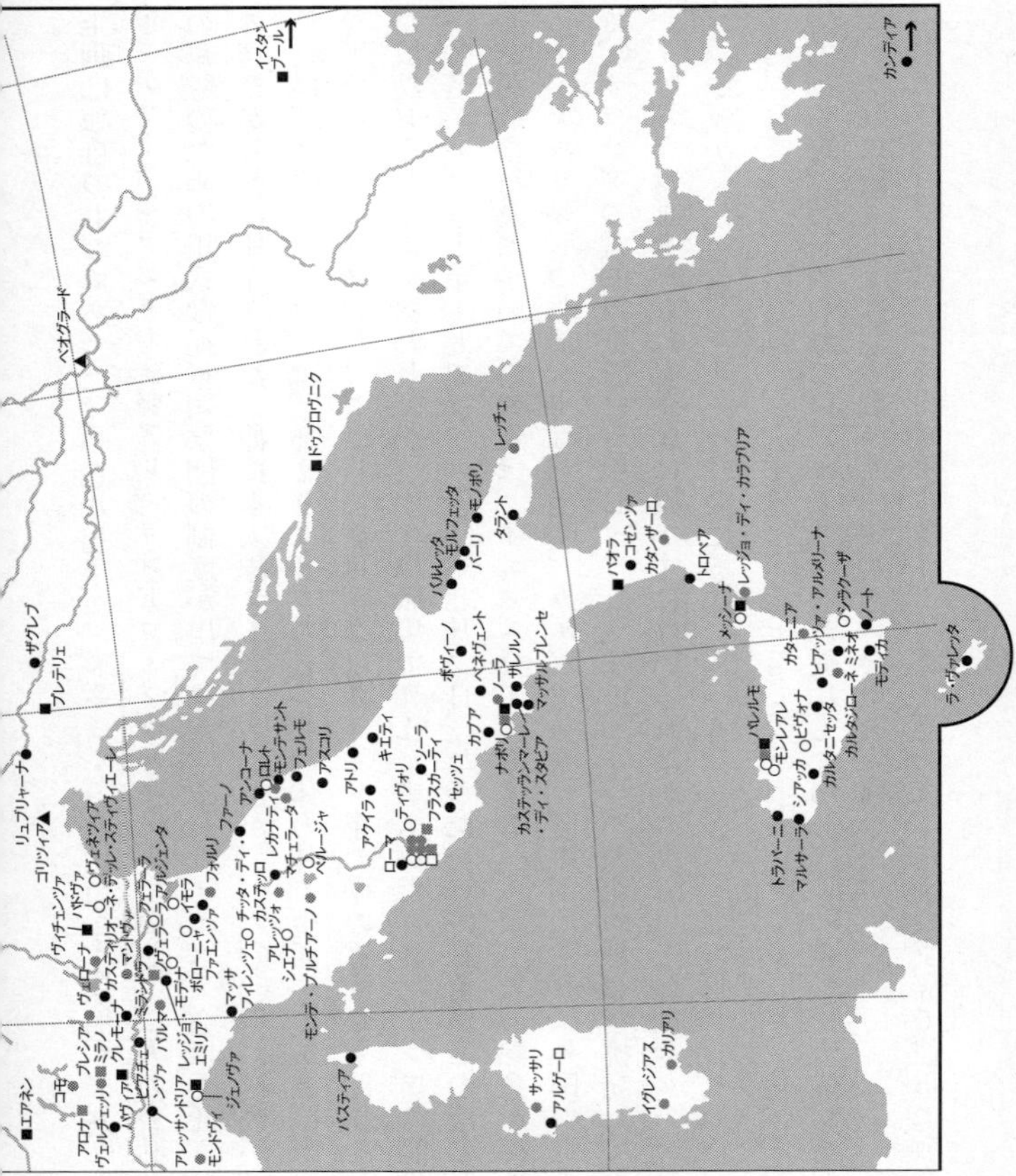

設立時期	1540-1556	1557-1580	1581-1615
学院	○	● (灰)	●
会宅	□	■ (灰)	■
聖堂	△	▲ (灰)	▲

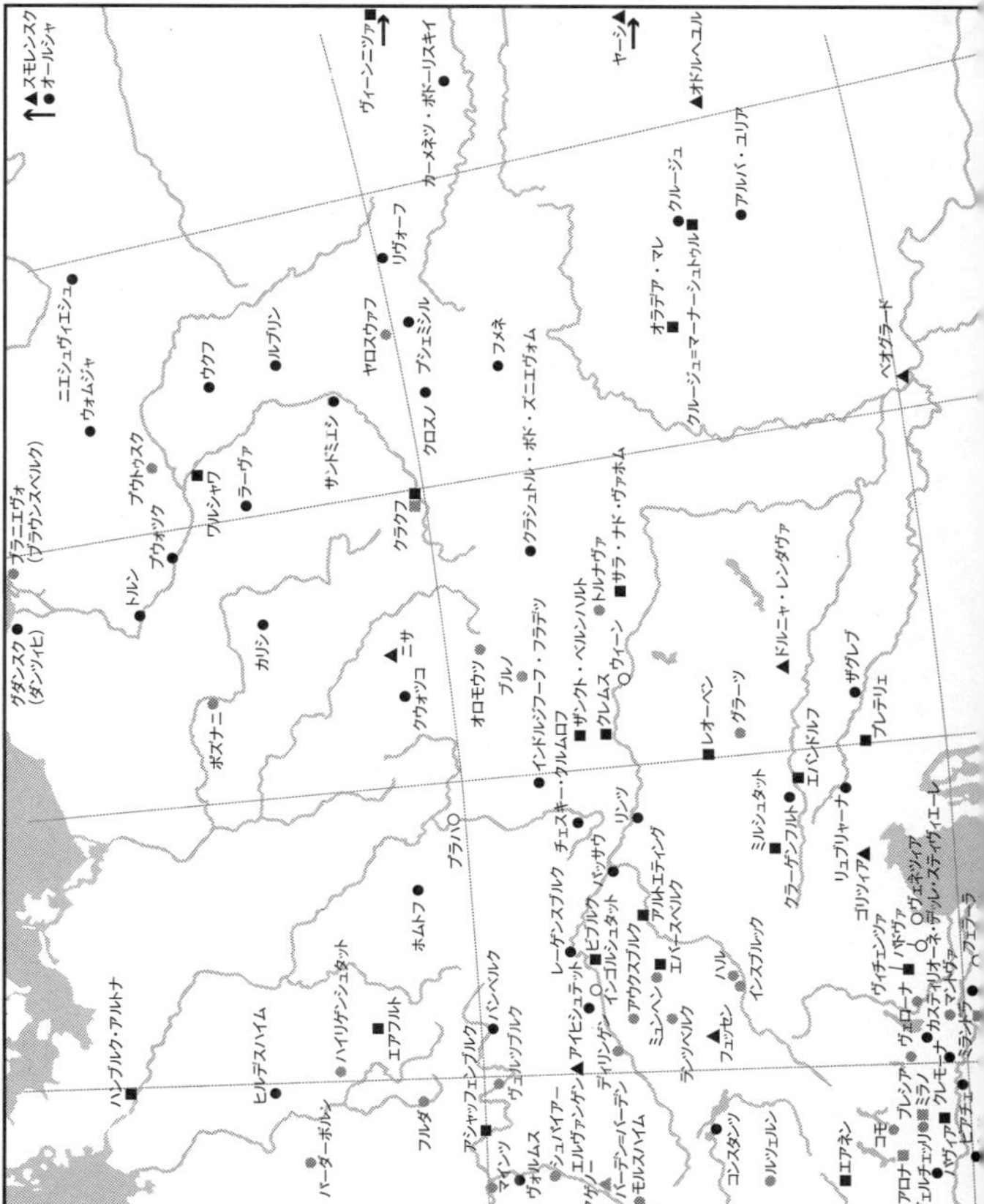

図1-1　ヨーロッパにおける1615年までのイエズス会の活動拠点分布図［東側］
（ヘルダー社『世界教会史地図』より）
Hubert, Judin; Latourette, Keneth Scott; Martin Jochen Hgg. *Atlas zur Kirchengeschichte: die christlichen Kirchen in Geschichte und Gegenwart*, Freiburg: Herder, 1970.

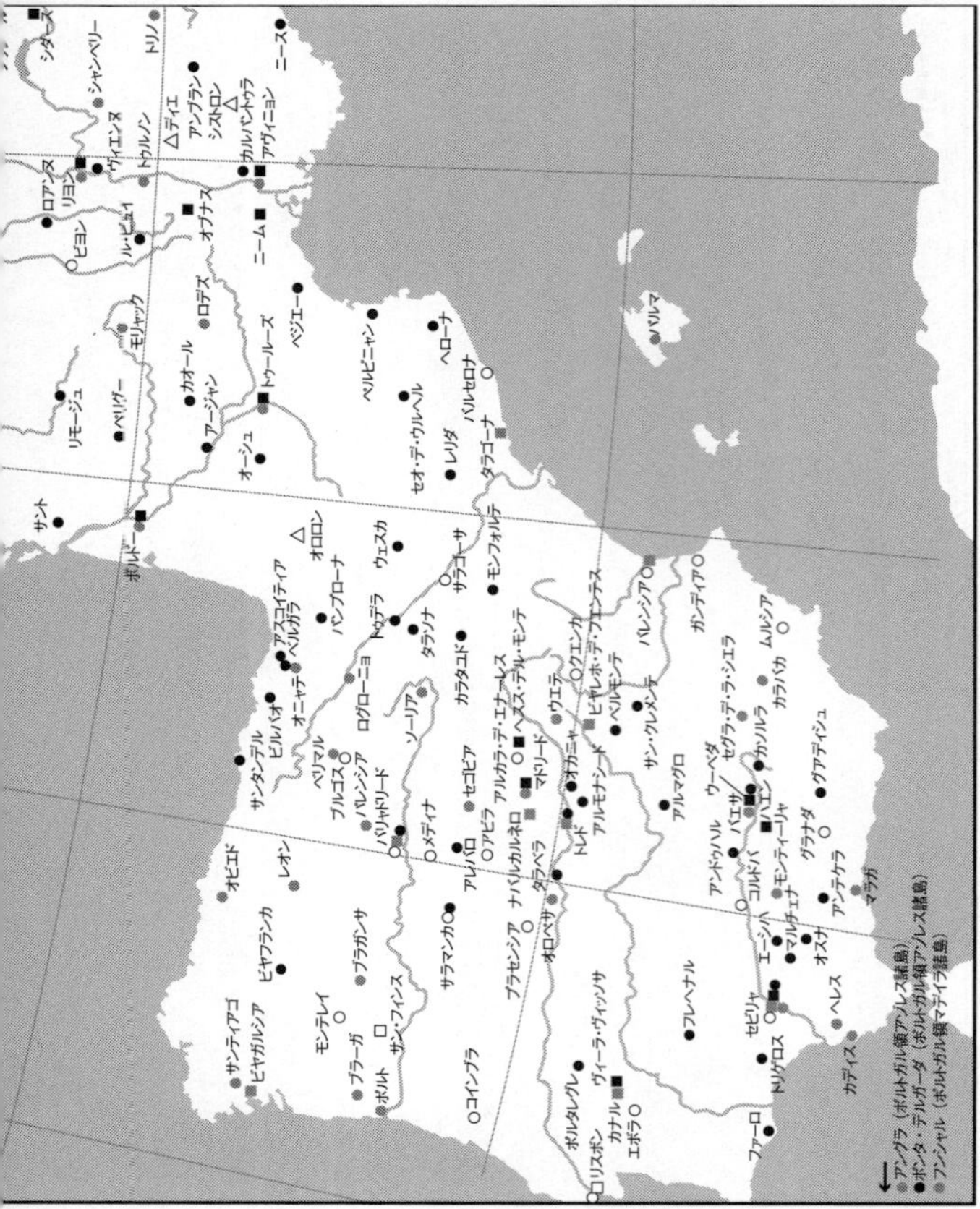

設立時期	1540-1556	1557-1580	1581-1615
学院	○	●（灰色）	●
会宅	□	■（灰色）	■
聖堂	△	▲（灰色）	▲

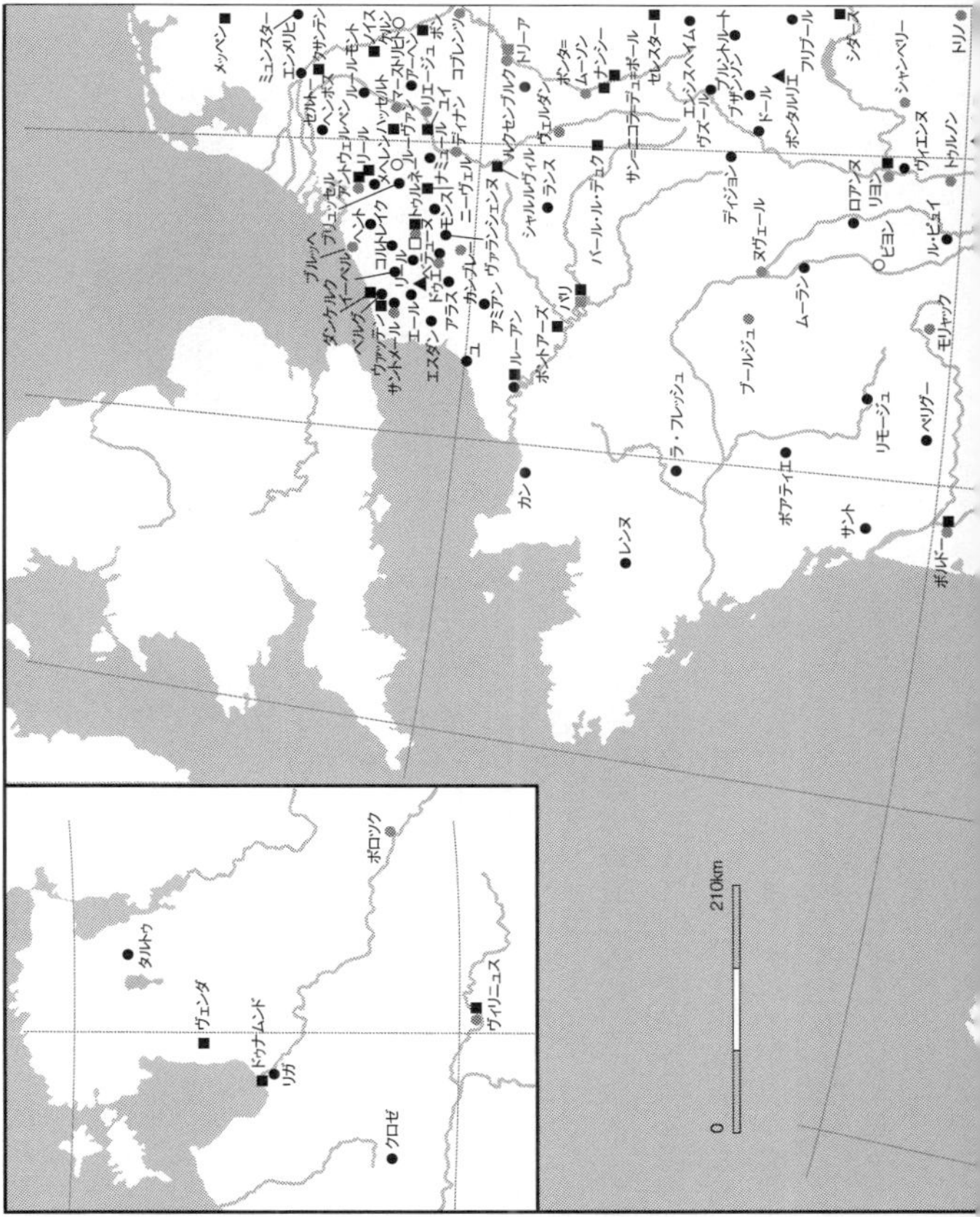

図1-2　ヨーロッパにおける1615年までのイエズス会の活動拠点分布図［西側］
（ヘルダー社『世界教会史地図』より）

エドマンド・キャンピオン

「これらの管区は、かねて思っていたとおり、イエズス会の花です」[38]。

海峡の向こうのエリザベス女王のイングランドは、アクアヴィヴァの心に特別な地位を占めていた。彼はかつて自らこの地で働く希望をもっていた。総長に選出されるわずか七か月前に、個人的な友人の一人であるロバート・パーソンズが、エドマンド・キャンピオン神父とラルフ・エマソン助修士と共にケント海岸に降り立っていた。アクアヴィヴァが総長であった間のイングランドにおけるイエズス会の宣教は、規模は小さいがめざましいものだった。一五九三年には人員は七人であったが、一五九八年には一六人、一六一〇年には五二人になった。これはドゥエで養成を受けていた大人数の教区司祭と比べれば、数字の上では少数分派であるが、働きの点では匹敵するものだった。パーソンズとキャンピオンが一五八〇年に到着した時、ドゥエはすでに一〇〇人の司祭をイングランドに送り込んでいた。エリザベス女王の治世の間、大陸の神学校から四〇〇人の教区司祭が帰国した。しかし、イエズス会の影響は、その人材が同世代の最優秀の人物であったことから、単なる数が示しうるものよりも大きかった。

一五八〇年の夏に彼らが到着してまもなく、キャンピオンとパーソンズの両人は、総長によってもっぱら聖務に精励するようはっきりと指示されて、北部と西部を広範囲に巡回し始めた。パーソンズはその書簡の中に、ミサに与り、秘跡を授かるために息を潜めて熱心に秘密の場所で会合する、カトリック教徒たちについての美しい文学的描写をいくつか残している。政府は、活発で果断な新勢力がこの国に入り込んだことをすぐに悟った。地下出版から明確で迫力ある力強いスタイルのカトリック信仰の弁明書が世に出されたからである。

政府のまわし者がキャンピオンを密告した。残酷な拷問と反逆罪のかどで偏った裁判にかけられた後、この上品で優雅で洗練された「イングランドの花」は、一五八一年一二月一日、絞首刑になり、引きずられ、四つ裂きにされた。

ロバート・サウスウェル

エリザベス女王の治世下ではさらに、人を魅了する詩人ロバート・サウスウェル（Robert Southwell 一五六一―九五年）を含む一〇名のイエズス会士が殉教することになった。キャンピオンが捕われてすぐにパーソンズは大陸に戻ったため、ただちにイングランドの状況をアクアヴィヴァに伝えることができた。パーソンズは、イングランドに戻り、かの地で殉教者となるという二つのことを望んだ。

どちらの望みも実現には至らなかったが、一六一〇年にローマで死ぬまで、イングランド宣教は彼の主要な関心事であり続けた。パーソンズは常にそのための資金を集め、教区司祭およびイエズス会の司祭の双方を次々に海峡を越えて送り出し、自らは絶えず何かしら執筆していた。教義に無知なカトリック教徒に霊的読み物を与えることを意図した初期の著作が、『キリスト教の聖務案内』(*The Christian Directory Guiding Men to Eternel Salvation*, 1582) である。それは、現実に即したいきいきとした力強いスタイルのゆえに人の心を揺さぶり、プロテスタントも剽窃したほどの名著であった。他の諸々の著作では、彼はカトリック教徒が受けている圧政と宗教の自由の否定の図をヨーロッパの目にさらし続けた。

テューダー朝〔一四八五—一六〇三年〕とスチュアート朝〔一六〇三—一七一四年〕のイングランドでは、教会権力と世俗権力の関係の問題は、とりわけ込み入っていた。多くの例外的な出来事が複雑さを増していた。そうした出来事の中には、教皇ピウス五世のエリザベス女王に対抗する公開勅書、スペイン無敵艦隊《アルマダ》、イングランドのアイルランド攻撃、火薬事件〔後出〕、国王ジェームズ一世によって忠誠の誓いが課されたことが入る。イングランドとスコットランドのイエズス会士は、これらのことすべてから大幅に影響を受けた。

イエズス会士の中には、純粋に霊的な取り組み方から、国際外交をもっと考慮に入れた方がよいという考えに徐々に傾く者もいた。一五八二年頃、幾度か警察とわたり合って、カトリックに張りめぐらされた政府の網の巧明さを経験したパーソンズは、イングランドのカトリックの最大の希望は、若い、スコットランドのジェームズ六世の人となりにあると確信するに至った。「人知の限りでは、イングランドの回心のための希望は、ひとえにスコットランドの回心にあります」と彼は記している。[39] 実際、二〇年にわたり教皇庁がスコットランドをカトリック教会に留めておくために頼っていた数少ない人材のほとんどがスコットランド人のイエズス会士であり、ジェームズ国王を自分の希望を支える柱と頼んでいた。彼らの書簡は、イングランドの王権の支配下に至る道を歩むスチュアート家の命運に左右された、彼らの揚々たる希望と苦い幻滅、政治上の素朴さを代わるがわる映し出している。

キャンピオンとパーソンズがイングランドに到着してから三〇余年のうちに、カトリックの戦略に関して基本的な相違が、教区の聖職者とイエズス会士の間に楔を打ち込んだ。前者は、父祖伝来の中世的教会に郷愁を抱いており、こうした理想と考えられた教会の姿の即時復興を心に描いていた。後者は中世憧憬の束縛から解かれており、イングランドがますますプロテスタントの手中に収まるのを目にして、これを宣教地と判断した。しかも、彼らの召命の核心には宣教への呼びかけがあった。宣教の方策が必要だった。一五九八年、教皇クレメンス八世は、教区司祭たちを統轄する者として、首席司祭の役職という新しい地位を設定した。教皇はジョージ・ブラックウェル（George Blackwell 一五四五頃―一六一二年）を指名した。このことは、教区司祭、特にそうした司祭だけによって選出される高位聖職を求めていた人々の感情を害した。ローマによる外部からの制御装置を彼らは特に不快に思った。主席司祭は、主な政策決定についてイエズス会の長上に相談することを義務づけられていたからである。彼らはイエズス会士を、イングランドのカトリック教会を意のままにする企みの加担者と見た。書物による険悪な論戦で、両者は互いに激しく攻撃し合った。一六〇二年、クレメンス教皇は、主席司祭がイエズス会の長上に相談する義務を撤廃した。目前の毒の泉には覆いがかぶせられたが、相互の反感がここに始まり、何世紀も続くことになった[40]。

パーソンズは、名高いサントメール学院の開設で、イングランドのカトリックに、別の積極的な貢献を果たした。一五九三年二月二六日、「不忠実な臣民を再び従順な者にするために」という法案が議会で初めて読み上げられた。この法案の、カトリックの両親の子女は七歳になったら取り上げられ、国教で教育するためにプロテスタントの手に委ねられ、教育費は両親が払うべしという一項目は、パーソンズを激怒させた。この侮辱から数人でも少年を救うために、彼はドーバー海峡の大陸側の港街、カレーとダンケルクとグラヴリーヌと行き来の容易な距離にあるサントメールに学院を開設した。フランドルにあるこの学校によって、パーソンズは今日なお続く豊かな霊性と文化の伝統を創出した。ブリュージュ（ブルッヘ）とリエージュでの一時的な学舎設置と、ランカシャーのストーニーハースト学院設置の後のことである[41]。

サントメールのイングランド人イエズス会士と関係していた霊的に卓越した人物が、メアリ・ウォード（Mary Ward 一五八六―一六四六年）である。先見の明があり、勇気と魅力を兼ね備えたこのヨークシャー出身の女性は、イエズス会を範とし、ロジャー・リー（Roger Lee 一五六八頃―一六一五年）の霊的指導に頼って、マリア会[†12]を創設した。彼女は自分の――一般にそう知られるようになったところによれば――「イングランドの婦人会」または「女子イエズス会士」が、修道院も特別の服装ももたない、機動力があり柔軟な修道者の一団となることを望んだ。一六一二年、サントメール司教が認可を与えた。一七年後、教皇は会の解散を命令した。あまりにも時代に先んじていたメアリ・ウォードの受けた苦難は大きく、投獄の憂き目にさえ遭った。彼女の共同体が公式の認可を受けたのは、ようやく一八七七年のことである。

ヘンリー・ガーネット

メアリ・ウォードが大陸に向かって故国を去ったのと同じ頃、ジェームズ一世の治世下のイングランドにおいて、時の政府がイエズス会士に注意をさし向けることになった二つの重大事件があった。すなわち火薬事件と、国王とベラルミーノ枢機卿の間の大論争である。一六〇五年、常軌を逸したカトリック教徒が、ジェームズ国王の臨席中に議事堂を爆破する計画を立てた。目論見は露見し、陰謀者は逮捕された。イングランドのイエズス会士の長上であるヘンリー・ガーネットは、以前にこの計画を告解の中で聞いて知っており、それをやめさせることができないと苦悩していた。政府は、ガーネットが前もって知っていたことを突き止めて彼を逮捕し、反逆罪のかどで裁判にかけた。告解の守秘義務にもとづく彼の弁明は、この国家には何の意味もなく、彼は一六〇六年三月三日、絞首台にかけられた。ガーネットと共に逮捕されたエドワード・オウルドコーン神父とラルフ・アシュリ助修士（Ralph Ashley 一六〇七年没）は死刑に処され、ニコラス・オウエン助修士（Nicholas Owen 一六〇六年没）は残酷な拷問の末に獄死した。

一六〇六年、議会は国王への忠誠の誓約を含む一つの法令を通過させた。この法令は正当な主張と異論の余地のある主張の混合物であり、事実上、次の二つのことは議会の管轄内にあることを認めるようにカトリック教徒に対して要求していた。その一つとは何が異端であるかを決めること、そしてもう一つは、世俗の王侯との関係における教皇権について、数世紀にわたって神学者たちに共通していた見解を異端として退けることである。カトリックの意見は分かれた。主席司祭ブラックウェルは忠誠の誓約を支持した。イエズス会の長上であるリチャード・ホルトビ（Richard Holtby 一五五三—一六四〇年）は反対した。教皇パウルス五世はこの誓約を公然と非難した。ベラルミーノ枢機卿は、誓約に反対する旨の手紙をブラックウェルに書き送った。ジェームズ国王はベラルミーノのブラックウェルへの書簡のことを知り、枢機卿とパウルス五世に反対する小著を書いた。こうして、ヨーロッパの知性の歴史において最も熾烈なものに数えられる論争が始まった。論争は、王権神授説についてと俗事における教皇権についてという、この時代における非常に困難な二つの政治的問題に集中していた。国王と枢機卿の間の争いとして始まったことが、規模の大きな戦いへと拡張していった。ジェームズ国王は身近な神学者たちを召喚した。枢機卿のもとに集められたのは、仲間のイエズス会士であるきわめて優秀な同志、スアレス、ベカヌス、ペルティエ（Gerard Pelletier）、グレッツァーである。しかし、いかに彼らが真実と専門的知識を駆使して、宗教までも含む全領土の占有というジェームズ国王の考えを否定しても、カトリックの共同体をすり潰すためにひき続けられるひき臼の着実な回転を、実際の生活の面で遅らせることはなかった。この頃の英雄的行為については、いくつかのイエズス会の文献が不朽の記録を残している。たとえば、自らの警察とのわたり合いやロンドン塔からの脱出を描いている、明朗快活な男ジョン・ジェラード（John Gerard 一五六四―一六三七年）の自伝や、崇高な内面生活に沿ってペンを運ぶ控えめなウィリアム・ウェストン（William Weston 一五五〇頃―一六一五年）の自伝のように、性格をまったく異にする二人のイエズス会士の著作がある。またエドマンド・キャンピオンが枢密院に、あるいはロバート・サウスウェルが女王に宛てた書簡の中の丁重で穏やかな挨拶の言葉、そしてエリザベス女王のもとで処刑された一一人のイエズス会士と、国王ジェームズ一世のもとで処刑された四人のイエズス会士の死についての当代の記録である。

イングランドでこうした出来事が繰り広げられている頃、イエズス会士は北はスコットラ

ジョン・オーグルヴィ

ンドから西はアイルランドにかけて弧状に広がるケルト族の居住地で、苦闘し、そして命を落としつつあった。一六一五年三月一〇日、グラスゴー・クロスで、ジョン・オーグルヴィ（John Ogilvie 一五七九―一六一五年）がカルヴァン派の手にかかって雄々しく最期を遂げた。彼は信仰のために死んだ最初のスコットランド人イエズス会士で、一九二九年に列福されている。アイルランドでは、品のよい美男子、ドミニック・オカレーン助修士（Dominic O'Cullane 一六〇二年没）が、スペインとフランスの旗のもとに対プロテスタントの兵役についていた経験をかわれて、人目を忍んで国内を移動する司祭の手助けをしていたが、そのさなかに捕えられ、一六〇二年一〇月三一日、ヨールで深い祈りのうちに処刑場に赴いた。オカレーンはアイルランドの長上たちのもとに編成されたアイルランド・イエズス会士から成る、めざましい働きをするグループの一員であった。同グループは一六〇九年に七二名の人員を数え、うち一八名がアイルランドにおり、他のほとんどの者は大陸で養成中であった。

　この地の宣教の最重要の目的は教育に関することであった。アングロ・ノルマンの城郭都市の役人たちは、イエズス会の学校の教師の粘り強さについて報告している。一五九五年にバーリ卿（William Cecil, Baron Burghley 一五二一―九八年）は、「どの町にも、イエズス会士の監督のもと、偶像崇拝者である学校教師がいる学校が建てられています」という知らせを受け取った。イエズス会士がこのようにどこにでもいたことで、町をプロテスタントにしようとする政府の画策は阻止された。後世、ダブリン大学のトリニティ・カレッジの学長となったジョン・マハフィ卿（John P. Mahaffy 一八三九―一九一九年）ほどの人物が、「イエズス会士は一六世紀が終わろうとしているこの年月の間に、活発で有能な行動によって、アイルランドを教皇側に留めた(42)」と述べている。こうした有能な教育者の一団の中でも、二人の人物が特に傑出していた。ウィリアム・バス（William Bathe 一五六四―一六一四年）は、音楽家かつ言語学者で、ヨーロッパに広く普及している著作、『諸言語の扉』（*The Door to Languages*, 1611）の著者である。スティーヴン・ホワイト（Stephen White 一五七五―一六四六年）は、緻密な人文学者で、大陸の図書館に所蔵されていた写本に関する深い知識を用いて、ヨーロッパにおけるアイルランド文学の展望を開いた。バスは、エドマンド・キャンピオンのように、エリザベス女王の前でその才能を示す機会を得た。この若いアイルランド人は、数種の楽器、特にハープを奏でる才能のゆえにアイルランドの貴族院議長であるジョン・ペロット卿（John Perrot 一五二七―九二年）の目に留まった。ペロットはバスをイングランド宮廷に連れて行き、彼はそこで音楽と記憶術によって女王を魅了した。エリザベス女王は、彼の故郷のエメラルド島に土地を下賜したが、バスは王位至上権の誓いを避けて大陸に行き、一五九六年にトゥルネの修練院に入った。

この、悲嘆の国での教会の強化にあたり、イエズス会はイングランド人とアイルランド人とスコットランド人のために大陸に神学校を創立し経営するという、何よりも建設的な事業を引き受けた。イングランドのロバート・パーソンズ、おそらくはスティーヴン・ホワイトの兄弟であるアイルランドのトマス・ホワイト（Thomas White 一五五八―一六二二年）、スコットランドのウィリアム・クライトン（William Crichton 一五三四頃―一六一七年）らの洞見と活力のゆえに、志の高い若者の一団がローマやスペイン、ポルトガルやフランスで学び、司祭として祖国に帰っていったが、その多くが殉教によって雄々しい生涯を栄冠で飾る運命を辿った。

中近東

一六世紀後半は、もしグレゴリウス十三世が中近東におけるその望みを達成できていたならば、教会史における黄金時代の一つになっていたかもしれない。この精力的な教皇は、ローマと再合同するよう東方教会の主教たちに働きかけ、正教会、ネストリオス（Nestorios 三八一頃―四五一年以降）派[†13]、キリスト単性論派に分かれた何百万人もの神の子羊たちの群れに向かって、一つの囲いに戻るよう扉を開け放った。教皇グレゴリウスはこれに関する、神経をすり減らすような討論の多くを、イエズス会に託した。

一五八三年三月、レオナール・アベル司教（Léonard Abel）の顧問である三人のイエズス会士が、別々のグループの指導者たちと会見するためにローマを発った。この三人と後続の他のイエズス会士が、古来からある多くのレヴァント〔東方〕の都市で数々の会談をもったが、彼らはネストリオスとディオスコロス（Dioskoros 四五四年没）〔エウテュケス（Eutyches 三七八頃―四五四年頃）派の単性論者、アレクサンドレイア総主教〕にまで遡る、容易には放棄されることのない古代からの伝統を大事に守る人たちを相手にしていたのであった。しばしば手中に収めたかに見えた成功は、亡霊のように手をすり抜けていった。単性ヤコブ派[†14]の大司教は、教皇権至上については進んで受け入れたものの、カルケドン公会議（四五一年）の法令を受け入れたわけではなかった。アルメニアの大司教はカトリックの信仰宣言を行ったが、結局はコンスタンティノープルに引っ張り出されて、決定を覆すことになった。ダマスカスでのメルキト教徒[†15]との会談は、敵意をもったトルコ人の圧力で挫折した。エルサレム大司教の側近は、教会分裂《シスマ》を克服しようとする大司教自身の望みに反抗した。エジプトでは、新大司教が、ガブリエル八世（Gabriel VIII）によって送られた、ローマへの従属を表明する書簡を取り消した。カルデアのエリアス八世大司教（Elias VIII）は、自国にイエズス会士を招いた後に、自分の信条に変更すべきものは何もないと告げた。カイロ、モスル、ダマスカス、エルサレム、エデッサはことごとく、イエズス会士にとって希望が潰《つい》えた場所となった。[43]

極東

一五四一年にフランシスコ・ザビエルがインドに向けて出発した壮麗なベレン塔から、何年にもわたって、この聖人の後に従う者たちが、東洋、ブラジル、アフリカに向けてテージョ川を船で下った。極東へ向かうだけでも、一五八一年には一四人、一五八三年には一三人、一五八五年には一二人、一五九二年には一五人、一五九七年には一七人、一五九九年には二〇人、一六〇九年には二四人であった。これらの派遣団は、インドへのこのような定期的な航海としては典型的なものだった。通常、様々な国のイエズス会士がこの遠征隊を構成していた。たとえば一五九六年の一九人のうち六人はイタリア人、五人はスペイン人、残りはポルトガル人であった。ただし、一六一四年の一二人は全員がポルトガル人であった。一七世紀の最初の一五年間に、一三〇人以上のイエズス会士が、ポルトガルの影響圏にある土地に向けて出発した。

インドでは、宣教師たちが働いているゴアを拠点として大きく広がるポルトガルの所有地を除き、わけても、ムガル帝国とマラバル王国とマドゥライ王国という三つの地域が大きな可能性を示していた。アクバルの宮廷で、ロドルフォ・アクアヴィヴァは、四年間討論を重ねたにもかかわらず、大ムガルを、気持ちを揺るがす以上には動かすことはできなかった。彼はついに管区長に呼び戻されて、アクアヴィヴァは一五八三年二月にアグラを後にした。彼は五か月の後、ゴア近郊のサルセットで新しい任務に就いて働いている時に、三人の仲間のイエズス会士と共に、ヒンドゥー教徒の手にかかって殉教した。

これらの殉教者の遺体を発見したのは、かつてインドに赴いたイギリス人の中でも最も優れた人物の一人である、ウィルトシャー出身で、エドマンド・キャンピオンの友人であったトマス・スティーヴンズ（Thomas Stephens 一五四九頃―一六一九年）である。彼は、一五七九年一〇月にゴアに降り立ち、一六一九年に死ぬまでの約四〇年の間、サルセット半島で働いた。ポルトガル人の間ではエステヴァン神父（Estevão）で通っていた彼は、文筆上の業績によって、宣教にめざましい貢献を果たした。彼のコンカニ語の文法書は、インドの言語の最初の文法書であった。コンカニ語の要理の本がこれに続いた。さらにマラティ語によるキリスト教的『プラーナ』（*Purāna*, 1616）により、彼はその名を文学史上不朽のものとした。世界の起源と神々の偉業についての長い叙事詩であり、ヒンドゥー教徒の心を強く魅了しているヒンドゥー教の『プラーナ』〔聖典〕を意識して、スティーヴンズは旧約聖書の物語とキリストの生涯についての詩を書いたのである。彼は、生命力と美しさを備えた、東洋的色彩に満ちたいつまでも心に残る数々の詩句を創り出した。これらの詩句は、インドのカトリック教徒の中で生き続けており、彼らの文化遺産の一部となっている。近年、一九三五年以降になって、明らかにカトリック的な部分が削除されているプロテスタントの版が出版された。一六一九年にスティーヴンズの亡くなる頃までには、八万人ほどの現地人から成るサルセッ

ベント・デ・ゴエス

ト半島全体がカトリックになった。スティーヴンズは、ボン・ジェズ教会に眠る、フランシスコ・ザビエルの腐敗を免れた遺体のそばに葬られた[44]。

一五八四年、サルセットの殉教者たちの死後に、アクバルが再びイエズス会士を召喚した。フランシスコ・ザビエルの甥の子にあたるヘロニモ・ザビエル神父（Jerónimo Javier 一五四九—一六一七年）、マヌエル・ピンイェイロ神父（Manuel Pinheiro 一五五六—一六一九年）、ベント・デ・ゴエス助修士（Bento de Goes 一五六二—一六〇七年）の三人が派遣された。著しく忍耐力を試される中で、ザビエルは三〇年にわたってアクバルとその後継者、ジャハーンギール王子（Jahangir 一五六九—一六二七年、在位一六〇五—没年）のもとに留まり、ヒマラヤとカシミールへの広範囲にわたる旅行にも同伴し、彼の言葉によれば、いつか「魚が餌に食いつく」ことを期待していた。だが、魚が食いつくことは決してなく、したがってまた、「アジアへの梯子《はしご》」である、指導者を通じての改宗という壮大な計画は、決して実現しなかった。一六〇八年に、この思わしくない仕事はますます困難なものにされた。イギリス国旗を翻す船がインド海域に入り、ウィリアム・ホーキンズ（William Hawkins 一五八五頃―一六一三年）とポール・カニング（Paul Canning）両船長が、大ムガル帝国の宮廷に自由に出入りする権利を得たのである。新参者によって盛んに支持されるプロテスタンティズムは、イエズス会士の護教の使命を複雑にしただけだった。双方の司祭と船乗りたちは、堂々とした支配者に深い印象を与えるために、神学から逸脱して点数を稼ごうとし、イギリス勢がコルネット奏者を連れて来れば、これに張り合うために、イエズス会士はナポリ人の手品師を伴って現れるという具合だった。一六一五年、六五歳のヘロニモ・ザビエルは三〇年間の宣教の後ゴアに戻った。ピンイェイロも帰った。若手が彼らに代わったが、ロドルフォ・アクアヴィヴァの夢は、夢以上のものになることはなかった。

大インド半島南西部のマラバルは、かなりの見込みがあるということでは唯一の、すばらしい園の上に開かれた窓であった。そこでは、通称トマス・キリスト教徒といわれているシリア―カルデア典礼を使用するおよそ二〇万人のキリスト教徒[†16]が暮らしていた。彼らの典礼様式の一部は何世紀もの間、メソポタミアとペルシアのカルデア教会と接触することによって、ネストリオス派に染まっていた。そのため、このキリスト教の大共同体を、愛と忠誠を通して教皇庁に結びつけるためには、最高度の理解と知恵が必要とされた。だが当初から、ポルトガル人とマラバルのキリスト教徒の間にはいくつもの困難が立ちはだかり、結局これらのインド人の大部分がローマに対して反目することになった。

様々な糸が悲惨な顚末の布を織り上げている。その糸とは、非ラテン典礼に対するある種の西洋人たちの嫌悪であり、数人のラテン教会の聖職者の無能であり、マラバル教会の助祭長という重職にある者たちの態度の一貫性のなさであった。学者たちの間の見解の相違が、込み入った歴史についての理解をますます困難にしている。

こうしたさまざまな難事の中心にあったのが、ゴアの大司教アレイホ・デ・メネセス（Aleijo de Menezes 一五五九―一六一七年）によってディアンペルに召集された、一五九九年の司教会議である。この司教会議は、シリア―マラバル教会にローマ化された宗規を課した。そのため、ウジェーヌ・ティスラン枢機卿（Eugène Tisserant 一八八四―一九七二年）は、一五九九年という年を、「運命の年、ラテン教会と東洋の教会の関係の歴史において最も暗い年の一つ」と呼んでいる。熱意溢れるポルトガル人メネセスは、マラバルのキリスト教徒において見られる、ある種の誤った典礼式文と、かなり弛緩した教会組織に注意を払い、インドのアンガマレ大司教区に、カルロ・ボロメオがイタリアのミラノ大司教区に導入した改革を課すべきだと考えたものと思われる。イエズス会士ドメニコ・フェッローリ（Domenico Ferroli 一八八一―一九七〇年）は、メネセスが「ほとんど変えていない」、また「司教会議がマラバル典礼をローマ化した、あるいは目につくほどに、それをラテン典礼に同化させたというならばその言葉は、誤った印象を与える」と述べているが、この見解が正確ではないことはティスランによって証明されている。(45)

ディアンペルの司教会議と一連の出来事は、学者であり、偏見のない、カタルーニャ出身のイエズス会士の生涯に密接に関わっていた。フランシスコ・ロス（Francisco Roz 一五七七―一六二四年）は、シリア語とマラヤラム語に精通しており、ヴァイピコッタで指導していた神学校の同僚であるイエズス会士たちと同様、マラバルのキリスト教徒の礼拝と組織を尊重し理解しながら、彼らに接していた。このロスに、典礼文にあるネストリオス派の残滓を払拭するという、細心の注意を要する仕事が課せられた。一五九七年、インドのカルデア派首府大主教マル・アブラハム（Mar Abraham 一五九七年没）が亡くなり、ローマはロスをその後継者かつ最初のアンガマレのラテン教会の司教に選定した。ロスは、マラバル人の好意を勝ち得たが、一六〇四年にラテン教会の司祭が現れた時に、この人々が山に避難した様子を、心を痛めつつ記している。[46] 一六〇八年に教皇パウルス五世はロスのラテン教会を大司教区に昇格させた。この教会の組織内で問題に輪をかけたのが、助祭長の役職に関する致命的な欠陥であった。司教がカルデア派のものであった数世紀の間に、助祭長は徐々に教会を司る権力を獲得していた。ロスのもとにいた助祭長ホルヘ・ダ・クルス（Jorge da Cruz）は、有力なデ・カンポス家（De Campos）の出身で、自分の国の人々に対する西欧の影響と、ヨーロッパ人司教によって自らの権力が縮小されるのを嫌った。一六一八年、ダ・クルスは怒りを露わにした。分裂は遠くなかった。

南東部の海岸の奥にある美しいマドゥライは、ヨーロッパ人が西欧のものでないものについては何であれ、評価する能力に欠けていることを露呈したもう一つの中心的な場所であっ

ロベルト・デ・ノービリ

た。この地で彼らが見誤ったのは、典礼ではなく、社会的・文化的構造である。熱意ある、元軍人のゴンサロ・フェルナンデス（Gonçalo Fernandes 一五四一—一六二一年）が、マドゥライで一一年間働いたが、ただ一人の改宗者も得なかった。一六〇六年、管区長アルベルト・ラエルツィオ（Alberto Laerzio 一五五七—一六三〇年）は、戦略を変えて、ローマ貴族出身の二八歳の会員で、きわめて聡明なロベルト・デ・ノービリ（Roberto de Nobili 一五七七—一六五六年）をマドゥライに直ちに派遣した。こうして、宣教の歴史における重大な飛躍的前進の一つが始まった。[47]

デ・ノービリは、インドの扉をキリスト教に対して開く方法は、西欧的社会通念を捨て、インドのそれを採用することだということをすぐに悟った。彼はすぐれた語学の才能を駆使してタミル語を学習し、この学習を通して、慣習的で厳密なカースト制度の存在に開眼した。そこではバラモン、ラージャ〔王〕、ヴァイシャ[†17]という高位の階級にある者が、忌み嫌われた異邦人（パランギ）による儀礼上の穢れを恐れて、このグループとの接触を避けていた。ポルトガル人の当局は、インド人改宗者が、衣食をポルトガル人と同様にし、ポルトガル姓を名乗ることを主張した。バラモンにとり、インド人キリスト教徒は、軽蔑されたパランギに並ぶものとなった。こうした状況に鈍感であったフェルナンデスは、事実上、改宗者にその社会的地位を捨て、その結果、同胞の民の目に忌まわしい者となることを強いることになっていた。フェルナンデスがマドゥライの有力者たちの心を動かすことに失敗したのは、このためである。デ・ノービリは、イタリア貴族として、自分の地位はインドのラージャに相当すると判断してこれを公にし、フェルナンデスが決して受けなかった尊敬をすぐに得た。デ・ノービリはまた、社会の中で自由に動ける可能性を得て、それが彼と同じ階級であるラージャの間のみならず、バラモン、ヴァイシャ、そして、人口のかなりの部分を占めていた一種の中間階層であるシュードラの間でも活動することを可能にした。

彼はさらに、神的な事柄に身を捧げるサニャーシ〔托鉢僧〕が非常に尊敬されていることを知った。彼は管区長の許可を受けてサニャーシになることにした。橙《だいだい》色の衣を身にまとい、額に白檀の三角のしるしをつけ、足には高い木のサンダルを履き、暑くうだった小屋に引きこもり、米と果物と草だけを食した。ひどい胃痛と頭痛に苦しみながらも、彼は目的を放棄しなかった。ヴェーダ[†18]を習得するために――そしてそれだけがこの新しい生活の仕方に精神面で意味のあることをもたらしえたのであるが――彼はサンスクリット語〔古代インドに侵入したアーリア人の言葉に起源をもつ、北インドで用いられるインド・ヨーロッパ語族の言葉〕を勉強しなければならなかった。一年とたたずに、彼はこれを流暢に話すことができた。彼はこの言語を習得した最初のヨーロッパ人である。インド人にキリストとキリストの教会について話すために役に立ちそうな知識を蓄えようと、彼はヴェーダを学んだ。彼の小屋に来る大勢の質問者に、無限、魂の不滅、人格といった概念についてのカトリックの理解を説明することは、はなはだ困難な仕事だった。しかし一六〇九年には、西欧出身のこのサニャーシは六〇名、一六一一年には一五〇名の改宗者を得た。デ・ノービリが直面した様々な問題の中には、宗教的な理由で、バラモンの改宗者に対して彼らのカーストのしるし、特に白檀のしるしとクドゥミという毛のふさと左の肩から右の腿にまで渡した白い紐を身につけることを禁じなければならないか否かということがあった。彼はこうした問題について研究し管区長の許可を得た後で、これらのしるしは、およそ宗教的な迷信すべてを免れた、社会的習慣の意味で理解されうるのであり、そうだとすれば、カトリック教徒は、インド社会におけるその体面を捨てることを強制されない、と判断した。

一六一〇年、彼がマドゥライ宣教のために遠大な計画を進展させたとたんに、反対者が現れ始めた。デ・ノービリは、ヒンドゥー教徒が司祭職のために養成され、サンスクリット語がインドの典礼用語として採用されるのを目にしたいと思ったが、同僚のイエズス会士は、こうした方法の斬新さに腹を立て、彼の仕事を止めさせようとした。機嫌を損ねた老フェルナンデス神父は、その不満を長上たちに書き送った。ゴアとマラバルに派遣された巡察使ニコラウ・ピメンタ（Nicolau Pimenta 一五四六―一六一三年）は、デ・ノービリの方法を迷信的でけしからぬ、法に反するものだと非難する、二人のポルトガル人神学者に判断を委ねた。

彼らの告発に反対者がなかったわけではなかった。管区長であるラエルツィオは配下の者の弁護に立ち、デ・ノービリの見習いをしていた実直なイタリア人アントニオ・ヴィーコ（Antonio Vico）は弁明を長々と書き連ね、デ・ノービリ本人は自分の方法について三九ページにわたる解説を書いた。しかし一六一三年に、デ・ノービリに同情的でない新任の管区長、ポルトガル人のペロ・フランシスコ（Pero Francisco　一五六九年生）は、デ・ノービリとヴィーコに、洗礼を授けることを中止するよう命じた。善良で敬虔だが、西欧の思考の枠組みを捨てることのできない二人の人物によって作り出された落胆の深い暗闇のただ中に、ローマから、気落ちした者を元気づける一条の光が分け入ってきた。アクアヴィヴァはマドゥライの宣教地に送った彼の最後の手紙の中で、デ・ノービリを激励し、その時点でヴァティカンでは審議中であるということから、毛のふさと白い紐の件以外の点で、デ・ノービリの仕事に課せられた制限を解いた。この名誉回復は、完全なものではないにしろ、マドゥライのサニャーシであるこのイエズス会士を大いに力づけた。

一方、日本は三人の強い指導者による軍事的支配のもとに国家統一に向かって進んでいた。新生日本の建設において、織田信長が石材を切り出し、豊臣秀吉（一五三六―九八年）が粗く形を作り、徳川家康（一五四三―一六一六年）がそれらをあるべき場所に設置したと言われている。信長の場合にそうであったように、秀吉と家康がイエズス会の命運の鍵を握っていた。[illegible]か。この時期のイエズス会の大立者である。彼は一五七九

―一五八二年、一五九〇―一五九二年、一五九八―一六〇三年と、三回に分けて日本を訪れている。この敏腕なイタリア人長上は、中国人を別として、日本人を、東洋では抜きん出て、申し分ないキリスト教信仰を生み出す状態にある国民だと判断した。ヴァリニャーノは日本文化の豊かさについて深い鑑識眼をもち、カトリックの教義にとって危険が生じない限り、この文化に自らの生活の仕方などを合わせるべきであると確信して、イエズス会の司祭たちに、仏教の僧侶のうち最も尊敬されている、禅宗の僧侶のような地位を占めるよう指示し、現地人のイエズス会への召命のために修練院を始め、二つの神学校を開設した。彼はフランシスコ・カブラルを、その高圧的な政策とイエズス会の日本人会員に対する抑圧ゆえに、長上職から異動させた。一六〇二年、二人の日本人イエズス会士が司祭叙階され、二年後には現地人が初めて、教区司祭に叙階された。ヴァリニャーノは、日本人イエズス会士の助修士をきわめて高く評価していた。というのは、彼らは言語の問題に妨げられることなく要理教育と討論の毎日の苦労によく辛抱していたからである。

この巡察使の期待は大きかったが、三つの要因が成功とは反対の方向に作用し、ついには一六一四年、追放の布告が出されるに至った。その三つの要因とは、イエズス会の準管区長の判断の誤り、フランシスコ会士との激しい論争、そしてイギリス人の到着で増した商業上の利害をめぐる衝突の影響である。

準管区長ガスパル・コエリョ（Gaspar Coelho 一五二七／三一―九〇年）は、その国の政治にイエズス会士が介入することを禁じるヴァリニャーノの命令を無視した。コエリョは、中国遠征を企てていた秀吉に、九州のカトリック大名の援助ばかりかポルトガル海軍の支援も取りつける約束をするという、大失態を演じた。おそらくは、コエリョの軽率が、イエズス会士は日本に対する西欧の軍隊の襲撃を準備する諜報員ではないかと秀吉が疑うようになった一連の出来事の最初であった。一五八七年七月二四日、この支配者はイエズス会の国外追放令を出した。コエリョは好戦的に反応した。カトリック大名の反乱を組織しようとし、また、ゴア、マカオ、マニラに派兵要請を書き送ったのである。ヴァリニャーノはひどく憤って反対した。一五九〇年五月にコエリョは亡くなったため、激怒した巡察使の厳罰を免れた。追放令は徹底的なもののように思われたが、実際の政府の施行はいいかげんなものだった。秀吉の考えでは、イエズス会士はポルトガルの商業機構の一端であり、これに危害を加えることで、ポルトガルによる、通商縮小の形での制裁措置がとられる惧れがあった。ヴァリニャーノは優れた現実主義者であったので、追放令が実施されないでいるのはひとえにマカオ貿易のためであることがわかっており、日本における改宗への何よりの刺激は、ポルトガル商船の大型艦であるとはっきりと認めていた。この貿易は日本人だけに作用したわけではなかった。ヴァリニャーノは、乗り気でないフェリペ二世と教皇グレゴリウス十三世とアクアヴィヴァに対して、宣教のために必要な資金を供給するためには、日本のイエズス会が絹貿易に投資しなければならないことを証明して見せた。一五九八年に彼は、密かに会の指針を踏み越え、総長の譴責を受けている。イエズス会のこうした商業活動は、フランシスコ会士やプロテスタントの批判の的となった。(48) 一五九〇年にヴァリニャーノは秀吉に拝謁する機会を得て、波風を立てず控えめに働くならばイエズス会士に対する追放令を実施しないという、支配者の約束を申し分のない如才なさで取りつけた。

この不安定な休戦の間に、宣教にとって深刻な問題がフィリピンで起こった。その地にいたスペイン商人とスペイン人のフランシスコ会士が、交易と福音宣教を待っている場所として、日本に目を留めたのである。ポルトガル商人は、スペイン人商人を締め出すことを決意し、同様にイエズス会士は、断固としてフランシスコ会士が日本に来るのを阻止した。ヴァリニャーノは、このようなイエズス会の利己的に見える立場を弁護して、巧みに的を射た議論をしている。彼は、視野の狭い嫉妬をことごとく排除し、宣教の長所を自らの判断基準として取り入れながら、フランシスコ会士がイエズス会士と著しく異なる修道服と宣教方法をとることで、カトリックが仏教のように統一に欠けた単なる「ばらばらの宗派」の集まりにすぎないという印象を生み出すだろうという点を、その議論に含めたのである。一五八五年に、教皇グレゴリウス十三世は、教皇小書簡『エクス・パストラリ・オフィチオ』(*Ex Pastorali Officio*)で、日本宣教をイエズス会に限定した。フランシスコ会士は排除されることを拒んで、イエズス会士が虚偽の申し立てのもとに手に入れたものだと主張してこの書簡を無視した。彼らは聖座に強く陳情して、二三年後、ついに日本宣教を許可された。

ヴァリニャーノの懸念は正しかった。フランシスコ会士は、土着の文化が原始的なものであったイベロ・アメリカで成功した自分たちのやり方に倣って、イエズス会士が尊重していた日本の成熟した文明を無視しがちであった。そのためフランシスコ会とイエズス会の宣教の進め方の著しい相違はすぐに明らかになった。メダイやロザリオや聖水の配布について、フランシスコ会士は自由にしていたが、イエズス会士は慎重だった。イエズス会士が権力階級の中で働いていたのに対し、フランシスコ会士は貧民に集中した。この二つのグループの間に激しい敵意が見え始め、彼らの手紙は、互いについての刺《とげ》のある非難に満ちていた。フランシスコ会士がイエズス会士の学識を中身がないと非難すれば、イエズス会士は批判者を「気の触れた修道士たち」と呼ぶという具合だった。彼らが喧嘩をしている間に、秀吉は宣教師についてスペインの襲撃を準備する五番目の部隊だという疑いを再び持ちはじめ、突然残忍な態度に出た。一五九七年二月五日の寒い冬の朝、長崎で、六人のフランシスコ会士と三人のイエズス会士を含む二六人のキリスト教徒を磔刑に処したのである。この人たちは、教皇ピウス九世（Pius IX 在位一八四六―七八年）によって、一八六二年に列聖された。フランシスコ会士を除く他の者は皆、日本人であった。三人のイエズス会士は、神学生の三木パウロ、ジョアン草庵、ディエゴ喜斎である。

その後まもない一五九八年九月に秀吉が死んだ。巧みな駆け引きと軍事的な成功により、家康が将軍になった。家康の最初の行動はイエズス会士を元気づけた。というのは、彼は宗教全般に対する寛容の態度を表明し、お抱えの通訳としてジョアン・ロドリゲス（Joãn Rodrigues 一五六一頃—一六三三年）を召し入れ、ヴァリニャーノを歓待したからである。改宗者はおびただしく、一五九九年春から一六〇〇年秋までに少なくとも七万人を数えた。

しかし、強力な引き波が教会の意向とは反対の方向に動いていた。仏教が復興しつつあり、家康自身も信仰の篤い仏教徒であったので、イベリア半島人について強い疑念を抱いていた。こうして一六〇〇年四月、宣教の落日を意味する非常にはっきりした兆しが現れた。ウィリアム・アダムズ（William Adams 一五六四—一六二〇年）〔日本名、三浦按針〕が舵をとる、オランダ船、レイフデ号[†19]が豊後に停泊したのである。家康は、貿易戦争において、ポルトガル人とスペイン人に対する格好の均衡勢力を得たことを悟り、新参者を歓迎した。ウィリアム・アダムズは通訳者としてロドリゲスに取って代わった。プロテスタントの船乗りたちは、反カトリック的言説を言い広めた。イベリア半島の影響力、またそれとともにイエズス会士の威信も失墜した。ヨーロッパの植民地勢力の間にある対立関係は、宣教師を日本での仕事から退かせる原因となった。キリスト教徒が名を連ねる政治事件によって、一触即発の状況が悪化した。一六一四年一月二七日、衝撃が走った。家康が宣教師全員の追放を命じ、日本人キリスト教徒全員にいずれかの宗派の仏教に復帰することを命じたのである。

この布告は、五三四人の人員から成る要理教育者と奉仕者を伴う、一一六人のイエズス会士の宣教団に打撃を与えた。一六一四年一一月七日から八日にかけて、なんとかして留まろうとする二七名以外のイエズス会士全員を乗せた小さな護送船が、かつて東洋の教会の大いなる希望であった三〇万人のキリスト教徒を残して、長崎を発った。

フランシスコ・ザビエルが中国の海岸沖の上川島で没してから三〇年後、二五名のイエズス会士がこの大帝国に入る門を叩いたが、退けられて終わったままになっていた[49]。外国人排除の法律が撤廃される日に備えて、イエズス会は、広東三角江の小さい半島にあるポルトガルの飛び領地、マカオに会宅を建てた。一五七八年にはヴァリニャーノが日本行きの途上、マカオに立ち寄っている。

インド、そして後に日本でそうであったように、この明敏な、将来を見通した司祭は、その後のイエズス会の中国についての計画に足跡を残した。彼は数か月間マカオに滞在して、できる限り中国文化を研究し、イエズス会が略奪者の西洋人だというイメージを断ち切らねばならないと確信して、宣教者たちのための一般原則を編み出した。すなわち、中国人の知的・精神的価値観に深い共感と尊敬をもつこと、可能な限り完全な言語の駆使能力を得ること、科学の知識を信仰に導き入れる足がかりにすること、著述と対話により使徒職を展開すること、この国の政府の基層である知識階級に特に関心を払うこと、信仰にもとづいた徳を第一義とすること、などである。彼はミケーレ・ルッジエーリ（Michele Ruggieri 一五四三―一六〇七年）をマカオに派遣して中国語を学ばせた。一五八二年、ルッジエーリは三〇歳の聡明な科学者かつ言語学者であるマテオ・リッチ（Matteo Ricci 一五五二―一六一〇年）〔中国名、

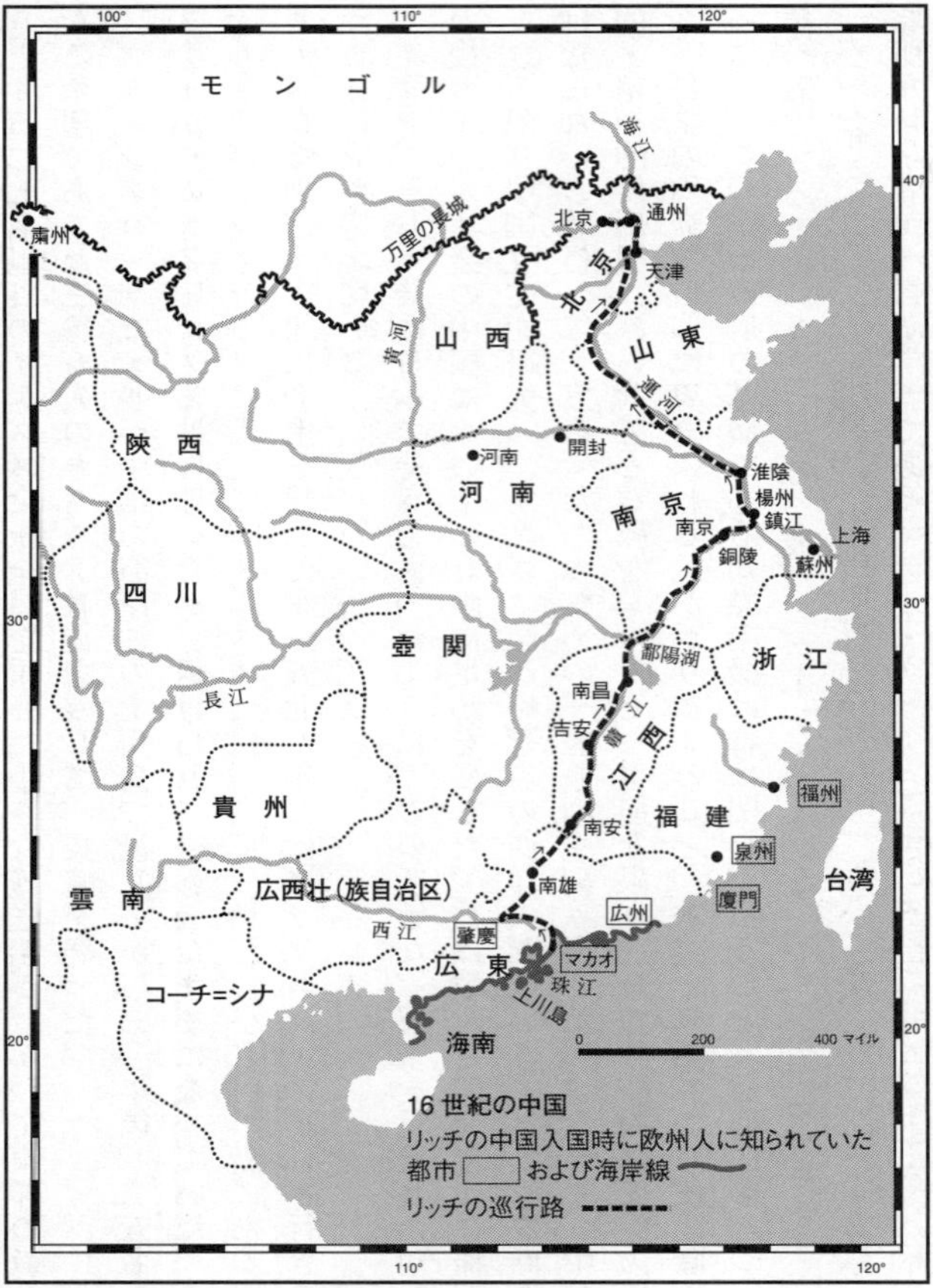

図2　マテオ・リッチの中国宣教の巡行地図
（K・C・ジョーダン作製、ヴィンセント・クローニン『西からきた賢者』より）
Cronin, Vincent. *The Wise Man from the West*. New York: E. P. Dutton & Co., INC., 1955.

マテオ・リッチ(左)と徐光啓（『幾何原本』より）

李瑪竇《りまとう》」を仲間に迎えた。一五八三年、中国の流儀を学ぶ二人の学徒は、念願かなって、帝国内に居住する機会を得た。リッチの数学の才能を耳にしたある中国人官吏が、彼と話をしたがって、二人に入国許可を与えたのである。ルッジエーリとリッチは肇慶《シャオキン》に住居のための敷地を手に入れ、そこはその後の二五年の間に南京、南昌、徐州、上海、北京に至るまでになった宣教活動の起点となった。

　リッチはたぐいまれな精神力と人間性に恵まれ、中国文化の価値に対する評価という点で、またその言語を完全に習得している点でも、ヴァリニャーノの原則を完璧に体現していた。リッチはおもに、国の支配権を授かっている知識階級の改宗にその努力を集中し、自然科学をカトリックの護教論の端緒として、時計、プリズム、数学用計器、油絵、世界地図を提示することで、彼らの知的好奇心に訴えた。一五九四年に彼は、官吏という上流社会の人々の間に出入りする許可を得た。この人々の間で彼の学問的な名声は、護教論、数学、天文学に関する二〇以上の中国語の著作によって高まった。そのうちのいくつかは中国文学史に栄誉ある地位を得ている。この優れた使徒職の副産物として、彼は、捉えどころがなく不可解なものであったキタイ〔中国北方遊牧民の建国した契丹(九一六―一一二五年)に由来する中国の別称〕の正確な位置という、ヨーロッパの地図製作者を長年迷わせていた一つの謎に回答を与えた。ばらばらの証拠の断片を組み合わせて、キタイとは中国にほかならないと示したのである。

ヴァリニャーノが決めた方針は、基本的に簡潔であるとはいえ、その適用には困難がついてまわった。このことをリッチは、中国人の生活の様々なことに関わるようになるにつれて理解していった。彼はキリスト教が非西欧文化の根絶を必然的にともなうわけではないと確信していたが、それでも、先祖や孔子(前五五一―前四七九年)を尊敬する伝統的な中国人の慣行や儀式が、啓示宗教と両立するかどうかを決める重責から解放されたわけではなかった。中国人は深い孝行心を重んじ血縁の絆が根強く、死者も生者と同様に家族の一員とされ、家には先祖たちを記念し祀るための祭壇が建てられていた。民族としては、彼らは、紀元前六世紀の学識と有徳の師である孔子以来の哲学的・倫理的伝統の中で暮らしており、孔子に対して祭儀的な仕方で畏敬の念を表していた。リッチはこれらの慣習の本質的な意味を理解するために古代中国の文献を研究し、知識階級に属する者が儀式を執り行う仕方を長年にわたって観察し、中国人の学者と問題を論じ合って、これらの儀式は、その起源においても本質においても、宗教的な特徴をもたない、民族的かつ社会的なものだと結論づけた。著名なリッチ研究者で、リッチ研究には不可欠な『リッチ資料』（*Fonti Ricciane*）の編者であるイエズス会士パスクアーレ・デリア（Pasquale d'Elia 一八九〇―一九六三年）は、リッチがこれらの儀式を「偶像崇拝でないのは確かで、おそらく迷信でさえもない」とみなしたと考えている。この儀式に関して広く軽信されていた事柄がリッチの意見を証明困難にした。しかし何世紀もの間に元の儀式に付着した、異論の余地のある事柄を正しく区別し取り除くことを、改宗者たちは教育によって学ぶことができるとリッチは考えた。そこで彼は、中国人カトリック教徒がこうした儀式に連なることを支持した。

とりわけ厄介であったのは、カトリックの真理を表す中国語の表現を見つけるという問題であり、それは異教の文明の語彙を自由に使った、初代キリスト教徒が直面した事態と似ていた。リッチは、古代の文献を何年も深く研究し、学者たちと相談した後、「天」（Tien）と「上帝」（Shangti）をキリスト教徒にとっての神の属性をもつ主権者を表現するものとみなした。

一六〇一年、リッチは帝国の首都北京にイエズス会の施設を設立するという念願を達成し、この地で九年にわたり、皇帝が静観する中、知識人の尊敬を受け続けた。他のイエズス会士が彼を援助しにやって来たことにより、改宗者は倍増し始めた。リッチが亡くなる一六一〇年までに、うち四〇〇人が北京在住者である二五〇〇人の中国人がカトリック教徒になり、後続の五年間にその数は二倍になった。リッチは献身的な修道士仲間をこの地に残したが、ある者たち、特にニッコロ・ロンゴバルディ（Niccolò Longobardi 一五六五―一六五五年）の心に、宣教の方法論についての疑念を残した。この疑念によってできた裂け目は、深刻な事態の前兆となった。とはいえ、中国の人々の目が主キリストに開かれることを望みつつ、官吏の装束である紫色の絹の長衣と黒い背の高い帽子を身につけ、駕籠に乗ったり、プリズムの説明をしたり、数学の問題を解いたりした、親切で情の厚い聡明なこのイタリア人司祭の思い出は、彼に続いて中国にやって来た、何世紀にもわたる多くのイエズス会士にとって勇気と着想の源泉となったのである。

カトリックの宣教史上でも最も驚くべきことに数えられる記録がある。一人のイエズス会の助修士がヘロニモ・ザビエルのインドとリッチの中国の間を陸路で結んだのである。インドのイエズス会士たちは、中央アジアの山脈の陰のどこかに隠された、キタイという謎めいた王国と、そこに多数のキリスト教徒の住民がいるらしいことについて数多くの噂を耳にしていた。このキリスト教徒と接触するために、イエズス会の長上はアゾレス出身の四〇歳の元軍人で、精力的で勇敢で敬虔なベント・デ・ゴエス助修士を選んだ。アクバルの宮廷でヘロニモ・ザビエルと共に働いた人である。

一六〇三年三月、ゴエスはアルメニアの商人に身をやつして隊商に加わり、「世界の屋根を横切る」旅を始めた。彼は、北部インドの平野を越えてヒマラヤ山脈を「山々の内側にある」カブール〔アフガニスタンの都市〕まで分け入り、高い峰の間を抜け広大な平原を越えてヤルカンド〔新疆ウイグル自治区の一都市〕、その後カラシャル〔トルキスタンの一都市〕に至った。この地でゴエスはキタイについての地理上の謎を解いた。彼はリッチを知っているイスラム教徒の商人に会い、その商人は、リッチが達した同じ結論へとゴエスを導く情報、すなわちキタイは中国であるという情報をもたらしたのである。のろのろした単調な旅程の末、この助修士は四川のはずれの砦に至った。そこに到着したのは一六〇六年二月である。ゴエスは北京のイエズス会士に手紙を送った。リッチは献身的な中国人の改宗者ジョアン・フェルナンデスをゴエスと接触させるべく派遣した。一六〇七年五月三一日、フェルナンデスはこの孤独で勇敢な人物が病気で寝ついているのを見つけた。その一一日後にゴエスは亡くなった。アグラを出て四年目のことだった。この助修士の二、三の遺品と、試練と危険のただ中で自らが真のキリストの弟子であることを示したという聖パウロの誇りが記されている聖書の一ページを、フェルナンデスはリッチのもとに持って行った。ゴエスは、キタイの探求のうちに天国を見出し、中国の辺境の寂しいその墓において、中国とインドにいる自分の兄弟であるイエズス会士と絆を結んだ。

アフリカ

アフリカでは以前の時期〔前章参照〕と同様、エチオピア、モザンビーク、アンゴラ、コンゴ

ペドロ・パエス

という四つの広大な地域が、イエズス会士の労力を奪い続けていた。これらの地域に、今度は第五の地域、ヴェルデ岬〔現在のセネガルにあるアフリカ最西端の岬〕が加わった。しかし、東洋とブラジルに赴いた人数に比べ、アフリカはイエズス会の人的資源をわずかしか受け入れなかった。各布教地で、イエズス会士の総数が片方の手で数えることができるほどのものであることもしばしばだった。

この時期のエチオピアは、宣教者の期待を大きく膨らませていた。かつてのアンドレス・デ・オヴィエドの宣教の不毛な結果にもめげず、イエズス会はこの地での宣教につながるいくつかの橋を架け続けておく努力を決してやめなかった。一五八九年に、ムガル帝国の宮廷で経験を積んだベテラン宣教師であるアントニオ・デ・モンセラーテと、ペドロ・パエス（Pedro Paez 一五六四—一六二二年）の二人のスペイン人が、アルメニア商人になりすまして入国しようとしたが、ムスリムが二人を捕え、六年もの間、牢とガレー船に留置した。一五九五年、マロン人のアブラム・デ・ゲルギス（Abram de Guerguis 一五九五年没）がマッサワに上陸したが、ムスリムに殺された。三年後、メルショル・デ・シルヴァ（Melchior de Sylva）がなんとかフレモナに辿り着き、そこでポルトガル人入植者たちを司牧した。

一六〇三年に忍耐の年月が実を結び始めた。先ごろ身代金を払ってムスリムから解放されたパエスは、エチオピア皇帝ザ＝デンガル（Za-Denghal 在位一六〇三―〇四年）の宮廷に迎えられた。皇帝はこの品のよい多才なイエズス会士に深く心を動かされ、さっそくカトリック教会の信仰を受け入れる意図を公にした。反乱が勃発し、皇帝は暗殺された。パエスは新皇帝スセニョス（Susenyos 在位一六〇七―三二年）の尊敬を勝ち得たものの、努めてゆっくりと動いた。民族の誇りにとって先祖が一〇世紀にわたり誤謬の中にあったことを認めることは、ほぼ不可能であり、そうであるならば一国の改宗には神学以上のものが関係しているということをパエスは見て取ったのである。パエスは控えめに着実に説くことで、ローマの優位性とローマ教会の守るべき道徳上の教えを、皇帝の心に深く植えつけた。スセニョスの心中のこの精神的な改革は、その宮廷に影響を及ぼし始めた。イエズス会士がさらに三人、この国の聖職者や知的指導者との神学論争のためにやって来た。一六一四年にスセニョスは、キリストの二つの本性〔神性と人性〕の教義を発布する時が来たと思った。反感の波が国中に広がり、アボウナは激しい反乱の中心地となった。「われわれの父祖の信仰、単性論」という叫びがそこかしこに響きわたって、忍耐の一〇年が破滅寸前にまで追いやられるのをパエスは目の当たりにした。

アフリカ南部においては、アンゴラがおもな布教地だった。だが、イエズス会士の数は決して多くなかった。一五八〇年には二人、一五八四年に四人、一五九三年に六人、一五九六年に二人、一五九七年に一人が赴任して来た。最も大きい派遣団である、六人の司祭と六人の助修士が一六〇二年に到着したが、一六〇七年までに六人の司祭全員が亡くなった。アフリカに赴任した者の中でとりわけ目立っているのが、アフリカで三二年間働いた、バルタサル・バレイラ（Baltasar Barreira 一五三八―一六一二年）である。彼の数多くの通信文は初期アンゴラ史の価値ある資料となっている。バレイラは現地人の中のカトリック教徒数の着実な増加を報告している。到着後一年とたたないうちに、彼はソンガ（Songa）という名のアンゴラ公子の子息と兄弟が受洗したことについて書き送り、この子息が、皇帝の緋色、オレンジ色のブーツ、長衣、白いダマスク織りの丸帽子を身につけた様子を描写している。バレイラは翌年、やはり華やかに装った公子ソンガに、洗礼を授けた。一五九〇年までに改宗者は二万人に上った。

戦争と奴隷制度という、特に厄介な二つの問題が、この地の宣教に影響を与えた。時には、現地人は、ポルトガルの征服に抵抗し、反乱を起こした。イエズス会の従軍司祭はポルトガル軍と共に行軍し、総督に強いられたり、あるいは愛国心に満たされて、しばしば過剰に軍隊との一体感をもっていた。一五八三年二月二日、ポルトガル人はとりわけ決定的な勝利を得た。バレイラは軍隊と一緒におり、戦場で勝利のために祈った。彼の手紙や他の資料が、征服のほぼ全貌を見せてくれる。これらの資料には、三〇人の男が、黒人の死者から切り取った鼻をおのおのたくさん携えて、入植地の総督のもとに行ったとあり、頭には花輪をつけ、手には棕櫚の枝をもったポルトガル人の行進、感謝のミサ、勝利の聖母を記念する、信心会の創設が描かれている。一五九六年、この布教地へのイエズス会の巡察使ペドロ・ロドリゲス（Pedro Rodrigues 一五四二―一六二八年）は、司祭たちに、自国の軍隊との過度の結びつきについて注意を与えており、それには効果があった。

第二の問題は奴隷制である。奴隷貿易はアンゴラにおいて主要事業であった。時にはアンゴラ人の首長たちが、他のポルトガル人にしていたのと同様に、ポルトガル王への臣下の礼を表す貢物として、奴隷をイエズス会士に与えた。ポルトガル人入植者がイエズス会士に奴隷を遺贈することもままあった。こうしたことは、当初からポルトガル人管区を悩ませていた、イエズス会の施設での奴隷使用の問題を再燃させた。しばしばポルトガル人の長上たちは、二、三人の奴隷を召使いとして所有する許可を求めた。ボルジアとメルキュリアンとアクアヴィヴァは拒絶した。アンゴラにおける奴隷所有という比較的単純な問題は、贈り物として受け取った奴隷を売るという、より厄介な問題へと広がった。宣教師の中には、これを宣教に資金を供給する合法的な方法だと考える者もいた。ヨーロッパのイエズス会士はこの報告に動転した。バレイラはこの行為を擁護し、取引を行うのに第三者を使い、その上で売上金を会に移すという、反感を避けるための工夫を説いて見せた。アクアヴィヴァはこの方策を退けた。そして、一五九〇年五月のポルトガルの管区会議は、総長の禁令は十全に尊重されるべきだと力説し、さらに、宣教者は必要ならば寄付に頼るべきであるとの声明を出した。こうした決定により、アンゴラの問題は当分の間取り除かれた。

その間にもイエズス会士は使徒としての活動領域を広げていた。彼らは気前のよい後援者を通して、立派な教会と堂々とした学院をルアンダに建てた。一六〇四年から一六〇八年の四年間に、進取の気概に富むバレイラが地方の首長と接触し、ヴェルデ岬諸島のヴェルデ岬とギニアとシエラ・レオネに宣教拠点を設置した。だが、赤道からわずか一五度上の、これらの国の体力を消耗させる気候はイエズス会士の妨げとなり、多くの者が早世した。(50)

ブラジル、スペイン領アメリカ、フィリピン

ブラジルでは、イエズス会士は、いまだ幼児期にある植民地が霊的にも文化的にも意気盛んな少年期へと成長する第一歩を踏み出すのを助けながら、この広大な植民地の成熟との結びつきをますます強めていった。二〇世紀の初頭に、駐米ブラジル大使ジョアキン・ナブコ(Joaquim Nabuco 一八四九—一九一〇年)は、ブラジル統一の創出における一大形成力はイエズス会だと述べている。彼は自分の国が、ユグノーありオランダ人ありの、三つか四つの広い区分に分かたれなかった原因を、カトリック信仰という絆に帰している。その際、海岸線と密林にカトリック教会を建てて、きわめて効果的に都市と森林を宗教の一致で結んだのは、イエズス会士たちであった、と。おそらく寛大すぎる評価ではあるが、とはいえこの大使の

判断は、ブラジルがイエズス会に非常に多くを負っていることを認めているという価値がある。[51] 東洋でそうだったようにこの地でも、一五八七年に航行した九人のポルトガル人に二人のイタリア人が加わり、彼らのような他国の者たちが貴重な助けとなった。とはいうもののの主導権は常にポルトガル人にあり、一五八八年と一六〇九年の間にブラジルに渡った者のうち、およそ五〇人がポルトガル人であった。

中でも、ポルトガルの支配権がスペインのフェリペ二世に移ったことと、管区のパラグアイへの進出という二つの出来事がこの時期のイエズス会士に影響を与えている。スペインの支配は、イエズス会を見下しているマヌエル・テレス・バレト（Manuel Teles Barreto）という総督をもたらした。バレトはガブリエル・ソアレス・デ・ソウザ（Gabriel Soares de Sousa 一五四〇頃―九一年）という不道徳な投機家と共謀し、現地人を犠牲にして金銭をかせぐ奴隷貿易を打ち立てた。この邪《よこしま》な協定に対して、日頃は穏やかなホセ・デ・アンチエタが全力で反撃した。デ・ソウザは、アントニオ・バレイロス司教（Antonio Barreiros 一六〇〇年没）を説得して、インディオが神を信じる能力がないと信じさせようとした。アンチエタは、現地人の共同体が信仰の真理に対して深く感動的に反応することを指摘した。彼の雄弁な話にもかかわらず――それは人間の尊厳への信頼に対する立派な証言であり続けているが――、アンチエタが手にしたのは、政府の奴隷貿易に対する決議に部分的な変更を加え制限を課しただけのものにすぎなかった。

一五八六年から八八年にかけて、ブラジル管区は奥地への重大な進出を行った。その数年前に管区会議で、司祭はパラグアイに向かって西方に進出するという問題を取り上げ、最終的に一五八六年一〇月に、五人から成る遠征隊が出発した。途上ではイギリスの海賊ロバート・ウィザリントン（Robert Witherington）が不安の種となったが、一行はブエノス・アイレスに到着した。彼らはブエノス・アイレスからさらに奥地に、コルドバまで前進した。一五八八年八月一一日、アスンシオンの町は、旅を終えたスペインのカタルーニャ出身のファン・サロニ（Juan Saloni 一五三七—九九年）とポルトガル出身のマヌエル・デ・オルテガ（Manuel de Ortega 一五六〇—一六二二年）、アイルランドのリメリック出身のトマス・フィールズ（Thomas Fields 一五四九—一六二五年）の三人を盛大に歓迎した。彼らは西進という、ノブレガの古い夢を実現したのである。

この遠征の間、一五八七年に、ジョゼ・デ・アンチエタが管区長としての任期を終えた。この優しい人物に対して、イエズス会の規則と『会憲』を適用するにあたり、彼が寛大すぎると非難する者もいた。あら探しをする人は、アンチエタの優しい病人看護は管区長の威厳を損なうと考えた。しかしイエズス会の巡察使クリストヴァン・デ・ゴウヴェイア（Cristóvão de Gouveia 一五四二—一六二二年）は、「ブラジルの管区長で、彼がしたことの半分でも成し遂げられる者はないだろう」と、よりバランスのとれた判断を下している。その一〇年後の一五九七年七月九日に、やせ衰えて小さくなり、しわだらけの、手足も不自由になった人が亡くなった。臨終の時にもなお、その心は喜びに満ち陽気で、最後の詩の断片を作った。アンチエタの偉業の記録はその膨大さの点で驚くべきものであるが、よりすばらしいのは、彼の内面で燃える心であった。その心は彼の手紙を貫いており、「仕事のただ中で観想的であること」という、イグナティウスがその息子たちのために立てた目的を、アンチエタがしっかり把握していたことを明らかにしている。彼は次のように記している。「私たちは、常にキリストを私たちの同伴者にしなければなりません。……私たちが時にキリストを拒んでも、この方は私たちの心の扉をいつも叩いておられます。この方の望みは、この扉の奥に入り、父と聖霊と共にそこに住まい、私たちの魂のすみずみまでも満たすことなのです」。アンチエタは、何年も前にコインブラで、『霊操』の中で学んだ「キリストと共なる者となること」という理想を、ブラジルで霊性の源泉となるその土壌に移植した。ノブレガと共に、アンチエタは、赤杉の地へと彼に続いたすべてのイエズス会士にとって、着想の源であり続けている。

スペイン領アメリカでは、イエズス会の宣教は北部でも南部でも、都市部と森林地帯で同時に行われた。総長が、大西洋を渡る第一の目的は文明化されていない諸民族の間で働くことだということを自分の部下たちに思い出させたように、イエズス会が学校を建てた大植民都市は、彼らの最終的な関心の的にはならなかった。つまり都市は、古くからのスペイン領とアメリカの密林、山という未開地の間に置かれた飛び石だったのである。

メキシコではイエズス会士は一六〇〇年までに七つの学院を開設した。彼らは未開人の中で行う最初の主な宣教事業として、サカタカスの鉱山に進軍してくるスペイン人に対して粘り強く応戦していたチチメコ・インディオと接触し、彼らを教育し、戦士であり定住生活をしなかった彼らを、かなり短い期間で、村に定住する農夫に変えた。触れるものすべてを黄金へと変えるミダス王[†20]（Midas 前七一〇年頃）のように、この世紀の偉大な宣教師に数えられる、ゴンサロ・デ・タピア（Gonzalo de Tapia 一五六一頃—九四年）は、蛮行と残忍のこの地に平和という黄金をもたらした。

デ・タピアはマルティン・ペレス（Martin Perez 一六二六年没）と共に北方に進出してヌエバ・ビスカイヤに至った先駆者であった。その進出は一五九一年に始まり、のこぎりの歯のようなシエラ・マドレ山脈の東端と西端に分かれて、二つの縦列で進んでいった。宣教のパターンは同じだった。イエズス会士は真の魂の征服者（コンキスタドーレス）として、放浪する部族を工芸や文化的技術を学ぶことができる村に定住させながら、峡谷から峡谷、川から川、谷間から谷間を突き進んだ。前進を開始してから六か月以内にいくつかの村が設立され、千人以

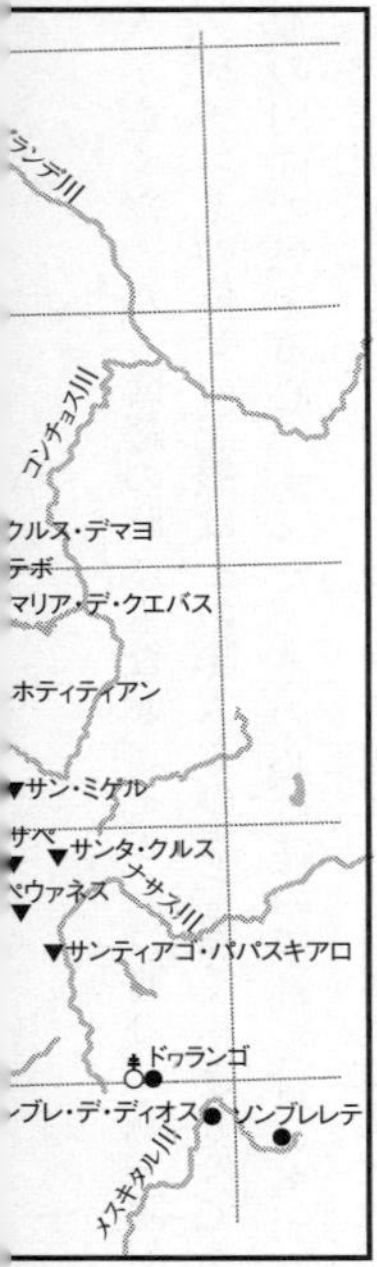

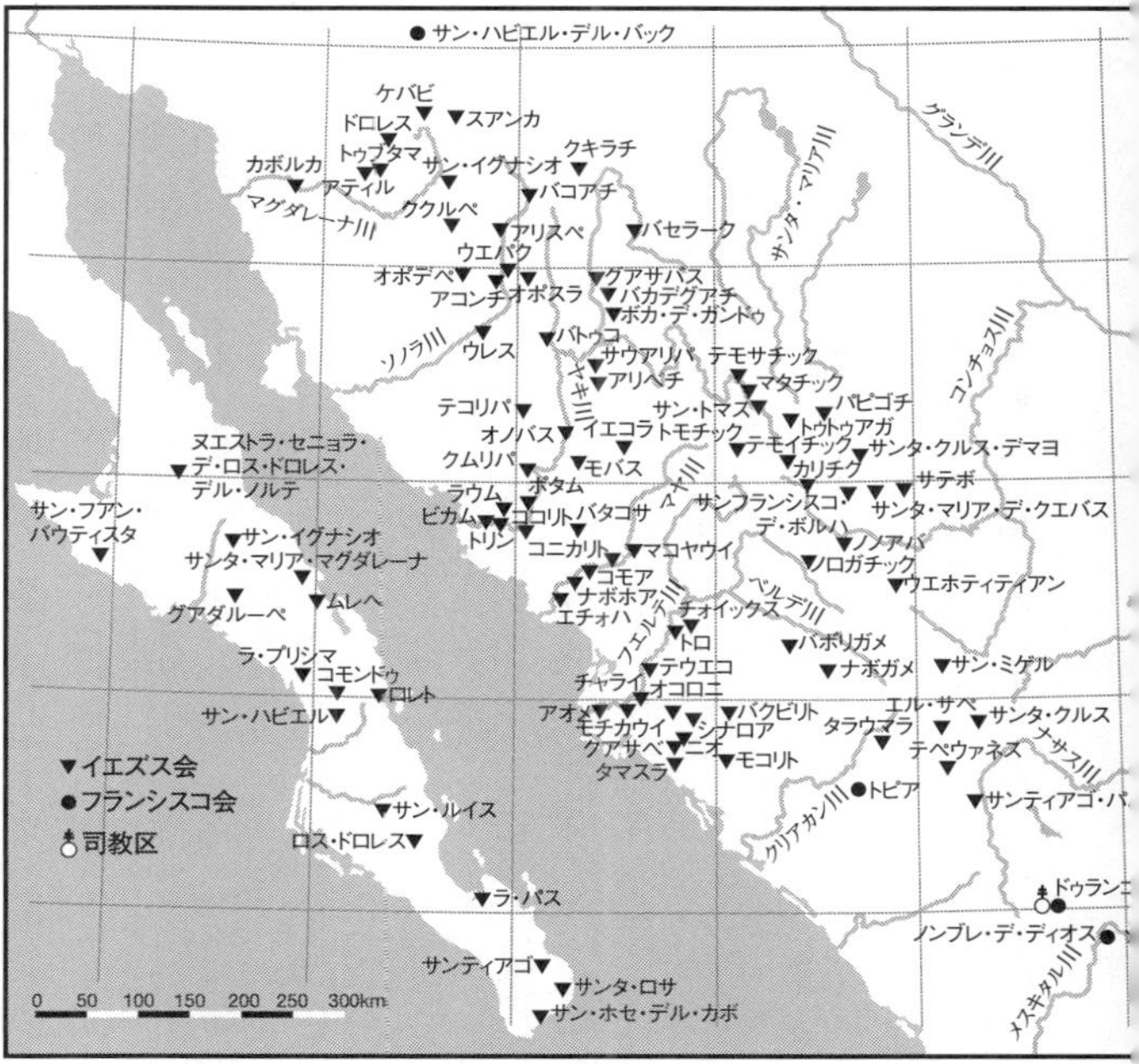

図3　1720年頃までの北メキシコ（バハ・カリフォルニア州、ソノラ州、チワワ州、シエラ・マドレ山脈）におけるイエズス会布教地図
（ヘルダー社『世界教会史地図』より）

上のインディオが受洗した。一六〇〇年までにイエズス会士は、シナロア川とモコリト川沿いの一三の村のために働く八つの布教地を担当した。派手な指揮者エル・カピタン・ウルダイデ（El Capitan Hurdaide）の後、宣教師はフエルテの谷間全体を教会に加え、マヤ川流域では三万人のインディオを教会へと導いた。メキシコから現在の合衆

国の南西部に至る広大な地域が、並はずれて工夫に富んだこうした宣教活動により、イエズス会の地として知られるようになった。極東のポルトガル人イエズス会士たちと同様に、スペイン領アメリカにいた者たちは、同僚として他国出身のイエズス会士を迎え入れた。一五七二年から一六一九年の間にイタリアから三七名、ポルトガルから一七名、フランスから七名、ネーデルラントから五名、デンマークから二名、イギリス、アイルランド、キオス、ドイツ、ポルトガル領アフリカ、フィリピンから各一名がメキシコに到着している。これらの者たちは、スペイン人でなければスペイン領インドに赴くことが許されないとするマドリードの政策を、なんらかの仕方で出し抜いてきたのだった。この政策はほぼ全面的にスペイン管区に人的資源への責任を負わせるもので、一七世紀が進むにつれ、深刻な危機を招いた。経済的な窮迫が重圧を増したのである。総長に向けられた数多くの私信が困窮と欠乏の生活を描写している。一六〇〇年の三年ごとの報告書によれば、グアダラハラの学院を除き、メキシコの七つの学院はすべて赤字になった[52]。

南米では、カルタヘーナ、ボゴダ、キト、サンティアゴといった都市と、北はヌエバ・グラナダからペルーの膨らんだ中央部に沿ってチリ南部に広がる、スペイン文明の大三日月地帯に沿って、イエズス会士は学院や教会を建てた。アーチを描いて並ぶこの諸々の都市のうち、カルタヘーナは、特定の社会現象と一人の際立った司祭のゆえに、穏やかな人情味のある仕方でイエズス会の歴史に結ばれたものとなった。カルタヘーナは奴隷貿易の港であり、アロンソ・デ・サンドバル（Alonso de Sandoval 一五七六―一六五二年）の宣教拠点であった。精力的な使徒であると同時に学者であるサンドバルは、手とペンによって、感情のない船荷のように町の市場へと投げ降ろされる、哀れな肌の黒い悲惨な人々のために働いた。奴隷船が到着すると、この司祭は出動し、生きている者も死んでいる者ももろともに六人組にされて首と足に枷をはめられた臭気を放つ奴隷に洗礼を授け、彼らを慰め、体を洗い、食べさせた。サンドバルは学者らしい好奇心と理解力を用いて奴隷貿易に関する多様な資料から考えをまとめ、『黒人の気質、宗教、慣習、儀式、迷信』（一六二七年）を著した。同著は今なお、奴隷制という主題に関する必須の文献である。

ヌエバ・エスパーニャ沿岸に重くのしかかる、大陸を覆う密集した森林は、イエズス会士にやりかけの仕事を常に思い起こさせていた。その森林の中には、未開の度合いも様々で、素直な者もいれば獰猛な者もいる幾百万もの原住民が暮らしており、彼らの改宗がイエズス会にとっては実際上、最先端の事業になっていた。東エクアドルのアンボバガクア族とカロナダ族とコファネ族の間で主役を演じたのはラファエル・フェレル（Rafael Ferrer 一五六六―一六一〇年）である。彼は一〇年にわたる活動の中で、三つのキリスト教徒の居住地の礎を築き、一六〇一年、その働きの最後を殉教によって飾った。チリのインディオのアラウカン族は、スペイン軍が今まで遭遇したことがないほどの荒々しく不屈な精神の持ち主であったが、彼らの間ではルイス・デ・バルディビア（Luis de Valdivia 一五六一―一六四二年）とガブリエル・デ・ベガ（Gabriel de Vega 一五六三／六七―一六〇五年）が奮闘し、争いの混乱の中で三人の仲間のイエズス会士が命を落とした。パラグアイの素朴で無邪気なグアラニ族の間では、フランシスコ・デ・アングロ（Francisco de Angulo 一五三八頃―一六一二年）とアルフォンソ・デ・バルセナ（Alfonso de Barzena 一五三〇頃―九七年頃）が数千人に洗礼を授けた。

個々の布教地すべての中でグアラニ族の間にある布教地は最も記念されるものとなった。宣教師が「保護統治地」（reducciones レドゥクシオネス）と呼ぶパラグアイの村々を発展させたのは、この人たちの間でのことだったからである。アクアヴィヴァからの指令がこれらの施設創設の直接の推進力となった。総長は、指導を継続して受けることがない放浪の民に大規模な離教の危険があることを理解し、インディオを定住地に集めることを命じたのである。一六一〇年にマルシエル・デ・ロレンサナ（Marciel de Lorenzana 一五六五―一六三二年）は数家族を集め、パラナ川の北岸から五六キロほど離れた、パラナ川とパラグアイ川の合流点のやや東よりに、サン・イグナシオ村を創設した。同じ年に、さらに東に、二人のイタリア人ジュゼッペ・カタルディーノ（Giuseppe Cataldino 一五七一―一六三五年）とシモネ・マスチェッタ（Simóne Mascetta 一五七七―一六五八年）が、二〇〇人のグアラニ族のためにヌエストラ・セニョーラ・デ・ロレトの村を設立した。これらのささやかな始まりは、パラグアイ保護統治地という見事な木に育つからし種であった。

南米におけるイエズス会士の幅広く多様な活動の中心に出現したのは、イグナティウスが息子たちのために考えた祈りと使徒的活動の調和的一致の顕著な具体例であった。ディエゴ・アルバレス・デ・パスは、一五八四年にスペインからペルーに渡った。彼の管区長はデ・パスが明らかに黙想に惹きつけられているのに気づき、使徒的活動とこうした心ばえとを統合する能力が彼にあるのかを心配し、アクアヴィヴァの助言を求めた。総長は管区長に、この若い司祭に共感をもつよう指示した。「祈りの精神は、従順と会の聖職に反しない限り、会にとって、相容れないものというよりむしろふさわしいもの」だからである。アルバレス・デ・パスの、著作家、教授、長上としての際立った業績は、アクアヴィヴァの信頼の正しさを証明した。デ・パスの三冊の書物、『霊的生活とその完成』（*De vita spirituali eiusque perfectione*, 1608）、『悪の根絶と善の促進』（*De exterminatione mali et promotione boni*, 1613）、『平和の探求』（*De inquisitione pacis sive studio orationis*, 1617）は、深い観想から来る力と情熱的な愛情の人の作品であり、デ・パスが感情的な祈りについての独創的な理論家であることを示している。

スペイン人イエズス会士はアメリカから遠く極東まで進んだ。一五八一年にそのうちの四人が、他の修道会の修道士に加わって、フィリピン諸島というアジアの広大な異教地帯の民衆をほぼ完全にカトリック教徒にした。この新しい事業を率いたのは、その九年前にメキシコに布教地を設立した経験のあるベテランのアントニオ・セデニョであった。一〇年のうちに一〇〇人のイエズス会の人員が、広大な海域にある群島のいくつかで働いていた。一五九五年のマニラの学院と、一六〇一年のサン・ホセの神学校の創設をかわきりに、学校が建造され始めた。このサン・ホセの神学校は、フィリピンそしておそらくアジア全域で、最も長く存続している教育施設である。一六〇四年にペドロ・チリノ（Pedro Chirino 一五五八頃―一六三五年）がその著『フィリピン諸島についての報告』（*Relación de las Islas Filipinas*）を公にした。これは、島々の広大な連なりの中で生きる諸民族とその文化についての、最初の、細目にわたる記述に数えられる。

スペイン領からはるか北の、アカディアのポール＝ロワイヤルとメイン沿岸のサン・ソヴールでは、二人のフランス人イエズス会士、エヌモン・マセ（Enemond Massé 一五七五―一六四六年）とピエール・ビヤール（Pierre Biard 一五六七／八八―一六二二年）が、北米のフランス領に初めて活動拠点を設置することを試みた。彼らは一六一一年から一六一三年にかけてわずか二年間留まっただけで、ヴァージニアからやって来たイギリス人にこの布教地を略奪され、逃れることを余儀なくされた。しかし、端緒は開かれていたため、一六三二年にこの地に戻ると、フランス人イエズス会士は、宣教の歴史における最も輝かしい時代の一つを開いた。

宣教の諸問題

宣教の進展にとって妨げが、ことごとくその地の住民に端を発していたわけではなかった。厄介な問題の中にはヨーロッパ人自らの中で生じたものもあり、それらは一八世紀後半のイエズス会弾圧まで尾を引いた。その中でも特に重要であったのは、王室の聖職推挙権と宣教師の関係についてと、修道会の会員と彼らの司教との関係についての、二つの問題であった。王室の聖職推挙権（スペイン語ではPatronato Real、ポルトガル語ではPadronado Real）とは一般に、スペイン君主とポルトガル君主が、植民地世界全体にわたる教会の後援者として、その地位の中に受け継いできた権利と義務の総体である。一五、一六世紀の教皇は、ヨーロッパの勢力の均衡とトルコの脅威という問題に忙殺されており、突然目の前に現れた新世界に配慮する備えがなかった。そのため教皇は、イベリア半島の君主たちに、司祭を布教地に送る費用と、かの地での生活費、教会建設費を負担する見返りとして、空位の司教を推薦すること、教会の税制を運営すること、聖職者を管理することという特権を保証した。一七世紀半ばには、教皇は、長年にわたる政治状況の激変に際して、王室の聖職推挙権が教会の権威にとっての強力な脅威となったことを悟った。同じ頃、両植民帝国の中では、法律および管轄権問題が宣教事業の調和を乱していた。教会に献身する人物、自己を顧みず犠牲にしている人たちが、管轄権の範囲、自分のところにあるいくつかの諸修道会の相互関係、高位聖職者と植民地行政によって行使される権威の合法性、といった問題についての面倒な論争に、精力と才能を分散させていた。そしてたびたび相互の人格攻撃がなされる中で、ただ悪のみが拡がっていった。

イエズス会もこうした厄介ごとに加わっていた。地方の行政府は折にふれて個々の修道士の転任における発言権を要求した。こうした要求をアクアヴィヴァは断固拒否した。この種の事柄の一つが、一五九八年にフィリピンで起きた。政府当局が、修道士の移動についての通知を出すよう要求したのである。イエズス会士は他の修道会と一致して、もしこの要求が通されるなら布教拠点から引き上げると当局に告げた。行政府は要求を取り下げた。再び、一六二九年にフェリペ四世（Felipe IV スペイン王在位一六二一―六五年）は、布教地の長上職が空位となった折には、修道会の長上が三名の候補者を提出するよう命じ、その中から政府の当局が一名を選出することとした。前任者のアクアヴィヴァ同様、総長ヴィテレスキ（Muzio Vitelleschi 一五六三―一六四五年、総長在位一六一五―没年）はこの種の干渉を退けた[53]。

第二の問題は、司教とイエズス会士の関係に関わっている。司教がその管轄下の宣教師に命令を下す権利と、修道会の会員としての宣教師の立場との折り合いをつけることは困難であり、そこに誤解の潜在的な源があった。個々の修道者は、司教と、その者が従順の誓願によって結びつけられている長上という二つの権威の間で板挟みになっていた。司教がイエズス会士や他の修道会の司祭が担当している教会に公式訪問する際に、しばしば争いが生じ、平和と調和が破られた。スペインの植民地の諸地域で勃発する衝突を考慮して、グレゴリウス十五世（Gregorius XV 在位一六二一―二三年）は、一六二二年にメキシコ大司教に問題解決に向けた概要を述べた一つの教皇令を送った。それは一方では、諸教会を巡察し、秘跡の執行と公の礼拝の状態を吟味する司教の権利を尊重するとともに、他方では修道士の個人の振舞いについてはその長上が責任を負うとし、修道会を尊重するものであった[54]。このたぐいの論争を事とする問題が宣教師たちにつきまとい、それはやがてイエズス会弾圧につながっていった。

こうした管轄権をめぐる論争とは別に、より文化的な性質の問題があり、それについての政策をはっきりと形にするよう、スペインとポルトガルのイエズス会士は迫られた。それは、布教地の現地人がイエズス会へ入会するのを認めるべきかという扱いにくい問題であった。この問題に対する答えは地域により異なっており、しばしば、現地人を聖職者にすることの適否という、より広い問題への反応を映し出していた。このことは、司祭職志願者の出自の文化的環境に拠るところが大きかった。長崎や北京の教養ある改宗者は、メキシコのシエラ・マドレ山脈や南米のアマゾン流域の現地人より、司祭として初めからもっている潜在能力が高かった。

スペイン人イエズス会士はごく自然に、スペインの植民地教会での経験と立場という枠組みの中でこの問題に近づくことになった。早くも一五三六年――イエズス会が世に出る四年前に――カール五世は、行政と教会の危急の要請に応えて、一般学生の教育に資するとともに、現地人司祭の養成のために、メキシコにサンティアゴ・トラテロルコ学院を開設し、フランシスコ会士が学校を率いた。しかしこうした進歩的な一歩は、インディオが司祭の召命にふさわしくないという強い不満が噴出した結果挫折した。この挫折は、現地人を司祭にすることに対するためらいばかりかこれに対する反対の波をひき起こし、この波はスペイン植民地の最もはずれの海岸にまで届いた。教会で定められた法律がこの否定的な態度を固めた。ある重要な人種的区別がこの法律に微妙な陰影を与えた。インディオは純血の現地人、メスティーソはヨーロッパ人と現地人の混血、クレオール〔スペイン語圏の中南米で生まれ育ったヨーロッパ人〕はヨーロッパの両親をもつ植民地生まれの者である。たとえば一五五五年には、第一回メキシコ会議がインディオとメスティーソに対して、彼らがムーア人の子孫と共通点があるという理由で叙階を拒否した。そして一五九一年の第二回リマ会議は、インディオに対して、つい最近改宗したばかりだという理由で、聖職を閉じた。鼓舞するものではなく禁止するものであるこの種の法律が、現地教会の司祭職への大きく深い志をことごとく奪った。[55]

こうした経緯の中で、スペイン植民地におけるイエズス会の政策ははっきりとした一般化を避けた。この時代の傑出したイエズス会士の一人で、ペルーでの骨身を惜しまぬ活動だけでなく、布教地の存続のための論理的根拠を明確に述べるのに努めたことで有名な人物が、ホセ・デ・アコスタである。一五七六年に書かれたが出版は一五八八年になった、アコスタの『インディオの永遠の救いのための宣教』(*De procuranda indorum salute*)は、この種の文献中の傑作である。彼は原則と実行を区別している。その考えの基本となっているのは、司祭職はインディオに閉ざされていないという主張であった。だが、彼は、現時点ではこの原則は適応されるべきではないと感じていた。それは、これほど大きな責任に対してインディオが生まれつき本性的な能力に欠けているという理由によるのではまったくなく、ただ彼らに教育が不足しているからである。いったん教育されれば、インディオは祭壇に立つにふさわしい者となることができる。アコスタは希望をもって述べ、アイルランドの歴史の中にこの希望の拠り所を見つけた。かつてはアメリカのインディオよりもさらに野蛮な民であったアイルランド人は、忍耐強く訓練された結果、未開の状態から脱して熱心で文化的な民へと発展した[56]、と。

アコスタは、原則として、インディオに対して否定されえない事柄は、メスティーソにも開かれていなければならない、と主張した。彼はメスティーソの中から、異教徒の父とユダヤ人の母から生まれたにもかかわらず、初代教会においてすばらしい働きをした、第二のテモテ（Timotheos〔使徒言行録一六・一〜三参照〕）が生まれうると考えた。しかしながら、古来よりの教会の伝統の中で司祭の尊厳として理想とされてきた慎重さが、アコスタに、メスティーソを聖職に進ませることをいまだなお躊躇させていた。すでにインディオの言語に精通しているこの人たちは、時がたつにつれて、立派な生活の仕方によってその言語能力に見合う者となるであろう。楽観主義が未来を見つめるアコスタの著作の色調となっている。

アコスタが現地人司祭の創出に関する意見を書く以前にも、フランシスコ・ボルジアは総長として聖職の実務上の指示をする中で、布教地からのイエズス会への召命を高く評価していた。メキシコの管区長ペドロ・サンチェスへの指令の中でも、現地人の召命の選択における慎重さを強調する一方で、彼はクレオールもメスティーソもインディオも排除しなかった。イエズス会のメキシコ管区の名簿は、地方のイエズス会の政策を覆う幕を引き上げ、概ね制限的な教会法に鑑みても、非常に興味深い行動の経過を明らかにしている。一五八五年に、メキシコ管区における一四四名のイエズス会士のうち、三七名はヌエバ・エスパーニャの生まれであった。残念なことに、この名簿はこの人たちの人種を特定していない。一五九二年には全体で二一六名のうちの六一名、一六一九年には三四八名のうち一二一名がアメリカ大陸生まれであった。スペイン領アメリカの他の管区の名簿についてのさらなる研究は、同様の状況を明らかにするかもしれない。フィリピンに関しては、ローマで会に迎えられたアロンソ・サンチョ（Alonso Sancho）という一人の助修士を除き、一七六八年の会の追放の年まで、生粋のフィリピン人でイエズス会に受け入れられたという記録はない[57]。

ポルトガルの影響圏内での基本的な態度は、程度の差があるとはいえ、現地人の聖職者の養成を支持するものだった。一五四一年、フランシスコ・ザビエルがリスボンを去ってインドに向かった年に、ゴアにインド人のための神学校が開かれた。マラバル出身の何人かの司祭がすでに叙階されていた。現地人司祭のために数箇所の養成施設を創ることにより、カトリック世界の各司教区が神学校を設立すべしという、トリエント公会議の布告を、インドは二〇年先取りした。常に普遍的な視野をもつアレッサンドロ・ヴァリニャーノは、極東の人々の中からの司祭と修道会士の召命を奨励することを目指してイエズス会の政策を決めた。

彼は日本に司教を置くべきことを強く主張した。しかも彼は、言語、習慣に疎いヨーロッパ人司教を欲したのではなく、日本人自身からいつかこの重責に就くことができる人物が輩出されることを望んだのである。ヴァリニャーノは、日本文化の程度の高さに感銘を受け、西欧人が日本語を学ぶ非常な困難を理解して、日本人を教区司祭、イエズス会司祭、さらにイエズス会において修道生活を送る助修士になるために養成することを強く主張した。ポルトガル人長上のフランシスコ・カブラルが賛成しなかったため、ヴァリニャーノは巡察使として、カブラルを自分の意見に同情的なガスパル・コエリョに交替させた。一五九〇年には七〇人のイエズス会士が養成中であった。一六〇二年には最初の二人の日本人イエズス会士の司祭が叙階され、一六〇四年には最初の教区司祭が叙階された。

しかし、若干の反対要因が、ヴァリニャーノの野心的な計画を減速させた。計画された神学校のための財政支援がヨーロッパから届かなかったのである。また、ラテン語は多くの学生にとって障害となった。加えてヴァリニャーノの妨げになったかもしれないのは、ジョアン・ロドリゲスが日本人について抱いていたかなり批判的な見解であった。一五九八年二月にロドリゲスはアクアヴィヴァに、この民族は優柔不断で気まぐれであり、一〇〇余人のイエズス会の仲間の中には叙階にふさわしい者が一人もいないと書き送った。アクアヴィヴァはイエズス会の司祭志願者の適性を決めることにおいて厳しい態度をとり、ヴァリニャーノが亡くなった四年後の一六一〇年に、四〇歳以下の日本人の叙階を禁じた。彼らの多くはこれに憤慨し、反抗的になった[58]。その後、国外追放がすべての計画を混乱させた。日本人以外の他のアジア人に関してはヴァリニャーノはそれほど楽観的ではなく、インド人の司祭職への受け入れは支持したが、イエズス会への受け入れは支持しなかった。中国宣教の扉が開かれて、イエズス会の宣教師は、再び高い教養のある民族と接触し、ヴァリニャーノの日本人に対する態度を自分のところでも採用した。やがて、日本におけるよりも時間はかかったが、中国人がイエズス会に入会し、聖職に進んだ。一六六四年に最初の者が叙階された。中国に吹き荒れた多くの嵐の中で、イエズス会士は、偉大なヴァリニャーノによってアジアの空に掲げられた光、現地人聖職者の価値と尊厳という光を、導きの星と仰ぎ続けた。

結論

一六世紀の後半の年月を通して活動する中で、イエズス会は二つの面で、顕著な内的強靭さと弾力性を発揮した。その第一は会内部の深刻な危機を切り抜けたこと、第二は、西欧とは異なる人間的諸価値に対して、これまでになかった開放的な態度を明示したことである。

一九世紀の著名な学者マティアス・シェーベン（Matthias Scheeben 一八三五―八八年）は、一六世紀のイエズス会神学者について、「創立されたばかりのイエズス会の会員たちが一番大きな役割を果たした」と評している[59]。ベラルミーノ、スアレス、トレド、グレゴリオ・

デ・バレンシア、モリナ、ガブリエル・バスケス、フォンセカ、ベカヌス、レッシウス、コルネリウス・ア・ラピデによって神学が栄えた。弾圧以前の時代のイエズス会にこのような才能の群れが再び現れることはなかった。エミール・メルシュ（Émile Mersch 一八九〇―一九四〇年）、アンリ・ド・リュバック、テイヤール・ド・シャルダン（Pierre Teilhard de Chardin 一八八一―一九五五年）、ジョン・コートニ・マレー（John Courtney Murray 一九〇四―六七年）、モリス・ド・ラ・タイユ（Maurice de La Taille 一八七二―一九三三年）、カール・ラーナー（Karl Rahner 一九〇四―八四年）を生んだ時代が同じくらい優れているかどうかはただ時間だけが決めることである。

シェーベンの意見に示されるような、創造性と力強さと進取の気概が、他の多くの分野についても、イエズス会の努力を特徴づけている。リッチとデ・ノービリは、東洋の文化に信仰を適用させる秀でた企てによってイエズス会士に着想を与え、ヴァリニャーノは東洋の布教地に展望を開き、アロイシウス・ゴンザーガ、スタニスラウス・コストカ、アロンソ・ロドリゲス助修士は、イグナティウス、ザビエル、ボルジア、カニシウス、ファーヴルに続いて、英雄的聖性を達成しようとする衝動を継続させ、大西洋ではアセヴェドが、日本では三木パウロとディエゴ喜斎とジョアン草庵が、イングランドではキャンピオンとサウスウェルが、アフリカではシルヴェイラが、教会のための殉教の伝統を存続させた。聖性と学問のみずみずしい流れがイエズス会という泉から湧き出ていた。

第4章

政治・文化の新たな覇権国家からの挑戦（一六一五―一六八七年）

総長たち

一六一五年から一六八六年は七人の総長がイエズス会を率いた。ムツィオ・ヴィテレスキはそのうちの最初の総長として三〇年間会を治めた。次の四〇年間の、後続の六人の平均在職期間はわずか六年半であり、中にはかなり年をとっていて体調もよくなく、総長職という重職が要求する、責務遂行のための活力と機敏さを欠く者もいた。

五一歳のヴェネツィア人、ムツィオ・ヴィテレスキは一六一五年一一月に総長に選出された。彼は思慮深く賢明にイエズス会を導き、イグナティウスの原則に対する自身の責任を懸命に果たした。しかしアクアヴィヴァほど大胆ではなく、イエズス会を「脅かしている諸々の危険」のせいで、ともすれば他のことを考える余裕がなくなり、「危険な」（periculosus）という形容詞を口癖にするほどであった。[1] ヴィテレスキは一六四五年二月九日、八二歳で没した。第八回総会が召集された時、教皇インノケンティウス十世（Innocentius X 在位一六四四—五五年）は、異例の要請によって代表者たちを驚かせた。教皇は、総会を運営するにあたって既定の手続きをふむことをいったん保留し、新総長を選出する前にみずから作成した一八の一連の問題について検討することを求めたのである。これらの問題の中には、アクアヴィヴァの総長時代におきた騒動の記憶を呼び起こすものもあったが、総会を一定間隔で定期的に召集することの適否、総長ではなく各管区の地方会議による管区長の任命、総長自身による管区訪問、といったことも含まれていた。代表者たちは一か月の間これらの問題を徹底的に吟味した。九年ごとの総会召集が適当であるということについては合意が形成されつつあったが、他の点についてはそのようなわけにはいかなかった。一六四六年一月一日、インノケンティウス教皇は審議が熟慮に熟慮を重ねてなされたことに動かされて教皇書簡を発布したが、そのうちの二つの点がイエズス会の運営に大きく影響した。一つは、教皇が九年ごとの総会の召集を命じたこ

ムツィオ・ヴィテレスキ

ヴィンチェンツォ・カラファ

フランチェスコ・ピッコローミニ

と、もう一つは、総長以外の長上の任期が三年に限られ、さらに退任した長上が再び長上に指名されるまでに一年半の期間を置くべきことを教皇が指示したことである。この指示は、会の運営をかなり妨げた。というのは、一つの共同体を賢明に導くのに必要十分な、すぐれた能力を備えた人物がいつでも任務につける状態にあるとは限らなくなったからである。インノケンティウス教皇が教皇小書簡を発布した六日後、総会は、ナポリ王国出身の六一歳のヴィンチェンツォ・カラファ（Vincenzo Carafa 一五八五―一六四九年、総長在任一六四六―没年）を総長に選出した。その聖徳と、修練長、修道院長、管区長を歴任した幅広い経験が高く評価されたのであった。

その後、複数の総長が次々と交替した。カラファは三年あまり在職して一六四九年六月八日に亡くなった。第九回総会では同年の一二月、七五歳のシエナ出身者、フランチェスコ・ピッコローミニ（Francesco Piccolomini 一五八二—一六五一年、総長在任一六四九—没年）が総長に選出された。三つの管区の指導ですでに疲れきっていたピッコローミニは、一年半の活動の後一六五一年六月一七日に亡くなった。一六五二年一月二一日の第一〇回総会は、ローマ出身のルイジ・ゴッティフレディ（Luigi Gottifredi 一五九五—一六五二年、総長在任一六五二年）を選出した。ゴッティフレディは総会がまだ協議している中、一週間にわたって病床に伏し三月一二日に亡くなった。その九日後、代表者はユリアス出身の七〇歳のドイツ人ゴスヴィン・ニッケル（Goswin Nickel 一五八四—一六六四年、総長在任一六五二—没年）を選出した。

先回の総会から九年を経た一六六一年に、第一一回総会が召集された。代表者たちは深刻な問題に直面した。ニッケルは八〇歳で病いも重く、明らかに総長の任に耐えなかった。彼は総長代理を立ててもらうことを要請したが、それは総会が決定することになる規定次第であった。代表たちは、総長職の継承権のみならず、総長の全権の全般的かつ自由な行使を即時に享受することになる総長代理を選出する権限を、教皇アレクサンデル七世（Alexander VII 在位一六五五—六七年）に求め、教皇はこれを許可した。一六六一年六月七日、総会は、ローマ管区の会員で、人望のある説教者であり、かつ厳しい苦行の人であるジョヴァンニ・パオロ・オリヴァ（Giovanni Paolo Oliva 一六〇〇—八一年、総長在任一六六一—没年）を総長代

ジョヴァンニ・パオロ・オリヴァ（ジョヴァンニ・ロレンツォ・ベルニーニ作）

理として選出した。ニッケルとオリヴァの間の関係を規定する総会の教令第二九条によると、総長の全権は総長代理にあるが、それはニッケルとオリヴァが同等の権利として総長全権を有するという「追加」の意味ではなく、「欠如」であって、それゆえ総長代理のみがそれを享受し、ニッケルはいずれの権限をもわがものとすることができず、したがってニッケルが会を管理運営する際のいかなる行為も違法かつ無効とされた。ニッケルはいわば名前だけの総長であり、オリヴァは名前以外のあらゆる点で総長であった。(2) ニッケルは一六六四年七月三一日に死去するまでもう三年永らえた。

オリヴァは、ルイ十四世（Louis XIV 一六三八―一七一五年、フランス王在位一六四三―没年）からその時代の最も有能な行政者の一人であるという賛辞を得たほどの卓越した能力をもって二〇年間、会を率いた。彼の最初の業績の一つで、会の円滑かつ能率的な運営に非常に役立ったことは、長上の選出と任期に関して、インノケンティウス十世によって定められた制限の撤廃を教皇アレクサンデル七世から手に入れたことであった。彼はまた、九年ごとの総会を求めるインノケンティウスの命令を破棄することをアレクサンデルに求めたが、教皇は裁定に至る前に逝去した。イエズス会がこの重要な件で『会憲』の元の規則に戻ることが許されるまでには、一世紀を要した。

オリヴァは一六八一年一一月二六日に亡くなった。翌年七月、第一二回総会は、六七歳のベルギー人、シャルル・ド・ノワイエル（Charles de Noyelle 一六一五―八六年、総長在任一六八二―没年）を選出した。この選挙はイグナティウスが選ばれた時とまたとなく似ていた。ド・ノワイエルが自票を除く全票を獲得したのである。彼は四年間しか在任しなかったが、それは苦悶の年月であった。スペインのハプスブルク家とフランスのブルボン家は総長の職をめぐって、互いの力を試し合い、ド・ノワイエルに情け容赦のない圧力をかけたのである。両勢力が、相手側よりも先に自国のローマ駐在大使への外交上の表敬訪問をするよう要求した。ド・ノワイエルはヴェルサイユ〔フランス王の宮廷〕とエスコリアル〔スペイン王の宮廷〕のどちらかの機嫌を損ねることを恐れ、葛藤に陥った。ノワイエルと、ルイ十四世の聴罪司祭であるフランソワ・ド・ラ・シェーズ（Fançois de La Chaize 一六二四―一七〇九年）の間で交わされた書簡には、その全体にわたってノワイエルの心の悩みが深い河のように流れている。ド・ラ・シェーズは、総長をフランス大使と先に会わせようとするフランスの要求に対して断固として譲らなかった(3)。ド・ノワイエルは総長選出の二か月後、フランスに譲歩した。四か月後、カルロス二世（Carlos II 一六六一―一七〇〇年、スペイン王在位一六六五―没年）はスペイン政府と総長の間の一切のやり取りを禁じた。

同一六八二年、スペイン領ネーデルラントへの遠征に勝利したルイ十四世は、自分が征服した地域を含むガロ―ベルギー管区がドイツのアシスタンシーからフランスのアシスタンシーへと移されるべきだという以前の要請を再開した。一〇月と一一月、ド・ノワイエルは、複数の書簡を通して「これほどにも完全に公正な君主であらせられるのならば、私どもの会の神父がいかなる折にもその方の命令に服従するのを目にされることになるでしょう」、「最もキリスト教的な国王は、この件でも、他のいかなることと同様に、私どもが完全に従順であることがおわかりになることでしょう」と太陽王への畏敬の念を表明し移管に同意している。だが、ド・ノワイエルはハプスブルク家のことを考えていなかった。スペインはこの同意について聞くと、ナポリ、シチリア、ミラノというスペイン統制下の地がことごとく、イタリアのアシスタンシーからスペインのアシスタンシーに移されることを求めた。このことはド・ノワイエルを当惑させ、ついには決断する気力を失わせた。彼の健康は蝕《むしば》まれ始めた。ルイ十四世はこの心かき乱された人への思いやりから、この件を当分棚上げした(4)。

この七人の総長が治めていた間にイエズス会は発展し続けたが、その発展にしたがって会内部の危機も深刻化していった。一六二六年から一六七九年までの五三年間に、その総員は一万五五四四人から一万七六五五人へと、二千人増えた。このことは、先立つヴィテレスキ時代の最初の一〇年間には、それ以前に比して二千人増加したことと鋭い対照を成している。これは総員がおよそ五千人増えた一六〇〇年から一六一五年の一五年間と比べると、より明白なものとなる。突然の目に見える緩慢化が、急速な発展の後に来ているのである。この変化の原因は複雑であるが、逼迫した財政状況により生じた危機に対する反応によるところは大きい。神学生を養うための財源は、イエズス会への召命の数を支えきれなかった。その上、イエズス会を賛美する者たちの執拗な要請を引き受けて創られた数多くの小規模の学院は存続が不可能であった。三十年戦争の間のドイツでのような災難が多くの施設を襲い、他の施設はスペインでのようにしだいに経済的に衰退していった。会のほとんどの共同体が大きな負債の重圧に喘いでおり、会全体の破産は差し迫ったものとなった。思い切った手を打たなければならなかった。一六一五年の総会は学校の窮乏に頭を悩ませ、管区の命脈を維持するのに十分なだけの制限された数で修練者を受け入れるよう勧告した。一六四五年の総会は同じ問題に帰り、数校の比較的小規模な学院の解散を認可したばかりか、総長が各管区が受け入れる人数を決め、必要なら一人の入会さえも許さないということも指示した。カラファはこの布告に則って行動して、一六四六年七月に、追って通知があるまで新たな志願者に対して修練院の門を完全に閉ざすよう管区長たちに命じた。一六六一年の総会は、当時総長代理であったオリヴァに、財政基盤が不十分なまま開設された諸々の学校を廃校にする権限を与える一方で、新たな開校の認可について慎重になることを求めた。一六六四年、オリヴァは各管区の財源が受け入れを許す志願者の最大数について、管区長たちに尋ねた。ベルギーの二つの管区のようにこの時期に繁栄した管区もあったのは事実だが、大まかな見取り図は総長たちをひどく悩ませるものだった。(5) だが、貧困という切迫した状態に余儀なくされた彼らの引き締め政策はためになった。イエズス会はイグナティウスからヴィテレスキまで、会内部の霊的一致への深刻な脅威をつくりだすことなしには、それが保っていたペースで発展を続けることはできなかった。縮小がやむをえなかった時、財政危機がそれをもたらしたのである。近代的経済機構に移行する際に一七世紀のヨーロッパ諸国を苦しめた後退と沈滞が、イエズス会に影響を与えたのであった。

これらの総長たちが財政に頭を悩ませていた間に、イエズス会に影響しないはずのない大きな変化が思想界において起こっていた。砂漠を吹き抜けて砂丘を新しい姿形に変える風のように、新しい思想がヨーロッパの文化の野を走り、思惟と表現に関して、古い勢力の姿を変えた。ガリレオと他の者たちの実験によって活気づけられた科学の動きは、ますます自信を深めて古来からのアリストテレス自然学と首位を競った。

これらの事柄が扱われるのは哲学の課程の中であったから、幾多のイエズス会の教室が、必然的に新旧思想の衝突を映し出した。当初は問題が十分明確ではなく、戦いの向かう進路が十分明らかでなかったため、教師は一つの立場をとることが難しいと考えた。だが、わけても、一六三七年に『方法序説』(*Discours de la Méthode pour Bien Conduire Sa Raison et Chercher la Vérité dans les Sciences*) を出版したルネ・デカルトと、一六八七年に『プリンキピア』(*Philosophiae Naturalis Principia Mathematica*) を出版したアイザック・ニュートン (Isaac Newton 一六四三―一七二七年) という二人の人物が、決着の日を早めた。ヨーロッパのイエズス会士の多くは、関心が無に等しかったスペインを除き、科学の動向に対し広く注意を張りめぐらし積極的に反応し、広範囲にわたる実験を熱心に始めた。一六五〇年の頃にはもう、彼らは教室で使うために科学の教科書を次々と出版していた。一七世紀の間に、その分野の特殊な面を別にした概論的な天文学だけでも、少なくとも五六の著作を出版している。彼らの著した山ほどの書物において、物理学、地質学、植物学、古生物学についての論考が多くのページにわたって展開された。アリストテレス自然学の体系が覆されてから、ニュートン物理学が広範囲にわたって認知されるまでの移行期に参加したのは、これらのスコラ学者だった。自然学の改造に関わるこうした仕事はそれだけでも十分困難であったが、デカルトの一連の著作の出現により事態はますます複雑になった。その影響は、デカルトが注意深く細心に計画した実験に与えた刺激をはるかに超えたところにまで及んでいた。明晰判明な観念に卓越した役割を割り当てているその思弁的著作の中で、イエズス会のラ・フレーシュ学院のこの聡明な同窓生は、哲学への伝統的な接近方法に挑み、それによって、なみいる彼の先達たちにためらいと困惑と不安を投げかけた。

一世紀にわたるこうした発展は総会の注意を相次いで喚起し、変転する思想界にあってイエズス会がとるべき進路を指し示すことに代表者たちは努めた。一六四六年の総会で、特にドイツ人会員が、真の哲学者の思考には入る余地のないはずの二つの性質が、イエズス会士たちの中に見られることを遺憾とした。一つは、無意味で空しい思弁の中に表れている現実からの退却の姿勢であり、もう一つは新奇なものをすぐに真に受け無批判に追究することに見られる一種の素朴さである。一六四九年の総会の指示と一致して、ピッコローミニはイエズス会士が教授を控えるべき、哲学の六五の命題と神学の三〇の命題のリストを作成した。

これらのうちのある命題はデカルトの影響をすでに映し出していた。その一方、「可能な存在に触れることはそのものの可能態においてさえもわれわれの力の範囲内にある」といった命題のように、代表者たちによって退けられた不毛なたぐいの思弁を例示しているものもあった。(6)

周囲の状況に挑発された思想的状況に対するこうした独自のアプローチの仕方は、その方法が最も賢明であったのかどうかという問いをもたらした。六五年ほど前に、サルメロンは、モリナ主義者をめぐる論争でこれとやや似た状況にあった時、イエズス会における教説の一致の問題について忠告を求めるアクアヴィヴァの要請に答え、その自由な精神の息づく書簡の中で次のように強調しつつかなり詳しく述べている。「私は、われわれが擁護しない命題のリストを作成すべきではないと考えます。これは以前に作られましたが、悪い結果をもたらしました。それでもこの種のリストが実際に編まれるならば、それに入れるのはできるだけ数少ない命題でよい。そうしなければ、われわれが人間の精神を締めつけ、過度に制限し、けっして教会が禁じてはいない意見や学説を先走って非難しようとしているという評判が広がってしまうことになるからです(7)」。思想界での長年の経験をよりどころにすることができた、このトリエント公会議のベテランは、意見の相違は人間の知識の前進の一部であること、そして、聖書において、また諸々の教皇および諸公会議の定義したところにおいて、会員の神学上の努力のために敷かれる制限はすでにもう十分であるということを主張した。

新しい実験法によるさまざまな発見の前にアリストテレス自然学が降伏しつつあった時、ラテン語は教養の世界で尊重される主要な伝達手段としての地位を放棄しつつあった。より使い易く、ニュアンスを出しやすく、よりこまやかに様々な考えを伝達できる母国語は、豊かで優れた文学を発展させ、広範囲にわたる文化的変遷にあって徐々にラテン語に取って代わった。プロテスタントは母国語を用いて、大衆に訴えるのに大成功を収めた。イエズス会は状況を理解し、ラテン語に対して柔軟性のない硬直した忠誠を捧げる態度に背を向けるのではなく、『会憲』第四部でイグナティウスが力説しているように、学者は母国語をよく学ぶべきであるということ、そして、適切な文体で母国語へと翻訳されることが推奨された。このような順応策は一五九九年の『学事規定』のような公文書にある融通のよさに由来している。ラテン語は教室では首位性を保っていたが、教室外の、祝典、劇場、公の式典では母国語が人気と威信を増していった。教室でも、母国語の教科書が広く用いられるようになった。

こうした変化のあった年月に、総長たちがまきこまれたもう一つの問題は、教会内でイエズス会に反対している集団の中で膨らんでいた敵意や対抗心であった。イエズス会士の使徒職の二つの特徴がとりわけ敵意を惹き起こした。それは、倫理神学におけるイエズス会の諸原理の中のあるものと、中国人の土着の文化への適応に際してとられた方法である。この反感は、ブレーズ・パスカル（Blaise Pascal 一六二三―一六六二年）の『プロヴァンシアル』（*Les Pro-*

vinciales, 1656-1657）と、ドミニコ会士ドミンゴ・ナバレテ（Domingo Navarrete 一六一八—八九年）の『古きものと近代的なものとの論争』（*Controversias antiguas y modernas*, 1679）という、同時代の二つの著作にはっきりと表わされている。両著作とも、イエズス会の敵対者にとっての古典的文献となった。

妥協のない謹厳なジャンセニストの雄弁な代表であったパスカルは、同時代の教説にある道徳の諸問題に関する、いわゆる弛緩の主要原因としてイエズス会士を非難した。イエズス会士の間では、司祭職にある者として、道徳神学への関心は常に大きかった。使徒職にあるイエズス会士は、告解と聖体に培われた秘跡的生活を強調していたため、『会憲』の中でイグナティウスによって求められているような熟練した聴罪司祭になるべく、道徳上の諸問題の扱いにおいては特に細心の養成を受けていた。イエズス会士は、カルヴィニズムの厳格さに反対し、善き牧者キリストに倣うことに心を向けていたので、自由をよしとし、確かではない義務を負わせることを控える傾向があった。こうした態度は、蓋然説（Probabilismus）として知られる道徳神学の特定の学派と結びついていた。一六世紀後半に、古来の諸概念を精錬し明確にするという長い過程の中で、ドミニコ会士バルトロメ・デ・メディナ（Bartolomé de Medina 一五二七—八〇年）の率いる神学者たちが蓋然説の教説を形成した。この教説によると、ある行為の合法性が疑わしい時、人は自由を優先する立場に従うことが許されている。その行為の合法性が確かであっても、あるいは本当のところは蓋然的であっても、さらには、その法自体をよしとする立場が同じように蓋然的であったり、それ以上の確かなものであったとしても、である。イエズス会士は一般にこの説を採用していた。少数の者たちがこれを無思慮に用いることで、バランスのとれた判断のために必要な区別をせずに、十把一からげのを批判する者たちは、イエズス会全体に対する不信を招いた。そしてイエズス会告発に至った。キリスト者の生活の道徳的土台を破壊し蝕む、特に強力な勢力は、イエズス会の道徳神学の教えである、と。

こうした熾烈な非難は、総長の多大の関心を呼び起こした。一六五四年七月四日、ニッケル総長は「近年、イエズス会士の著した書物がリストに上っていない禁書目録が稀である」ことに気づき、他のイエズス会士が著した書物を出版前に検閲する仕事を任されている司祭たちに、特に事に精励するよう促した。三年後、ニッケルはパスカルの起こした激しい批判に直面して同じ問題に立ち還り、イエズス会についての悪評を惹き起こす隙を確実に与えないために、各イエズス会士が担っている責任を強調した。総長によって予防策が講じられたにもかかわらず、厳格で執拗なジャンセニストは、倫理的に弛緩しているというお決まりのレッテルを、イエズス会士の名前に相も変わらず張りつけ続けた。

ナバレテの『古きものと近代的なものとの論争』は、中国におけるイエズス会の宣教方法についての辛辣で強力な告発であった。このドミニコ会士は、落ち着いた公平な態度で学者が意見を調整すべきこのきわめて微妙な問題を取り上げ、これをイエズス会の敵対者にとっての格好の攻撃材料とした。ジャンセニストはナバレテの本の中にイエズス会士攻撃のための武器庫を得た。

東洋の文化に対してどのような態度をとるのが正しいのか、という問題が、布教地の管轄権という別の宣教上の問題と重なった。ポルトガルとスペインの王室の聖職推挙権は、ますます時代遅れになりつつあり、一六二二年に設立されたばかりの布教聖省と衝突した。そこでイエズス会士は双方の恨みをはらんだ競争の間に挟まれ、双方から打撃を受けた。布教聖省の初代長官フランチェスコ・インゴリ（Francesco Ingoli 在任一六二二―四九年）の活動によって、この機関は布教区をローマの統制に結びつける綱を伸ばし始めた。これに対してスペインとポルトガルは、海外で教会を気前よく支援してきた自負もあり、自らの帝国への侵入であるとみなして憤慨し、その影響力の保持に努めた。布教聖省は自らの目的のために、その国の司教の代わりに、名義上の司教区名を肩書きにし、代理司教と呼ばれ、代理司教区を担当する司教たちを使った。最初の代理司教はその職務上、イベリア半島の影響力に対する脅威となったことに加えて、フランス人であったため、極東における疑念と係争の火を煽った。宗教的な自らの理想に献身していた個々の宣教師は、二羽、時には三羽の相争う鷲の餌食となった。宣教師は頼るものもなく、途方に暮れ、おののいていた。その地方の権威が誰にあるのかということが、宣教師を煩悶させた問題であった。一六七三年、教皇クレメンス十世（Clemens X 在位一六七〇―七六年）は、代理司教にあるという決議を下した。その後イエズス会士は代理司教に服従した。

それでも、インドシナの代理司教から、とりわけ一六七三年から一六八〇年の間に、古株の宣教師たち、特にイエズス会士が不従順な態度を示しているという苦情が出た。こうした苦情を提示した人たちの責任感の強い性格は、この告発が全く根拠のないものではないことを暗示していた。布教聖省は、オリヴァに配下の者たちを厳しく叱って規則に従わせるよう求めた。オリヴァは宣教師たちが作成した弁明書を聖省に提出した。これらの弁明書に対して、布教聖省は好意的に反応しなかった。オリヴァは思案を重ねて、イエズス会の撤退が苦情を言う者たちを満足させる唯一の方法であると認識して、イエズス会士がインドシナを去る許可を求めた。布教聖省はこの要請を拒んだ。(8) こうした出来事は、聖省とイエズス会の間に緊張関係の跡を残した。この記憶は、全体としては価値があるが幾分不適切な部分も含んだ、ある書物の中に活写されている。

一六七七年布教聖省長官ウルバーノ・チェッリ枢機卿(Urbano Cerri)は、選出されてほどないインノケンティウス十一世(Innocentius XI 在位一六七六―八九年)のために宣教に関する報告書を作成した。それは国別の小さい見取り図とともにきわめて明瞭な全景を示すものであった。リチャード・スティール卿(Richard Steele 一六七二―一七二九年)は、「世界のあらゆるところになしうる限り入り込んでゆく一種の世界精神として」のローマ教会という危険なものに対してイギリス人に警告しようと考え、この報告書を『世界中のローマ・カトリックの宗教の現状についての報告』(*An Account of State of the Roman-Catholick Religion Throughout the World*) と題して翻訳している。チェッリ枢機卿はトンキンについての部分で、イエズス会に対する苦情を詳述しているが、かの地の代理司教の到着については次のように記している。「(布教) 聖省は、代理司教が直面しているイエズス会士からの抵抗がどれほど多いかを把握している。イエズス会士はこれらの地域の最初の宣教師であり、自らが代理司教に服従していると思うことに耐えられなかった。イエズス会士は、自分たちが受けていた尊敬を大幅に失ったと考えており、インド人が代理司教の徳の高さと私心のなさに敏感であるために、以前にそうしていたようには、かの民を導くことができないのだろうと思っているのだ。そのためイエズス会士たちは公の集まりで、また自分たちの教会においてさえ、代理司教をけなしにかかっている。そうしてけしからぬ分裂を起こしており、信者たちに回状をまわして代理司教の権威を否定して、これに従順の態度をとらないよう熱心に勧め、代理司教が侵入者で異端の司教であり、その司祭たちに授けられた秘跡はすべて無効であると言葉巧みにほのめかしている」。文が進むにつれて、バランスと公平さを欠いた叙述が続いている。チェッリの報告が偏っているのは、おそらく、宣教に携わる修道者一般について彼の評価が礼を欠いていることに根本的な理由がある。チェッリは、まだ司教を受け入れる準備のできていない地域に宣教師を送るという問題について次のように記している。「修道司祭よりも教区司祭の方がこうした任務により成功するであろうことは否めない。教区司祭が宣教地に赴くと、この者たちは自国にいた時よりも危険で厳しい生活を送る熱意にわれを忘れるが、他方、修道司祭はより自由を享受し従順の軛を捨てるためにこうした仕事を引き受ける」(9)。

宣教事業は、イエズス会に対して好意的ではないローマ教皇庁の役人たちが関心をもつ唯一の教会内の分野ではなかった。フランスも彼らの視野に入った。教皇インノケンティウス十一世の顧問で、ジャンセニストたちの友人であるアゴスティノ・ファヴォリティ(Agostino Favoriti 一六二四―八二年)は、イエズス会の学校の閉鎖、告解を聴く権能の取り消し、教皇によるイエズス会断罪を掲げ、フランスのイエズス会士に対する全面的攻撃を目論むとてつもない陰謀に加わった。陰謀のどんよりとした靄《もや》に囲まれつつ、オリヴァは事の核心となっていることの輪郭を判別し、一六八一年七月、「われわれとわれわれの会に対して、ある企みが進行している」(10)と語っている。

こうしたしつこい問題に頭を悩ませ続けていたイエズス会は、狭量ではなかったにしろ、かといって天使のようであったわけでもなかった。およそ一万七千人から成るこの団体は、欠点や失敗といった人間にはつきものの事柄に足を引っぱられるような感じを覚えざるをえなかった。総長たちは会全体に宛てて繰り返し書簡を出したが、そのうちの多くは、毎日の単調な繰り返しから損ないが起こりうることを視野に、霊の刷新とイグナティウスの基本的諸原則に対する覚醒の必要を強調していた。しばらくの間、国家主義と派閥主義の感情が会のここかしこで深刻な不穏状態を生み出した。シチリアではパレルモとメッシーナとの間に、スペイン領ネーデルラントではワロンとフラマンとの間に、ポルトガルではテージョ川の北と南との間に生じていた緊張状態が、新管区の創出を早めた。布教地では、新着のヨーロッパ人とクレオールとの間に悪感情が育った。一六四九年の総会は、地域感情に従ってしきりに管区を分けたがっていると思われる会員たちに対抗して強硬な法令を制定した。ニッケルは、イグナティウスがフランス人をローマ学院の初代学長にし、スペイン人をパリの長上とし、フラマン人をトリノ学院の学長とした初期イエズス会の精神にあった一致を訴え、これにもとづいて、分割しようとする傾向に対してはその手腕を駆使して精力的に攻撃した。ニッケルは、カール五世とフランソワ一世との戦争の間でも、パレルモの学院ではフラマン人、ロンバルディア人、カスティーリャ人、フランス人、ポルトガル人、ピエモンテ人、ヴァルテル人が仲良く働いていたことを指摘した。会の元来のあり方に向けてのこうした訴えは兄弟愛の感情を生み、それは徐々に、先鋭化していた地域尊重主義の勢いをそいだ。(11)

ニッケルと他の総長によるこうした行動の結果、イエズス会の霊的状態は力強く活気に満ちたものとなった。海の向こうの遠隔地の異教の民の中で苦難と不便と孤独のうちに自己を犠牲にしようという望みが広まっていることが、聖性の熱心な実践的追求がなされていることを何よりもはっきりと証ししていた。フランシスコ・スアレスやルイス・デ・ラ・プエンテのようなヨーロッパで非常によく知られている数人を含む、布教地に向けて志願する者の長いリストは、一七世紀のイエズス会士の霊的な志の高さを雄弁に証言するものとして、イエズス会の記録保管所に残されている。中国宣教のベテランであるニコラ・トリゴー（Nicolas Trigault 一五七七—一六二八年）は、中国で待っている収穫について同胞に話すために、ヨーロッパ管区のいくつかを訪問した。四千をくだらない者たちが、リッチが始めたことを成就することを大いに望んでこれに応じた。(12)

この時期の終わる一〇年前の一六七六年に、イエズス会の総長たちが、自分たちが率いる組織の状態について機嫌取りの妄言に欺かれなかったというわけではないが、オリヴァは一般書簡の中でイエズス会全体に呼びかけた。オリヴァは世界中から受け取った報告にもとづいて、「われわれの規則はどこでも厳密に遵守されており、われわれの会は、神の慈しみによって、会員の、清い生活、救霊に対する熱心、祈りの精神、学びの追求、心と体の禁欲、心の一致、布教地に対する熱意といったことのうちに花開いている、一つの達成を見ている」ことを確かなものと感じた。説教の派手な仕方への耽溺、ラテン語の不出来——オリヴァはほとんど一人もラテン語を満足に書く者がないと見ている——、哲学においては瑣末《さまつ》な問題に関して微に入り過ぎること、長上があまりに寛大に全般的な許可を保証したために、清貧の点で逸脱していることといった欠点はあった。だがオリヴァは、彼の立場から見て、一七世紀末のイエズス会が概してイグナティウスの理想に忠実であるという判断を下し、この判断は十分に根拠があり、バランスのとれたものだった。(13)

イタリア

イエズス会のイタリアでの使徒職への取りくみは、この時期までには、学校や信心会のような機関が拡大し栄えるにつれ、この半島の宗教と文化の不可欠な要素となっていた。たとえば、一六二一年に五九六名から成るナポリ管区は、一九の学院を経営していた。一六二六年に六九〇名から成るシチリア管区は一八の学院を経営していた。一六三五年に三六七名から成るヴェネツィア管区は一七の学院を経営していた。こうした学問と信心の活発な活動が発展する中でとりわけ動きが盛んであったのは、科学研究と民衆への説教である。

アタナジウス・キルヒャー

ローマ学院では、教授がきわめて優秀であったため、自然科学が栄誉ある地位を維持し続けていた。グリーンベルガーは一六三六年に、シャイナーは一六五〇年に亡くなった。しかし今度はドイツが、多才なアタナジウス・キルヒャー（Athanasius Kircher 一六〇一—八〇年）をもって再び空席を満たした。一六〇一年に生まれたこの聡明だが変わり者の天才は、あらゆる面の科学的探究を手がけ、「百芸に秀でた教師」として知られるようになった。熱烈なアリストテレス主義者であると同時に熱心な実験者であるキルヒャーは、中世科学と近代科学の間をつなぐ鎖の主要な輪の一つとして科学史に重要な地位を占めている。その業績の永続性の点では彼はクラウ（クラヴィウス）やシャイナーと同列ではないが、それでも、その学識が多方面にわたることで、同時代の科学者に大きな影響を及ぼした。彼の研究課題が広きにわたっていることは、ローマのキルヒャー博物館に記念されている。この博物館は一八七〇年にピエモンテ人が永遠の都を占領するまで「イタリア王国を率いるヴィットリオ・エマヌエーレ二世によるローマ占領を指す」、科学に関する興味のための、世界で最も優れた総合施設に数えられた。

この国の他の地域のイタリア人イエズス会士は、この分野でローマ学院が独占を保つことを許さなかった。フェラーラとボローニャの学院ではフランチェスコ・ラナ＝テルツィ(Francesco Lana-Terzi 一六三一—八七年）が航空術に関する独創的な実験を行い、ボローニャでは、ジョヴァンニ・リッチョリ（Giovanni Riccioli 一五九八—一六七一年）が天文学で巧みな仕事をなし、また、フランチェスコ・マリア・グリマルディ（Francesco Maria Grimaldi 一六一三—六三年）は光の回折と分散を発見し初めて光の波状性質を示唆した研究者の一人となった。一つの学問分野に限定されずに他の分野においても能力と権威をもって活動したこれらの初期のイエズス会士科学者の背景をほとんど例外なく特徴づけていたのは、文化的また知的興味が広範囲にわたっていることである。たとえばグリマルディは、科学に完全に没頭する前に二五年間文学を教え、リッチョリは天文学を自分の主要な知的関心事にする前には神学と哲学を教えている。天文学者たちは月のクレーターについて研究を進めるにあたって、これらに有名人の名をつけたが、二つのクレーターにはグリマルディとリッチョリの名がついており、他にも三〇人のイエズス会士の名声を不朽のものとしている場所がある。

ローマ学院にはキルヒャー以外にも、学院の教授陣に優れて栄誉をもたらしたもう二人の司祭がいた。神学者のファン・デ・ルゴ（Juan de Lugo 一五八三―一六六〇年）と歴史家のスフォルツァ・パッラヴィチーノ（Pietro Sforza Pallavicino 一六〇七―六七年）である。デ・ルゴはスペインの諸管区がローマに送り出し、強い印象を与えた卓越した神学者たちの最後の一人だった。彼はマドリード生まれで、一六二一年から、枢機卿になった一六四三年までローマ学院で教えた。アルフォンソ・マリア・デ・リグオーリ（Alfonso Maria de Liguori 一六九六―一七八七年）に絶賛されているその主著『正義と法』（*De Justitia et Jure*, 1642）には、明晰な理性と落ち着いた判断の跡が見える。この著作は他の神学者たちに甚大な影響を与えた。彼は書いたものを絶えず修正し推敲せずにはいられなかったため膨大な手稿を残したが、そのうち出版されたものはわずかである。

スフォルツァ・パッラヴィチーノはローマ学院のデ・ルゴの神学教授の座を引き継いだが、神学の著作よりも『トリエント公会議の歴史』（*Istoria del Concilio di Trento*, 1656-1657）によって記憶されている。トリエント公会議をめぐるパオロ・サルピの反対的立場の陳述を正すために、インノケンティウス十世はパッラヴィチーノにこの公会議の歴史を書くよう要請した。五年後パッラヴィチーノは、ヴァティカンの機密記録保管所と前もって収集した資料を用いて、この二巻本の著作を出版した。この著作は護教的な調子であり、えこひいきや誤りをすっかり免れているわけではないが、それでもこの辛辣な聖母マリア下僕会会員の偏りに対する有効な解毒剤となった。

キルヒャーとデ・ルゴとパッラヴィチーノがローマ学院で活躍していた頃、ほど遠からぬところで職人たちが聖イグナティウス（San Ignazio）の重厚な教会を建設していた。教皇グレゴリウス十四世の甥で、金持ちで開明的なルドヴィーコ・ルドヴィージ枢機卿（Ludovico Ludovisi 一五七五―一六三二年）が、一六二六年にイエズス会士のために教会を建立することを決めたのである。六年後に枢機卿は亡くなった。ルドヴィージ家が費用を出し渋ったため、イエズス（Gesù）教会の場合と同様、会はまたもや深刻な財政問題に直面した。聖イグナティウス教会の扉が開かれたのはやっと一六四二年のことだった。その内装はただ漆くいを塗っただけで装飾は施されていなかった。時の総長オリヴァが、この不足を補った(14)。

洗練された教養人であるオリヴァは造形美術を好んでいた。彼の総長時代のもとで、ローマのイエズス会士はバロック様式を発展させた。オリヴァはサンタンドレア・アル・クィリナーレ教会の仕上げ、イエズス教会の装飾、聖イグナティオ教会の絵画という、三つの芸術上の偉業を積極的に支援した。

オリヴァが総長代理になる三年前の一六五八年から、当時六〇歳の、偉大なるジョヴァンニ・ロレンツォ・ベルニーニ（Giovanni Lorenzo Bernini 一五九八―一六八〇年）が、ローマのイエズス会修練院でサンタンドレア・アル・クィリナーレの新しい教会の建築を手がけていた。ベルニーニとオリヴァは親友であった。ベルニーニはオリヴァの説教集のためにいくつかの挿絵を提供していた。オリヴァはこの偉大な建築家にサンタンドレアでの自由裁量権を与えた。この企画を惜しみなく援助していた教皇インノケンティウス十世の甥、カミッロ・パンフィーリ公（Camillo Pamfili）も同様であった。ベルニーニはローマで最も立派なものに数えられるバロック教会の一つを創り出した。単純だが印象的な長円形の設計が、サンタンドレアのふんだんな大理石と多様な装飾を統べている。太陽の光線が、高い祭壇の上の越し屋根から注ぎ、丸天井の金色を照らし出し、その統一感を高めている。ベルニーニのサンタンドレアは、他のいずれの作品からも得ることのなかった個人的な満足感を本人にもたらした。彼は内面の平安と慰めを求めているときにここに赴いていた。(15)

オリヴァの第二の芸術に関わる計画は、他と比べて装飾に乏しいイエズス会の絵画であった。オリヴァは当初イエズス会の助修士であるジャコモ・ボルゴニョーネ（Giacomo Borgognone 一六二一―七六年）をこの仕事に当てた。しかしこの教会の元々の出資者であったアレッサンドロ・ファルネーゼ枢機卿の子孫のファルネーゼ家で困難が生じ、その結果、この仕事は滞った。ラヌッチオ・ディ・パルマ二世公爵（Ranuccio II di Parma）は資金をつぎ込

アンドレア・ポッツォ

むのをためらっていた。公爵の夫人はボルゴニョーネの設計を好まなかった。そこでオリヴァは定評のあったジョヴァンニ・バッティスタ・ガウリ（Giovanni Battista Gaulli 一六三九—一七〇九年）に目を向けた。一六七二年に二人は契約書に署名した。ガウリは丸天井と穹隅〔丸天井の四隅の球面三角形の部分〕と司教座とイグナティウスの祭壇の上の左の袖廊《そでろう》〔十字形教会堂の左右の翼部〕に絵を描いた。この仕事の間、オリヴァとベルニーニは盛んに関心を示していたが、ガウリの画筆の陰でこの二人が個人的に果たした役割を明らかにすることは不可能である。ガウリによる身廊上[†1]のフレスコ画は、イエスの聖名《みな》の勝利を描いており、イエズス会の使徒的・宣教的性格を表している。ガウリはその仕事を一三年がかりで一六八五年に終えた。[16]

オリヴァの芸術に関わる偉大な計画の第三のものは、聖イグナティウス教会の装飾を進行させることであった。一六八〇年にオリヴァは、イエズス会の助修士であるアンドレア・ポッツォ（Andrea Pozzo 一六四二—一七〇九年）をローマに呼び寄せた。この決定はきわめて重大なものだった。ポッツォはトリエント生まれで、当時三八歳であった。諸々の障害によりポッツォは遅れ、ローマに到着したときには、すでにオリヴァは亡くなっていた。だがポッツォはオリヴァが聖イグナティウス教会のために最も望んでいたことを理解しており、この教会に三つの著しい貢献をなした。まず、丸天井がないという問題を取り上げた。ルドヴィージ家が必要な資金を出さなかったために、丸天井が建造されず、ぽっかりと開いた空白を残していた。この空白を埋めるために、ポッツォは一枚の平面のカンバスを手にし、線透視図法を見事に駆使して、幻の丸天井を創り出した。彼はこれを一六八五年に完成した。

ポッツォは次に司教座と後陣に取りかかり、これらに、イグナティウスの生涯の場面を描いたフレスコ画を施した。†2 この画は神が「私はローマでおまえに好意を示そう」とおっしゃるのを聖人が耳にしたラ・ストルタでのヴィジョンでクライマックスに達していた。ポッツォはここでカトリック改革の芸術で主要な要素を成す、ヴィジョンと法悦の精神を捉えている。ラ・ストルタのヴィジョンの描写で、ポッツォは、生ける神との深い一致にある聖人の光輝と神秘を表現することに努めた他の偉大な画家たちの列に加わった。(17)

教会のアーチ形の大天井に描いたフレスコ画で、ポッツォの作品は高い境地に達している。彼は「私が来たのは、地上に火を投ずるためである。その火がすでに燃えていたらと、どんなに願っていることか」（ルカ一二・四九）というキリストの言葉に表れているイエズス会の宣教の精神をテーマとして取り上げている。ポッツォは一条の光線を御子に送る御父、それを今度はイグナティウスに送る御子、そしてその光線を四つに分けてヨーロッパ、アジア、

パオロ・セニェーリ

フランチェスコ・デ・ジェロニモ

アフリカ、アメリカに送っている聖人を、きわめて明快に描いている。ポッツォは、神の愛の光を人々のもとにもたらした同胞のイエズス会士の熱意を、まばゆいほどの壮麗さをもって称えている。イエズス会士とローマのバロックの精神が一体化した頂点に彼は達している。(18)

神の言葉を説く場所として、このように精巧に作り上げられた教会は、当時のイエズス会の説教活動における雄弁がイタリアにおいていきいきと花開いたことのシンボルであった。パオロ・セニェーリ（Paolo Segneri 一六二四—九四年）、ジョヴァンニ・ピエトロ・ピナモンティ（Giovanni Pietro Pinamonti 一六三二—一七〇三年）、フランチェスコ・デ・ジェロニモ（Francesco de Geronimo 一六四二—一七一六年）、アントニオ・バルディヌッチ（Antonio Baldinucci 一六六五―一七一七年）は自分たちの同郷人であるイタリアの人々に霊的に大きな衝撃を与えた。一七世紀のジョン・ウェスリ（John Wesley 一七〇三―九一年）〔イギリスの神学者、プロテスタントの一派メソディスト派の創始者〕と呼ばれることもあるセニェーリは、二七年間、特にトスカーナと教皇領[†3]で村から村へと移動して宣教した。この、シエナの聖ベルナルディーノ[†4]（Bernardino da Siena 一三八〇―一四四四年）やサヴォナローラ[†5]（Girolamo Savonarola 一四五二／五二―九八年）の雄弁の再来ともいわれる人物は、一年に一三〇〇キロを裸足で歩き、伝道説教の折りには、時として田舎から二万をくだらない人々を動員することもあった。二六年にわたってセニェーリの疲れを知らぬ同伴者であったのはピナモンティである。彼は自らも優れた説教者であったが、常に師の陰にいた。フランチェスコ・ジェロニモはナポリに精力を傾け、一六七六年に始まって四〇年間この町の霊的生活を建て直した。彼の注目に値する創案は、毎月第三日曜日に新イエズス教会で総聖体拝領を行ったことである。ジェロニモは辻々、広場、町の至るところで、短くテンポのよい力強い説教をし、そうして一万三千人から一万五千人を毎月第三日曜日、聖体を受けるために教会に来させた。この精力的で厳しい苦行の人である司祭は、様々な悲しみや必要を含めて、町全体を、自分のぶどう畑とした。未婚の母、ガレー船の奴隷、負債にあえぐ貧民、路上生活者はことごとく彼の慈悲の大きさを身をもって知った。教皇グレゴリウス十六世（Gregorius XVI 在位一八三一―四六年）が一八三九年にジェロニモを列聖している。フランチェスコ・ジェロニモが一つの町と一体化したのに対し、彼の同時代人アントニオ・バルディヌッチは、セニェーリによって集められたのに匹敵するほどの群衆を引き寄せながら、北部のおよそ三〇の教区の広大な土地を二〇年の間あまねく歩き回った。バルディヌッチはフィレンツェ出身で、公の場で自らを鞭《むち》で打ったり伝道説教の終わりに街角でサイコロとカードを焼くといった、劇的な手段を非常に効果的に用いた。彼は一八九三年に列福[†6]されている。

他のイエズス会士は霊的著作を数多く生み出すことで、民衆伝道に大きな成果を上げた。この者たちのほとんどはその時代には貢献したが、彼らを古典的な信心書の著者の仲間に加えることができるような諸々の才能には欠けていた。その中でも最もよく知られているのは、イエズス会の二人の未来の総長、ヴィンチェンツォ・カラファと、ジョヴァンニ・オリヴァである。カルロ・ロジニョーリ（Carlo Rosignoli 一六三一—一七〇七年）はしばしば「〜の不思議」という表題をもつ、いきいきした驚くべき物語の集成である著作で大成功を収めた。ヴィルジーリオ・チェパリ（Virgilio Cepari 一五六四—一六三〇年）は列聖の手続きについての広い知識を持ち、それは、自らもこの主題についての権威ある著者である教皇ベネディクトゥス十四世によって高く評価されている。彼は親しく知っていた二人のイエズス会の聖人、アロイシウス・ゴンザーガとヨハネス・ベルヒマンス（ヤン・ベルフマンス。Johannes Berchmans; Jan 一五九九—一六二一年）の伝記を書いた。ベルヒマンスはベルギー人の神学生で、勉学の課程にある間にイエズス会の生活様式に静かに気負いなく没頭することで、一八八八年、レオ十三世による列聖において教会が厳かに認めたほどの聖性に達した。

イエズス会にとってはおおむねのところ安定し平穏であったこの時期は、ローマでの大きな物議が勃発することにより終わりを告げた。スペイン人教区司祭の中心人物であるミゲル・モリノス（Miguel Molinos 一六二八―九六年）は、一六六三年以来、永遠の都ローマに滞在していたが、彼に端を発する、ある深刻な謬説が著名な人々の間で深く浸透しはじめた。静寂主義（キエティスム）[†7]として知られるようになった運動である。教会史において様々な時期に生じてきた、霊的生活における受身性と静寂の側面を過大視する傾向が、一七世紀後半に、照明派（アルンブラドス）への強い傾向を伴ってイタリアにおいて再び姿を現したのである。こうした状況の中で、モリノスは一六七五年『霊的導き』（*Guía Espiritual*）を出版した。これは単純な傾注による祈りを通して、神の御旨への完全な自己放棄という状態に至るための手引書であって、こうした形の祈りは他のあらゆる信心業を排除するとされていた。モリノスが読者に提示している目的は、指導者の手の中で思いのままの形になるロウのように、意志的行為を最小限に減らすことである。イエズス会

ヨハネス・ベルヒマンス

士はこの教えの色調を好まなかった。ゴッタルド・ベルオモ（Gottardo Bell'huomo〔Bellomo〕一六一二―九〇年）は一六七八年に『普通の祈りと神秘的な祈りの長所と配合』（*Il pregio e l'ordine delle orazioni ordinarie e mistiche*）を出版した。そこでベルオモはモリノスを名指しすることはせずにモリノスの教説を攻撃した。モリノスは動揺し、一六八〇年に二回、自分が間違っていることを否定しながら、『霊操』に対する心からの尊敬の念を表明する手紙をオリヴァに書いた。ベルオモの本が出て二年後、パオロ・セニェーリは静寂主義の教えについての鋭く辛辣な分析である『努力と静止の調和』（*Concordia tra la fatica e la quiete nel orazione*, 1680）を出版した。モリノスの擁護にまわったのは、イエジ司教に選ばれたばかりのオラトリオ会員、ピエール・マッテオ・ペトルッチ（Pier Matteo Petrucci 一六三九―一七〇一年）である。彼は、モリノスの方法に傾向が近い神秘主義を論ずる書物を著している。議論は一六八一年に激しくなった。この年、ペトルッチがセニェーリに対する反論を書き、これにセニェーリが応酬し、そして『普通の祈りと神秘的な祈りの長所と配合』と『努力と静止の調和』が、両方ともモリノスの有力な知己の影響力によって禁書目録に載せられた。静寂主義に結びついた一派がある種曖昧な仕方で形成され、それに対してイエズス会は無力であった。

その後一六八五年七月、ローマを仰天させたことに、教皇庁警察が突如モリノスのもとに押し入って彼を逮捕した。この物議を醸す霊的指導者が二重生活を送っており、その著『霊的導き』に含まれていることよりももっと極端な教えを説いているということの証拠が積み上げられた。錯綜した証言から、モリノスが、祈りの高い段階の状態にある人が淫らな行為の衝動を覚えたら、この衝動に抵抗するために祈りをやめるべきではない、またこのような淫らな行為をたとえ実行してもこれは告解を要する事柄ではない、と説いていたことが明らかになった。こういった教えがモリノスの失墜をもたらした。これに対する反応が起こり、当時は枢機卿であったペトルッチが、自らの著作から取った静寂主義の五四の命題を破棄し、セニェーリは禁書目録から外された。しかしベルオモの著作は禁止された書物のリストから外されなかった。モリノスの事実上の決定的な零落は、教皇庁警察によって早められたが、イエズス会士は彼の考えと傾向を分析することによって、修徳神学と神秘神学の間の不均衡を示すこの最近の兆候に対して、心ある人々に警告したのであった(19)。

スペインとポルトガル

フェリペ三世、フェリペ四世、カルロス二世の治世下、スペインの黄金時代の間にあれほど燦然《さんぜん》と輝いていたハプスブルク家の紋章の上に、疲弊と倦怠の塵が厚く積もった。農地や商店で生産的な労働者となるはずの幾千もの人々が、生半可な教育をかじって役人の気楽な地位に押し寄せて、政府の機構を怠惰と無能で混乱させた。通貨は幾度も切り下げられた。有害な税制が活動力を欠いた国民の上に網のように広げられていた。通信・交通手段は劣悪化し、貿易には外国人が徐々に食い入り、国からは金が流出していった。こうした社会全般の低迷がスペインを覆っているとき、この地のイエズス会はその息のつまるような圧迫感を感じながら、かつてスアレスとモリナの時代には最盛期にあったものの、すっかり凋落し、弱々しいものとなってしまった。以前の活気と、進取の気概が失われていることは、神学者と哲学者の中に卓抜した才能の持ち主がいなくなったこと、この時代の悪趣味な文学的嗜好の侵食が深刻であること、著述の特徴がもったいぶった、しばしば軽信にもとづいたものとなっているといった、数多くの点に示されていた。

　イエズス会はヴィテレスキの総長時代末期の一六四五年には、国中に九〇の学院と神学校を運営していたが、こうした一見よさそうなありさまは会の実態を示すものではなく、それについては人員の総計が参考になるだろう。一六一六年にはスペインに二一七三名のイエズス会士がいたが、三六年後の一六五二年までにはその数は一八〇〇名あまり減っている。会員数の着実な増加がこのように大きく反転したことは、主に国民生活における二つの要因によって説明される。その要因とは悪疫と貧困である[20]。国中に吹き荒れた周期的な悪疫の流行は大変な数の犠牲者を出した。アンダルシーアの管区では、九年間で二二〇名以上、セビーリャでは一六四九年の二か月間に六五名が犠牲となった。亡くなった者の中には、一六四八年のムルシアの一六名、一六四九年のアンダルシーアの七七名のように、病人の看病に自らの命を捧げた者も含まれる。国の経済の後退の結果として起こった貧困によって、学校の効率は下がり、修道者たちはすっかり消耗し、その修道精神がすり減っていくということも生じた。すでに言及したローマ本部からの指示と一致連動して、修練院は管区が養うことができないという理由で、見込みある修練者の受け入れを断った。宿舎の不備と貧しい食事という過酷な現実をよそに、スペインのイエズス会士は海外の布教地の鉱山から吸い上げた富で贅沢に暮らしているという噂が尾をひいた。一六七三年にイエズス会士は再び二千名を数えたが、悪疫と貧困が増加を遅くした。

ロペ・デ・ベガ（Lope Félix de Vega Carpio 一五六二―一六三五年）、モリナ、カルデロン（Calderón de la Barca 一六〇〇―八一年）〔スペインの詩人〕といった人々において、そしてベラスケス（Diego Rodríguez de Silva y Velázquez 一五九九―一六六〇年）〔スペインの画家〕、スルバラン（Francisco de Zurbarán 一五九八―一六六四年）〔スペインの画家〕、ムリリョ（Bartolomé Esteban Murillo 一六一七―八二年）〔スペインの画家〕――全員が一六三四年以降に、ある者は一六八〇年代に没している――の壮麗な絵画において、スペインの劇的な力が最後の輝きを放っているように、イエズス会の神学におけるかつての栄光も突然に消えたのではなく、ディエゴ・ルイス・デ・モントヤ（Diego Ruis de Montoya 一五六二―一六三二年）、フアン・マルティネス・デ・リパルダ（Juan Martínez de Ripalda 一五九四―一六四八年）、フアン・デ・ルゴといった傑出した思想家たちの美しい日没のような残照の中で徐々に失われていったのである。その頃一般的であった、思弁に対するスペイン的熱中とは著しく異なり、教父と公会議の決

ドニ・ペトー（ペタヴィウス）

定を自分の著作の中で強調するモントヤは、七〇歳で亡くなる八年前にようやく出版を始めた。それにもかかわらず六冊の本を生み出し、ドニ・ペトー（ペタヴィウス。Denis Petau; Petavius 一五八三—一六五二年）というフランス人に対して多くの人が与えたのと同じ、つまり実証神学の父という称号を受けている。彼は忘れられた学者である。マティアス・シェーベンはイエズス会の神学者たちについての評価の中で、その思惟の深さと博識のゆえに、スアレスにさえ勝る首位の座をモントヤに与え、三位一体に関する彼の論考をこの問題に関してこれまでで最も優れたものだと断じている。(21) バスク人のリパルダは、このうえない細心さをもって諸概念を区別し洞力に富む精神によって、『超自然的存在』（*De ente supernaturali*, 1634）を書き上げた。この著作は神学史において彼の名を不朽のものにした。ルゴはきわめて明確な問題の展開と、高度に磨きあげられた表現をバリャドリードの講堂にもたらした。

世紀の半ばまでにスペインはこの三人全員を失った。ルゴは一六二一年にローマに召喚された。モントヤは一六三二年に、リパルダは一六四八年に没した。この三人の人物が去るとともに、どんよりとした単調さと果てしない繰り返しの濃い陰が聖なる学を覆った。イエズス会の神学者は、ヨーロッパの他の地域での実証神学、数学、物理学の発展と接触をもたず、またボラン、パーペブロホ（Daniel Van Papebroch 一六二八―一七一四年）、ティユモン、マビヨン（Jean Mabillon 一六三二―一七〇七年）、サン＝モール会士[†8]たちの影響を受けつけず、伝統的なスコラ学的アプローチを完成することに没頭し、アリストテレスやカイェタヌス（Thomas de Vio Cajetanus 一四六九―一五三四年）の言ったことで満足し、三段論法につぐ三段論法で考えを述べていた。議論は行き詰まって、概念の区別に磨きをかけるに留まっていた。ヴィテレスキとその後はピッコローミニが、微細な区別を生み出すよりももっと時間を有効に使うようスペイン人に、数回にわたり勧告している[22]。

著述の衰退はもっと早く始まり、世紀の半ばにはこの国は悪趣味の暗夜に入っていた。複雑な比喩ともったいぶった掉尾《とうび》文の中に考えを包み、謎めいた逆説とびっくりさせる結末を入れるという傾向の前に明確で率直な著作は影をひそめた。このような歪みがイエズス会に入り込み、民衆説教に幅広い経験のある司祭たちは、説教活動に対する危険について総長に警告した。ヴィテレスキはいくつかの書簡でスペインの管区長たちに、歪んだ著述の嗜好に寛容であってはならないと指示した。一六三〇年にヴィテレスキはトレドの管区長に、食堂での説教の練習の時に気取った文体を用いた神学生は、その場で中止させられ、『この世を蔑することについて』（*Liber de contemptu mundi*）と題する信心書の一章を読み、その後厳しい苦行が課されるべきだと告げた[23]。

バルタサル・グラシアン

この重苦しい環境を生き延び、今なお英語にたびたび翻訳されている有名な人物が、バルタサル・グラシアン（Baltasar Gracián 一六〇一—五八年）である。このカラタユド出身者は、当時はびこっていた勿体ぶった表現とは対照的に、簡略な表現を創出することができたが、それは彼の著作である『知恵と分別の金言による解説』（*Oraculo manual y arte de prudencia,* 1647）で完成に達している。これは表題にある通り、格率から成る、全体に力強く、洞察に富んだ著作であり、またある意味でスペイン文学の金字塔の一つである。

何ものも拒まず、ということがこの時期のイエズス会士の修徳書と霊的書物のおもな特徴であった。無数の巻と手引書が著されたが、著者たちは対話、独白、格言集といった文学形式のいずれも顧みることなく、それらはおおむね冗長かつ単調で、信心深い軽信と不思議なことを好む傾向によってより劣悪なものにされていた。ルイス・デ・ラ・パルマ（Luis de la Palma 一五五九／六〇—一六四一年）のような人たちは、ラ・プエンテの伝統がすっかり死に絶えたわけではないことを示したが、しかしこうした人たちは稀であった[24]。少なくとも著作の数の多さによって広く計り知れないほどの影響を及ぼしたのは——実に彼には多岐にわたる主題についての五六の著作がある——、エウセビオ・ニーレンベルク（Eusebio Nieremberg 一五九五—一六五八年）である。彼の著作『時間と永遠』（*De la diferencia entre lo temporal y lo eterno,* 1640）の影響を測ろうとすることは、一五世紀の『キリストに倣いて』（*De Imitatione Christi*）[†9]の影響を測ることに似ているだろう。『キリストに倣いて』がスペインではその著者がジャン・ジェルソン（Jean Gerson 一三六三—一四二九年）に帰されているために『ヘルソンシト』（*Gersoncito*）という名で通っているのと同様に、このニーレンベルクの著作は、彼の霊名から、『エウセビオ』（*Eusebio*）として流布するようになった。

聖務の中で若々しい力と活力が持続していたのは民衆伝道である。ヘロニモ・ロペス（Jerónimo López 一五八九—一六五八年）は、力強い雄弁と、十字架上のキリストや顕示された聖体に向かって呼びかけるような劇的な趣向を組み合わせて、村から村へと巡り歩く苦労の多い仕事に何年も費やした。ロペスを継いだのは、非凡な二人組の説教者、ガブリエル・ギレン（Gabriel Guillén 一六二七—七五年）とティルソ・ゴンサレス（Tirso González de Santalla 一六二四—一七〇五年、総長在任一六八七—没年）である。彼らは一六六五年から一六七二年まで共に働き、家庭への伝道を実施するにあたってはスペインで並ぶ者がなかった。

ゴンサレスは、サラマンカ大学の神学教授に任命されて生涯の一大転機を迎えたが、それはイエズス会の歴史の歩みに重大な意味をもつことになった。授業と使徒職に携わるうちに、ゴンサレスは自分の残りの人生において常に関心を保ち続けたある確信に達した。それは、蓋然説は道徳における弛緩の源泉であり、イエズス会の中で尊重することは退けられるべきであるというものである。ゴンサレスは高度蓋然説（Probabiliorismus）として知られる説をとった。それによると、ある行為の合法性が疑わしい時には、法をよしとする意見よりもより蓋然的である時にのみ〔行為を可とする根拠が否とする根拠以上のものであり、より蓋然的であるときにのみ〕、自由をよしとする意見に従ってもよいのである。彼は書物を著し、高度蓋然説の毅然たる擁護者として、蓋然説を採用するイエズス会の学者たちを攻撃した。ローマ本部では満場一致で検閲官がこの著作が出版されるべきでないと判定した。一六八〇年にゴンサレスは教皇インノケンティウス十一世に手紙を書いて、蓋然説を攻撃し高度蓋然説を擁護するよう、教皇庁が神学教授に促すことを求めた。インノケンティウスは自分の意見ではゴンサレスに近かったが、しかしそこまでする用意はなかった。だが七年後、このスペイン人説教者かつ教授の蓋然説の害についての個人的な関心は、第一三回総会がインノケンティウス十一世の示唆に従ってゴンサレスを総長に選出した時に、イエズス会全体にとっての深い心配事となった。

この時期の終わる頃、スペインのイエズス会は国全体の注目を得たが、それは望まざる種類の注目であった。一六六六年から一六六九年の三年の困難な年月に、一人のイエズス会士が政府の高位を占めていた。フェリペ四世が逝去し、四歳のカルロス二世がこの硬直した国の国王としてあとを継ぎ、オーストリア出身の、政治感覚のない気まぐれな皇太后マリアナ

(Mariana de Austria 一六三四―九六年）が、オーストリア人である自分の聴罪司祭、ヨハン・エーベルハルト・ニッドハルト（Johann Eberhard Nidhard 一六〇七―八一年）を、政策会議の一員またフンタ・デ・ゴビエルノ（Junta de Gobierno）〔政府評議会〕の委員に、また異端審問長官にし、その後事実上総理大臣にした。哲学と教会法に通じたこの謙遜なイエズス会士は、風が凪いで進めなくなったこの国家という船を再び始動させるのに必要な才能を備えてはいなかった。民衆もオーストリア人が操舵室に立っていることを快しとしなかった。前王の庶子で、容姿端麗で人気があったフアン・デ・アウストリア（Juan de Austria 一六二九―七九年）は、この外国人司祭に対する大嵐を誘発した。一方をニッドハルト派とし、他方をアウストリア派とする派閥争いが起こった。仲間のイエズス会士はイエズス会の一員によって惹き起こされようとしている内戦を見越して煩悶し、ニッドハルトにスペインを去るよう促した。一六六九年二月二五日に、あくまで紳士であり、自らの控えめで無私な性格に忠実であったニッドハルトはマドリードを離れた。一六七二年にクレメンス十世はニッドハルトを枢機卿にした。

この時期の八つの新たな学院の開設と、七〇〇人あまりに至るまでの会員数の増加によって、ポルトガル管区は国民生活により深くその根を張った。この着実な発展は、一六四〇年にスペイン王家打倒を目論んだ愛国主義の躍進と表裏一体であった。イエズス会士はこうした感情にくみし、「ポルトガルという小さな家」の自尊心はこれまでになくイエズス会の使

アントニオ・ヴィエイラ

徒職の色に染まった。
今日では厳しい管理のもとで図書館の展示室に置かれた骨董品となっているこの世紀のイエズス会士の著したおびただしい本は、高い知性、新しい刺激に対する感受性、その時代の様々な問題についての認識を明らかにしている。ポルトガル語の発達と、科学においてなされた進歩の哲学課程への吸収というとりわけ二つの点に、この近代性の感覚が現れている。ポルトガル語は、一部諸地域に見られる誇張した表現や不自然な言い回しをよそに、より順応性が高く、より音楽的で、よりポルトガル人の性格に適した言語となった。イエズス会の説教者の一団がこの動きを活発にした。このイエズス会士たちの中で、国中でも特に抜きん出ていたのが、アントニオ・ヴィエイラ(António Vieira 一六〇八―九七年)である。創造力に富む知性、独創性、論理的精神の人であるこの演説家かつ著述家は、その著作の力強く明確で耳に快い文体を通して、これまでになかった明晰の極みと透徹をこの言語にもたらした。[25] このイエズス会士はポルトガルとブラジルとで七四年間の会員生活を送り、雄弁と多様な活動への熱意により、原住民を文明化し、信仰を広めた。ヴィエイラは一六〇八年リスボンに生まれ、幼年時代にブラジルに連れて来られ、一六二三年にこの地のイエズス会に入会した。深い愛国心に動機づけられて、王国に仕えるにあたっては、惜しみのなさ、文化の幅広さ、目的に対する粘り強さを兼ね備えていた。一六四一年から一六五二年のヨーロッパ滞在の間に、ポルトガル―ブラジル間の通商を秩序づけ、国家銀行を創設し、ブラジル貿易会社を組織し、フランス、オランダ、イングランド、ローマへの派遣で成果を上げている。この愛国心があだとなって重大な判断の誤りを惹き起こした。ヴィエイラはちまたに流布していた予言を驚くほど軽々しく信じて騙され、復活したジョアン四世（João IV 一六〇四―五六年、ポルトガル王在位一六四〇―没年）〔一五八〇―一六四〇年の間、ポルトガルはスペインに併合されていた〕の王権のもとにポルトガルが世界の第五の帝国となるという、偉大な黄金時代を予告したのである。こうした調子の著作のため、また同様に新キリスト教徒に対する寛容を強く訴えたために、一六六七年、コインブラの異端審問所は、イエズス会の会宅にヴィエイラを監禁すべしという判決を下した。それ以前にも様々な活動がイエズス会内での悶着をヴィエイラに経験させていた。一六四九年の初め頃に、総長であったカラファは、ヴィエイラがイエズス会を去るべきだと決め、ヴィエイラの管区長であったペドロ・ダ・ロハ（Pedro da Rocha）を通じて、他の修道会への入会許可を打診するようにと通告した。国王は――彼にとってこの痩せた背の高いイエズス会士は「世界一の人」（o primeiro homen do mundo）であった――ヴィエイラに司教職を申し出た。ヴィエイラは、自分の望みはイエズス会士として生きかつ死ぬことだと答えた。そこで国王はカラファの計画を阻止した。カラファは一六四九年六月八日に亡くなり、一六五〇年一月三〇日、ロハは新総長のフランチェスコ・ピッコローミニに、ヴィエイラのような能力をもった人物を留めるのは、イエズス会の利益になると書いている。

ヴィエイラの書物と並ぶ同時代の著作においては、哲学の新たな分野を開拓することに関して、ポルトガルのイエズス会士がピレネー北部の会員と合流しようという望みがあったことが示されている。例えばフランシスコ・ソアレス（Francisco Soares 一六〇五—五九年）は、他の国々の学者と幅広く文通を続け、『哲学課程』（*Cursus philosophicus*, 1651）と題する三巻本著作の中で、同時代の重要な著者たちをことごとく引用している。バルタザル・テレス（Baltasar Teles 一五九六—一六七五年）の『哲学概論』（*Summa universae philosophiae*, 1642）は識者の間で尊敬を得た(26)。これらの色あせたページの中に、変貌する思惟の世界に対する警告を発した者たちの声が再びよみがえる。彼らはフォンセカのような先達ほどの才能の持ち主ではなかったが、それでも、アリストテレスの最後のページをもって哲学の発展を終わらせることはすまいという決心から来る心意気を示した。

こうした哲学上の邂逅は徐々に過去のものになりつつあったが、一六三五年にリスボンで始まった民衆伝道におけるある特別な信心業は今なお広く人々の心に受け入れられている。インドへ向かおうとするイタリア人マルチェッロ・マストリッリ（Marcello Mastrilli 一六〇三—三七年）が、リスボンのイエズス会の教会であるサン・ロケ教会で、聖フランシスコ・ザビエルについての連続講話を行い、九日間の祈り、恩恵のノヴェーナ（novena）を始めたのだが、これは少なくとも最近まで広く受け入れられていた。

これらの積極的で建設的な努力の穏やかな進行は、お国意識というかなり破壊的な力によって妨げられた。出身地域に対する膨れ上がった忠誠心によって、この国の様々な地域から来ているイエズス会士たちの間で突然論争が始まった。ある特定のグループは、他の人たちが自分たちを踏みつけにし、自分たちを権限のある地位から遠ざけ、自分たちの地域からのイエズス会への入会受け入れに差別を行っていると感じ、こうした非難を声高に発した。一六五三年、ニッケル総長は、国王ジョアン四世からの圧力もあり、管区を二つに分けた。五年後、ニッケルは「毒麦をまく人たち」〔マタイ一三・二四参照〕と彼が呼ぶところの、彼らの二つの管区の統治を他のイエズス会の管区全体の統治よりも困難にした者たちを厳しくしかった。オリヴァは、この者たちがその党派心のために、イエズス会のきわめて繁栄している地域を汚染しているとポルトガルのイエズス会士に対して指摘した。最終的には良識が勝った。分離を支持していたアントニオ・ヴィエイラが考えを変えたのである。一六六二年七月二四日、総長代理であるジョヴァンニ・パオロ・オリヴァは、ヴィエイラを追い出そうというカラファの意図を償うように、ヴィエイラへの信頼を表明する流麗な賛辞の中で、二つの管区の再統合を成し遂げるのには彼の知慮と知恵が頼りだとヴィエイラに告げた。一六六五年、オリヴァは全員が満足の意を表す中、二つの管区を統合した。(27)

フランス

リシュリュー枢機卿とルイ十四世の時代、フランスの文化と国民生活という彩り豊かなタペストリーを作るのにその材料となっている糸は、強靭で生彩を放っていた。わけても四つのことが、この印象的な織物の中の重要な場所をイエズス会のためにあけている。ガリカニズム、ジャンセニズム、宗教的熱意の高まり、この偉大な世紀に花開いた文化がそれである。ガリカニズムはフランスの王権が威信を増していたこの時代にその勢いを増した。これに先立つ時期以来、俗事において教皇権は間接的であるというベラルミーノの説を否定しようとしてイエズス会の立場が変更されつつあることが、ますます顕著になった。イヤサント・ロビヤール・ダヴリニ（Hyacinthe Robillard d'Avrigny 一六七五―一七一九年）によると、一七世紀末にはフランスのイエズス会士全員がこの説を否認した。(28) この七〇年間〔一六一五―一六八七年〕にあった一連の出来事により、彼らはこの厄介な問題に正面から向かうことと、政治的ガリカニズムの支持をより明確に宣言することを余儀なくされた。

リシュリュー治世下で最も紛糾した出来事はサンタレッリ事件であり、これはフランス国外のイエズス会士がフランスの同僚に対する攻撃を惹き起こした、いま一つの事例である。一六二五年にアントニオ・サンタレッリ（Antonio Santarelli 一五六九―一六四九年）がその著

『異端、教会分離、背教、告解における教唆《きょうさ》罪と、こうした違法行為を罰するローマ教皇の権力に関する論考』（*Tractatus de haeresi, schismate, apostasia, sollicitatione in sacramento poenitentiae, et de potestate Romani Pontificis in his delictis puniendis*）を出版し、そこで再び、俗事における教皇の王侯に対する間接的権力というたびたび反復される見解が詳述された。イエズス会の敵対者は、兵を動員する掛け声をかけた。ルイ・セルヴァンはパリの高等法院前での白熱した演説の最中に卒中で倒れて死んだ。大学ではジャン・タラン（Jean Tarin 一五八六—一六六六年）がイエズス会を公然と激しく非難した。リシュリューは、「この種の格率は神の教会全体を荒廃させることにもなる」と辛辣に短評した。教皇ウルバヌス八世（Urbanus VIII 在位一六二三—四四年）は、ヴィテレスキ総長を厳しく叱って、サンタレッリが紛糾を惹き起こす問題を提起するのを許可したことに対して困惑を表明した。パリのイエズス会士は苛立った。スペインやイタリアのイエズス会士にとって、マドリードやローマの自分の部屋の静けさの中で数ページを作り出すことはごくやさしいが、フランスのイエズス会士にとってそれは破壊をもたらすことにもなる。彼らがローマに出した書簡は、サンタレッリの著作のような思慮を欠いた論述を批判する点ですべての者が一致している(29)。

パリ高等法院は迅速に動いた。リシュリューの同意を得て、行政官たちはイエズス会士に、受け入れなければならない三つの案を提示した。それは、サンタレッリの書物の中の、俗事に関する王侯の独立に反対する有害な見解に同意しないこと、フランスの聖職者とソルボンヌがサンタレッリの著書に下す判断に従うこと、司教、諸大学、ソルボンヌによって共通に教えられている教義を公言することである。フランスのイエズス会にとって容易ならぬ時期であった。イエズス会士の中にはサンタレッリの説は教義上の問題ではないと判断した者もいたが、総長がこの説を否認するのを許さないだろうことはわかっていた。国王の聴罪司祭ジャン・シュフラン（Jean Suffren 一五七一―一六四一年）は、マリー・ド・メディシスとリシュリュー枢機卿に、教皇の間接的な俗権をあからさまに否定することをイエズス会士に期待すべきではないと警告した。そこで、今後のことを案じたイエズス会は、荘厳誓願者とクレルモン学院の代表の神父たちからなる協議において、高等法院の提示する条件が信仰に反しない意味で解釈できるかどうかを議論した。それぞれの命題はかなり意味に幅があり、多様に解釈できる可能性に開かれていた。教皇権に関するサンタレッリの説についていえば、その提案が当時のフランスの一般的な状況のもとで公にされれば、民衆の間に騒動を惹き起こしかねず、その意味では有害であった。ピエール・コトンは、「神父様方、私たちは時勢に譲らねばなりません」と助言している。一六二六年三月一六日、イエズス会の代表者たちは、高等法院の各要求について一つの解釈を加え、過去の類似した状況にあった時に使用された「教会の決定を尊重しつつ」という古くからの言い回しによって、この行為全体を条件づけて文書に署名した。この行動は、教皇の間接的俗権のあからさまな否定ではなかったものの、ひとたびそう解釈しようとすれば、事実上はこの権力を否認していた。

こうしてサンタレッリの件は終わった。この事件はイエズス会と高等法院の関係の転換点となった。憎悪を帯びた長期にわたる戦いは収束し、激しい攻撃は止んだ。その後に続いた年月に、いよいよ強大化する王権に賛辞を呈するイエズス会士の著作が数多く現れたが、それらの著作に共通する性質は、ラ・フレーシュの修辞学教授ルイ・セロ（Louis Cellot 一五八八―一六五八年）の次の文章に総括することができる。「誰がガリアの教会と、最もキリスト教的な王の王国の、特権、自由、免責についてふさわしく説くことができようか。カトリックのフランス人たる者がこれを精力的に守ろうとしないことがあろうか(30)」。

リシュリューは国王の聴罪司祭をするイエズス会士を厳しく締めつけ続けた。ガスパール・ド・セギランは独立心が強くおよそ卑屈を知らない人で、枢機卿の意向に従うのを拒んだ。リシュリューは敵意を募らせながら、ド・セギランは視野が狭く頭が固いとルイ十三世（Louis XIII 一六〇一―四三年、在位一六一〇―没年）の耳に繰り返しささやき、その解任を強いた。ジャン・シュフランは、「私はこの地位に長く留まらないでしょう」というあまり楽天的でないことを述べて、この役職を引き継いだが、大臣は新しい聴罪司祭を厳しい制限と指示で束縛した。全体に共通する調子は、端的に言うと、「お召しがなければ王に近づくな」というものだった。後に、ニコラ・コサン（Nicolas Caussin 一五八三―一六五一年）が枢機卿の不興を買うが、それはより大きな衝撃をともなった。コサンは三十年戦争の終結をルイ十三世に嘆願して、この争いが人民に課している苦しみについて王に抗議した。リシュリューはいつもの通りに動いた。この聴罪司祭をカンペールへ追放し、コサンのイエズス会の長上とフランス政府の前でその名を悪しざまに言ったのである。

この中央へと強固に集約された権力は、一六六一年に王国の支配権を掌握したルイ十四世のもとで拡大された。一六八九年までに起きた次の三つの大きな出来事が、太陽王が独占する権力におもねる度合いを強めているイエズス会士の傾向を照らし出している。第一は、専門用語で「国王の権利」と呼ばれる事柄について一六七三年に出された王の布告である。昔からの習慣に従って、北部の諸教区では、これらの教区に司教が不在の期間、国王が教区の収入を受け取り、聖職禄を取り決めていたが、一六七三年にルイ十四世は「国王の権利」を南部の諸教区に広げたのである。一六七八年、グレゴリウス七世[10]（Gregorius VII 在位一〇七三—八五年）やインノケンティウス三世[11]の伝統に連なる教皇であるインノケンティウス十一世は、国王のこの布告に断固として抗議したが、ルイ十四世は教皇の抗弁をはねのけた。ヴァティカンとフランスの関係は緊張した。双方からの圧力の渦中にあったのが、三四年間国王の聴罪司祭としてルイ十四世の霊的相談者であった温和で謙遜で穏やかなイエズス会士、高名なフランソワ・ド・ラ・シェーズである。「国王の権利」をめぐる議論の中で、ド・ラ・シェーズは教皇の断固とした立場と同意見ではなかった。最大のキリスト教国の王の善行を通じて教会が享受している恩恵を考えれば、彼には、自分がカンタベリーの聖アンセルムス[12]（Anselmus Cantuariensis 一〇三三／三四—一一〇九年）や聖トマス・ベケット[13]（Thomas Becket 一一一八頃—七〇年）の役割を演じることが正しいとはとても思えなかった。そのうえ、教皇インノケンティウス十一世の心底からの憤懣《ふんまん》をよそに、国王がいったんある問題について、これを世俗的な事柄だと確信すればその心を変えようとしても無駄だとわかっていた。彼は「総長様が遠回しにおっしゃっている通り、このようなさして重要でない規則を免ずることも、罪を犯すことなくしてはできないなどと教皇様が信じることのないよう、神が私を守りたまわんことを」(31)とオリヴァに書いている。

第二の出来事は一六八一年のパミエ事件である。この南部の町で、聖堂参事会助任司祭の選出をめぐって争いが起こった。一方の候補者は政府に支持されており、もう一方は国王の教会支配に反対する一団に後押しされていた。一六八一年一月、インノケンティウス十一世は、国王の教会支配に反対する立場の人たちの選択の意向を確証する教皇小書簡を発布した。パリの高等法院はその出所の真正さが疑わしいとしてこの書簡を伏せた。このことは教皇庁内部にいたイエズス会の敵対者に、かねてよりうかがっていたチャンスを与えた。その中心にいたのが、教皇書簡担当の秘書官

フランソワ・ド・ラ・シェーズ

アゴスティーノ・ファヴォリティであった。ファヴォリティの計画は簡単なものだった。パリの高等法院が先頃伏せた教皇小書簡をフランスで教皇庁の名において公表するようパリとトゥールーズのイエズス会の管区長たちに指示したのである。このことはイエズス会に政府との困難な対決を余儀なくさせた。オリヴァは敵対勢力が動いていることに気づき、イエズス会に対する陰謀をはっきりと口にした。彼は教皇と国王という相反する勢力に圧迫されているフランスのイエズス会士の苦境を描写して、彼らは金槌と鉄床の間に置かれていると述べた。だがファヴォリティの計画は失敗した。フランス当局が教皇小書簡の写しを差し押さえたのである。イエズス会士がその写しを受け取ることはなかった。

　その後驚くべき事件が起こった。イエズス会士が、過去に数多くの有罪宣告を受けた場所である高等法院法廷に召喚され、そこで行政官たちがフランスのイエズス会に惜しみのない賞賛を与える公式の布告を理路整然と述べるのを耳にしたのである。行政官たちは、イエズス会士は高等法院の布告と教皇または総長の布告の間で選択しなければならない場合高等法院の布告に優先権を与えるという、彼らが解釈するところのイエズス会の立場を明言した。イエズス会がこの出来事において、教皇庁への義務の点で怠慢であったということではない。イエズス会士は教皇小書簡を受け取らず、そのためにそれを公表できなかったのである。しかし、行政官たちは、その賛辞の中で、自分たちと心を同じくするフランス人としてのイエズス会士に向けて発言していることを表明していた。一六八一年の初めに、ド・ラ・シェーズは、イエズス会士のこのような態度をきわめて率直に総長に説明している。すなわち、国王の布告とは最も古い権利に属するものであり、神聖であり人間的、自然法的であり人定法的なもので、良心を義務づけるものである。そして総長の命令とは修道誓願に属する徳によっており、良心に課された義務である。両者の遂行は矛盾がない限りは果たすことができる。「しかしもし、相反する命令の結果として、どちらか一方の指令を無視することが必要になったら、総長様ご自身が、何が私たちのなすべき責務であるのかを判断されるのがよい(32)」。

第三の出来事は、一六八二年三月の聖職者の集会による『教会権限についてのフランス聖職者宣言』（*Cleri gallicani de ecclesiastica potestate declaratio*）という声明である。この声明は四つの条文において、国王の俗事における教皇からの独立、公会議の教皇に対する優位、教会法と教会全体によって設けられた規範に照らした、教皇の権威の行使の制限を宣言した。世俗的領域における間接的教皇権の理論を退ける第一の項目に、ド・ラ・シェーズと、仲間のイエズス会士たちのうちの全員ではないにしろかなりの数の者が賛成した。だがローマでは、ド・ノワイエルが強硬に異議を唱えた。ルイ十四世はこの四つのガリカニズムの条文を大学付属のすべての学院で教えるよう命じたが、このとき総長は、イエズス会がかつて直面した中で最大の危機の瀬戸際にあると感じ、断固とした態度をとった。総長は、「私はイエズス会の会員が、何であれローマ教皇によって否認されたことを教えることを決して許さない」と告げた。総長は、四つの条文を教えることに関する王の命令からイエズス会を除外することを国王に願い出るようド・ラ・シェーズに指示した。ソルボンヌ、ドゥエ、ブザンソンでルイ十四世の布告を非とする反応が湧き起こり、それは司教たちを困惑させるほど広まり、イエズス会士が緊迫した状況から抜け出る助けとなった。ルイ十四世はド・ノワイエルの要望をかなえた。総長の率直な行動がその目的を達成したのであった[33]。しかしそのことは、総長のフランスの息子たちが、王侯に行使する教皇権の問題に関してガリア主義者であるという事実を拭い去ることはできなかった。

一七世紀のフランスというタペストリーを織り成す第二の糸は、ジャンセニズムである。一六四〇年ルーヴァンで、『アウグスティヌス――人間本性の健全性に関するアウグスティヌスの教説』（*Augustinusu ... de humanae naturae sanitate*）と題する著作が出版された。それは出版に先立つ二年前に亡くなったイプルの司教、コルネリウス・ヤンセン（ヤンセニウス。Cornelius Jansen; Cornelius Jansenius 一五八五―一六三八年）の遺作である。『アウグスティヌス』はヤンセンの積年のアウグスティヌス研究の成果であり、「恩恵の博士」に対する興味の高まりから出た古典の一つとして一七世紀の神学と霊性の多くに顕著なアウグスティヌス的色調を与えた。この書は、続く一世紀半にわたるイエズス会とジャンセニストの間で延々と続く戦いの中の、目を引く事件の一つになった。

ヤンセンの共同研究者として連携していたのが、エゴイストだが魅力的で謎めいた人物、アベ・ド・サン＝シラン（Abbé de Saint-Cyran）という名の方でより知られていた、ジャン・デュヴェルジェ・ド・オランヌ（Jean Duvergier de Hauranne 一五八一—一六四三年）である。彼らが発展させた神学は、ルーヴァンのバーユス（Michel Bajus 一五一三—八九年）の伝統を引き継ぐもので、気質においてはカルヴァン主義的で、本質的に曲解されている人間本性についての考えは悲観的であり、神の恩寵の解釈の点では誇張されていた。イエズス会に対する根深い敵意が、この神学の発展に付随していた。というのは、両人は、キリスト者の生活が堕落したのは、イエズス会の道徳と修徳に関する教説のせいだと確信しており、誰を敵とみなしているかということについて公言してはばからなかったからである。ベルギーのイエズス会士は、ルーヴァンでの『アウグスティヌス』の出版を差し止めようと精力的に努めたが成功せず、またサン＝シランは、パリで一六四一年に発行された、自らの手によるこの著作の第二版によって、この地を神学論争の舞台に変えた。アルノー家に支配されていた、ポール＝ロワイヤルの、衆目を集めるこの奇異な修道院に、サン＝シランは最良の聞き手を見つけた。アントワーヌ・アルノーはよく読まれたその著『頻繁な聖体拝領について』（*De la Fréquente Communion*, 1643）で、この陰気で謹厳な運動の修徳的側面を発展させた。この著作は、当時成熟に達しつつあり、人の心をつかむうえで繊細な力を示しつつあったフランス語の、非の打ちどころのない文体で書かれていた。心動かす散文で著されたこの書の中で、彼は贖罪の一つの形として、聖体拝領を遠慮するよう勧告している。

フランスで最初に『アウグスティヌス』を批判した者たちの中には、若干名の優れたイエズス会士がいた。ジャック・シルモンはこの本のカルヴァン主義的な原理を明らかにした。ドニ・ペトーは自らの神学的かつ哲学的議論を発展させるために、歴史についての博識を動員した。フランソワ・アナ（François Annat 一五九〇―一六七〇年）は、ジャンセニストが自分たちのものだと主張する教父、アウグスティヌスの権威に頼んだ。おそらく論争の舞台に最も長くいたイエズス会士であるエティエンヌ・ド・シャン（Étienne de Champs 一六一三―一七〇一年）は、『ジャンセニズムの異端』（*De haeresi janseniana*, 1654）を出版し、ジャンセニストの思想とその神学の乏しさをきわめて正確に提示した。一連の護教論的著作は、全著述の中で膨大な割合を占めるまでになった。アルノーはイエズス会の道徳の教えに対する攻撃を書き、イエズス会のフランソワ・パントロー（François Pinthereau 一六〇四―六四年）が応え、ソルボンヌのフランソワ・アリエ（François Hallier 一五八五―一六五九年）がパントローに反論し、パントローがアリエに答え、アリエが再びパントローに応酬した。他にも多くの者がこの難解な議論に加わった。人々は恩寵をめぐる議論に辟易とするようになった。アンヌ・ドートリッシュ（Anne d'Autriche 一六〇一―六六年）〔ルイ十三世の王妃〕は、「もう、もう、もう結構。恩寵の話は」と憤慨して言っている。

おそらく、イエズス会士の最大の弱点は――実際にはどの場合もそうであったわけではないが――、フランス語で本を書かなかったことであった。この危機にあって彼らは主な作品の多くをラテン語で書いた。優雅で純粋なラテン語文体を自在に操るペトーは、フランス語では同じ優美さと力強さには達しなかった。ペトーのこの不足とは対照的に、この論争の全期間を通して最も人の心を動かした人物を、不滅の名をもつ者へと昇格させたのは、フランス語の大家としてのその駆使能力であった。ポール＝ロワイヤル側にいたその人物とは聡明な科学者かつ数学者で、敬虔で感受性豊かなカトリック、ブレーズ・パスカルである。彼は、一六五六年と一六五七年に、田舎の友人に宛てたものとされる『プロヴァンシアル』として知られる一連の書簡を出版した。その中で彼は、当時の主要関心事の一つである、多数の神学者の道徳説における弛緩という問題を取り上げ、辛辣で機知に富む書簡において、イエズス会の教授や著者たちに激しく切りつけている。実際に、一七世紀の学者の中には、道徳の源泉としての啓示を論証に置き換える傾向があり、このことのうちにパスカルは攻撃に値する標的を得ていた。だが、パスカルのイエズス会に対する攻撃は、傑出したものであるにせよ不当であった。彼の犠牲者のうち、エティエンヌ・ボニー（Etienne Bauny 一五七五―一六四九年）やジョルジュ・ピロー（Georges Pirot 一五九九―一六五九年）などのごく少数の者には、その痛烈なペンからの傷を受けるだけの理由はあったが、しかしルイ・ブルダルー（Louis Bourdaloue 一六三二―一七〇四年）が言うように、「一人の人の誤った評価は、すべての人の口に上るが、多くの者の適切な判断のゆえに信用を得る人は一人もいない」のであった。『プロヴァンシアル』は、広く称賛を得て、学識あるイエズス会の同時代人、ルネ・ラパン

(René Rapin 一六二〇／二一―八七年）は、「フランス語でこれまでこのような著作が出たことはない」という賛辞を呈した。だが他愛なく喜んでいるパスカルの聴衆は、次のことをほとんど考えなかったのである。パスカルがごく限られた範囲の著者しか引用していないこと、これらの著作から明らかに突飛な例を選び、これらの例からイエズス会の戯画を創り出していること、道徳神学者たちに度を越した公平でない評価を下していることである。道徳神学者たちは神を愛する義務から人を解放するためにキリストは死んだなどと、信仰についての厳格な教義を薄めて教えているというのである。パスカルは、スペインのイエズス会士、アントニオ・エスコバル・イ・メンドサ（Antonio Escobar y Mendoza 一五八九―一六六九年）による、司祭のための手引書以外には道徳神学についてのイエズス会士の書物を決して読んではいなかったが、その著作の中でエスコバルをひどくやり玉に上げていたため、彼の名前はフランス語に移され、「escobar」はこじつける人、ごまかす人、言い逃れをする人と同義になった。

ルイ・ブルダルー

何人かのイエズス会士、わけても、ジャック・ヌエ（Jacques Nouet 一六〇八―八〇年）、フランソワ・アナ、エティエンヌ・ド・シャンなどの、力量ある神学者の面々が応じた。例えばド・シャンは、蓋然説が事実上もっぱらイエズス会の道徳上の教えであるという、パスカルの主張に挑んだ。ド・シャンはその著『事実についての問い』（*Quaestio facti*, 1659）で、司教、パリ大学の教授、他の修道会の修道者を含む、蓋然説を支持する九〇人の重要な著者を一覧にしている。さらにアントワーヌ・アルノーとピエール・ニコル（Pierre Nicole 一六二五―九五年）が提供したパスカルの引用に着目し、これらの引用は元の文はおおむね正しいことを述べているが、パスカルはこれを不正確に用いていることを明らかにした。これらの引用において彼は、一七世紀の他の著者たちと同様、文学者としての自由を表している。イタリック体で書かれている引用文の多くは、ラテン語原文の厳密な翻訳ではなく要約であり、優雅なフランス語で翻案がなされ、ほとんどの引用が元のものとはかなり違っている。肝要なのは文学的なすばらしさであり、元はフランス語であった引用文でさえも、パスカルは美文にせずにはいられなかった。『プロヴァンシアル』全体で、ちょっとした手直しを受けなかった一行以上のフランス語の引用は、おそらく一つとしてない。イエズス会の護教論者たちは驚くほどの博

アントニオ・エスコバル・イ・メンドサ

識と教養を駆使してイエズス会についての誤ったイメージを正すことに努めたが、パスカルに匹敵するほどの力強さ、威勢のよさ、機知に富んだ文体といった特徴は、彼らにはなかった。知識の控えめな堅実さでは、不正確な軽口による痛手を修復することはできなかった。(34)

パスカルの主張を大々的に宣伝したのは、この時代の最も並外れた人物に数えられる、ラ・トラップのシトー会修道院†14の改革者、アルマン・ド・ランセ (Armand de Rancé 一六二六―一七〇〇年) である。この感動しやすい、突飛な行動に走る人物は、イエズス会士に向かって激しい非難を浴びせた。罪びとたちは神に立ち帰る道を見つけるためにラ・トラップに赴き、ド・ランセは、現実から無分別な逃避をして、この者たちの道徳上の逸脱を「あの詭弁家たち」のせいにした。ダヴリニはド・ランセの問題の一部であるその無知を判別し、「詭弁家たちを彼ほど手荒く扱った者はいないが、見たところ、彼ほどその著作を読んでいない者もいない」(35)と評した。ド・ランセにとってのイエズス会士は、彼がパスカルの中に見出したイエズス会士であった。つまり彼はイエズス会士というものを知らなかったのだった。『プロヴァンシアル』は、今なおフランス文学の金字塔の一つであるが、この著作は、パスカルの失敗と成功の両方を記念している。大半のイエズス会士に帰せられる道徳の問題へのバランスのとれたアプローチを覆す努力では、パスカルは失敗した。一世紀後の一七五六年に、卓越した倫理学者であるアルフォンソ・マリア・デ・リグオーリは、「イエズス会士の意見は、過度に自由でも過度に厳格でもなく、正しいバランスを保っている」と、落ち着きある権威をもって、明確に意見を述べている。リグオーリが一覧にした、道徳の問題に関するトリエント公会議後の古典的著者の二六人のうち、半分以上の一四人がイエズス会士である。だが、パスカルはイエズス会に対する疑念を深める伝統に寄与することではかなりの成功を収めた。一九世紀の最も高名なイエズス会士の一人であるギュスターヴ・ド・ラヴィニャン（Gustave François Xavier de Ravignan 一七九五―一八五八年）はある回想の中で、法律家であった若い頃、パリの高等法院による以前からの反感のためだけでなくパスカルを読んだことのせいで、イエズス会に対する偏見を感じた、と述べている。[36]『プロヴァンシアル』によって負わされた痛手はイエズス会をはるかに越えたところにまで広がった。パスカルは奇妙に逆説的な役割を果たし、厳格な神を物語っているときにさえ読者を楽しく笑わせ、それによって聖なる事柄を揶揄し愚弄するような雰囲気を生み出した。雄弁にいかめしく厳しい道徳のこの雄弁な代弁者は、一八世紀の懐疑主義の道を準備した。雄弁による破壊の後に哲学による破壊が続いたのである。[37]

パスカルについての研究は絶えず変遷しており、おそらくこれからもそうであろう。今日のまともな見解によれば、『プロヴァンシアル』について、アルノーやニコルのようなポール＝ロワイヤル派の神学者たちは、文学上の観点から自分たちの敵の素養に肩を並べることができないために、自らの反論の道具としてパスカルを不当に用いているとさえいえる。議論のための議論がこの有名な思想家たちの論争を特徴づけており、そして、すべての論争にありがちなように、ここに最大の悲劇があった。両陣営ともが、相手方の積極的な価値を無視したからである。イエズス会士がポール＝ロワイヤルのある種の霊的富を理解し損ねたと言うなら、『プロヴァンシアル』もイエズス会の深く堅固な聖性の伝統を無視したのであった。相互の無理解が両者の邂逅の全体を一条《すじ》の糸のように貫いている。(38)

この国の知的生活へのイエズス会の参画は、ジャンセニズムに対する防衛に留まらない。「神秘主義の侵入」と呼ばれているフランスの国民生活というタペストリーを織り成すこの時代の第三の糸は、ヴァンサン・ド・ポール（Vincent de Paul 一五八一―一六六〇年）、ジャン・ユード（Jean Eudes 一六〇一―八〇年）、ピエール・ド・ベリュル枢機卿（Pierre de Bérulle 一五七五―一六二九年）、ジャン・ジャック・オリエ（Jean Jacques Olier 一六〇八―五七年）、アカリ夫人（Madame Acarie; Barbe Acarie 一五六六―一六一八年）といった人物に典型的に現れる、宗教的情熱の並々ならぬ発露である。イエズス会は非常に様々な意味でこの霊的熱意の雰囲気の醸成を助けた。イエズス会の諸々の学院で結成された聖母信心会は、他の国々の、聖人の列に加えられた数多くの人々とは別に、フランスだけでもフランソワ・ド・サル、ジャン・ユード、ジャン・フランソワ・レジス（Jean François Régis 一五九七―一六四〇年）、ピエール・フリエ（Pierre Fourier 一五六五―一六四〇年）、ルイ・グリニョン・ド・モンフォール（Louis Grignion de Montfort 一六七三―一七一六年）、ジャン・バティスト・ド・ラ・サル（Jean Baptiste de La Salle 一六五一―一七一九年）のような聖人をその会員に数えた。真に非凡な同窓生が鍛造された製作室が学校ごとにあったわけである。ポンタ＝ムーソンの大学は、プレモントレ会[†15]の改革者セルヴェ・ド・レリュエル（Servais de Lairuels 一五六〇―一六三一年）、ベネディクト会のサン＝モール会改革の協力者ディディエ・ド・ラ・クール（Didier de la Cour 一五五九―一六二三年）とクロード・フランソワ（Claude François 一五五九―一六三二年）、カルメル会[†16]に刷新の息吹きをもたらしたフィリップ・ティボー（Philippe Thibaut 一五七二―一六三八年）を輩出して、他の修道会にひとかたならず貢献をした。

ジャン・フランソワ・レジス

刊行数が並はずれて多かったフランスのイエズス会士の霊的著作は、フランソワ・ド・サルの直接の影響から徐々に抜け出て、新たな霊感の柱、ルイ・ラルマン（Louis Lallemant 一五八八―一六三五年）の方へ向かいつつあることを映し出していた。エティエンヌ・ビネは、一六三九年に死去するまで「敬虔的ヒューマニズム」の精神を軽快な表現方法で述べ続けた。ビネの著作を特徴づけているのと同じ楽観主義と喜びの精神は、ニコラ・コサン、ジャン・シュフラン、ポール・ド・バリ（Paul de Barry 一五八七―一六六一年）が著した若干の書物にもその跡を残している。一六〇五年にイエズス会に入会したルイ・ラルマンは、イエ

ジャン＝ジョゼフ・シュラン

ズス会がかなり活発に活動していたこの時期に修練長ならびに第三修練長となったが、会員の中には、彼の著作にすっかり浸りきって霊的力を損ねる者もいたほどだった。ラルマンは使徒的活動への要求とより深い内面生活への熱意の間の緊張のただ中にあって、第三修練長という立場を通じて、傑出した人物の一団に影響を与えた。その中には特に、判断の確かな著作家ジャン・リゴルー（Jean Rigoleuc 一五九五―一六五八年）、いくつかの黙想の家を建てたヴァンサン・ユビ（Vincent Huby 一六〇八―九三年）、聡明な著者で、ルダンの修道女の悪魔祓いを勤めたせいで精神のバランスが危うくなったジャン＝ジョゼフ・シュラン（Jean-Joseph Surin 一六〇〇―六五年）、カナダの宣教師として際立っているポール・ル・ジューヌ（Paul Le Jeune 一五九二―一六六四年）ならびにイザアク・ジョーグ（Isaac Jogues 一六〇七―四六年）がいる。ラルマン自身は何も出版しなかったが、一六九四年にピエール・シャンピオン（Pierre Champion 一六三二―一七〇一年）が、リゴルーとシュランがラルマンのもとで第三修練を行ったときに書いた覚書を『ルイ・ラルマン神父の生涯と霊的教え』（*La Vie et la Doctrine Spirituelle du Père Louis Lallemant*）と題して編集している。この覚書の集成は、著者の同定という文学上の問題を呈してはいるが、ラルマンの教えが忠実に報告されていることと、この使徒の生活における霊的なものの卓越性を力強く浮き彫りにしていることで、今なお古典であり続けている。

ラルマンは、観想的であると同時に使徒的であるイエズス会士の生活の中の緊張を感じ取り、完璧な使徒的働きをなす者の養成にあたっては深い祈りが必要であるとの考えに過度にとらわれていた。このことは率先して使徒職に関わることからイエズス会士をそらしてしまったという点で、イグナティウスの教えから逸脱しているように見える。『霊的教え』の中の複数のくだりで、時折、彼の思考は自らの意味を探求して手探りしており、また、いくつかのテクストが異なった結論に至っているので、ページごとにさえ矛盾しているようである。存命中でさえこうした曖昧な雰囲気が彼を取り巻いており、総長であったヴィテレスキはこの第三修練長の教えの特徴について問い合わせをしているが、その返事の内容で安心したようである。(39)

影響力のあった著者たちのもう一方のグループの顕著な特徴は、その教えがキリストの中心的位置づけを強調していることである。一六三四年にジャン＝バティスト・サン＝ジュル（Jean-Baptiste Saint-Jure 一五八八―一六五七年）が『神の子キリストの知識と愛』（*De la connaissance et de l'amour du Fils de Dieu Notre Seigneur Jésus-Christ*, 1634）という長い論文を出版し、関心を同じくする、『神秘的受肉ないしキリストへの服従』（*Incarnatio mystica seu Christi-formitas*, 1649）

を著したニコラ・ロジェー（Nicolas Roger 一六〇二—七九年）、『人なる神の神秘』（*Le mystere de l'Homme-Dieu*, 1654）を著したジャン・グリゼル（Jean Grisel 一六〇一—五七年）のような、数多くのイエズス会の著作家たちがそれに続いた。人なるキリストへの方向づけにおいてこれらの著書よりも広範囲にわたっており、またより永続的であるのが、イエスの聖なる聖心《みこころ》への信心である。一六七一年にブルゴーニュ地方の町パレ＝ル＝モニアルの訪問会に入会した一修道女がキリストの幻視を授けられた。その幻視の中で、聖なる主は人間への愛に自らの燃える心臓を指さして、人が冷淡と無関心でもってキリストの聖なる慈しみにあだで報いていることに修復がなされることを求めていた。聖心への信心を広めるというこの細心さを要する使命に際して、マルグリット＝マリー・アラコク修道女（Marguerite-Marie Alacoque 一六四七—九〇年）の霊的指導者として、キリスト自らが「わが忠実な僕にして完全な友」と呼ぶイエズス会士、クロード・ド・ラ・コロンビエール（Claude de la Colombière 一六四一—八二年）を選んだ。教会はシスター・マルグリット＝マリーを聖人目録に載せ、コロンビエールを列福している。キリストは一六八八年七月二日の出現の際に、イエズス会の会員を自らの聖心の信心を宣べ伝える者として任命された。そこでイエズス会は、イエズス会士一人ひとりにこの責任を思い出させる、一九一五年、一九二三年、一九六六年の総会の教令から、『聖心の使徒』の様々な版と世界中に広がっている「祈りの使徒職」に至るまで、いくつかの仕方でこの特別な召命に応えている。

政府の関心を惹き起こした一七世紀の宗教活動の一面は、民衆伝道であり、その際イエズス会士は二人一組を常として村から村へ歩き、貧者や教育のない者や世間から忘れられた者に、秘跡的生活の流れをもたらした。ルイ十三世は、この男たちの達成したことに深い感銘を受け、一六三四年、一〇人の司祭、二人の神学生、二人の助修士が従事しているアキテーヌでのこうした宣教の支援のために、年額四千リーブルを付与した。リシュリューは王国のすみずみにまで入り込むイエズス会の一団を打ち立てることを思い描き、一六三八年に一年のうち半年間この任務につく五〇人のイエズス会士の扶持を請け合った。(40) 多くのイエズス会の司祭が、この単調な仕事に献身したことでよく知られるようになった。モンペリエ、ソミエール、ル・ヴィヴレー、ル・ヴレーといったところで最も好ましく思い出されるのはジャン・フランソワ・レジスのことである。彼は力強く柔和で魅力的な司祭で、雪に埋もれた谷や荒涼とした山々を踏み分けて信仰を呼び起こそうとした。レジスは一六四〇年、ラ・ルーヴェスクで仕事の最中に亡くなり、今では教会の聖人となっている。

ラ・ルーヴェスクでは一九世紀のフランスの霊性に広範な影響を及ぼした二人の人物が霊的な着想を得た。一八〇六年にアルスの司祭聖ジャン＝バティスト・マリー・ヴィアンネー(Jean-Baptiste Marie Vianney 一七八六―一八五九年)が、司祭職のための勉強に対する助力を願い、ジャン・フランソワ・レジスの墓に巡礼した。また一八二六年、現在教会の聖人目録に載っている聖人である、マリー＝ヴィクトワール＝テレーズ・クデルク(Marie-Victoire-Thérèse Couderc 一八〇五—八五年）が、セナクル〔最後の晩餐の部屋〕修道女会をこの地で創設した。彼女はいくつかの点で自分の修道女会をイエズス会と結びつけ、その会憲を聖イグナティウスの『会憲』にもとづいたものとし、信徒の女性に霊操を施すことを主要な使徒職としたのである。

レジスの死後四〇年近くにわたって、この聖人のやり方で養成されたジャン゠ポール・メダイユ（Jean-Paul Médaille 一六一八—八九年）が、オーヴェルニュとヴレーとラングドックの村々でキリスト教を教える仕事を続けた。彼はまた、聖ヨセフ修道女会[†17]の創設を助けてもいる。この会はイグナティウスの会則をその基としている。

北部の方では、レジスが亡くなった年に、もう一人のイエズス会士、ジュリアン・モノワール（Julien Maunoir 一六〇六—八三年）が、ブルターニュ地方での四三年間にわたる驚嘆に値する宣教活動を始めた。自分もブルターニュ人である彼は、無関心な人々と無頓着な聖職者を熱心な信仰に向けて奮い立たせた。彼が育てたこの熱心な信仰は、今なおブルゴーニュの人たちの文化の重要な一部となっている。モノワールは華やかな行列と劇的な場面を含む礼拝週間を村ごとに組織したが、それは彼の驚くべき宣教活動がそのような顕著な形をとったものであった。彼は要理教本や信心書をブルターニュ語に翻訳し、司祭を教育し、カンペールにイエズス会の最初の黙想の家の一つを開設し、そこでは毎年千人に上る司祭や信徒が霊操を行った。一九五一年に教皇ピウス十二世がモノワールを列福している。一方フランスか

ジャン・ド・ブレブフ

ら数千キロの彼方の新世界の荒涼とした未開地では、イザアク・ジョーグ、ジャン・ド・ブレブフ（Jean de Brébeuf 一五九四—一六四九年）その他の人々が、インディアンの首長トマホークの下に倒れ、信仰の熱意に燃えるこの時代に傑出した聖性に至ったフランス人のリストに、殉教者としてその名を加えられた。

しかし、信仰の熱意の高まりと気高い志が、日々の実務にあっての誤解や悪感情を拭い去ることはなかった。イエズス会の学校の卒業生であるド・ベリュル（Pierre de Bérulle 一五七五—一六二九年）が、フロントン・デュ・デュクのような人たちとの文通で心からの友情を表明しているが、一般にオラトリオ会士とイエズス会士には不愉快な意見の食い違いがあった。ド・ベリュル自身は自分の会から教育を除いていたが、一六一八年にはオラトリオ会の会員の二つの学校を、一つはルーアンで、一つはディエップで経営していた。これらの学校とイエズス会の学校の間に競争意識が生じ、性急な人たちの気分をあおった。その人たちが憤慨して吐いた言葉は、今なお記録に残っており、霊的精鋭の時代にあった人間的弱さを世に示している。(41)

フランスというタペストリーを織りなす宗教的熱意の糸と同じくらい力強く見事であったのは、文化的開花という糸である。神学、哲学、文学にわたり、特別な仕方で張りめぐらされたこの糸のすべてにイエズス会が深く関わっていた。一七世紀は教会史研究の黄金時代であった。それは神学研究に浸透し、また、初代教会の信仰と実践を想起させることによって、

「信仰の永続」を証しした。幾人かのイエズス会士は、歴史感覚と、事実に関わる知識を尊重する学問的態度によって、神学研究に新しい実り豊かな方向づけをもたらした。フロントン・デュ・デュクはヨハネス・クリュソストモス、ニュッサのグレゴリオス[†18]（Gregorios 三三一頃—三九四年）、エイレナイオス[†19]（Eirenaios; Irenaeus 一三〇／四〇頃—二〇二年頃）の著作の批判校訂版によって、ジャック・シルモンはテクスト編集の膨大な仕事によって、時代の隔たりによる大きな空白を埋めるのを助けた。シルモンのテクストの多くは、ラブ（Philippe Labbe 一六〇七—六七年）とマンシ（Giovanni Domenico Mansi 一六九二—一七六九年）による公会議の総合版と、ミーニュ（Jacques-Paul Migne 一八〇〇—七五年）による『ギリシア・ラテン教父著作全集』（*Patrologiae Cursus Completus Omnium Sanctorum Patrum, Doctorum, Scriptorumque Ecclesiasticorum sive Latinorum, sive Graecorum*）によって引き継がれた。

こうした学者たちにおける第一人者であったのは、オルレアン生まれのドニ・ペトーである。ペトーは父親によって熱心なカトリック的・人文主義的環境の中で教育され、一五歳の頃にはラテン語とギリシア語を自在に駆使することができ、一七歳のときにはパリ大学での修士論文の試問に際してギリシア語で答弁した。イエズス会に入会してからはランスとラ・フレーシュとパリで修辞学を教えた。ペトーはフロントン・デュ・デュクの指導で広く歴史書を読み、テクストの用い方と年代決定に習熟するようになった。彼は神学の講義を任されると、豊かさと深さと、ほぼ形而上学だけに制限される視野をはるかに超えた視野を特徴とする優れた下準備をもってこの仕事に臨んだ。

ペトーは実証神学の父と呼ばれている。こうした言い方の厳密な意味から言えば、これは正確にはその通りではない。というのは、彼は自分以前の他のイエズス会士、特にマルドナド、モントヤ、スアレスがすでに採用した見解を受け継いでいるからである。ペトーは堅固な形而上学と聖書についての深い知識、そして教会の教父と公会議に広く親しむことの完全な調和的統一を求めることにおいて、この人たちと同じ望みをもっている。ペトーの功績の中で比類がないのは、教父と公会議の伝統の偉大さを十全に提示したことである。彼は「教養ある古来の形に従って表現された」(ad eruditae vetustatis expressa speciem) 神学、すなわち、諸々の時代を通じて続いている学問の方法に則って形成された神学を目指した(42)。その著『神学の教義』(*Dogmata Theologica*, 1644-1650) ——彼が企図したのは全一〇巻のうち四巻である——は、神学のこの分野では他に並ぶものがない。この著作は各時代の神学者や教父が一堂に会して神の啓示に関する自らの省察を述べている大広間のようであり、どのページにも世紀と世紀との尽きることのない対話の声が響いている。

ペトーには自分の事業が特別なものであることについての自覚があった。彼はこれについてヴィテレスキに次のように書き送っている。「神聖な事柄について扱ったこの本の中で、私は古い学派の轍《わだち》を踏んでいるのではありません。私は新しい道を進んでいるのであり、しかもそれは、前人未踏の道であると自慢ではなくして言うことができます。哲学さながらに、私には迷路であるとはとても思えないようなところをあてどなくさまよっている、いわく言いがたい類いの神学は放っておいて、私が創りあげたのは簡潔で美しい試論、聖書と公会議と教父という清らかな源流から出る、急流にも似た試論なのです」。一六五二年一二月一二日の彼の死は、この企てを終わらせたのみならず、ヨーロッパ思想史の悲劇を惹き起こすことにもなった。クレルモン学院のイエズス会士が、ペトーが受け取った、多くが大陸の学者からのものであった数千通の手紙を集めて焼いてしまったのである。残ったのは、後に本のページの間に見つかった教皇ウルバヌス八世からの便りだけであった。(43)

ペトーは教会史への関心において特筆される時代を生きた。公会議のある文書集は、この世紀の最も偉大な学者に数えられるフィリップ・ラブを思い出させる。彼は歴史家、碑銘学者、言語学者で、記憶力にすぐれ、多岐にわたる仕事の才をもった人だった。ラブが未完のまま遺したことを、有能で多才なガブリエル・コサール（Gabriel Cossart 一六一五—七四年）が完成させた。過去に対する鋭い感覚を備えていたこの一群の人材中の一人であったピエール・フランソワ・シフレ（Pierre François Chiffler 一五九一—一六八二年）は、数多くの本を出し、「聖人たちから賞を受けるに値する、このうえなく勤勉な人物」という、ボランディストからの的を射た賛辞に恥じない人だった。

神学研究の著述にあってイエズス会士を助けた自信と確信は、哲学では彼らに欠けていた。彼らの生徒の一人であった、ラ・フレーシュの卒業生ルネ・デカルトは、自然学での実験によってだけでなく、特に哲学における彼の出発点によって、困惑と驚愕の波をイエズス会全体に送った。当時のイエズス会士たちは自分たちの伝統的な哲学の枠組みへのこの挑戦をまだ評価することができず、また彼らの反応も非常に様々だった。ピエール・ブルダン（Pierre Bourdin 一五九五―一六五五年）は確固とした議論によるというよりむしろ気分によって反対し、自分に対する反感を招いてしまった。デカルトは一六四二年版の『第一哲学についての省察』(*Meditationes de Prima Philosophia*) の中でブルダンに回答している。デカルトが亡くなって三〇年以上たった一六八六年に、彼の母校で、デカルト哲学に反対する命題が公の抗弁において支持された。しかし他のイエズス会士は、様々な程度で、デカルト自然学とアリストテレス宇宙論のある種の結合を打ち立てることで妥協を導き出すことに努めた。デカルトの方に著しく傾いていた者の中に、イニャス・パルディ（Ignace Guston Pardies 一六三六―七四年）がいる。彼は力学と数学についての著作で時代に遅れをとっておらず、また、ニュートンに勝利を認めた最初のスコラ学者の一人であった。光という研究主題に関してニュートンと意見が一致していたこの才能ある科学者は、三七歳で、ビセートルの囚人の世話をしているうちに熱病で亡くなった。したがってデカルトはともかくも幾人かのフランスのイエズス会士を説き伏せたのだが、彼はより完全な勝利を求めた。デカルトはラ・フレーシュで自分が受けた教育のある側面については批判的であったが、この国の最良の教師としてイエズス会士を尊敬し、彼らの学校で自分の『哲学原理』(*Principia Philosophiae*) が教科書として採用されることを望んでいた。これに関してはデカルトは失望した。

深遠な神学研究と鋭い哲学的思弁によって作り出された光よりもさらに輝いていたのは、秀逸な文学の広域をあまねく輝きわたる光であった。その眩いばかりの輝きは夜の大都会を包む幾千もの光のようにフランスを覆った。この偉大な世紀の洗練された文学的スタイルの育成にあたり、特に人気のある学校によってイエズス会は重要な役割を果たした。一六一六年にイエズス会は四六の学院を、六三年後の一六七九年には、この数のほぼ二倍の八三校を運営していた。一六二七年に一万三一〇四人の生徒が在籍していた時、ルーアンの学院には最も多い一九六八名の学生がおり、パリ、ラ・フレーシュ、レンヌもそれにさして遅れをとっていなかった。それぞれのクラスにいる人数は時として飽和状態にあった。古典のクラスは通常約五〇人の学生を擁しており、より初歩の文法のクラスには一〇〇人から一四〇人の学生がいた。

イエズス会士同様、他の修道会員による学院の倍増は、フランスの文学的環境を広げただけではなく、政府に危惧を抱かせるような社会問題をもたらすことにもなった。労働者や職人の子弟で公務員や教職やより高い社会的名声への鍵であるラテン語を学ぶために学院に入る者が急増したのである。無月謝教育に惹きつけられて、貧しい階級がイエズス会の学院の生徒の過半数を占めた。たとえばビヨンでは一六一〇年から一六二五年の間に、一五〇〇人の学生のうち七パーセントが貴族、九パーセントが中産階級、二四パーセントが小役人、一八パーセントが商人、二七パーセントが労働者階級、一五パーセントが職人の出であった。シャロン＝シュル＝マルヌでは、一六一八年から一六三四年の間に、六五〇人の学生のうち貴族の出は二パーセントだけで、五パーセントが中産階級、残りが職人、役人、商人、労働者階級の出であった。教育状況についての種々の調査は、学生の波が人文科学の方へと動いているために、商業と農業が損害を被っているという、お決まりの主題を強調した。リシュリュー枢機卿はこの発展が含意しているところに不安を感じて学院の思い切った削減計画を講じたが、この計画は失敗であることが明らかになった。後にこれに似た目標をもったコルベール（Jean Baptiste Colbert 一六一九—八三年）〔ルイ十四世期のフランスの政治家〕の試みも枢機卿同様さほどの成功を見なかった。(44) 学院は機能し続け、低い階級から高い社会的名声へ向かう動きは大した妨害もなく続いた。

ルネ・ラパン

イエズス会の学校は古典の伝統に栄誉ある地位を保持しながら、学生の才能も教授の才能も押しなべてラテン語の詩作に向け、それはフランソワ・ヴァヴァスール（François Vavasseur 一六〇五—八一年）とルネ・ラパンのいくつかの作品における優美な形式に至った。しかし、世界最大の文明国での地位を得るべく若者を準備させるにあたって、ラテン語習得にこのように集中することと同様に大切なこととして、自国語を系統立てて教化することにより多くの注意を払う必要があり、しかもそれが緊急であることがイエズス会士にはわかっていた。このことはパスカルの『プロヴァンシアル』の影響がなした警告だった。ランケの言葉を借りれば、ジャンセニストは「国全体に話しかけた」のであった。そして一七世紀のフランスの文学的開花ほどの、地方語の豊かで美しく力強い劇的な展開は他に類がなかった。一七世紀の末にはイエズス会の学校では、ラテン語の文法書はフランス語で書かれており、舞台、学校、公の式典でフランス語がラテン語を第二の地位へと追いやった。文学形式と美に対する感性が豊かであったこれらの活気ある学院は、この時代の最も優秀な知識人の幾人かを育み教育を授けた場所であり、ここからコルネイユ（Pierre Corneille 一六〇六―八四年）〔フランス古典悲劇作家〕、ボシュエ、モリエール（Molière 一六二二―七三年）〔フランス古典喜劇作家〕、ビュフォン（Georges Louis Leclerc, comte de Buffon 一七〇七―八八年）〔フランスの博物学者〕のような人たちが出て、フランス文明の一大貯蔵庫にその実りを加え増やした。

他の国々と同様フランスの学校のイエズス会士は、演劇を豊かに発展させた。特にそう言えるのはバレエと舞台装置についてである。バレエはフランスにおいて非常に重要なものとなりつつあり、そこで、シャンベリーとグルノーブルとウィエンヌとリヨンのイエズス会の学校を歴任したベテランの文学教諭のクロード・ムネストリエ（Claude François Menestrier 一六三一―一七〇五年）が一六八二年にこの分野の非常に重要な著作である『古今のバレエ』（*Les ballets anciens et modernes*）を出版している。時にバレエは寓意的なものであり、イエズス会士はアッシリア帝国の没落を扱う悲劇の中で、帝国の没落が夢の中で予告されていることから「夢」という題がついているバレエを発表した。またバレエは公の大きい行事に敬意を払うときにも催され、あるものは一六六〇年のルイ十四世の結婚を、またあるものは一六七九年のネイメーヘンの講和[†20]を祝った。パリのルイ・ル・グラン学院〔一六七四年のルイ十四世公式訪問を受けて、クレルモン学院から改称された学院〕では幾多のバレエが太陽王を称えた。この学院は音楽とバレエでパリの舞踊学校（Académie de danse）と張り合った。豊富な舞台装置がこうした見世物の壮観を増した。イエズス会士は役者の衣装を選ぶのに細心の注意を払った。ルイ・ル・グラン学院の舞台背景は多様さの点でフランス座（Théâtre Français）のものを凌《しの》いだ。しばしば貴族が観客となり、その場の雰囲気を一層きらびやかなものとした。王子や王女、公爵と公爵夫人、伯爵と伯爵夫人を含む長いリストの筆頭にいたのは、ルイ十四世と亡命してきたイギリスのチャールズ二世[†21]（Charles II 一六三〇—八五年、在位一六六〇—没年）だった。イエズス会の演劇と時代の文化的嗜好の間には盛んな相互作用があった。一方が他方にどれだけ影響しているか、その程度を判じるのは非常に難しい(45)。

ドミニク・ブウール（Dominique Bouhours 一六二八—一七〇二年）は、同時代の、正確な著述法の権威の一人だった。ブウールは、鑑賞力という考えを発展させた最初期の人物の一人として、有名なその著『機知ある作品における熟考の方法』（*La Manière de Bien Penser dans les*

Ouvrages d'Esprit, 1687）の中で、この概念を議論している。ある「才能ある人」によってなされた、『批評術、あるいは機知と学問の問題に関して正しい判断を下す方法』（*The Art of Criticism: or the Method of Making a Right judgement upon Subjects of Wit and Learning*）という題の最初の英訳が一七〇五年に出ている。イギリスの批評家たちはこの作品から、文学一般の評価能力を意味するのに「批評術」（the art of criticism）という表現を用いることを学んだと思われる。ドライデン（John Dryden 一六三一―一七〇〇年）〔イギリスの詩人・劇作家〕とアディソン（Joseph Addison 一六七二―一七一九年）〔イギリスの詩人〕がこの本を読み、チェスターフィールド卿（Philip Dormer Stanhope, 4th Earl of Chesterfield 一六九四―一七七三年）は息子にこの本を薦めている。ジャン・ラシーヌ（Jean Racine 一六三九―九九年）〔フランス古典劇作家〕は、ニコラ・ボワロー（Nicolas Boileau-Despréaux 一六三六―一七一一年）〔フランスの詩人・批評家〕とジャン・ド・ラ・フォンテーヌ（Jean de La Fontaine 一六二一―九五年）〔フランスの詩人〕とジャック・ベニーニュ・ボシュエの友人であるブウールに、「あなたはわれわれの言語の大家の一人です」という献辞を添えて自分の悲劇を贈呈している。[46] フランス語の見事な駆使能力で知られるもう一人のイエズス会士はルイ・マンブール（Louis Maimbourg 一六一〇―八六年）である。彼はフランス王室の歴史を書くことに取りかかって中世の教皇権に関する、注意を要する微妙な学問分野に入ってしまい、ガリカニズム的自由について慎重な保留の態度を取り続けることに失敗した。このことは、稲光りする雷を呼び、その雷はマンブールをイエズ

ス会から去らせるようにという、一六八一年の教皇インノケンティウス十一世からの命令の形で落ちた。結果として彼はイエズス会を去ることになった。ルイ十四世はマンブールに恩給とパリのサン＝ヴィクトルの大修道院の部屋を与えた。

フランスの聖性とフランスの雄弁はルイ・ブルダルーのうちに手を携えた。一七〇四年に亡くなるまでの三四年間、この聖人のようなイエズス会の司祭は、説教によって人々に教えた。その説教は、バランスのとれた構造、倦むことのない雄弁、教えの豊かさの点で古典的完成の域に達しており、彼はこのような説教を通して、直接に聴衆の良心に向かって論理の王道を突き進んだ。

このように、レジス、モノワール、ド・ラ・コロンビエール、ジョーグ、ド・ブレブフに見られた聖性と献身、ペトー、ラブ、パルディ、ブウールに見られた知識と学問、ジャンセニズムとガリカニズムに対する論争と争いが、フランスのイエズス会の歴史の中で最も複雑な時期に数えられるこの時代を成していたのであった。

ドイツと中欧

三十年戦争の第一の局面はボヘミアで始まった。ボヘミアはそれが支配するシュレジエン、ラウジッツ、モラヴィアという三つの地域で、言語、習慣、宗教が不規則模様のつぎはぎのキルト細工のようになっており、ルター派、カルヴァン派、フス派、[†22]カトリックの共同体には相互不信が走っていた。一六一八年五月二三日、プラハでプロテスタントたちが軽率にもカトリック・ハプスブルク家に対する反政府を樹立し、帝国の役人二人をフラチャニ城〔プラハの王宮〕の窓から投げた。六月九日、彼らはイエズス会士を追放した。

一六一九年八月に神聖ローマ皇帝に立てられたフェルディナント二世（Ferdinand II 一五七八—一六三七年、在位一六一九—没年）には、帝国の一部分としてのボヘミアの重要性がわかっていた。ヴァティカンも中欧の宗教的統制の鍵としてのその重要性を理解していた。一六二〇年の秋にバイエルンのマクシミリアン大公と、ケルンのイエズス会学院の敬虔な卒業生ヨハン・ツェルクラエス・フォン・ティリ伯爵がプラハに進攻した。一一月八日に、彼らは町を見晴らす広い高台である白山でプロテスタントを打ち負かし、プラハは無条件降伏をした。多くのルター派やカルヴァン派の紳士にとって、カトリックの勝利が宗教的に含意しているところは明らかであった。これらのプロテスタントは、聖務日課書かロザリオのどちらかを携えて町を歩いた。

プロテスタント各派の信仰を、征服した地域から取り除く計画は、ほとんど即座に始まった。第一の標的は説教師と聖職者で、この人たちは改宗か追放かの選択を迫られた。教皇使節カルロ・カラファ枢機卿（Carlo Carafa 一六四四年没）は、精力的な行為を強く要求した。その報告の中での彼の言は率直である。彼は、カトリックの宗教の教えを受け入れることを多くのプロテスタントに促しているのが恐れであることを認めたうえで、「そして、だんだんと神が彼らの態度を清めたので、彼らはカトリックの信仰に入った」と付言している。[47]

改宗計画の第二の段階は司祭の移入であった。イエズス会は、フランシスコ会士、アウグスチノ会士、カプチン会士と共にボヘミアに移った。白山の戦いのほぼ直後に、イエズス会はプラハの以前の自分たちの教会に人員を配置した。彼らは町中の教会で説教し、本を配り、ボヘミア人が音楽を愛することを知っていたので、要理のクラスのために覚えやすいメロディーを作曲した。ボヘミアとモラヴィアに一五の宣教拠点を設置して、プラハから他の町々へと移動し、コモタウ、クルマウ、ノイハウス、ギッチンで学院を開設し、一六二三年にはプラハのカレル大学の責任を引き受けた。集められたカトリック信仰への改宗者の総数は驚くほどのもので、一六二二年には五四一九人、一六二三年には二五五二人、一六二四年には一一二六人、一六二五年には一万八四七九人、一六二六年には二万五一四四人であった。一六二〇年と一六三二年の間の改宗者は二二万三七四八人に上った。[48]

ボヘミア、シュレジエン、モラヴィアでイエズス会が成し遂げたことは際立っていたが、もやがかかって光輝の完璧さを奪った。カトリックとプロテスタントを同様に特徴づけていたこの時代の不寛容が、フェルディナント二世の文官と兵士と共に町や村に入って行った。そしてしばしば文と軍の権威者たちの側にはイエズス会士がいた。それでも、司祭は誠実と偽りのない献身によってしばしば広く民衆の愛と信頼を勝ち得ており、このようにして自分たちの仕事を政府のそれから効果的に切り離していた。グロガウでは一人のイエズス会士——マティアス・ネンニヒェン（Matthias Nennichen 一六五六年没）とするのが最も蓋然性が高い——がプロテスタントを抑圧することに反対している。[49] 一六二九年にシュヴァイトニッツでは、荒くれた兵士たちがカトリックを回復しようとしてとっている乱暴な戦法に対して反対の意を表明するために、イエズス会士は町を去った。一六二七年に三〇〇人の学生を擁していたグラーツの学校や、六〇〇人を擁していたナイセの学校のようなシュレジエンのイエズス会の学校には、主にプロテスタントが通っていた。四人、貧しい人、悪疫の犠牲者は、イエズス会士の手厚い世話を受けた。信仰への心からの深い献身が育った。一六二六年に、そこにいた会員はわずか一三六人であったが、ヴィテレスキは、厳密な意味でのボヘミアと、シュレジエン、モラヴィアを含むボヘミア管区を創設した。一三年のうちに、この管区は六二四人の会員を数えた。それはほぼ五倍の増加にあたる。

時間と宗教戦争の愚行がかつての頑なさをすり減らしてゆき、寛容の精神がゆっくりと姿を現し始めた。神学者たちも、一つの国家内で異なる宗派が平和的に共存するための、知的かつ宗教的な正当化の根拠を探求した。神聖ローマ帝国ではベカヌスがカトリックの神学者の先頭に立ち、皇帝フェルディナント二世に与えた忠告の中に自らの思想に実践的な形を与えた。フェルディナント皇帝は三十年戦争の開戦時に、オーストリア南部のルター派をボヘミアの革命との協調から切り離すことに心を配った。ルター派はアウクスブルク信条〔一五三〇年」を支持する自由が正式に保証されることを見返りに求めた。ベカヌスはフェルディナントに、容易ならぬ状況を鑑み、ルター派の条件に応じるように勧めた。ローマが抗議すると、ベカヌスは、オーストリアのルター派についての寛容が信教の自由を許された教皇領内のユダヤ人のこととどれほど本質的に異なっているかを自分には見つけることができないのだと、いくらかいたずらっぽく応えた。(50) この件にあって、ベカヌスは、神学教授として、一定の状況下での宗教的寛容を擁護する議論において一六〇五年頃には到達していた結論を、ただ実践で果たしたにすぎなかった。宗教戦争が彼の思想を磨いた。

ブラウンシュヴァイクのクリスティアン（Christian von Braunschweig 一五九九—一六二六年）とエルンスト・フォン・マンスフェルト（Ernst von Mansfeld 一五八〇—一六二六年）による軍隊の進行によって、長引く戦争がドイツにもたらすことになる苦痛が先取りされイエズス会士に与えられた。クリスティアンは血も凍るような戦慄をともなって北から移動していた。イエズス会士の最北の共同体の一つが置かれていたパーダーボルンでは、軍が近づくにつれてプロテスタントの敵対行為が増し、イエズス会士に好意的な人たちが逃げるようにと忠告してくれた。一六二二年一月二二日、およそ七〇人が町を去った。これらの逃亡者の中に、後にその時代の最も著名な科学者に数えられることになる、神学生のアタナジウス・キルヒャーがいた。彼は自伝の中で、一月中旬の吹きさらしの街道をとぼとぼと歩いたときの寒さと飢えと疲労を活写している。

ヴィルヘルム・ラモルマイニ

四年後の一六二六年、ティリ伯爵がデンマークのクリスティアン四世（Christian IV 一五七七―一六四八年、在位一五八八―没年）に対して大規模な反撃を開始した。その三年後にこのデンマーク人は和平を請うた。ハプスブルク家の軍隊は北部で優勢を保った。これはカトリックの大義にとってまたとない機会であった。フェルディナント二世は、自分の聴罪司祭であるイエズス会士ヴィルヘルム・ラモルマイニ（Wilhelm Lamormaini 一五七〇―一六四八年）に励まされて、プロテスタントにとられた司教区、小教区、修道院を回復することで、アウクスブルク講和以来の教会に対する不正を取り除くことを決心した。イエズス会にとって、この情勢の根本的な転回は、八〇年前に最初の学院を開設して以来のドイツにおける最大の好機であった。ティリ伯爵はリューネブルク、フェルデン、シュターデに学院を創設する方策を講じた。フェルディナントの軍に属し、自由に行動する大きな軍隊を率いているアルブレヒト・フォン・ヴァレンシュタイン（Albrecht von Wallenstein 一五八三―一六三四年）は、他の学院も創設するよう皇帝に勧めた。

　こうした計画と建物の必要は、これまでイエズス会とより古くからの修道会の間の悪感情の原因となってきたことをはっきりと浮き彫りにさせた。ローマの認可を得て、ほぼ、またはすっかり放棄された小修道院がイエズス会に委ねられた。つまり新しいイエズス会の学校に法的手続き上「組み込まれた」のである。修道士たちは公然とこの処置を非難した。イエズス会士は公にこれを擁護した。敵意があまりに激しくなったので、教皇庁は双方に沈黙を課した。その後すぐに、こうした事柄の心痛に加えて、幾千人もの若者の夢を荒々しくうち砕くような事態が生じた。若者たちは、信仰に関して専門的に教育され、毎年、イエズス会の学院を卒業して北部ドイツの人々の中のパン種として働いていた。しかしスウェーデンの国王グスタフ・アドルフ（Gustaf II Adolf 一五九四—一六三二年、在位一六一一—没年）が、フランスのリシュリュー枢機卿に援助されて神聖ローマ帝国を侵略したのである。両陣営は死に物狂いに戦い、その後には荒廃が残された。イエズス会の従軍司祭は帝国軍と共に移動し、疲労し病んだ兵の間で働いたことについての詳細な記述をその日記に記している。ジャン＝ガスパール・ヴィルトハイム（Jean-Gospard Kaspar Wiltheim 一五九一—一六五六年）は、およそ二万人が死に絶えたマクデブルクのすさまじい猛攻で、諸々の建物の屋根を炎がなめ尽くしてゆく恐ろしい場面を描いている。グスタフ・アドルフはまたたくまにドイツの中心部に入った。彼の行軍の進路は、閉鎖されまたしばしば略奪されたイエズス会の学校の位置によって跡づけることができる。一六三一年九月、ハイリゲンシュタットの修道院長は自分の共同体をゲッティンゲンに送った。一六三二年一月、マインツの会員はルクセンブルクに行き、トリーアの修練院は閉鎖され、修練者は他の管区に、四一名はフランスに送られたりしたと、上ライン管区の長上たちが報告している。イエズス会は、一六三二年二月にはバンベルクを、六月にはエアフルトを出ることを余儀なくされた。一六三三年二月にはロースフェルトの学院が閉じられ、その後まもなくヘッセン人傭兵に略奪された。八月にはパーダーボルンを、九月にはオスナブリュックを出るよう命じられ、その他のイエズス会の教会はプロテスタントの礼拝に使われた。どの書簡でも、追放、大砲の轟き、略奪、荒廃という、同じような不穏な話が繰り返し述べられている。

『ヨハネの黙示録』〔六・三〜八参照〕にある疫病、飢餓、戦争という三人の滅びの天使の恐ろしい来訪によって、この時期はドイツのイエズス会の歴史において忘れえぬものとなった。一六二三年の厳しい食料不足の間、インゴルシュタットのイエズス会士は、七〇〇人以上の貧民に毎日パンを配った。アイヒシュテットでは、町が負かされ焼かれた後、イエズス会士は、地下室にちぢこまり殺したネズミを糧としていた子供たちを探し出した。一六三二年に閉鎖された後、再び修練院に戻っていたトリーアの共同体は、一六三六年に、軍隊が進攻する前に逃げた二〇〇人ほどの避難民を日々養った。(51) 生徒たちはしばしば極貧にあり、学院の日誌は司祭たちが援助を与えた事例に満ちている。たとえばエメリッヒでは、一六一八年一二月に、一三〇人の貧しい生徒が新しい靴のための寸法を測っており、一六三〇年一二月には、二六ターレルが貧窮者に支給されている。広汎にわたる悲惨の度を悪疫が増した。この

イェレミアス・ドレクセル

恐るべき一七世紀前半に、二〇〇人以上のイエズス会士が病人の看護に命を捧げた。戦争の荒廃による日常生活の混乱が聖務をはなはだしく縮小した。一六三〇年に北ドイツ管区の神父は六〇万の聖体を配った。翌年にはその数は減り、一六四三年には九七万八千まで増えたが、三年後には六八万三千にまで急激に下降してしまった。[52]

しかし、戦争は印刷機を休止させることはなく、その印刷機から出た、この世紀の初めの頃に最も人気のあった霊的書物の著作家イェレミアス・ドレクセル(Jeremias Drexel 一五八一—一六三八年)の信心書がドイツ中にあまねく流布した。ドレクセルは、特に当時流行していた、分別ある教えと象徴的表現の結合に成功し、『キリスト教の十二宮』(*Zodiacus christianus locupletatus: seu signa XII divinae praedestinationis*, 1622)、『守護の天使の時計』(*Horologium auxiliaris tutelaris angeli*, 1622)、『ヘリオトロープ』(*Heliotropium seu conformatio humanae voluntatis cum divina*, 1627)といった、もっぱら風変わりで面白い題のついた小冊子を著した。これらの小さな本は、多彩な象徴で豊かに装飾されており、広く需要があった。ミュンヘンだけでも、彼の本は二二年の間に一〇万七千部売れた。一六五〇年以降に毎日毎時を聖化することが意図された、膨大な数の薄くて実用的で親しみやすい本がイエズス会士によって出された。このことはおそらく他の国よりもドイツに当てはまるのであるが、イエズス会が指導した信心会や集会が、イエズス会士による信心書の性格をしばしば決定した。というのは、彼らがそれらを書いたのは、まず信心会員のためであったからである。正確には霊的著作に属する著作ではないが、この時代に特に関心を集めた道徳上の問題を扱った作品が、一六三一年にフリードリヒ・シュペー・フォン・ランゲンフェルト（Friedrich Spee von Langenfeld 一五九一―一六三五年）によって出版された、『訴訟用心』（*Cautio Criminalis*）である。この頃の最も陰鬱な社会病理は、広く見られた魔女狩り熱であり、それは幾百人もの貧しい寄るべない老女を不正な裁判と恐ろしい死に追いやっていた。シュペーは、それが迷信と恐れと悪意と不正の混合物を根とするものであることを大胆に鋭く暴くことで、国民の狂気を鎮めた。

フリードリヒ・シュペー・フォン・ランゲンフェルト

この粗暴の時代に、イエズス会の学校は、グスタフ・アドルフの先祖〔ヴァイキングのこと〕がヨーロッパを襲った、やはり粗野の時代である七〇〇年前の修道院と似ていないこともない役割を果たし、学

ヤーコプ・バルデ

問の伝統と尊厳を保ち続けた。ギリシア語の学習が下火になり、プロテスタントの学校がそれをカリキュラムから外したときでも、イエズス会の学校はそれを存続させた。華美でもったいぶったラテン語の文体が、これまで手本とされていたキケロ（Marcus Tullius Cicero 前一〇六―前四三年）に取って代わりそうになったとき、イエズス会士はアクアヴィヴァから、彼が最後に書いた手紙の一つの中で、「キケロはわれわれの規範であり続ける」という明確な指示を受けた。一六五五年に上ライン管区の管区会議が古典の文体に回帰することを力説し、一六七二年に下ライン管区の会議が同様にしたときに、当時の流行に屈した者たちは公に非とされた。演劇の伝統は、ドレクセルとともに偉大なマテウス・ラーダーに師事した学生であったヤーコプ・ビーダーマン（Jakob Bidermann 一五七八―一六三九年）の力強く巧みな脚本の中に続いていた。天空の秩序の科学的探求は、名高いヨハネス・ケプラー（Johannes Kepler 一五七一―一六三〇年）〔ドイツの天文学者。惑星の運行に関する「ケプラーの法則」で知られる〕と協働した、ヨハン・デッカース（Johann Deckers）とアルベルト・クルツ（Albert Curtz 一六〇〇―七一年）の天文学の研究に開花した。聖母への信心や、ドイツに対する優しい愛情とその苦難の時の悲しみをテーマとする詩的表現は、この時代の偉大な詩人に数えられる、ヤーコプ・バルデ（Jakob Balde 一六〇四—六八年）の作品に見事な形をとった。バルデは一六三八年に彼の最良のドイツ語詩で、自分が会長であった聖母信心会のために作った作品を出版した。それは『神の聖母をたたえる頌』（*De laudibus B. Mariae V. Odae partheniae*, 1648）と題され、その優しく美しい詩行は、カトリック信者の心を魅了し、ほどなくして、聖母に対する信心業の間中、カトリック・ドイツのあらゆる教会と聖堂に響き渡った。[53] 詩人としての力強さの点でバルデをも越えて偉大であるフリードリヒ・シュペーは、ドイツ語のバロック詩で最も繊細で音の美しいものに入るいくつかの詩を作成するとともに、魔女狩りを告発するという苦しい仕事にも取り組んだ。自然の明敏な観察者であり、調和のとれた音を精巧に合わせ、人間の感情を深く汲み取ったこの魅力的なイエズス会士は、自国の文学の中でも最も美しい叙情詩に属するいくつかの詩によって、この文学を豊かにした。

宗教的論争を内容とする著作は、ベラルミーノとベカヌスによって定められた伝統への忠誠を保っていた。教義神学の研究は独創性と新鮮味を欠いており、著者たちは押しなべて、偉大な先達の著作を教室で使うために、より簡潔で秩序だった教訓的な形に焼き直すことで満足していたが、彼らはこの文化的凋落の時代に、かつての鋭敏で洞察力に富んだ神学者の記憶を少なくとも保ち続けたのであった。しかし道徳神学では優れた質の高い著作が現れた。ケルン大学の才能豊かな教師であったヘルマン・ブーゼンバウム（Hermann Busenbaum 一六〇〇―六八年）は、一六五〇年に名高い『道徳神学の精髄』（*Medulla Theologiae moralis*）を出した。この著作は、的確で極端さを避けた道徳の諸原則、さらに、告解の中でとりあげられるおもな良心の問題に対して、トリエント公会議以来の信頼できる著者たちが提示している解答の要約である。この著作は一七世紀後半の厳格主義の気運に抗い、神学校や大学で教科書として採用された。アルフォンソ・マリア・デ・リグオーリはこの広く認められたイエズス会の権威ある主張に強く同意している。だがブーゼンバウムの威信にもかかわらず、その名前には奇妙な通説がまとわりついている。手段が本来善いものであれ悪いものであれ、目的が手段を正当化するという学説が、ブーゼンバウム、またしばしばイエズス会士全員に帰せられているのである。実際にはブーゼンバウムは、悪い手段の使用を明確に排除しているのだが、この通説はずっと続いた。

戦争の長引く荒廃と破壊の当然の成り行きは、学校の数の縮小であろう。しかし神聖ローマ帝国の特別な政治構造がこの流れを反対方向に定め、三十年戦争の末には、イエズス会は戦争初期よりもたくさんの学校を経営していた。帝国は幾百の小さい諸邦に分断されていたが、そのそれぞれが自分の大学、学院、学校を欲しがり、イエズス会をあちこちに引っ張った。この拡張が人的資源を薄く広げ、限られた人員によって指導される大人数のクラスを作ることを余儀なくした。たとえば、一六三一年にアウクスブルクでは、一つのクラスを二つに分けねばならなかったが、この分割の後にも、一方は一一一人、他方は八二人の少年を数えた。他の学校についての同様の統計はことごとく、ドイツの最も暗い時代に属するこの時代の、知られざる教室の英雄である幾百人ものイエズス会士への賛辞を物語るものである。

　こうした人たちが三十年戦争という悲劇的な出来事とその帰結の間中働いていたのと同時期に、ハンガリーでは仲間の会員が、ペテル・パーズマーニによって敷かれた土台の上にカトリック教会を建て直しつつあった。教皇パウルス五世は一六一六年に、この巧みなまとめ役であったパーズマーニをエステルゴムの大司教兼ハンガリーの首座大司教にするためイエズス会からソマスキ会[†23]に移し、イエズス会による教会の礼遇の拒絶という問題を解決した。しかしこの新しい首座大司教は、かつての仲間の修道士を格別に頼りにしており、学院二つ、大学一つ、神学校一つを彼らの配慮に委ねた。プロテスタントはイエズス会の成功に激しく異議を唱えた。一六一九年にカシャウで、イシトゥアン・ポングラーツ（István Pongracz 一五八二頃―一六一九年）とメニヘールト・グロデツ（Menyhért Grodecz 一五八二／八四―一六一九年）という二人のイエズス会士が、大聖堂付属会員のマルク・クリジヌス（Mark Crisinus 一五八〇―一六一九年）と共に、カルヴァン派の兵士によって捕えられ、ひどく打ちのめされ、焼かれ、死に至った。彼らは信仰への献身を自らの血で証し、教会は現在彼らを福者に数えている。プロテスタントはこの国のいくつかの地方を粘り強く掌握していたが、ドナウ河畔のカトリックの強力な要塞の建設を止めさせることはできなかった。

ポーランド

一八世紀の間中、ポーランドは窮境にある国家だった。この苦しんでいる国に、スウェーデン人、トルコ人、ロシア人、トランシルヴァニア人、コサックがなだれ込み、その恐ろしい来訪の記念として略奪された町と焦土にされた風景を残していった。ポーランド人自身、根強い政治的個別主義への傾向のために未組織で、「秩序の欠落あってこそポーランドは立つ」という奇妙な政治論理にどっぷりと浸り、侵略者に抵抗するのに十分な備えがなかった。

この時期の文化的状況の混沌と全般的堕落を広く見渡す窓が、手紙や覚書によって提供されている。それらのうちのおよそ一五〇は、一六四五年から一七四〇年の間に、イエズス会の長上たちがポーランドの学院に関してしたためたものである。これらの文書の多くは、火と略奪と飢餓と寒さをたえまなく繰り返し述べており、三十年戦争の間のドイツのイエズス会士の手紙に調子が似ている。(54) 一六二六年は典型的な年であった。スウェーデンのグスタフ・アドルフは、ポーランドのバルト海沿岸の諸都市で完全に勝利を収め、イエズス会士をリヴォニア、ブラウンスベルク、マリーエンブルクから追放した。他に災厄の年として挙げられるのは、一六四七年である。トランシルヴァニア人の公子ラコチ（György Rákóczi I 一五九三—一六四八年、在位一六三〇—没年）とスウェーデン人が、ポーランド管区全体で触手をのばしていない施設はほとんど一つもなかった。ブレストの学院は炎上し、プシェミシルの学院は荒らされ、サンドミエシの学院は二度略奪に遭った。秩序と安全の崩壊にあって、イエズス会の学校の文化的水準は低下した。多くのイエズス会士は教授の仕事に対するそれまでの評価を失い、それは特に低学年の授業について当てはまっており、彼らは面倒だと思ったこの仕事を避けようとしていた。『学事規定』は誉れある地位を失い、長上たちは若いイエズス会の教師の適切な養成に時間を使うことを怠り、ギリシア語もほとんどすっかりカリキュラムから姿を消し、哲学の過程は瑣末な事柄の網目の中に絡み込まれるようになった。平均的なイエズス会士は素朴な信心深い紳士に似た者となり、知的・霊的熱意はたいしたものではなかった。長上たちはこの下降にブレーキをかけ事態のより深刻な悪化を防いだが、それは時代の苦難が倍加し、管区の会員が国家の災難の重みによって打ちひしがれている時であった。

マチェイ・ザルビエフスキ

こうした戦争の残骸と文化的価値の低下の真っただ中に、イエズス会の人文主義の伝統の中でも最も感覚の鋭い傑出した古典学者が出現した。マチェイ・ザルビエフスキ（Maciej Sarbiewski 一五九三／九五―一六四〇年）の繊細にリズムを刻むラテン詩は、古代ローマの非常に優れた詩のリズムと鋭さの記憶を想起させる。彼はアウグストゥス（Augustus 前六三―前一四年、ローマ皇帝在位前二七—没年）時代のラテン文学隆盛期に属するはずだった人である。ポーランドのホラティウス（Quintus Horatius Flaccus 前六五—前八年）〔ローマの叙情・諷刺詩人〕とも呼ばれていたこの人は文学に対して無関心であったこの時期に妙に場違いに見える。

星は星ごとに輝きが異なる。ザルビエフスキがその詩的感受性の光明によって学問の世界で輝いていたとき、分離派の間で働く使徒職では、アンジェイ・ボボラ（Andrzej Bobola 一五九一—一六五七年）が殉教というその気高いあり方でポーランドに光を放った。ルテニア人がそれによってローマの主権を認めた一五九六年のブレスト合同の不幸な帰結として、分離派が教令の受け入れを拒否した。皇帝の臣下であるモスクワ総主教と、スルタンの統制下にあるコンスタンティノープルの総主教が、緊迫した宗教的状況を政治的操作によっていっそう張り詰めたものにした。むこうみずで粗暴なコサックが分離派と手を結び、カトリックのポーランド人を残忍に苦しめた。こうした一触即発の状況の中で、当時六〇代で、背が低くがっしりした、親切で、不屈の人であるボボラは、一六五二年に、ピンスク周辺のうっとうしい湿地に住むほとんどが分離派である貧民の間で働き始めた。彼は小屋から小屋へ、優しく説得して非常に多くの人を教会のために勝ち取った。その目立った成功が、彼を敵意に満ちたコサックの第一の標的となした。彼らは一六五七年にヤロウでボボラに襲いかかり、彼を鞭で打ち、火であぶり、馬でひきずり、皮をはぐという野蛮な所業に及んだ。ボボラはこうしたことのすべてに対して驚異的にも優しい赦しの精神で応え、五月一六日に亡くなった。

教皇ピウス十一世（Pius XI 在位一九二二―三九年）はこの教会一致の殉教者を一九三八年に列聖している。

ボボラは信仰のために血を流した唯一の人ではなかった。この同じ時期、一六四八年から一六六五年の間に、コサックは他に四〇人のイエズス会士の命を奪った。同時代人のヤン・ズボヴィッチュ（Jan Zuchowicz）は、炎上する学院、本が散乱する図書館、カトリックの住民に対する身の毛もよだつ残虐行為が行われているすさまじい混沌のただ中で彼らが引き受けた殉教のそれぞれについて、厳かで抑えてはいるがそれでも生々しい記事を残している。(55)

この痛ましい数十年の間、わけても動揺していたのはポーランドの王冠をつけていた指導者たちであった。最も低調だった治世は、ある元イエズス会士によるものであった。ヤン・カジミエシ（Jan II Kasimierz 一六〇九―七二年、在位一六四八―六七年）は、国王ヴワディスワフ四世（Władysław IV ポーランド王在位一六三二―四八年、ロシア皇帝在位一六一〇―一三年）の兄弟で、一六四三年にイエズス会の修練院に入った。彼は二年後に修道会を去り、一六四七年に枢機卿にされたが、一六四八年以降の騒然とした年月のすえ、ついには文官も軍人も彼に背き、二〇年にわたる惨めな統治を終えた。

カジミエシの後継者の一人、ヤン・ソビエスキ（Jan III Sobieski 一六二九―九六年、在位一六七四―没年）のもとで、ポーランドは危機にある暗澹とした時代に、キリスト教世界の救いのために雄々しい犠牲を果たす意思を堂々と示して、これまでの不和を克服した。一人のイエズス会士が、この記念すべき偉業を企てるのに重要な役割を果たした。一六八三年にトルコがウィーンに向かって進軍し、九月一一日には皇帝の宮殿からわずか数百メートルの地点にまで迫った。インノケンティウス十一世は、ウルバヌス二世（Urbanus II 在位一〇八八―九九年）〔第一回十字軍を組織した教皇〕とピウス五世の十字軍的心情がその内になおも燃えていた人であり、カルロ・ヴォタ（Carlo Vota 一六二九―一七一五年）を派遣して対ムスリム戦にポーランド軍を投入することをソビエスキに勧めた。ポーランド国王の絶対的な信頼を得ていたこの聡明なピエモンテ人は、その命をよく果たし、他の要因――この件に関するそれらの影響は測ることはできないが――に並んで特にその説得を通して、国王をウィーンへの道、すなわちポーランドにおいて最も大胆なものに数えられる功績に通じる道に就かせた。トルコを撃退した戦闘の間、ヴォタは聴罪司祭としてソビエスキに随行した。

この偉業はみごとではあったが、ポーランドにとって、雲の垂れこめた空に太陽が気まぐれに一瞬輝いたということにすぎなかった。戦争と無政府状態のこの時代にあって、秩序と平和を打ち立てる次世代の能力に常に期待して新しい端緒を開くことが、イエズス会士に与えられたはてしのない仕事であった。

低地帯諸国、イギリス、その他の地域

アントウェルペンには聖カロルス教会があるが、以前はイエズス会がこの教会を所有しておりイグナティウスを守護聖人としていた。優雅で力強い外形をもったこの教会は、ベルギー管区の初期にベルギーのイエズス会士が建てた三七の教会の一つであり、彼らの活力と展望と気概のシンボルである。一六〇〇年以前にはこれらの教会はほぼ一様にゴシック様式であったが、一六三〇年までにはバロックが優勢になっていた。ゴシックのしんがりをつとめるイエズス会士もバロックの前哨のイエズス会士も、第一級の建築家であるピーテル・ユイッセンス助修士（Pieter Huyssens 一五七七―一六三七年）のような人の技術を通して、イタリアから着想を受けてはいたが、明らかにお国柄の跡を建物に残している。[56]

この創造力は、多くの他の分野における彼らの仕事に及んでいる。教育に関しては、一六四〇年には二つの管区が活気に溢れて繁栄している四二の学院を経営しており、一六三〇年までにオランダでの宣教活動に四〇人の要員がおり、一六三四年には六三人、一六四八年には八二人、一六五四年には九一人の要員がいた。信心書の出版では、短期間に一五万部売れたヨッセ・アンドリース（Josse Andries 一五八八―一六五八年）の『天国の二つの鍵』（*Duae claves coeli*）や、レッシウスの『神の完徳と徳性について』（*De perfectionibus moribusque divinis*, 1620〔土屋睦廣訳、前掲『中世思想原典集成20　近世のスコラ学』所収〕）や『神の五〇の名』（*Quinquaginta nomina Dei*, 1640）のような著作によって、霊的に成長したいという民衆の望みを培った。要理教育の分野では、ローデウェイク・マーケブレイデ（Lodewijk Makeblijde 一五六五—一六三〇年）などの大勢の司祭の死亡通知書に「傑出した要理教育者」という言葉が添えられた。マーケブレイデの影響力のある著作は、いくつかの変更が加えられて「マリーヌ要理」の名で二〇世紀に至るまで継承されている。伝染病の患者に仕える危険をものともしない有志は数多く、そのうちの一七〇人は至高の犠牲に殉じた。ガロ—ベルギー管区だけでも一六三六年に八六人が、一六六七年から一六六八年の二年間に八二人以上が、軍隊または病人のどちらかに仕えて命を落とした。ベルギーにおけるイエズス会の発展は、弾圧前のイエズス会で最も驚異的なものである。一六四三年に、フラマン—ベルギー管区の人数は最大の八六七人に達し、その二年前のガロ—ベルギー管区は最大の人数である八五六人に届いた。これらの一七〇〇人の会員は、六四年前にはわずか一五四人であった。

こうした力強い推進力から出たもののすべての中で最も名高いのは、ボランディスト協会である。この事業は、一六〇三年にヘーリベルト・ロースウェイデによって始められ、聖人たちの生涯に関わる広汎な手書きの資料にもとづく批判版を出版し、一六一六年にロースウェイデによって出された『教父たちの生涯』（*Vitae Patrum*）はその最初の成功例であり、膨大な『聖人の言行録』の礎石となった。ヤン・ボランは——その名がこの国際的に尊敬を得ている学者の一群に通称を与えているのであるが——、ロースウェイデがやり残した仕事を続け、各聖人の伝記に参考資料を付すことで、参考資料を予定の一八巻のうち最後の二巻に残しておくことにしていた元の計画を変更した。一六五九年に、最も偉大なボランディストの一人であり、イッポリート・デレイエ（Hippolyte Delehaye 一八五九―一九四一年）のような偉大な現代人が崇拝している、ダニエル・ファン・バーペブロホが編集に加わった。ファン・バーペブロホは批判能力と適切な判断、そして速筆と仕事への愛をこの厄介な仕事に持ち込んだ。だが彼が到着するのに先立って、一六四三年の一月には『聖人の言行録』のうち二巻が出版された。この学術的な事業が進むにつれて、教会にとってのその重要性が、教皇アレクサンデル七世から特に認められ、教皇は、「教会にとってこれほど有用で栄えある仕事には、かつてこの時に至るまで手をつけられたことがなかった」と語っている(57)。

イエズス会の歴史のその後の数世紀におのずとつながる、永続性と継続という特徴をもって、学問的に不朽の価値を有する『聖人の言行録』以外にも、ベルギーのイエズス会士は記念すべき本を生み出した。それはより時代に即し、また、一七世紀初期にカトリック改革の大波が打ちよせてくる中でイエズス会が感じとっていた楽観主義の感覚をよりよく表している著作である。一六四〇年に出版された『第一の世紀の肖像』（*Imago Primi Saeculi*）は、九五二ページの重々しい著作で、複数の寓意画で精巧に装飾されて、イエズス会の創立一〇〇周年を記念するものである。その表表紙と裏表紙の間からは、凱歌のような明瞭で自信に満ちた調べが響き、どのページにも勝利の旗が掲げられている。若干の例を挙げれば、あるページのてっぺんには凝ったバロック様式の大きい銅版画がある。それは丈の高いロウソクの意匠で、そのロウソクは町と田舎の開けた眺望を背景にした地面の上にあり、その光を四方に

『第一の世紀の肖像』の口絵

放っている。ロウソクの上には、「イエズス会の広がり」という題辞が見え、その下には「ひとたび照らせば、それは世界をその輝きで満たす」という文章がある。別の銅版画では、大きい円形の泉から幾筋かの水が流れている図が描かれ、その上には「イエズス会は隣人を慰めるために自由に自らを注ぎ出す」という言葉があり、その下には、「渇いている者は皆、水のところに来たれ、来たりて価を払わずに買え」という聖書の句の変形がある。さらに別の寓意画は、夜を照らす無数の星に満ちた空の広がりを示し、上部には「誉れを顧みないことでイエズス会はより大きい名誉を得る」とあり、下部には「暗闇の中に星々は一段と明るくきらめく」とある。これらの寓意画のいくつかのものの下にはその寓意画の特定のテーマをさらに詳しく述べる長いラテン詩がある。闘志、自信、確かな勝利への途上にある軍隊の行進の躍動がテクストにみなぎっている。最初の百年のイエズス会の業績は、確かに傑出したものであった。満足しているのもうなずける。だが、『第一の世紀の肖像』は、イエズス会『会憲』と「このいと小さきイエズス会」についてのイグナティウスの謙遜な態度に苛立たしいほど一致していない。それはベルギーのイエズス会士に対する総長ヴィテレスキからの厳しい叱責を招き、そのすぐ後には、イエズス会に対する攻撃的かつ辛辣な言葉の材料をブレーズ・パスカルに与えた。

一つは神学的な、もう一つは軍事的な、二つのおもな動向がイエズス会士のもとへ押し寄せ、過去の積極的な業績の記念からイエズス会士の活力をそらした。それはジャンセニズムとルイ十四世の軍事行動である。

バイウスの思想になおも染まっていた神学界の空気の中で、コルネリウス・ヤンセンがアウグスティヌスの思想についての有名な著作、『アウグスティヌス』を著した。ヤンセンは自分の目的はバイウスを弁護することだと内密に打ち明けていた。ベルギーのイエズス会士は微妙な危険をいち早く察知し、トリエント公会議の教令と教会のバイウスについての断罪に全般的に依拠して、ヤンセンの説がカルヴィニズムのように自然と超自然の間の区別をなくし、人間の内的自由を破壊すると論じ、『アウグスティヌス』を攻撃した。それにもかかわらずヤンセンはかなり多くの数の信奉者を得た。低地帯諸国に対する教皇使節アンドレア・マンジェッリ(Andrea Mangelli)は、ヤンセンがこのような人気を博したのは、イエズス会による攻撃にもかかわらずというより、むしろそれゆえにだと感じた。マンジェッリは、イエズス会士には勢いがあって進取の気概に満ちており、このイエズス会士に対する知的優位を失ったことに大学の学者たちが困惑して、イエズス会を敵とする運動に共感と支援を投じたのだと推察した。この教皇使節は、このようにして世の中では悪と善とが混じり合うようになるものだと論じた。

よくありがちな小競り合いとして始まったことが、広範囲に及ぶ戦闘へと発展した。ヤンセンの弟子たちは、ルーヴァンの大学人だけでなく、マリーヌの大司教ジャック・ボーネン(Jacques Boonen 一五七三—一六五五年)を有力な擁護者とした。彼らは、自分たちに対する教皇庁の決議をものともせず、曖昧な態度をとり、言い逃れをし、引き延ばしをしてローマと争った。修道会の中で、彼らと論争したのはイエズス会のみであった。インノケンティウス十世が一六五三年五月三一日に有名な五つのジャンセニストの命題を非難した、この公開勅書『クム・オカジオネ』（*Cum occasione*）を支持して声明を出した修道会は、一六五三年にはイエズス会以外にはなかった。

ジャンセニストがカトリックの間で広めようとしてオランダに運び入れた輸入品目の中には、イエズス会に対する憎悪があった。フランスのジャンセニストはこの地に逃げ場を得て、多くのオランダ人司祭に対する精神的支配力を獲得した。ベルギーでそうであったように、イエズス会士が『アウグスティヌス』や熱烈にこれを支持する他の著作の神学にはっきりと反対したことで、カトリックの共同体に深い亀裂が走った。ユトレヒトの大司教として生涯を終えた有力なオランダ人司祭ヤン・ネールカッセル（Jan Neercassel 一六二三―八六年）は、ポール＝ロワイヤルに対する深い尊敬の念を表していた。一六八六年にこの人が亡くなるまでに、ユトレヒトでは悲劇的な分裂があり、その結果、オランダで成功していたイエズス会のいくつかの宣教活動も粉砕されようとしていた。

積極的で建設的な事業からイエズス会士の貴重な精力をはなはだしく逸らしたこうした激しい神学論争に加え、一六六七年にはルイ十四世の軍隊が長期にわたる侵略作戦を開始し、ネーデルラントを戦争が襲い、混乱、不安、不安定をもたらした。

イングランドのこの時期は、チャールズ一世（Charles I 在位一六二五—四九年）の処刑、オリヴァー・クロムウェル（Oliver Cromwell 一五九九—一六五八年）の護国卿政治[†24]、王政復古があり、激しい変動の時代であった。しかしこのような政権の交替の間中、イエズス会の法的立場は相変わらず追放された反逆者の群れのままだった。法の施行は対外政策か内政かによって様々であったが、絞首台の影がすっかり拭い去られることはなかった。

この世紀の初期に、イングランドのイエズス会は、決断と優しさの間の絶妙な調和を保つ才の点でクラウディオ・アクアヴィヴァに似ている聡明な人物、リチャード・ブラウント（Richard Blount 一五六三／六五—一六三八年）によって二一年間治められる幸運を得た。キャンピオンとパーソンズによって植えられた木にブラウントが水をやった。一六二三年にイングランドのイエズス会士が二一八人で、そのうちの一〇〇余人が故国にいた時点で、ヴィテレスキはイングランドの管区を創設し、ロンドンの修練院開設を認可した。ブラウントは整然とした組織立った発展を確かなものとするために国を地区に分けた。イグナティウスを守護聖人とするロンドン地区、フランシスコ・ザビエルの南ウェールズ地区、聖ジョージ〔聖ゲオルギウス（Georgius 三〇三年頃没）、カッパドキア出身の騎士聖人でイングランドの守護聖人〕のウスタシャー地区、聖ヒュー〔リンカンのフーゴー（Hugo 一一四〇—一二〇〇年）、フランスのカルトゥジア会士で、イギリスで活動した。リンカン司教〕のリンカンシャー地区といった地区がそれである。

めまぐるしい年月の間のこれらの地区からの報告は、三十年戦争の間のドイツの共同体からのものに似て、イエズス会士がカトリックの人々に秘跡と神の言葉をもたらした状況を非常に詳しく明らかにしている。聖マリアのオックスフォードシャー地区の神父たちは、一六四一年から一六四四年の間に、カトリック教徒の財産が大々的に没収され、その結果として隠れ家を見つけることが困難になったことを報告している。一六三七年にダーラム地区のイエズス会士は、罰金の厳しい取り立てがカトリックになるのを望んでいる一部のプロテスタントたちに改宗を思い留まらせており、また、つまずきつつあるカトリック教徒を国教会から守るのは困難な仕事だと記している。だが改宗はあった。サセックス地区では一六三五年に二八人、一六三六年には五二人、一六三八年から一六四〇年までに一〇〇人、ダラム地区では一六三五年に九〇人、一六三六年には五〇人、デヴォンシャー地区では一六四五年から一六五九年まで年に一一ないし一二人。だがこれらの典型的な数は、ジェームズ二世の治世の終わりにはカトリック教徒を人口の一〇パーセントにまで減少させたおびただしい漏出を補うには、全く至らなかった。(58)

以前からこの時代にまで流れている主題が二つある。一つは、死に至るまでの英雄的行為という、高尚で人を奮い立たせる主題であり、もう一つは、教区司祭との関係における緊張という、つまらない、人をがっかりさせるような主題である。キャンピオンの光輝は、悪疫の犠牲者に特に献身した司祭であり一六四五年にイングランドのための祈りを口ずさみながら雄々しく処刑台に赴いたヘンリー・モース（Henry Morse 一五九四―一六四五年）や、タイバーンで一六四二年に絞殺されて口を閉じるまで甘美で力強い声で話し品格のある雄弁の最後の手本を示したトマス・ホランド（Thomas Holland 一六四二年没）のような人たちのうちに息づいていた。チャールズ一世の治世下に七人のイエズス会士が、クロムウェルの治世下に一人が、絞首台に赴いた。チャールズ二世の治世下にはタイタス・オウツ（Titus Oates 一六四九―一七〇五年）の呆れた虚言事件が起こった。外国のイエズス会の学校から二回追放されてイエズス会への入会を断られたこの堕落した人物は、イエズス会士が国王を引きずり降ろして国をカトリックに引き渡そうという陰謀を企んでいるという噂を広めた。オウツの嘘にかきまわされて動揺が起こる中、管区長のトマス・ホワイトブレッド（Thomas Whitebread 一六一八―七九年）を含む一一人のイエズス会士が処刑された。ヨーク公の宮廷司祭であるクロード・ド・ラ・コロンビエールを含む若干名は幽閉された。オウツの陰謀の一一人の犠牲者の他に、五人のイエズス会士がチャールズ二世下に殺された。一九七〇年一〇月二五日、パウルス六世（Paulus VI 在位一九六三―七八年）はイングランドとウェールズの四〇人の殉教者を列聖した。そのうちの九人はイエズス会の司祭で、一人はイエズス会の助修士である。殉教者は、エリザベス一世下のエドマンド・キャンピオン、アレグザンダー・ブライアント（Alexander Briant 一五五六―八一年）、ロバート・サウスウェル、ヘンリー・ウォルポール（Henry Walpole 一五五八―九五年）、ジェームズ一世下のトマス・ガーネット（Thomas Garnet

一五七五―一六〇八年）、エドマンド・アロウスミス（Edmund Arrowsmith 一五八五―一六二八年）、ニコラス・オウエン助修士、チャールズ一世下のヘンリー・モース、チャールズ二世下のフィリップ・エヴァンス（Philip Evans 一六四五―七九年）とデイヴィド・ルイス（David Lewis 一六一七―七九年）である。

これらの殉教者は緊張が一致の絆に重圧をかけていたカトリックの共同体から生まれた。イエズス会士は、生活のいっそうの聖化を熱望している信者を惹きつけた聖母信心会を通して数多くのイングランドのカトリック教徒の特別の愛情を得ていたので、教区司祭たちの中にはイエズス会に対する嫌悪の度を増す者がいた。この憂うべき状況は、二人の司教がイン

トマス・ガーネット

エドマンド・アロウスミス

グランドに来てやつぎばやに地位を引き継いだことで悪化した。一六二三年六月に司教に叙階されたウィリアム・ビショップ（William Bishop 一五五四頃―一六二四年）は、教区司祭と修道司祭の間の意見の相違を調停するよう指示されて、イエズス会をイングランドから移し、ローマとスペインのイギリス学院のイエズス会による統制を終わらせることによって調停を成し遂げようとしているという印象を与えた。ビショップは一六二四年四月一四日に、大陸から到着してわずか八か月後に亡くなった。カルケドンの名義司教〔実際には任地に赴かない称号上の司教〕であったリチャード・スミス（Richard Smith 一五六九―一六五五年）がその跡を継いだ。イエズス会士と他の修道会員、そして司教自身の間の関係が悪化するにつれ、公私両面での悲劇がイングランドにおける彼の六年間の治世を暗い影のように覆った。中心的問題は、修道会員が秘跡、とりわけ赦しの秘跡を執り行うときの裁治権の根拠に集中していた。イエズス会士は、ローマにいる自分たちの長上を通じて自分たちは告解を聴く権限を授かっているると主張した。長く退屈な通信文のページからは、スミスが本当に代理司教以上のものであるのかという、彼の司教位についての疑念までもが靄のように湧き起こってくる。教皇ウルバヌス八世が一六三一年五月九日に教皇小書簡『ブリタニア』（*Britannia*）でもってこの件に介入した。その中で教皇は聴罪問題に関して修道士を支持した。この教皇小書簡は、スミスの才覚に賛辞を呈する一方で、不調和の誘発者かつ同胞愛の破壊者として彼を強く非難している。[59]『ブリタニア』が届いた年にスミスはイングランドを去り、二四年後パリで亡くなるまで引退同然に暮らした。責任の度合いを測ることはきわめて困難ではあるが、この人はイングランドのカトリック共同体の重い傷に包帯を巻く絶好の機会をおそらく誤ったと言ってよいだろう。

こうした辛辣なことはすべて、カトリックのヨーク公がジェームズ二世（James II 在位一六八五―八八年）として王位に上ったことで開かれた新時代の喜びと明るさの中では、記憶から抜け落ちていったのであろう。イエズス会士は、能率的に適応できる会の柔軟さを存分に示し、一二の学校を開設した。そのうちの二つはロンドンにあり、プロテスタントの間でさえも即座に成功を見た。最初のものであるサヴォイの学校には、すぐに四〇〇人の在籍があり、そのうちの半分以上はプロテスタントだった。第二のものはフェンチャーチ通りに面しており、その学則にはこの宗教的偏見の時代にあって、イエズス会の名誉であり、他に類を見ない指示がいくつか含まれている。学則のうち、以下の三つだけでもそのことが見て取れる。(60)

Ⅲ．カトリックかプロテスタントかで信仰を異にする若者がこれらの学校に来ても、全員を教えることにおいて区別はされず、それどころか同じ情熱と配慮をもって教えられるべきであり、各人がその者の長所に従って伸ばされるべきである。

Ⅳ．教師によるものであれ学生によるものであれ、自分の信仰の立場から誰かを説得するべく干渉することや手出しをすることがあってはならない。それに反して各人には自分が望む宗教に励むあらゆる自由があり、何人《なんぴと》も、他の者と異なる宗派に属していることでなおざりにされたり、大事に扱われないというようなことがあってはならない。

V．何人《なんぴと》も宗教を理由にとがめられたり非難されることがあってはならない。ミサ、要理教育、説教などのなんらかの宗教行為が行われるときには、その者が望めば、このような活動に欠席することは、プロテスタントの誰にとってもなんらの妨げや困難もなしに合法である。

これらの学校の前途ははかないものだった。ジェームズ二世は、カトリック教会に対して激しい偏見を抱く国のカトリック教徒の統治者として求められる政治的洞察力や如才のなさ、思慮深さという才能に見合わない――おそらく誰もこれらを備えることはできなかったのかもしれないが――人物だった。国王のかたわらには、国王の聴罪司祭であるジョン・ウォーナー（John Warner 一六二八―九二年）と、国王の腹心で相談相手のエドワード・ピーター（Edward Petre 一六三一／三―九九年）という二人のイエズス会士がいた。国王の自滅的で非現実的な政策の形成におけるピーターの影響を正確にそのまま評価しようとしても、判定は困難である。ピーターについて書いた大半の同時代人は敵意ある人たちだったからである。モデナの使節で穏健なカトリック教徒のテッリエジ（Terriesi）は次のように見ていた。「国王は宗教問題に関してはできる限り事を推し進めることに決めているようである。そして国王を操っているイエズス会士ピーターこそはまさにそれを行っている人物なのであるが、その際彼は、彼自身に関わってくるまでは未来についておもんばかることをしない」[61]。同時代人の中には、国王は、もっとずっと油断のならない人物であるサンダーランド伯爵（Robert Spencer, 2nd Earl of Sunderland 一六四〇—一七〇二年）の手のうちにある、ただの道具にすぎないと考える者もいた。国王自身、政治的無邪気さを示して、自分のイエズス会士の友人を取り巻く陰口に大いに寄与した。国王はピーターを枢密院の一員にした。国王はあくまでもピーターを枢機卿会[†25]に任命させようとしたが、このことが当然に教区司祭の間の敵意を助長するであろうことには気づかないようであった。ピーター自身は確かにこの栄誉を求めなかった。一六八八年に名誉革命がイギリス史のこの短い一章を閉じた。そして北ドイツでグスタフ・アドルフの侵略がイエズス会がもっていた希望を打ち消していたのと同様に、オランダのオラニィェ公ヴィレム（Willem III 在位一六七二—一七〇二年、後のウィリアム三世 William III 在位一六八九—一七〇二年）のトーベイ上陸が、イングランドに同じ結果をもたらした。三年間の短いが落ち着いた年月の後に再びイエズス会士は「陽の光を避ける輩《やから》」になった。ピーターについてのジェ

エドワード・ピーター

ームズの意見はその時その時で異なっていた。亡命直後には国王は自分のイエズス会士の相談相手がよい忠告だけを与えてくれたと述べていた。後に記された回想においては、以前の寛大な述懐を改め、ピーターは「実際は、もっともらしいことを言うが心の弱い人物で、脆弱で浅薄な判断に言葉を連ねることで光沢をつける業をもっていたにすぎなかった(62)」と言っている。正当な評価をするには、さらなる学問的研究を待たねばならない。

スコットランドでは、通常一度につき六人から一二人のわずかな人数のイエズス会士が、それよりさらに少数の教区司祭と共に、弱まってゆく信仰の残り火を消さずに保つ努力をしていた。一六二八年にジョン・マクブレック（John Macbreck）はヴィテレスキにスコットランド宣教は、「われわれの会の管理下で最も難儀で骨の折れるものであることは、確実だと言うべきではないが、ほぼそうであると言えます」と書き送っている。これは長老派の、カトリック教会への特に容赦のない憎しみを意識して形成された意見であった。イングランドでそうであったように、政治の風向きが司祭たちの機会を開けたり閉じたりしたが、通常彼らは狩られる動物のように暮らしていた。一六三〇年にウィリアム・レズリ（William Leslie 一五五四—一六二三年）は、スコットランドのカトリック信者は信仰の挫折か追放かのどちらかを意味する選択に直面しているため、避難所を得るのは難しいと、総長に報告している。ロバート・ヴァレンズ（Robert Valens 一六二九—四四年活動）は、この宗教迫害に関連して「私は今、聖務日課を野外で唱え、農夫の格好で終日山野に隠れています」と書いている。トマス・ロブ（Thomas Rob）は、「人が恐慌に陥っており、これまで私たちに避難場所や一夜の宿を提供してくれていた人たちも、今やわが会の者には一人たりとも近づこうとしません」(63)と報告している。王政復古の後、宗教的熱意の波が国中に広まってカトリックとプロテスタント双方を同じように洗った。一六六三年に一人のイエズス会士が貴族を主とする一〇〇人以上の改宗を報告している。郷士たちは八日間の霊操を行い、罪を償う生活を送った。布教にあたっている九人の者から、援助を求める熱心な請願が総長のもとに届いた。それは「信仰がぐらついているカトリック信者を教育する司祭の不足と、私たちの人数が不十分なことほど」信仰を公に宣言することから信者たちを引き離すことはないと訴えていた。しかし、いわゆる「教皇教のペスト」が蔓延しつつあるという警鐘を鳴らしているプロテスタントのもとに、イングランドにおけるタイタス・オウツ事件という思いがけない幸運が降って湧いた。噂と中傷が無知な人の心に作用し、およそ二千人が投獄された。ジェームズ・フォーブス（James Forbes 一六二六年頃生）は、一六七九年に、オウツの嘘のためにイエズス会の仕事は大きな後退を余儀なくされたとオリヴァに伝えている。「この事件がわれわれの仕事の状態全体に激変を起こしたその程度ははなはだしいものです。この事件が起こる前にはカトリックの大義はきわめて栄誉ある状態にあり、異端がこの国に進出し始めてからこのかた、これほど速やかに作物が収穫に向けて実っているように見える時期はなかったほどでした」。だがスコットランドは、ハンガリーやポーランドのようにイエズス会によって教会のために再獲得される国ではなかった。この北の国でのイエズス会の業績を最もよく要約しているのは、年報の書状の一つにある、「わが会員たちは、完全に潰されることから信仰を守っている」[64]という短い言葉である。

こうした真の英雄的行為が奏でる音楽の背後には、この時期のイングランドのカトリックの歴史を損なっている不協和音が響いている。それは教区司祭とイエズス会士の間にある誤解と緊張である。特にそれを刺激したのは召命の問題であった。大陸のローマ、ドゥエ、マドリードのスコットランド学院は、スコットランドで奉仕する教区司祭を訓練するためのものだった。どの学院もある時期にイエズス会の管理下にあった。若い神学生の多くは自分たちの教師の生き方に惹かれてイエズス会に入会した。イエズス会の下にあるマドリードのスコットランド学院は一六三三年から一七六七年までに極端な事例を提供している。この年月に二三人がイエズス会士に、一人がフランシスコ会士になり、教区司祭になったのはわずか三人であった。[65]教区司祭たちにあった、落胆と悔しさという、無理もない反応は、この不均衡な状況から生じたのである。

一六一七年に故国にいた三八人のアイルランドのイエズス会士の命運は、この騒然とした世紀に政治によってひき起こされる方向転換のせいで惑わせられ浮き沈みした。キルケニのカトリック同盟は一六四二年にあまりにも短かった自由の時代を開き、その間にイエズス会士は一二の学校と会宅で自分たちの使徒職にふさわしい学問に従事することができた。クロムウェルの軍隊がこれを終わらせた。イエズス会士の人数はわずか一二人までに減った。二人はドロエダの血の粛清で死んだ。クロムウェルはダブリンの配下の行政府に、「アイルランドの貧乏人は金持ち同様に子だくさんであるから」、これらの子供は「一〇歳以上の者は両親から取り上げられ、イングランドやアイルランドの信心深く誠実な人々のもとに奉公に出される」ようにと指示した。政府は、カトリックの学校教師に対しては、「監禁されて、バルバドス諸島などに行く船に乗船させられる」という法律を定めた。こうした弾圧の雲行きの中で、ジェームズ・フォード（James Forde）はボグ・オブ・アレンに小屋を建て、そこで一六五二年から一六五六年まで初等教育と上級の一般教育をなんとかして続けた。チャールズ二世の治世下に、アイルランドの教育政策を統制した、ピューリタンの無慈悲な政策にもかかわらず、「よく発酵したパン種のようなこの者たち」といわれたイエズス会士たちは一六六〇年から一六九〇年の三〇年にわたって、ニュー・ロス、ドロエダ、キャシェル、ダブリンで学校を開設することができた。ドロエダにイエズス会を招聘した福者オリヴァー・プランケット（Oliver Plunket 一六二九―八一年）は、一六七二年にオリヴァに次のように書いている。「アーマーの教区の私のもとには、その徳と学識と働きによって一国を向上させることもできるほどの神父が三人います」[66]。この学校にはおよそ四〇人のプロテスタントの師弟が在籍していた。このようにしてイエズス会の学校は、教会のアイルランドでの存続に対し際立った貢献をなし続けた。

布教地に対する責任において、ポルトガル管区は強力な万力の二つの腕の間に挟まれていた。一方の腕は、他のヨーロッパ諸国からの援助を緊急なものとするほど、海外の宣教地域が果てしなく広大であったこと、もう一方は王室の聖職推挙権（パドロアド）の問題に関してポルトガル政府が神経をとがらせていたことで、それは他国のイエズス会士に対する常用航路封鎖の挙に出ることさえあるほどの難題を頻繁に生み出していた。一七世紀の公文書は、王室の聖職推挙権の区域内の非ポルトガル人の受け入れと排除の間で揺れ動いている。たとえば一六六四年にはアルフォンソ六世（Alfonso VI 一六四三―八三年、ポルトガル王在位一六五六―六七年）が他国民に対し航行許可を与えなかった。国王は総長であったゴスヴィン・ニッケルに対して、東洋に何とか辿り着いた非ポルトガル人イエズス会士の人数について、国王の意志に大いに反するとして不満を呈している。(67) 一方で船団はしばしば公の認可を得て、イエズス会士の乗客グループに入っている少数の外国人を運んだ。東洋へのこのような移動の特徴を表している例をいくつか挙げると、一六二九年には二四人のポルトガル人を含む四一人が海を渡り、一六三五年には一〇人がポルトガル人、二一人がイタリア人、二人がドイツ人である計三三人が、一六四〇年のポルトガルの王政復古後の一〇年間には、三三人をポルトガル人とする四九人が、一六七二年から一六八三年の一〇年間には八二人が海を渡っている。実際にヨーロッパを去った人たちに限られているこれらの数字は、そのまなざしを大洋の水平線の彼方にまで向けている、管区の宣教の熱意の全体を露わにしているわけではない。たとえば一六一八年にコインブラだけで、その共同体の中から七〇人が海外の任務に志願している。

インドではイエズス会士が、国の内陸にあるマイソールを含むゴアの管区と、奥地のマドゥライを含むコーチンやマラバルの管区という、二つの管区の組織的枠組み内で仕事を続けていた。一六二六年にゴア管区は三二〇人、マラバル管区は一九〇人の人員を数えた。これらの会員のほとんどは、すでに運営をはじめていた学校と要理教育施設に集中した。マイソールのわずかな数の者が――一七世紀を通じて一度に七人以上の神父はいなかった――、影響力のある階級を獲得する比類のない試みであるロベルト・デ・ノービリのやり方を採用した。しかしこのイエズス会士のサニャーシについて、彼の東洋文化に対する共感と尊敬をめぐって複数の人々の間に早くからあった疑惑は、西洋文化の形以外の教会を思い描くことのできない人たちによって惹き起こされた反感の嵐に発展した。この反感は、一六一八年のゴアの神学者たちの会議で頂点に達した。そこでデ・ノービリは大司教のクリストヴァン・デ・サ（Cristóvão de Sá 一六六二年没）が「イエズス会の一人の神父が異教に転向し、私に自分の棄教に共謀するようにと求めている」と叫ぶのを聞いた。会合に出ていた神学者の大多数は、デ・ノービリに反対票を投じた。この件はローマに送られたが、その際『新規マドゥライ宣教で用いられた方法に対して惹き起こされた反対への答弁』もそれと一緒に送られた。この文書は、この悩み疲れたイエズス会士が著した適応の原則についての古典である。五年後、教皇グレゴリウス十五世は一六二三年一月三一日の宣教に関する教皇法令『ローマーネ・セディス』(*Romanae Sedis*)で、批判者たちがとっている妨害的立場に対してデ・ノービリを支持した。」あらゆる迷信の痕跡に警告しつつ、教皇はバラモンであるキリスト教徒による、帯やサンダルの使用と沐浴のしきたりを許可した。一六四五年、ほとんど目が見えず体が弱った六八歳のデ・ノービリは、管区長の命令でマドゥライを離れ、他の者が彼の面倒を見ることができるマイラーブールに行ったのだが、マドゥライに彼の心をまだ残していた。この町には一六〇五年にはただの一人のキリスト教徒もいなかったが、デ・ノービリの三九年にわたる並はずれた勉強と苦行の結果、キリスト教の信仰を告白する人は四一八三人にまでになっていた。

デ・ノービリには、自分の召命の形が、知性と徳に関しての稀有な素質を必要とし、これにふさわしいのはごくわずかな人であることがわかっていた。彼はインド社会の貧困階級からサニャーシが切り離されていることで生じている問題を理解した。そのために彼は、イエズス会の宣教師団を組織する計画を進めた。彼らはパンダーラムとしてシュードラ階級のヒンドゥー教の宗教家の習慣を採り入れ、それゆえに、ある程度用心しながらも、パーリアー

〔最下層民〕やいわゆる不可触民（アウトカースト）の人たちとの接触を打ち立てることができた。彼らはパンダーラスワミーという、宗教の教師を意味する称号で呼ばれた。この仲立ち役のためにデ・ノービリが選んだ最初のイエズス会士は、バルタザル・ダ・コスタ（Baltasar da Costa 一六一〇—七三年）であった。コスタは金色の耳飾りと黄色い袈裟を身につけて、マドゥライ王国、タンジョール王国、サティヤマンガラム王国を旅し、二五〇〇人の成人に洗礼を授けた。改宗者のほとんどは不可触民の出であり、シュードラの者はわずかだった。この成功はデ・ノービリを喜ばせた。マラバル管区の長上のマヌエル・デ・ソウザ（Manuel de Sousa 一六七七—一七三二年以降）は、一六五一年にこの計画の大要を当時の総長フランチェスコ・ピッコローミニに説明した。ほとんどのイエズス会士はこの集団に好意的だったが、サニャーシの厳しい生活から得られる利益について疑念を表す者もなおあった。またある者はイエズス会士のサニャーシを、栄華の中で暮らす大聖堂参事会員のような人種だと揶揄した。実際にはデ・ノービリの役割を完全に果たして彼に続いたのはわずか五人のイエズス会士にすぎず、一六七五年以後この召命は絶えた。(68) デ・ノービリの生涯は、力強く、劇的でさえある教訓、すなわち宣教事業における適応という教訓を伝えるものであった。パンダーラムになったイエズス会士たちはパーリアーの世話が保証されるという原理を、それを実行することで生かしたのである。しかし次の世紀には危機となるまでに至る問題が残っていた。それは、上層階級と下層階級のインド人が、一つ屋根の下での礼拝のために一緒になることがで

ジョアン・デ・ブリト

きないなら、キリスト者の一致をどのように打ち立てるのかという問題である。普遍的なキリスト者の愛という原理は、カーストという古来のインドの社会構造に直面した。デ・ノービリに続いたイエズス会士たちは、マドゥライ同様、マイソール、マラヴァ、タンジョールも教化した。快活で熱心なイタリア人レオナルド・チンナミ（Leonardo Cinnami 一六〇九―七六年）が一六四八年にマイソールに布教本部を設置した。パンダーラスワミーとしてデ・ノービリが企図した役割を果たしながら、貴族出身のポルトガル人ジョアン・デ・ブリト（João de Brito 一六四七―九三年）が、一六七四年にマドゥライでめざましい宣教活動を始め、この地で一二年働いた後、マラヴァに移り、そこで一六八六年の五月から七月に二〇七〇人の現地人に洗礼を授けた。デ・ブリットは彼の民衆への影響を嫌う者たちに捕縛され拷問されてから追放された。その後宣教についての報告書を作成するのに選ばれてヨーロッパに渡った。殉教が彼のインド帰還を待ち構えていた。

デ・ノービリの伝統の中にあるこの選りすぐりの一団からの書簡は、二つのことを示している。一つは、彼らの公の報告にある冷然とした事実と数字であり、一つは、イグナティウスの理想が彼らの心に生み出した熱気溢れる精神である。詳細な地図がないと、この人たちの歩みを辿ることはできない。それは一六七四年に三六〇人のキリスト教徒がいたシランガパタナオ、二〇〇人のキリスト教徒がいたバスアプラ、四〇〇人がいたカナカナリ、四二〇人がいたケラマンガラへの歩みである。チンナミがヨーロッパの同胞のためにイエズス会士たる者がマイソールに行くことを心底望むべき三つの理由を挙げて、サニャーシの生活に含まれている極度の貧しさと苦難、人々を改宗させる活動の場所が広大であること、殉教について根拠の十分な見通しがあることだと述べたとき、イグナティウスの心に続く者たちとして、彼らはチンナミが成就したことがらを身にしみて感じていた。「キリストの戦士の中で最も勇敢で最も度量の大きい者は、最大の危険がある場所を探すものです。……私は世界中の帝国よりもこの生活の方を重んじます。……この使命の模範であり指導者であるのは聖フランシスコ・ザビエルです。当時、神は彼が耐えねばならない苦難をことごとく彼に示しましたが、彼はひるむどころか『主よ、もっと、もっと』と叫んだのです(69)」。

進取の気概に富んだオランダ人がポルトガル人からその東洋の広大な帝国をもぎ取りつつあった世紀に書かれたこれらの書簡は、改宗、洗礼、要理教育について語るばかりでなく、海戦や軍の包囲攻撃、砲撃や都市の略奪についての身の毛もよだつような話も告げている。一六二二年にマヌエル・ロイス（Manuel Roiz）は、もはや押し留めようのない、ポルトガルの植民地勢力の急速な凋落を見て取り、ひどく意気阻喪した書簡をヨーロッパに送っている。布教活動はまもなくこの国際紛争の影響を感じるようになった。司祭たちは、戦争に没頭している総督たちから王室の聖職推挙権によるささやかな手当をもはやもらえなくなり、極貧に追い詰められた。オランダによる封鎖が、かつては栄えていた町々を活気のない地域に変えた。一六四八年には六人のイエズス会士が、海運がプリカトに移ったために貧困に喘ぐマイラプールの町でやっとのことで生活していた。一六五八年に漁夫海岸が、一六六二年にはクランガノールが、一六六三年にはコーチンがオランダ人の手に落ちた。カルヴァン派の征服者はこれらの地域のいくつかからイエズス会士を追い出し、その他の地域ではイエズス会士を惨めな生活に陥れた。アムステルダムとフローニンゲンとハールレムから来た者たちの大砲の轟きは、西海岸のケララを除き、結局イエズス会のインドの宣教事業には実害をほとんど与えなかった。

一方こうしたことと並行してマラバルのキリスト教徒の間では後退と挫折の歴史が展開していた。すでに述べたように、助祭長のホルヘ〔ダ・クルス〕はロス大司教の統治に公然と異議を唱えた。この反抗はこの時期に急激に広がって教会分裂に至った。ロスとホルへの間の管轄権をめぐる亀裂の上に、これとは別の複数の要因が反乱をひき起こした。布教聖省とポルトガル王室の間の聖職推挙権をめぐる確執、ラテン人の侵入に対するシロ―マラバルのキリスト教徒の嫌悪、イエズス会士とドミニコ会士とカルメル会士の間の緊張関係がそれである。ロスは、気高く聡明で心の広い人物としての思い出を残して、一六二四年に亡くなった、イエズス会の宣教史上の偉大な人物の一人である。彼の意見が、もう少し優勢であったならば、この人々の宗教上の一致を救っていたであろう。

ロスの後継者はポルトガル人イエズス会士、エステヴァン・デ・ブリト（Estêvão de Brito 一五六七―一六四一年）であった。ブリトがシリア語ができなかったため、彼と民衆の間には壁ができ、彼の天性の愛情深さと親切さを無にしてしまった。また、彼の失敗の中で特に統治能力に欠けていることが明るみに出た。彼は助祭長に騙されて事実上全権を放棄してホルへに譲ったのである。一六三七年のホルへの死は、大失敗に至るいま一度の機会をブリトに提供した。ブリトはホルへの有力な一族であるカンポス家の忠誠を得るために、三〇歳にもならない、不品行で無教養のトマス・デ・カンポス（Tomás de Campos）を新しい助祭長に任命したのである。ブリトは一六四一年に亡くなったが、彼が残した統治組織の支配力は事実上破綻寸前であった。

別のイエズス会士、フランシスコ・ガルシア（Francisco García 一五八〇―一六五九年）が後を継いで大司教となった。ガルシアはシリア語の学者であり、ヴァイピコッタの神学生の間でこの言語の習得を強調した。この大司教区の統制権を手中にしようとするガルシアの試みは称賛すべきものであったが、一六五三年、トマス・デ・カンポスが分離を焚きつけ、それは広範囲に及んだ。ローマは分裂を調停すべく、カルメル会士たちを派遣したが、成功しなかった。死の床にあったとき、ガルシアは教会に戻るようこの助祭長に懇願し、和平を結ぶ希望がいくらかでもあれば、トマスの家に自分が運ばれて赴こうとさえ提案した。一六五九年九月三日に年老いた司教は臨終を迎えた。ディアンペルの司教会議からちょうど六〇年後のことだった。かつてはインドにおけるカトリックの前進基地になる望みが大きかったところを混沌が支配した。(70)

一七世紀初頭に日本は対外政策を徹底的に変え、このことがカトリック教会に災いした。一六三八年までに、ヨーロッパ軽視の態度を示し、オランダ商人のための、当初は平戸、後に出島に置かれた小さい入国口を除き、西欧の諸勢力に対して門戸を閉ざして後、この日出づる国は「鎖国」、すなわち閉ざされた国となった。この政策を補うために、将軍たちはキリスト教会という西欧が残した鮮明な痕跡を根絶することに注意を向けた。強固な決意が徳川秀忠(一五七九—一六三二年)の反カトリック政策を特徴づけていたが、聡明だが残酷なことを好む徳川家光(一六〇四—五一年)の蛮行はその決意さえも凌駕するほどだった。

この二人の人物は日本のカトリック教会という石を打ち火花を点火した。この火花は、死に至るまでの信仰への忠実という美しい白い炎へと変わっていった。信用のおける複数の文書は、世紀の半ばまでに四〇四五人の殉教者が出たことを記録している。しかもこの数は有名な島原の乱のことは考慮に入れていない。島原では一六三七年から一六三八年に貧しい農民が無慈悲な搾取に憤激して蜂起した。この社会問題は、カトリック教徒が信仰を棄てた場合の恩赦を約束された時点で宗教問題になった。三万五千人から三万七千人が斬首によって死に赴き、一六一二年までにその全域がカトリックの地域共同体になっていた有馬には、一人のカトリック教徒も残らなかった。三〇万人のカトリック人口のうち一三パーセント以上の者が信仰に命を捧げた。これはおそらく教会の歴史の中に並ぶものがない記録であろう。これはまた、イエズス会士が施した教育に対する見事な返礼でもあった。イエズス会士は九州北西部の地域に集中し、有馬だけで、一六一三年には七〇の教会があった。栄誉ある殉教者名簿にイエズス会は八七名の名前を乗せているが、そのうち四四名は日本人である。(71)

イエズス会士たちを死に至らしめた手段は、ぞっとするほど残酷なものであった。カルロ・スピノラ（Carlo Spinola 一五六五―一六二二年）とレオナルド木村助修士（一五七五―一六一九年）と七人の神学生のように、ある者は火あぶりによって亡くなり、ある者はマノエル・ボルヘス（Manoel Borges 一五八四―一六三三年）と福永ニコラオ助修士（一五六九頃―一六三三年）と二人の修練者のように、体をきつく縛られて、糞便その他の汚物で満たされた臭気を発する穴の中に逆さ吊りにされ、またある者は頭をやや後ろに引いた姿勢で板に縛りつけられ、狂わんばかりに努力しないと息ができないほどに顔に絶えず水を注がれて、落命した。マルチェッロ・マストリッリは二日間これに耐えて、この水責めの最長記録を立てた。

このようなすさまじい蛮行の前に人間的性情はすくみ上がり、すべてのカトリック教徒がそのような蛮行が求めてくる英雄的行為の高みに上ったわけではなかった。年月がたつにつれ、司祭は少なくなり——一六二三年にはわずかに二八人のイエズス会士と一二人のフランシスコ会士及びドミニコ会士と一人の現地人の教区司祭がいただけであった——、ますます多くのカトリック教徒が棄教した。特に、単にキリスト教大名の範に倣って洗礼を受けた者がそうであった。しかしここかしこでカトリック教徒の集団は、異教文明の広大な海のただ中に小さな島々を形成し、そこで幾世紀にもわたって自分たちの宗教にとって核心となるいくつかのことがらを保持し、それを、フランシスコ・ザビエルに遡る歴史のより糸である鎖国政策の放棄とともに日本に再び戻って来た一九世紀の宣教師の手に委ねた。殉教という至高の試練に挫折した者の中には少数のイエズス会士がいた。たとえば一六四三年に、五人の中国人および日本人の要理教育者と共に四人をヨーロッパ人、一人を日本人とする五人のイエズス会士が、西洋人に対して張られた非常線を突破しようとして、筑前海岸沖で捕縛された。容赦ない拷問に屈して、一〇人全員がその信仰を弱め、信仰を否定した。幾人かのオランダ人が、「目と頬は奇妙に落ちくぼみ、手は青黒く、全身は拷問によってひどく虐待され衰えている」四人の西洋人のイエズス会士を江戸で目撃し、彼らが、自分たちは耐えがたい苦痛のゆえに棄教したにすぎず、自ら望んでのことではないと、通訳者に向かって言っているのを耳にしている。一人は棄教を撤回し、まもなく獄死した。多くの人を落胆させた殉教の挫折は、二三年間宣教に携わっていたベテランで、年老いて病んだ副管区長クリストヴァン・フェレイラ（Cristóvão Ferreira 一五八〇—一六五〇年）のそれであった。彼は一六三三年、六時間穴に吊るされた後屈服した。管区の他の二人の長上も、フェレイラに続いて棄教した。[72]

　この時期にイエズス会士とフランシスコ会士が交わした通信文の中では、お互いについての激しい批判が続いていた。双方ともが協力の欠如について相手を非難した。敵意が信徒の中に溢れ出し、二つの修道会によって指導される信心会の間の対抗意識を招き、最も必要な時にカトリックの一致を損なった。地下教会を照らす薄明りの陰に、英雄的な愛と人間的弱さが出会い、それぞれの役割を果たしていた。

　中国での発展にはもっと見込みがあった。一六一〇年の北京で、臨終の床にあるリッチは、大いなる機会に向かって扉が開かれているが、大いなる危険と労働についても同じことが言えると、サバティーノ・デ・ウルジス（Sabbathino de Ursis 一五七五—一六二〇年）に語った。機会の進み具合は、改宗者と宣教師の統計が表している。教会に受け入れられた中国人は、一六二七年までに一万三千人、一六三六年までに四万人、一六四〇年までに六万五千人、一六五一年までに一五万人であった。布教拠点の人員としては、一六一七年には八人の司祭と六人の中国人の助修士、一六二三年には一八人の司祭と六人の助修士がいた。一六二七年までに司祭は二六人にまで増え、一六六四年までには四二の布教拠点におよそ三〇人の司祭がいた。

リッチが予告した通り、複数の危機が生じた。だが、それらはリッチが予知することができなかった二つの原因に由来していた。一つは、国内の政治的動乱、すなわち満州族の侵略と王朝の交替であり、一つはドミニコ会士およびフランシスコ会士の到着と、リッチの宣教方法に対するこの人たちの批判である。皇帝の宮廷にあった変化の影響を、外国人の一団は逃れることができなかった。一六一七年から一六二二年の間に、官吏、沈漼の入れ知恵のもと、外国の教団の浸透防止運動の中、迫害がカトリック教徒におよび、宣教師は隠れた。一六四四年、老いることのない中国は、一つの王朝が別の王朝から引き継ぐ衛兵交替にいま一度立ち会った。一三六三年以来統治してきた明王朝は、万里の長城の最東端の「山々と海の間の隘路」、山海関を通って満州族の軍隊がなだれ込んで来て倒れ、清帝国が一九一二年まで支配権を握ることになった。新王朝の初期の皇帝の一人である康熙帝（一六五四—一七二二年、在位一六六一—没年）は、一六六四年から一六六九年にかけて、未成年であった彼の摂政たちが教会を攻撃し宣教師たちを広東で軟禁したとき、まだ一〇代前半であった。

迫害があるたびに、もののわかったイエズス会士が、流れを変えてカトリック教徒に比較的安全な立場を回復するために大いに貢献した。一六二二年に活躍した者はヨーハン・アダム・シャル・フォン・ベル（Johann Adam Schall von Bell 一五九一—一六六六年〔中国名、湯若望〕）、

ヨーハン・アダム・シャル・フォン・ベル

一六六九年のそれはフェルディナント・フェルビースト（Ferdinand Verbiest 一六二三―八八年〔中国名、南懐仁〕）である。二人ともリッチが中国で始めたイエズス会の宣教師科学者の伝統を強化した。ロンゴバルディは典礼の問題に関してはリッチに賛成しなかったが、それでもキリスト教の大義のためにリッチが科学者を頼りにしていることを心から支持していた。一六一〇年の一一月に、ロンゴバルディはアクアヴィヴァ総長に、中国宣教を支援する最も効果的な方法は、有能な人材、特に数学者たちを派遣することだと書いている。二年後に彼は自分の要求を繰り返して、「数学がわれわれの目的への道を切り開くであろうことは確かです」と書いた。同じ年、彼は科学書を収集し、また、二人の天文学者を確保するために、ニコラ・トリゴーをヨーロッパに送った。(73)

ヨーロッパのイエズス会士の反応は寛大なものだった。トリゴーと共に二二人の宣教師が一六一八年四月一六日にリスボンを出航した。シャル・フォン・ベルはその一人だった。他の科学者は、イタリア人ジャコモ・ロー（Giacomo Rho 一五九二―一六三八年）、ボヘミア人ヴェンツェスラウス・キルヴィッツァー（Wenceslaus Kirwitzer 一五八八頃―一六二六年）、オーストリア人ヨーハン・アルベリヒ（Johann Alberich 一六一八年没）、スイス人ヨーハン・テレンツ・シュレック（Johann Terrenz Schreck 一五七六―一六三〇年）である。シュレックはおよそ七千巻の科学書と、中国に渡来した最初のものであるのはほぼ疑いない望遠鏡を携えて行った。アルベリヒと他の四人のイエズス会士は旅の途上で亡くなった。

シュレック（しばしばそのミドル・ネームのラテン語形であるテレンティウス〔Terrentius〕として言及される）は、ガリレオと中国のかけ橋となった。彼はガリレオの友人かつ賛美者で、名高いアカデミア・デイ・リンチェイ（学士院）の一員となる栄誉をこの偉大な天文学者と分け合った。彼は望遠鏡についての最初の中国語の論文を書き、ロンゴバルディとともに中国暦の修正に従事した。シュレックが最も落胆したのは、ガリレオの助力を得るのに失敗したことであった。彼は八年間、ある問題に関して、この以前から共鳴していた人物に助言を求めて手紙を書いたが、この偉大なピサ人は、ヨーロッパの二人のイエズス会士、オラツィオ・グラッシ（Orazio Grassi 一五八三―一六五四年）とクリストフ・シャイナーとの意見の不一致に腹を立ててか、答えるのを拒否し、八年目に、提供すべき答えは何もないとそっけない一言を返した。

それゆえ、数学と天文学に関して、「文化の邂逅」があった。イエズス会側では、宣教師が、幾何学と近代的な代数学に関してより優れている数学と、天文学の機器の製造の点で進んでいるヨーロッパの技術を中国にもたらした。しかし彼らは地動説か天動説かという問題について一致した態度を見せなかった。シュレックやキルヴィッツァーのような、多くの宣教師の第二世代者たちは熱心なコペルニクス賛同者だったが、一六三二年の教皇庁によるガリレオに対する有罪宣告の報告がこの流れを反転させ、プトレマイオス（Ptolemaios Klaudios）〔二世紀頃のエジプトの天文学者〕説〔天動説〕を復興させた。この説は、サバティーノ・

デ・ウルジスが一六一一年には中国語で明確に詳述していたものだった。中国側では古代帝国の科学者たちが幾世紀にもわたって宇宙論と天文学を発展させており、それは一部のイエズス会士が信じているものと比べてそれほど遅れていなかった。リッチでさえ、無限の宇宙に浮遊する天体についての宣夜説〔古代中国を代表する宇宙説の一つ〕の主旨とするところが、アリストテレス説に比しても基本的に正確であるということを理解しなかった。そしてシュレックは一六二八年に中国語で出版したその著『天体測定についての小論』(『測天約説』)で、望遠鏡による太陽の黒点の発見を説明しているが、ヨーロッパ人がそれらを確かめる一二〇〇年前にすでに太陽の青黒い本影について中国人が知識を有していたことを指摘し損ねている。イエズス会士が中国人によって記録された天体に関するデータの広大な蓄えを自らに役立てることに気づくまでほぼ一世紀かかった。彼らがこのように奇妙な仕方で気づき損ねたのは、彼らの中国到着と、滅びつつある明朝の文化的退廃とが時を同じくしていたからであり、当時はそれ以前の科学的達成があまり明白ではなかったのである。双方にこうした不足があったにもかかわらず、中国の学者とイエズス会の科学者との出会いは、一六三五年に出た科学的知識の記念碑的な解説書のうちに、目に見える一致に達した。これは徐光啓(一五六二―一六三三年)、李之藻(一五六五―一六三〇/三一年)、李天経、イエズス会士のシュレック、シャル・フォン・ベル、ロー、ロンゴバルディの共同研究事業であった。[74]

宣教の使徒職のためのこのように専門化された方法にあって、後から加わったシャル・フォン・ベルとフェルビーストは不可欠な人物だった。シャル・フォン・ベルは庶民的なドイツ人で、のんびりしているが欺瞞は容赦しない人物で、一六二二年に中国に来て、中国の暦に従事しているロンゴバルディとシュレックを手伝うために北京に行った。シャルは完璧な中国語を習得し、大砲と起重機を建造し、天文学用の機器を組み立て、一三七の論文を中国語で著し、日食と月食を予告し、数学省の長官および一級官吏の地位に上った。フェルビーストは一六五九年に中国に来た。この臨機の才のあるベルギー人に、聡明な康熙帝は深い感銘を受けた。彼は五か月間毎日皇帝に数学と天文学の最新の事実を教授した。一六六九年には有名な北京天文台の改装に着手した。宣教師たちのなかでも特にこの二人の科学的能力は、皇帝の周囲の人々にいよいよ尊敬の態度をとらせ、高い評価を惹き起こし、ひいては教会に対する好意を招き寄せた。

イエズス会は他にも非凡な才能をもった人材を数多く中国に派遣した。ジュリオ・アレーニ（Giulio Aleni 一五八二―一六四九年）やミハウ・ボイム（Michał Boym 一六一二―五九年）のような地図製作者が、専門家による帝国の地図を作成した。この種の技術は、偉大な中国学者マルティーノ・マルティーニ（Martino Martini 一六一四―六一年）の見事な書物で頂点に達した。彼は一七の大きい地図と十分な注解が入った『新中国地図』（*Novus atlas sinensis*）を一六五五年に出版した。マルティーニの他に、ニコラ・トリゴーとプロスペロ・イントルチェッタ（Prospero Intorcetta 一六二五―九六年）が、中国の文化と習慣と歴史の理解に秀でていた。

マルティーノ・マルティーニ

リッチは自分の仕事を「藪《やぶ》を取り払う作業」と呼んでいたが、彼に続くこの者たちは、この伐採作業をだいぶ広げた。

彼らは、中国人が自国語の典礼が許可されるよう教皇庁に要請して、非西欧文化を評価していることを印象深く示した。一六一五年と一六一六年に教皇パウルス五世は、聖書の翻訳と、現地人司祭が文語の中国語でミサを上げ、聖務日課を朗唱する許可を承諾した。なんらかの理由で、おそらくイエズス会士に用意のできた翻訳がなかったために、この件は中断したままになっていた。この世紀の最も学識の深い中国学者の一人であるルイジ・ブリオ（Luigi Buglio 一六〇六—八二年）が、ミサ典書と聖務日課儀式書の典雅な中国語への翻訳を終わらせるのに二四年間をかけた。一六六五年頃、宣教師たちは再び現地語の使用問題を提起した。パウルス五世の教令は破棄されていなかったため、法手続き上は教皇庁に再び打診する必要はなかったが、おそらく長い時間が過ぎていたために、そうするのが賢明だと判断したのであろう。しかし、彼らは以前の教令の更新を得ることはできなかった。教皇たちはこの要請を設立されたばかりの布教聖省に問い合わせたが、布教聖省は何回も否定的な答えを出したのである。教皇アレクサンデル七世と教皇インノケンティウス十一世は中国語の典礼を支持し、布教聖省に認可を勧めたが、聖省はどの折りにも否定的な決定をし、教皇たちはその決定を覆さなかった[75]。

　中国語の典礼問題に密接に関わっている問題は、司祭職の候補者として中国人をイエズス会に受け入れることについてのことであった。個々のイエズス会士がローマに送った数多くの通信文は、現地人聖職者を生み出す基本計画が緊急なものであるという普遍的な合意があったことを示している。しかし実現は理想に対してだいぶ遅れていた。一つのおもな障害は、堅固な異教社会にとり囲まれたキリスト教徒の小さい共同体の中で、道徳的な高潔さと努力を必要とする召命に踏み留まることが確実に見込まれうる候補者を見つけるのが事実上不可能であったことである。コインブラで一六六五年に鄭瑪諾維信〔エマヌエル・デ・シケイラ(Emmanuel de Siqueira)〕が、イエズス会士が最初に中華帝国に入り込んで以降一〇〇年間を通してただ一人の者として、イエズス会で司祭に叙階された。二三年後の一六八八年八月一日、三人の中国人イエズス会士が南京で叙任されたが、彼らは中国本土で最初に叙階された者たちである。この三人は全員五〇歳を越えており、たどたどしくミサをやり通すのに足りるほどのラテン語の音をなんとか覚えた。

教会の発展にとって重大な損失となったのはラテン語の強要であったが、孔子と先祖の崇敬のために中国人が行っていた儀式についての問題に固有の爆発的な力はそこには含まれていなかった。この複雑な問題に関して、イエズス会士の間に意見の不一致が広がり、ある者はリッチの洞察に従い、ある者はあらゆる適応に反対し、またある者は中庸の意見をとった。リッチの方法を拒絶するイエズス会士たちのなかでも最も重要な代弁者であるニッコロ・ロンゴバルディが論文を書いたが、一六二四年から一六五〇年までの副管区長、フランシスコ・フルタド（Francisco Furtado 一五八九—一六五三年）はそれを焼くよう命じた。一六三一年の二人のスペイン人ドミニコ会士と、一六三三年の二人のスペイン人フランシスコ会士の到着は、既に不安定であった状況をさらに複雑なものにした。そこで彼らが目にしたもの、たとえばイエズス会士が絹の長衣をまとうことなどを彼らは好まなかった。彼らは時計やプリズムという媒介を通してキリスト教を紹介することについても一般に乗り気でなく、まず貧困層の間で働き、その後で上層階級に近づいてゆくことを選んだ。それでも中には、自分たちが出会う古来の文明に積極的な尊敬を抱く者もあった。そうした人たちの中に、聡明で献身的なドミニコ会士、ドミンゴ・ナバレテがいた。

ナバレテはリッチ派に対抗する主要な議論の主唱者であった。彼は同時代の状況に注意を怠らず、新儒教の解釈者たちによる無神論的または偶像崇拝的影響に気づき、諸説混合主義へと強く引っ張られていることを危惧し、この儀式の——幾世紀も前の元々の在り方ではなく――現在の性質のせいで、カトリック教徒は自分たちの慣行を続けられなくなるだろうと判断した[76]。彼の主要な関心事は現在のことであって、過去のことではなかった。適応政策を支持するイエズス会士は、全員ではないものの、ある人たちの間ではこの儀式に迷信が入り込んでいることを否定しなかったが、時とともに、また教育によって、偶像崇拝的な含みを取り去ることができると強く主張した。彼らは、時間に期待をかけているのだとはっきりと口にした。この時代の非常に優れたイエズス会の神学者の一人であるジャック・ル・ファーヴル（Jacques Le Favre 一六一三―七五年）は、聖アウグスティヌスの模範に訴え、聖人が異教文明のただ中にあって自分の群れの慣習から迷信を根絶することに関してゆっくり行動したことを指摘した。

イエズス会士とドミニコ会士の中には完全な合意に至った者もあったが、考えの普遍的な一致に達するのには失敗し、それは激しい反感をともなう重大な論争へと雪だるま式に大きくなり、二つの修道会の険悪な亀裂を生み出すに至った。民衆への説教者であるドミニコ会士と中国学者であるイエズス会士では基本的に意見が合わなかったのである。あてこすりは、二つの集団の間の衝突を和らげるのには役に立たなかった。言い回しを作るのがうまいドミンゴ・ナバレテは、ザビエルが中国入国に失敗したことと、自分たちが帝国に入る際に味わっている困難の間の類似について、ザビエルの場合には悪魔自らが彼を中に入れなかったが、現在の状況では悪魔が自分の道具としてイエズス会士を使っている、と語った。彼にとって、中国という巣には、白い鳥と黒い鳥の両方がいる余地はなかった。[77]

儒教の儀式にカトリック教徒が参加するのをやめさせるために、ドミニコ会士およびフランシスコ会士はローマに訴えた。一六四三年、彼らの代表者であったドミニコ会士ファン・モラレス（Juan Morales 一五九七―一六六四年）は、非難を惹き起こさずにはいられないような仕方でこの儀式を描写して見せた。この非難をローマは一六四五年に採択した。イエズス会士は独自の代表をローマに派遣した。綿密かつ造詣の深い中国学者であるマルティーノ・マルティーニは、イエズス会による中国文明研究の見地から問題を示した。一六五六年、教皇アレクサンデル七世は布教聖省を通して、マルティーニによって描き出されたようなこの儀式は、「純粋に市民的かつ政治的な祭式」であり、それゆえ非難に値しないという判定を下した。今や認可を記した教皇文書を双方が手にすることになった。

一六六四年、若き康熙帝に対する反乱の間、五年にわたるカトリックの迫害が始まった。当初はこの苦難の一撃が宣教師たちに一致をもたらすかのように見えた。当時中国にいたイエズス会士一四人とドミニコ会士三人とフランシスコ会士一人が、一つ屋根の下に軟禁された。彼らはこの強制された閑暇を利用して、四〇回にわたり一六六八年一月を最後とする会合で、宣教のための一定の方法を公式化するのに努めた。彼らは一六五六年のアレクサンデル七世の教令を鑑みて、中国の典礼についての問題に対するリッチの方法を認めることを含む、四二条から成る文書を起草した。フランシスコ会士に関してははっきりしていないが、その他全員がこれに署名した。

そのすぐ後に、ナバレテ修道士が疑念を表明した。彼は、有能なプロスペロ・イントルチェッタとジャック・ル・ファーヴルを含む数名のイエズス会士と、彼が感じている当惑について議論した。彼は満足し、同意したという声明を記した。同年、人知れず広東を去り、ヨーロッパに向かった。彼は西欧に戻ると、中国のイエズス会士について、その二心ある態度からカトリックの教義の隠蔽に至るまで何から何まで告発して攻撃し、リッチの典礼問題に対する態度を非難した。ナバレテはある程度の適応は可能だと考えてはいたが、特定のイエズス会士たちと同じほどの進歩的行動をとる用意はなかった。一六七六年六月にナバレテは、『中国王朝の歴史・政治・民族・宗教』（*Tratados históricos, políticos, etnológicos y religiosos*）と題する七部に分かれた五一八ページの一巻本を出版し、この中で中国のイエズス会士を頻繁に非難している。一年とたたない一六七七年三月に、ナバレテはイエズス会の敵対者の間に広く影響を及ぼしたもう一つの著作、『古きものと新しきものとの論争』を完成させた。一六七九年にスペインのイエズス会士は、この著作が印刷されていることを耳にし、数枚の印字された紙を印刷業者から手に入れた。彼らはそれを読んで、イエズス会に対する著者の偏見について異端審問所に訴えた。内輪の複雑な努力により、印刷は六六八ページのところで中止された。印刷されなかったページの手稿は、マドリードの国立図書館に収められている。印刷が完成されていないこの本の写しは、ジャンセニストとパリ外国宣教会[†26]の会員の手にわたり、それはこの人たちにとっていわば第五福音書になった。一六八九年六月、七七歳のアントワーヌ・アルノーは、ナバレテの本を原文で読むためにスペイン語を学び始めた。アルノーはその著『イエズス会士の道徳的実践』(*Morale pratique des Jésuites*)の第六巻をこのドミニコ会士の本にもとづいて著した(78)。

ナバレテの著作から、この著作の筆を揮った著者が、教会へのイエズス会の積極的貢献を評価できる人物であると見て取ることは、イエズス会士にとって困難であった。それでもナバレテは世界中のさまざまな地域にいるイエズス会士の使徒職を評価して、「イエズス会士は信仰のためには死をも厭わない」と言っている。この豪胆なドミニコ会士とイエズス会の間の緊張関係の経緯は、かつては予想すらできなかった緊張緩和を迎えた。一六七七年、サント・ドミンゴの大司教に任じられたばかりのナバレテが司教座に着任したが、当地の状況を調べてみると、彼の管轄内で頼りになる有能な司祭はイエズス会士しかいないということが明らかになった。ナバレテはスペイン国王カルロス二世への書簡の中で、イエズス会士とその使徒職への称賛を惜しまなかった。彼は国王に、自分の修道会の会員を、自分が見るところ、教養に乏しく、教育上意味のない大学を運営していると批判する書簡を二度にわたって送っている(79)。しかしサント・ドミンゴにおける彼の真情溢れる言葉が、ヨーロッパにおいて彼の著作が呼びおこしたイエズス会に対する敵意を和らげることはなかった。

信仰を広く受け入れたフィリピンに次ぐアジア第二の地域はインドシナ、特にコーチ＝シナ、アンナン、トンキンであった。ドミニコ会士とフランシスコ会士に続いて、イエズス会の先陣としてフランチェスコ・ブッォーミ（Francesco Buzomi 一五七六―一六三九年）とディエゴ・カルバリョ（Diego Carvalho 一五七八―一六二四年）が一六一五年にコーチ＝シナに到着した。日本が西欧に対して国を閉ざすと、マカオに本部を置く日本管区は、北東から南東へと大幅に境界線を移動し、大勢の宣教師が、信仰によく応じるこの地域に転じた。二〇年の間にイエズス会士は一万二千人の現地人に洗礼を授けた。異教の中国に属しながらもカトリックであるこの地の宣教にあたり、フランスはあらゆる時代で最も有能なイエズス会の宣教師に数えられる人物を輩出した。アヴィニョン生まれのユダヤ系スペイン人の子孫であるアレクサンドル・ド・ロード（Alexandre de Rhodes 一五八三頃―一六六〇年）は、穏やかで情の厚い人柄の卓越した言語学者で、刻々と変わる難局のただ中できわめて機敏に動いて、三世紀半にわたる歴史を通して存続した教会を打ち立てるにあたって巨大な仕事を果たした。その騒然とした歴史においては仲間同士の争い、フランスによる支配、日本による占領があり、これまでに信仰のために死んだ幾万人ものうちで高い比率を占める大

アレクサンドル・ド・ロード

勢の殉教者の記録が残されている。これはキリスト教の歴史においても他に類を見ないような長大な記録である。ド・ロードは一六二五年にコーチ＝シナに到着し、その二年後トンキンに赴き、一六三〇年に追放されるまでその地に留まった。彼は教会の前進に大きくはずみをつけた。一六五八年までにトンキンの改宗者は一〇万人を数えた。ド・ロードは司教たちの任命と現地人の聖職者の育成を聖座に強く求めた。一六四〇年にはフエとダナンの地域に戻り、その地で一六四五年まで働いた。彼は一六六〇年にペルシアの首都イスファハンで永眠し、ペルシア王が深い敬意を表し、その死を悼んだ。インドシナのものであった彼の気高い心は、その宣教報告書の飾り気のない心打つ語り口を貫いている。

ド・ロードがインドシナで働いている間に、およそ二九〇〇キロ北西で、もう一人のイエズス会士が性質を異にする宣教の歴史を形成しつつあった。アントニオ・デ・アンドラーデ(Antonio de Andrade 一五八〇―一六三六年)は、巨大なヒマラヤ山脈の彼方に住むキリスト教徒についての噂に駆り立てられて、ラマ教の修道院のある地へと記念すべき旅をした。彼は数々の深い峡谷を突き進み、胸の高さの雪の吹きだまりをかき分け、一寸先も遮る吹雪の中、目のくらむような高地を横切り、モンブランより八〇〇メートル高いマナ峠の頂上を極め、ヒマラヤの高峰からチベットの山岳地帯を眺めた最初のヨーロッパ人となった。アンドラーデはリスボンで出版した本で、彼がチベットで見つけた独特の宗教共同体に対してヨーロッパ人の目を開いた。他のイエズス会士もこれに続いたが、状況が変則的で一定しないためラマの人々の間に恒久的な拠点を作る計画は断念しなければならなかった。

イエズス会士によるさらなる旅を触発した重大な問題は、ローマと北京の間の距離であった。事務的な処理一つにもだらだらと何年もかかっていた。アレッサンドロ・ヴァリニャーノはマカオで一五八九年一〇月一〇日に手紙を書いたが、その手紙は一七年後の一六〇六年にローマに届いた。シャル・フォン・ベルは一六六〇年に、自分の手紙の一つは配達されるのに五年かかったと総長に報告している。ジョヴァンニ・フランチェスコ・デ・フェッラーリイス（Giovanni Francesco de Ferrariis 一六〇九／一〇―七一年）は一六六一年六月、総長に書いたが、総長が返事を書いたのは一六六四年四月で、フェッラーリイスがこの返信を受け取ったのは七年が過ぎた一六六八年一〇月であった。ピッコローミニとニッケルは、ある陸路が通常の海路よりももっと実用的であるかどうかを見極めることを特に心にかけていた。ペルシアの隊商用ルートと、ペルシアを通ってインドに入る可能性を包括的に調査するために、ハインリヒ・ロート（Heinrich Roth 一六二〇―六八年）とフランツ・シュトーラー（Franz Storer 一六一七―一六六二年）は、アルメニア商人に身をやつして一六五一年初めにスミルナを発ち、隊商と共にイスファハンに向かって旅し、その後乾いた寂しい土地を通ってペルシア湾岸のビンデル・アバスに至り、そこからゴアに向かう船に乗った。ヨーハン・グルエバー（Johannes Grueber 一六二三―八〇年）は別の方向から出発して西から東に向かう企てに挫折した後、一六六一年四月に北京を去り、徐州、ラサ、アグラ、スミルナを経て、出発してからほぼ三年後の一六六四年二月にローマに着いた。イエズス会の長上たちは関連するあらゆる実際的な要素を比較検討して、ヨーロッパ―アジア間の海路を使い続けることに決めた。一方、王室の聖職推挙権問題と、アジア行きの出航地点としてのリスボンの地位に敏感なポルトガル政府は、この伝統的な体面からのいかなる逸脱に対しても抗議した。

アフリカ

下サハラ地域のアフリカの、ヴェルデ岬、コンゴ、アンゴラという三つのイエズス会の布教地の中で、一七世紀を通して存続したのはアンゴラだけだった。ヴェルデ岬では、イエズス会士は人を衰弱させる気候と戦い続けていた。そして気候の方が勝利した。ポルトガル人のイエズス会士の宣教の意気は高かったが、ヴェルデ岬に対してはあまり熱意を覚えず、それゆえに後任者はわずかだった。アフリカに二二年間滞在しているベテランのセバスティアン・ゴメス(Sebastião Gomes 一五六二―一六四二年)は、仲間のイエズス会士の感情を分析して、彼らは死病があれほど多くの者をさらっていったヴェルデ岬を憎んでいるのだとしている。ついに一六五三年に四九年間の努力の後、イエズス会士は撤退し、カプチン会士が後を継いだ。

イエズス会のコンゴへの進出は、第一次は一五四八年から一五五五年までであったが、第二次事業は一五八一年から一六七四年までのほぼ一世紀の間続いた。当初の働きからは前途は有望に思われた。進取の気概に富んだバルタサル・バレイラは、一五八一年にアンゴラの拠点からコンゴを通って探検旅行をし、一五〇〇人に洗礼を授けた。四年後、バルタザル・アフォンソが、やはりアンゴラから、コンゴのキリスト教徒の信仰を強めるためにこの地に入った。一六一九年に群をぬいて優秀な二人の宣教師、ドゥアルテ・ヴァス（Duarte Vaz）とマテウス・カルドーソ（Mateus Cardoso 一五八四―一六二五年）が赴任して来た。カルドーソはコンゴ語への祈りの翻訳という特に有用な仕事をした。彼は一六二五年に、「信仰がコンゴに入ってこのかた一五〇年間に、イエズス会が一年間で達成したことに比肩しうるものは何もありません」と手紙に書いている。その業績の重要な一部分であるのが、サン・サルバドールの学院設立である。

しかし五〇年のうち、国粋主義による摩擦、反乱、イエズス会士の人員不足が、この約束された前途をすり減らしてしまった。一六四五年にスペインのカプチン会士がサン・サルバドールに到着し、歓迎された。しかし一六五一年にサン・サルバドールの司教座聖堂参事会は、カプチン会士が、コンゴ人のポルトガルとの協調関係を終わらせてスペインと提携させようとしていると教皇インノケンティウス十世に書き送った。ポルトガル人イエズス会士は、この非難と同意見であり、カプチン会士をスペインの手先だと告発した。カトリックの調和がこのようにひどく傷つけられた直後に、コンゴ人が反乱を起こして、それによって、社会秩序が崩壊した。このように惨めな現場に赴任するイエズス会士はどんどん少なくなった。後任の者が来るというくすぶっていた最後の希望は一六七五年に消えた。九四年前のバレイラの土台の上に立てられた建物は潰れた。

アンゴラ宣教はもっと長く続いた。ルアンダにある自分たちの学校で文法や文学を教えることと、現地人の諸部族にごく初歩的な要理教育することとに、イエズス会はその力を分けた。他国出身の会員がポルトガル人に加わり始め、一六二三年に四人のイタリア人が、一六二九年にはもう一人のイタリア人と一人のフラマン人が来た。しかし一般に人数は決して多くはなかった。イエズス会士が何年にもわたって味わい続けた失望の中でも最大のことは、アンゴラ人司祭養成のための神学校を開くことができなかったことであった。この計画はたびたび浮上したが、一六二三年、一六二七年、一六七九年、そして一六八四年にも、なんらかの理由で流れてしまった。

一六四一年から一六四八年に、この布教事業ははなはだしく後退した。一六四一年八月二四日、勢力を増しつつある海運帝国オランダの強力な艦隊二〇隻がルアンダに入港し、町を攻略した。ポルトガル人は退却し、後背地に駐留した。一六四八年八月一五日にポルトガル海軍が戻り、ルアンダを奪還した。総督とその役人たちと三人のイエズス会士は、イエズス会の教会まで辻々を練り歩き、そこで公に神に感謝を捧げた。イエズス会士は再び布教の仕事に取りかかり、それは一七五九年のポルトガルでのイエズス会弾圧まで続くことになった。[80]

エチオピアで本章の扱っている時期（一六一五―八七年）は、エチオピア皇帝（ネグス）スセニョスに対する広範囲に及ぶ反乱で幕を開けた。スセニョスは気品ある人物ペドロ・パエスに深く感化されて、アビシニア教会をローマ・カトリックに統合するという意図を表明していた。スセニョスは反乱を鎮圧し、ローマに総大司教を要請し、パエスから赦しの秘跡と聖体を受けた。ネグスの驚くべき改宗にほぼ二〇年にわたる苦労の実りを目にしてから、パエスは一六二二年五月に亡くなった。[81] 彼の逝去に続き災難が起こった。エチオピア教会はカトリック教会とおおむね一致しているように見えたが、典礼、エチオピア人司祭の叙階の有効性、典礼暦について、数多くの難題が残っていた。教皇ウルバヌス八世がこうした問題を解決する責任を背負う役の総大司教として派遣した、ポルトガル人イエズス会士アフォンソ・メンデス（Afonso Mendes 一五七九―一六五六年）は、柔軟性も、歴史的視野も、エチオピア教会の典礼の伝統を評価した上で本質的なこととそうでないことを区別する文化的な寛容さも欠いていた。困難に折り合いをつけようと、政府は一致に関する布告を、暴力と残酷な手立てを用いて強要した。各司祭はカトリック信仰への忠実を命をかけて誓わねばならず、カトリックの典礼、四旬節の断食、復活祭の日付が遵守されねばならなかった。村から村へと反感が広まってゆき、それが激しさを増してきた。陰謀事件が倍増し、スセニョスは反乱鎮圧に疲れてきた。メンデスはこの地に来てから五年後の一六二九年に、古来の典礼への復帰、週ごとの斎日を土曜でなく水曜にすること、エチオピア暦の容認という三つの点で譲歩した。これは反乱を刺激しただけだった。一六三二年に、今や疲れた老人となったネグスは、自分の反抗的な民に二つの教会の間の選択権を与えた。ネグスは、自身はローマ・カトリックの信仰を告白して、九月一六日に亡くなった。そうして彼と共に、エチオピアのカトリック教会の希望は去った。新ネグス、ファーシーラダス（Fasiladas 在位一六三二―六七年）は、ローマ・カトリックの司祭との接触を禁じたからである。二人のイエズス会士は刺し殺され、他の五人は絞首刑になった。メンデスは一六三六年にこの国を去ってゴアに向かった。(82)

この悲劇的な顚末の多くは、確かに政府の残酷なやり方に負っており、それはメンデスの厳格な態度についても言えた。だが政府と教会の政策のどちらの比でもないほど、より強力な刺激物となったのは、合法的な内縁関係の問題に対峙して、カトリックの道徳の教えに妥協の余地がなかったことである。スセニョスは大きな希望をもたらしはしたが、ソロモンの子孫を自称して、自分には、自らの有名な先祖に倣ってハーレムを保持する自由があると主張した。姦通によって増大する多重婚が国の指導者たちの間でまかり通っており、道徳の厳格な基準をエチオピアが支持するという見込みは、この人たちの激しい反発を呼んだ。(83)

この布教事業は、長年を通じておびただしい数のイエズス会士の命を奪った。一五五四年から一六三九年に、エチオピアに向かう旅だけでも、この国に入ろうとした五六人のうち、二〇人がイスラム教徒に捕まるか、なんらかの原因で命を落とした。一六五〇年、フランツ・シュトーラーは、布教地再建の命を受けた。シュトーラーはアルメニアの医師を装って首都に向かった。彼からの便りは三回あっただけだった。一六六二年にシュトーラーは亡くなったが、どこでどのようにしてかはわかっていない。イグナティウスが最も気にかけていたことの一つであったエチオピアにおけるイエズス会の事業は沈黙に覆われた。(84) 三世紀を経た今日、ツァナ湖の近くに、パエスの忍耐強い労働を沈黙のうちに証するものとして、かつての壮麗で立派な布教本部の廃墟が残っている。

ブラジル、スペイン領アメリカ、フィリピン

ブラジルでは五つの新設の学院が、イエズス会の宣教事業が着実に発展している有形の証拠となっていた。一七世紀を通じて二五八人のイエズス会士がヨーロッパからこの事業を目指して旅をして来た。一六一五年に、長上たちはマラニャン地域に準管区を創設したが、殉教者の血の中で生まれたこの管区は、常に宣教師たちにきわめて厳しい生活を要求することになった。一六〇七年、過酷な挑戦に堂々と立ち向かったルイス・フィゲイラ（Luis Figueira 一五七五頃―一六四三年）が、マラニャン管区に移って来た。原住民が彼の同伴者のフランシスコ・ピント（Francisco Pinto 一五五二―一六〇八年）を惨殺した。フィゲイラは三〇年にわたって野蛮な人々が抱くあらゆる反感に抗して粘り強く踏み留まった。その後一六三七年に助力者を補充するためにポルトガルに戻り、一六四三年四月には一五人の仲間のイエズス会

士と共に海を渡った。彼の高い志は、船がブラジル岸で座礁したとき、船とともに海に沈んだ。宣教師のうち救助されたのはわずか三人で、二人は溺死し、フィゲイラを含む他の一〇人は筏《いかだ》でマラジョ島に辿り着いたが、原住民が彼らを捕えて貪り食った(85)。その後イエズス会の歴史ばかりでなくブラジルの歴史にとっての巨人でもある一人の人物が、この厳しい布教地に足を踏み入れた。

アントニオ・ヴィエイラは一六〇八年にリスボンで生まれ、幼少時にブラジルに移住した。雄弁と言語能力と情の深さと組織化する能力という種々の比類ない才能を、マラニャンおよびアマゾン流域の諸種族のために用いた。彼は二つの大陸を舞台にして、優れた手腕を駆使して自らの役割を演じた。すでに述べたように、彼はヨーロッパでは、教室と説教壇と政府の仕事と外交に携わっていた。だが、彼がとりわけ大事に思っていたのは、インディオの中でなした仕事だった。ヴィエイラはその司祭生活における三つの異った時期を彼らと共に過ごした。最初は一六四〇年から一六四一年のわずか一年間、そして一六五二年から一六六一年の九年間、最後は一六八一年から一六九七年の一六年間である。彼は五〇以上の村を作り、要理を現地語に翻訳し、平和と文明生活のすべを教えた。しかし、なによりも彼らのためになったのは、雄弁という、ヴィエイラの最大の才能によるものだった。ヴィエイラは激しい口調でヨーロッパ人による奴隷貿易の大きな不正を暴き、告発し、四〇年間にアマゾン流域だけでも、ポルトガル人のインディオ虐待のせいで二〇〇万人が死んだと公言した。偉大なドミニコ会士バルトロメ・デ・ラス・カサス（Bartolomé de Las Casas 一四七四―一五六六年）〔インディオの擁護者として知られる〕同様、ヴィエイラは誇張してはいたが、原住民の自由を支持することを一貫した伝統としていたブラジルで唯一の修道会の強力な代弁者として、躊躇する政府を説得して、少なくとも最悪の虐待からインディオを保護させた。[86] 常に優柔不断なポルトガル政府も、しまいにはヴィエイラとその仲間のイエズス会士の側についたが、不当な利益を上げている者たちの敵意はヴィエイラの雄弁に負けておらず、彼らはヴィエイラと仲間のイエズス会士をこの地域から二度追い出した。生来快活なヴィエイラは、マラニャン＝パラをポルトガルのラ・ロシェル〔フランスの最も重要な貿易港の一つ〕と呼んだ。一六六一年に敵対者たちはヴィエイラをポルトガルに送還させたが、彼は一六八一年に戻った。一六九七年七月一八日バイアで、このポルトガルの気高い雄弁家は永遠に沈黙した。前世紀の二人の先達、ノブレガとアンチエタのふさわしい後継者である、一七世紀のこの巨人は、アンチエタの没後一〇〇周年に近い日に、九一歳で亡くなった。

ソノラからチロエ島に至る広大なスペイン領において、都市でのおもに教育的な仕事と、以前から続く前人未踏の奥地への進出の二つに、イエズス会はその宣教事業を分けた。キト、リマ、メキシコ・シティのような町では、旧世界からスペイン文化の粋と洗練を移植し、アマゾン、マラニョン、オリノコといった大河流域では、これらの流れの間にある暗い密林の奥地で、原始的な人々を捜し出した。

フィリピンとマリアナ諸島に対する責任によってさらに拡大されたこの遠大な事業が真に巨大であることが、一七世紀にこれらの宣教に降りかかった人的資源の不足の危機を際立たせていた。一六二六年にスペイン植民地にはおよそ一三〇〇人のイエズス会士がいたが、十分ではなかった。管区が貧窮に陥り、イエズス会に受け入れる修練者の数の削減が必要になると、インド諸国会議によって許可されている宣教師の定員を満たすのはきわめて困難になった。こうした不都合な状況を悪化させたのは、スペイン人以外の宣教師が公式には禁止されていることであった。メキシコのイエズス会士は、一六五三年、感動的な語り口でインド諸国会議に対して他国出身のイエズス会士が自分たちに加わることを許すよう説得を試みてほしいと総長に頼んだ。翌年、スペインはその禁止を再確認した。だが一〇年後にオリヴァは、どうにか譲歩を手に入れ、スペインはオーストリア・ハプスブルク家の統治する諸国出身のイエズス会宣教師を認めることに同意した[87]。

その間、宣教への熱意の巨大な蓄えがドイツで形成されつつあった。一六一五年から一六一六年のわずか二年の間に、インゴルシュタットからだけでも、総長は海外赴任を希求する若いイエズス会士から四〇通の手紙を受け取った。しかし「異端に汚染された北方人」であるドイツ人は、スペイン人から疑いの目で見られていた。一六〇〇年から一六七〇年の間にスペイン領とポルトガル領のインド諸国にどうにか辿り着けた「北方人」は、わずか三三人であった。彼らは一八世紀を待たねばならなかった。一八世紀には、イエズス会の歴史における最も優れた宣教の試みに数えられる事業にあたって、彼らは力強い縦隊を組んで出国の港へと進むことができたのである。(88)

イエズス会士が住み着いたすべての町の中で、正義とキリスト教的愛に対する大規模な背反の点で、他に類がない町が一つあった。南米における主要な奴隷市場という、いかがわしい称号をもっている町カルタヘーナは、奴隷にされた黒人の尊厳を代弁する偉大な人物、アロンソ・デ・サンドバルの抗議に耳を傾けなかった。その後一六一〇年にカタルーニャ出身の神学生ペドロ・クラベルがやって来て、サンドバルの薫陶を受けることになり、師の功績を凌駕する弟子の顕著な例として、同胞に対する人間の共感の歴史の中に特権的地位を獲得した。叙階後、クラベルは生涯奴隷たちの奴隷になると誓願し、ほぼ四〇年間、奴隷船を出迎え、取り乱し苦しむ哀れな黒人たちがつめこまれ悪臭を放っている船倉に降りて行き、実際的でかいがいしい看護により彼らの身体的な苦痛を取り去り、また、穏やかに忍耐強く彼らの心をキリストの真理へと開いた。およそ三〇万の悲惨な境遇にある人たちが、この同情心溢れる人物から洗礼を授かった。

ペドロ・クラベル

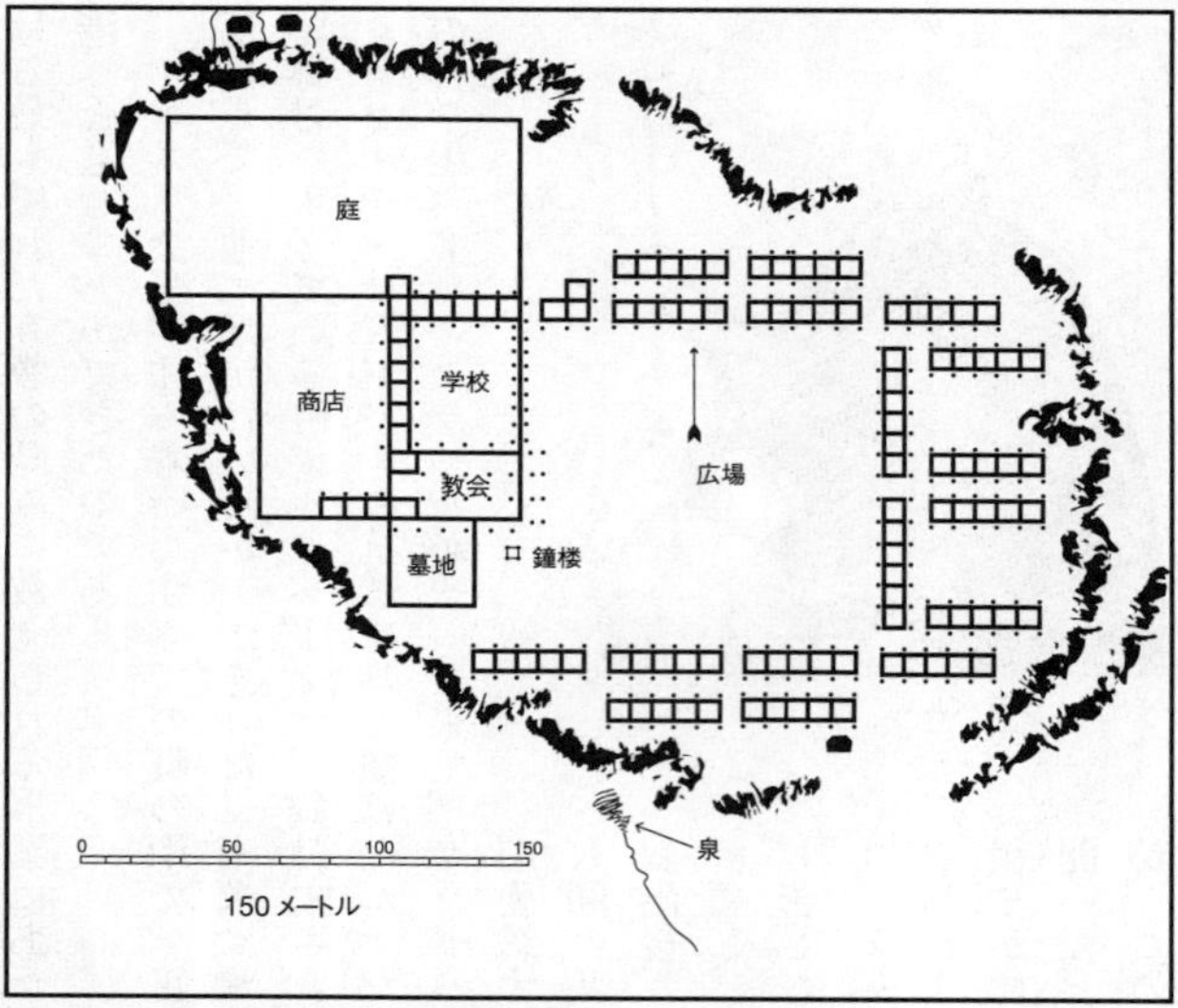

図4　パラグアイ保護統治地計画図面の一例（サン・カルロス村）
（パブロ・エルナンデス『パラグアイの宣教――イエズス会によるグアラニ族の社会化』バルセロナ、1913年、より）
Hernández, Pablo S.J. *Organización Social de las Doctrinas Guaraníes de la Compañía de Jesús* . t. 1, Barcelona: 1913.

クラベルは一八八八年にレオ十三世によって列聖されている。

クラベルが波止場で働いている間、別のイエズス会士たちは密林で働いていた。動性と定住の二つが、南米大陸の奥地でのイエズス会士の宣教事業を特徴づけている。司祭と助修士は、前人未踏の秘境へ進出して、たえず移動してやまなかったし、その他の者は、インディオの恒久的な地域共同体を形成するために留まったのである。こうした地域共同体すべての中でパラグアイのものは、保護統治地として最も広く知られるようになった。

イエズス会士は、原始的な人々と接触した当初から、彼らの中に成熟した永続性のある現地教会を打ち建てるためには、定住と秩序ある生活様式が必要なことを理解していた。アンチエタはブラジルで、タピアはメキシコで数々の地域共同体を作り、一六一〇年にはパラグアイのイエズス会士も同じようにした。パラグアイでは、こうした共同体は、霊的・文化的完成度の点で並々ならぬ域に達した。東西南北に面し、その地域の材料――石や日干し煉瓦《れんが》の場合もある――で造られている中央広場を中心に住民の家が広がり、住民数は時には一万を数えた。となりには、木工、石工、金属加工のための道具を備えた作業所の集まりがあった。家々の背後には果樹園と牛の牧草地と、小麦、米、サトウキビ、綿を産する農地が広がっていた。建物すべてのうちで最も堂々としており、地域共同体の生活の中心であるのは教会で、インディオたちはそこで典礼の尊さを教えられ、祭壇や聖像や祭服の立派さに感銘を受け、自分たちの聖歌を歌い、自分たちの楽器を奏でた。祝祭日には、花と歌の溢れる祭の催しである宗教行列のために集まり、また、宣教師たちの指導のもとに宗教劇を演じた。密林の奥地にこのような活気に満ちた信仰と文明の拠点を設立するために、イエズス会士たちは秘跡と神の言葉に加えて、冶金技術者、牛の飼育者、建築家、農夫、石工としての技術をもたらした。原住民の生来の怠惰および放浪癖と大いに戦わねばならなかったために、彼らはこうした才能を用いるにも非常な忍耐をもってしなければならなかった。

パラグアイ保護統治地という表現は多義的である。スペイン国家の構成単位であるパラグアイも、イエズス会のパラグアイ管区も現在のパラグアイ共和国の境界線と一致しない。パラグアイ管区は一六二五年以来、現在のアルゼンチン、ウルグアイ、パラグアイ、ボリビアの国境地帯とブラジル南部を含んでいた。イエズス会士追放の年である一七六七年までに、このイエズス会の管区には、一一万三七一六名の住民を擁する五七の保護統治地があった。もっと限定して、パラグアイ保護統治地を、グアラニ・インディオの三〇のキリスト教的地域共同体を意味すると理解する歴史家もいる。彼らは、西はパラナ川とパラグアイ川の合流地点のコリエンテスに、東はポルト・アレグロの町まで広がる、パラグアイ川とウルグアイ川の中上流地域に定住していた。これらの三〇の地域共同体のうち、今日の国家であるパラグアイ領にあったのはわずか八つである。一五の共同体はアルゼンチンに、七つはブラジルのリオ・グランデ・ド・スル地方にあった(89)。

これらの保護統治地の創設は、イエズス会の歴史上、重要な宗教的かつ社会的な偉業であった。この功績はそれ自体として偉大であり、妨害——すなわち原住民自身からの妨害と、財を求めるヨーロッパ人からの妨害——に打ち勝ったことを考え合わせれば、より大いなる名誉をより高く評価すべきであろう。原住民は常に素直に指示に従うわけではなく、折々自分たちの友人に対して蜂起した。彼らは一六二八年にはロケ・ゴンサレス・デ・サンタ・クルス（Roque González de Santa Cruz 一五七六—一六二八年）とアロンソ・ロドリゲス（Alonso Rodríguez 一五九九—一六二八年）とフアン・デル・カスティーリョ（Juan del Castillo 一五九六—一六二八年）を殺害した。教皇ピウス十一世は、この三人の司祭を一九三三年に列福している。原住民は一六三五年にはクリストバル・デ・メンドサ（Cristóval de Mendoza Orellana 一五八九／九〇—一六三五年）を、一六四五年にはペドロ・ロメロ（Pedro Romero 一五八五—一六四五年）を殺した。

しかし最悪の支障は、サン・パウロ・デ・ピラティニンガの高地で起こった。この高原から始まった——それゆえに彼らはパウリスタと呼ばれる——、奴隷の取引を通じて富を求める山師たちが、大河を船で遡り、保護統治地を急襲して略奪し、原住民を奴隷市場に至る長旅に向けて二人一組に縛り、年老いた者と弱った者はもろともに縛り上げ、猛火の中に投げ入れた。彼らはその襲撃を一六一一年に小規模に開始したが、年月とともに、攻撃は激しさを増した。最もすさまじかったのは一六二八年の襲撃である。この年、襲撃者たちはグアイラ地域を荒らし、手をつけなかったのは一一の保護統治地のうち二つ、一〇万人いた住民のうち一万二千人に過ぎなかった。イエズス会士は人々を森のより奥地へと導いたが、パウリスタはこれを追った。一六五二年に、宣教師の一人、フランシスコ・ディアス・タニョ(Francisco Díaz Taño)は、この急襲で三〇万人以上の原住民が失われたと見積もっている。

こうした猛襲をやめさせるために、イエズス会の人員の中でもきわめて立派な人物であるアントニオ・ルイス・デ・モントヤ(Antonio Ruis de Montoya 一五八五—一六五二年)が、一六三七年にマドリードに赴き、インディオを武装させる許可を獲得した。彼は一六四〇年にパラグアイに戻った。兵士出身のある助修士に訓練されて、原住民たちは一六四一年に敵と対峙し、雄々しく実戦にあたった。彼らの行動は保護統治地を一息つかせた。しかしこの行動はまた、潜在的な反乱軍のイメージを喚起し、スペインの国王政府を震撼させた。一六六一年にフェリペ四世は保護統治地から火器を取り除くよう命じ、村々はまたしても無力になった。だが再び一八年後に、国王政府は必要に駆られて、この無防備な臣民に弾丸と薬莢を返した。(90)

略奪を目的とするパウリスタの襲撃というこの時期の問題とは別に、保護統治地はその組織の性質上、将来の緊張の種を孕んでおり、またこの問題はイエズス会弾圧の要因の一つとなった。自己完結的な社会組織である各村は、ある種の、国家の中にある国家(imperium in imperio)として、徐々に国王および王国の為政者たちの権威に対する挑戦というイメージを帯び始めた。市民社会が自らの正当な願望の完成に向かって動くにつれ世俗化の影響力が大きくなるとき、その影響力は保護統治地のような機関を力で打ち負かすことになる。この特異な暴力は当時はまだ誰にも見えておらず、自分を顧みない会員たちは自分たちの後任の者を待ち受けている残酷な運命には思い至らず、イエズス会の歴史における最も気高いページに数えられる一葉を綴り続けた。

南米教会の建設にあたってこの事業が前進している間にも、さらに多くの諸部族を見つけ出す試みは続いていた。発見を待つ部族は常にいくらでもあった。アントニオ・デ・オリリャナ（Antonio de Orillana）は、今日のボリビア北東部のモホ族について記述して、密林の熱気と湿気、一度に何か月も人を動けなくする高熱、未知の世界の寂しさと心もとなさ、獣や虫による不快を活写している。オリリャナが「忍耐の修練院」と呼ぶ、こうした人々の住む場所を探索するために、ペルーの長上たちはペドロ・マラバン（Pedro Marabán）、チプリアノ・バラセ（Cipriano Barace 一六四〇―一七〇二年）両神父とホセ・デル・カスティーリョ助修士（José del Castillo 一六三五―八三年）の三人を選んだ。彼らは一六八八年に異教徒に幼児殺しの風習と月崇拝をやめさせ、彼らを居住地へ導くという、手間のかかる延々と続く仕事に着手した。[91] ロレトの聖母居住地では、一六八二年三月二五日に六〇〇人のモホ族が洗礼を受けている。

イエズス会の歴史上最も偉大な宣教師の一人に数えられるルカス・デ・ラ・クエバ（Lucas de la Cueva 一六〇六―七二年）は、マラニョン川を上り下りして、三四年間、七〇代になっても、さらなる部族を求めて諸々の支流を漕ぎ進め続けた。この恐れを知らぬ司祭が労働の年月を重ねている間、他のもっと若い者たちが早すぎる死を迎えた。ルカス・マハノ（Lucas Majano 一六三二—六〇年）は、熱病に悩まされ続けたあげくに盲目となり、この宣教地に到着してわずか三年で亡くなり、ライムンド・デ・サンタ・クルス（Raimundo de Santa Cruz 一六六二年没）は四〇歳そこそこで溺死し、二七歳の若いペドロ・サンチェス（Pedro Sánchez）は敵意に満ちたアビホラ族の槍に倒れた。

フィリピンでは、遠く広い範囲に及ぶ島伝いの進出が、この地のイエズス会の宣教を特徴づけていた。宣教師たちは時には国家の統治機関による新しい地域への進出に同伴した。聖フランシスコ・ザビエルの崇敬を普及したことで知られるマルチェッロ・マストリッリは、一六三七年にザンボアンガ遠征に加わっている。この管区では、新しい会の住居が不可解な仕方で年々現れては消えており、その年次名簿からは騒然とした変転の響きが鳴り響いてくる。(92) この管区の人員数は、一六一五年には一一一人、一六三二年には一二七人、一六五一年には九六人と上下している。

島伝い作戦の最大の一歩は、フィリピンのおよそ二四〇〇キロ東にあるマリアナ諸島への進出であった。これらの島々は、現地人の略奪を好む生来の傾向のゆえに、フェルナン・デ・マガリャインズ（Fernão de Magalhães 一四八〇頃—一五二一年）〔ポルトガルの航海者。西洋人で初めて太平洋を渡った。彼自身はフィリピンで殺されたが、その船隊は世界一周を果たした〕がラドロネス（ごろつき）諸島と呼んだところで、天然資源が乏しいために、スペイン人にほとんど関心をもたれていなかった。しかしディエゴ・ルイス・デ・サンビトレス（Diego Luis de Sanvitores 一六二七―七二年）は、この島々に注目した。サンビトレスは、スペインの摂政女王、オーストリアのマリア・アンナ（Maria Anna von Habsburg 一六八三―一七五四年）の援助を受けて――彼は彼女を称えてこの島々をマリアナ諸島と名づけた――、他の五人のイエズス会士と共に一六六八年六月一六日にグアムに降り立った。彼はこの地に一八〇の小村に散らばる二万人の人々がいるのを知り、次いで同伴者の数人をティニアン島とサイパン島に派遣した。現地人は宣教師の教えにすぐに応じ、一年のうちにグアムだけでもおよそ六五〇〇人が受洗し、その他のほとんど全員が要理教育を受けていた。しかし三年とたたないうちに民衆を煽動する人たちがイエズス会士に対する激しい敵意を喚起し、マリアナ諸島をイエズス会の布教地でも最も危険な場所に変えてしまった。サンビトレスが到着してから二〇年以内の一六八五年までに、一二人のイエズス会士が殺された。最初に殺されたのはルイス・デ・メディナ（Luis de Medina 一六三七―七〇年）で、ティニアン島でおよそ六〇〇人に洗礼を授けた後、サイパン島で数人の現地人の槍に倒れた。次の犠牲者は他ならぬサンビトレスであった。まだ四五歳で、マリアナに来て四年であった彼は、グアムで背教者によって切り殺された。[93] 現地人は動揺し、暴動が増えた。布教活動が困難となった。この難しい宣教事業の行く手は暗かった。

フランス領アメリカとイギリス領アメリカ

北米では、二つの失敗に終わった企てがフランス人によるものであったのを例外として、イエズス会の宣教事業は、もっぱらスペイン人の事業であった。しかし彼らがメキシコ＝シティーに入ってから六〇年後の一六三二年に、フランスから来た者たちがケベックに入植した。そして二年後、イングランドから来た者たちが、メリーランドのセント＝メリーズ＝シティーに入植した。北米大陸の教会の豊かな多様性を育てた、スペイン、フランス、イギリスというこれら三つの文化による区分は、最後にはアメリカ合衆国の創設と拡張によって一つの政治的統合のうちにまとめられることになる。

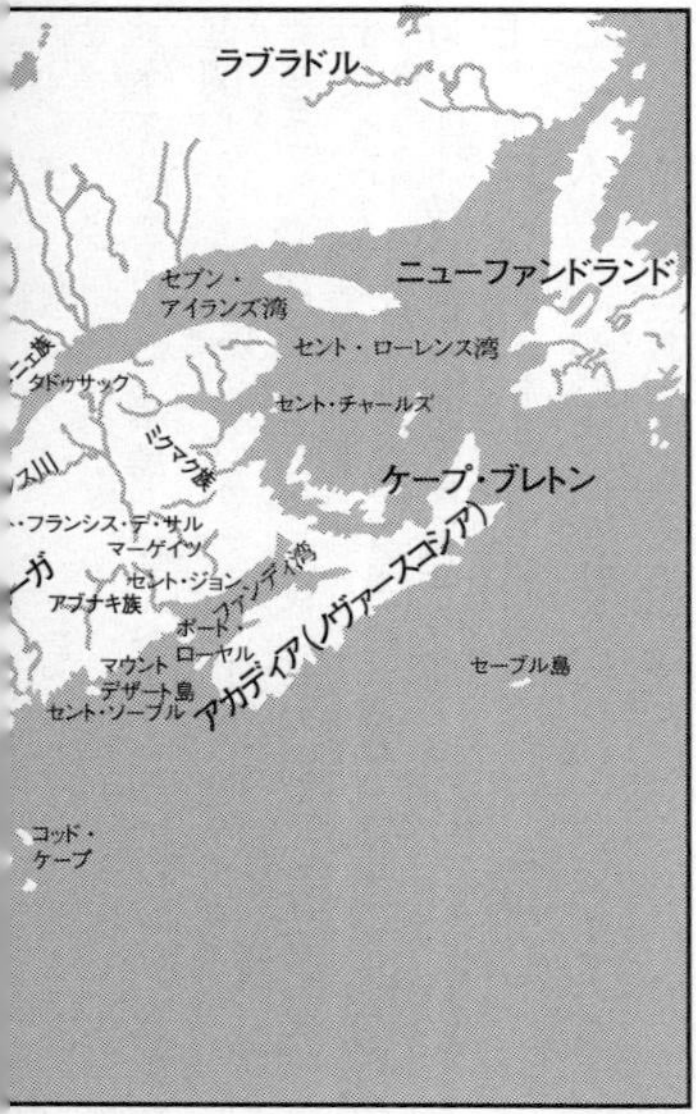

一七世紀フランスのイエズス会にみなぎっ

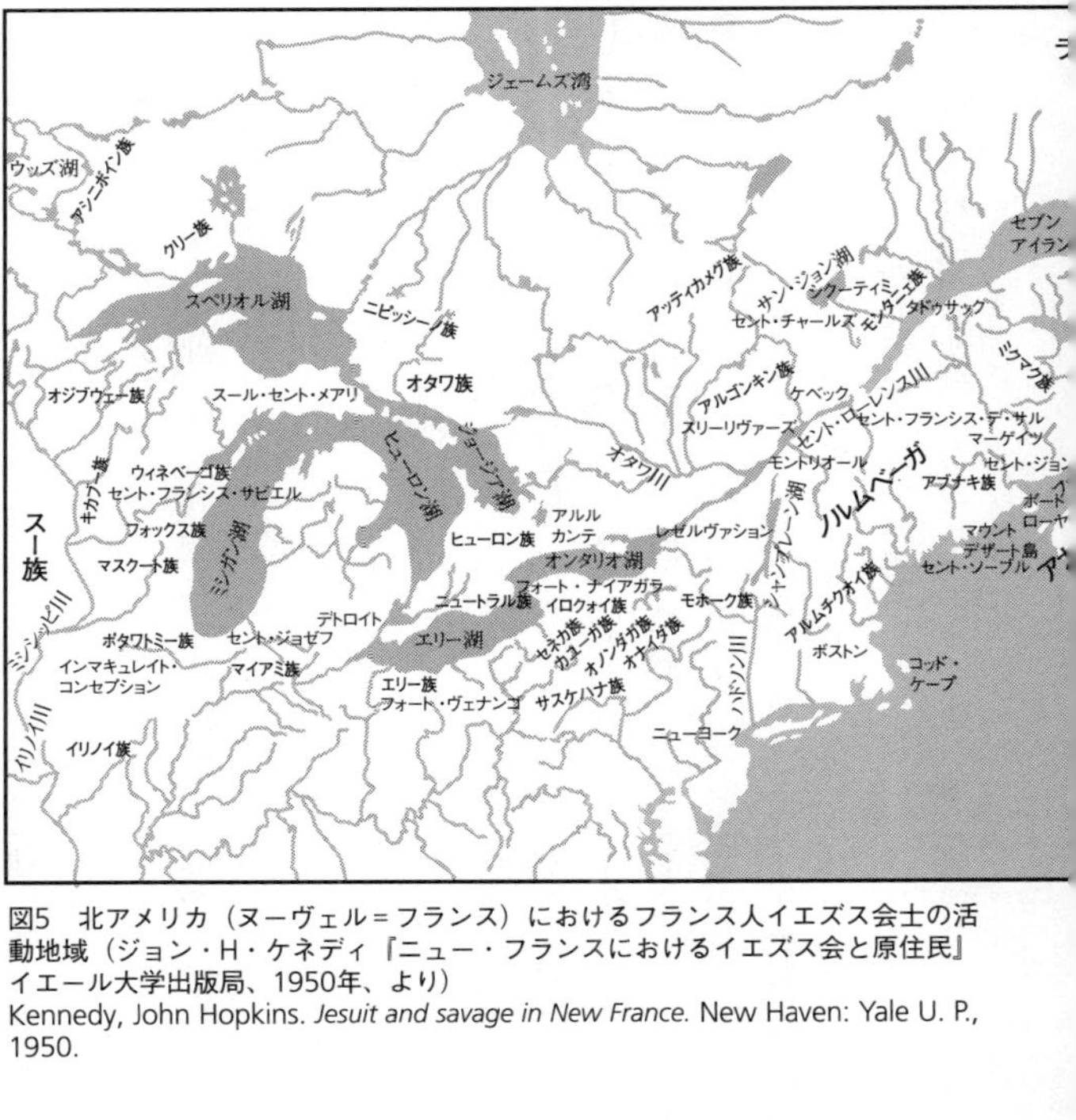

図5　北アメリカ（ヌーヴェル＝フランス）におけるフランス人イエズス会士の活動地域（ジョン・H・ケネディ『ニュー・フランスにおけるイエズス会と原住民』イエール大学出版局、1950年、より）
Kennedy, John Hopkins. *Jesuit and savage in New France*. New Haven: Yale U. P., 1950.

ており、ジャン・フランソワ・レジスとジャック・サレス、ギョーム・ソルトムッシュ、ジュリアン・モノワール、クロード・ド・ラ・コロンビエールのうちに体現された霊的躍動は、ブレストやル・アーヴルから、カナダのセント・ローレンス川岸の植民都市ケベックを目指して出航した数多くの他のイエズス会士と共に大西洋を渡った。一六三二年、彼らは新世界に定着するための第三の試みを実行した。ついに彼らはこの地に腰を据え、三年後ケベックで、天使の聖母学院を開設したのである。さらに三年後、彼らの招きでヒューロン族への宣教に加わるために来た、ウルスラ会会員、マリー・ド・ランカルナシオン（Marie de l'Incarnation 一五九九—一六七二年）を迎えた。非凡で神秘的な恩恵を賜っているこの修道女は、ケベックに北米最初の、女子教育のための学校を創設した。

イエズス会士がカナダに定住してほどなく、二三人の司祭と六人の助修士がこの宣教事業に加わった。彼らは、ポール・ル・ジューヌの聡明で先見の明のある統率のもと、ケベックを拠点としてこの国の奥地への進出を開始し、以降数十年間に、東と北に八〇〇キロ、西に二四〇〇キロ、南に二七〇〇キロのミシシッピ川岸に至った。西方の、ヒューロン湖、エリー湖、オンタリオ湖の間に位置する大きい半島を占有し、ジョージア湾と境を接する所にいたのが、ヒューロン族だった。宣教師たちはジェローム・ラルマン（Jérôme Lalemant 一五九五—一六七三年）の指導のもと、他の部族と接触するためにはこの地域が地理的に重要な位置にあることを見て取り、スペイン領アメリカの同胞がしているように、一つの村を中心として周辺地域を整備することを試みたが、パラグアイ保護統治地の成功には至らなかった。グアラニ族のような柔和な態度はヒューロン族の性質にはなかったからである。その後一六四八年から一六四九年にかけての恐るべき年月に、イロクォイ族の放火とトマホークによってもたらされた死の沈黙がこのヒューロン族の地を襲った。およそ二五人の司祭がこの地で

ジャック・マルケット

働いたのは一五年という短期間であった。

他の者たちは西へ突き進んだ。ヒューロン族とカユガ族の地で働いたベテランのルネ・メナール（Rene Ménard 一六〇四—一六六年頃）は、スペリオル湖の向こう岸のダコタに到達しようとしたが、一六六一年のある時に森で行方不明になり、消息を断った。一六六五年と一六八九年の間に、頑強で忍耐強いクロード・アルエ（Claude Allouez 一六二二—八九年）は、五大湖地方を旅しておよそ四八〇〇キロを踏破し、二〇以上のインディアンの部族を教えた。北部では、オタワ川流域のアルゴンキン族の中で、二四人のイエズス会士が一六四〇年から一六八二年まで働いた。大西洋とイギリス植民地に近い南東部では、従順で感受性の強いアブナキ族の間で、ガブリエル・ドリュイエット（Gabriel Druillettes 一六一〇—八一年）が荒天と空腹に鍛えられながら、一六四六年から一六五二年の大部分を、インディアン諸部族の中で全員がカトリック教徒であるという唯一無二の部族を生み出す仕事に従事した。

イエズス会士やフランスの入植者がインディアンから聞いた話の中に、西の方のどこかにある、南に走る大河についての話があった。ヌーヴェル＝フランスの初代監督官ジャン・バティスト・タロン（Jean Baptiste

Talon 一六二五―九四年）は、フランスの版図拡大に腐心しており、この話を調査することにした。タロンは一六七二年に、恐れ知らずの探検家ルイ・ジョリエ（Louis Jolliet 一六四五―一七〇〇年）と、他の数多くのインディアンの諸部族へ近づく道となるかもしれないとして、やはり大河に関心をもっていたイエズス会士ジャック・マルケット（Jacques Marquette 一六三七―七五年）に協力を求めた。タロンの主導とジョリエの勇気とマルケットのキリスト教的熱意があいまって、一六七三年の有名な、フランスによるミシシッピ川探検が実現された。

マルケットは一六六六年三月七日にフランスのトゥールで司祭に叙階された。長上は彼のことを「とても心の優しい」人物と評している。彼は、一六六六年九月二〇日からヌーヴェル＝フランスで活動し、サント＝マリー＝デュ＝ソを経てスペリオル湖畔のラ＝ポワント＝デュ＝サンテスプリまで西へおよそ二四〇〇キロを七年間のうちに徐々に移動し、この間に、この土地とインディアンについての広範な知識を獲得した。彼は一六七一年から一六七三年まで、マキナック島の真向いのセント＝イグネースの宣教拠点におり、この場所から、一六七二年から一六七三年の宣教報告の中で「私たちの知らない新しい部族を南海に至るまで探索する準備をしています。その人たちを教え、これまで彼らが知らなかった私たちの偉大なる神を知らしめるためです」と長上に書き送っている。マルケットとジョリエと他の五人の同伴者は、一六七三年五月一七日にセント＝イグネースを発ち、一か月後、ウィスコンシン川からミシシッピ川に入り、七月半ばには、アーカンザス川の河口に至った。彼らはその時までには、ミシシッピ川はフロリダもしくはヴァージニアに向かって大西洋へと流れているのではなく、メキシコ湾に向かって南方へと流れているのだと結論付けていた。セント＝イグネースからほとんど二七〇〇キロに及ぶルートに沿って、彼らは若干のインディアンの部族と接触し、出発してからちょうど二か月後の七月一七日に引き返した。メキシコから来たエウセビオ・キューン（キーノ。Eusebio Kuhn; Kino　一六四五―一七一一年）が、二〇年後に、およそ二〇〇〇キロ西で到達することになるのとほぼ同じ緯度に達したのであった。[94]

ジョージ・バンクロフト（George Bancroft　一八〇〇―九一年）の「イエズス会士が道を開かなければ、岬は一つとして横切られず、川は一つとして渡られなかった」という断言は、実際の草分けはしばしば毛皮商人たちであったので、甘すぎる評価であるが、司祭たちがはるかに後れを取っていたというわけではなかった。この広大な大陸にいる数多くの部族が、こうしたイエズス会士の教えを受け、自分たちの教師についての愛情のこもった思い出を代々語り伝えた。一八二一年の、アメリカからの布教聖省への報告は、インディアンについて次のように述べている。「インディアンたちは黒衣の者たち（彼らはイエズス会士をこのように呼ぶ）を非常に尊敬しており、この者たちが地べたに眠っているさま、あらゆる窮乏をしのいでいるさま、そしていかに金銭を求めないかを口にする[95]」。

このフランス人たちは、故国に送った記述の中に、アメリカ宣教についての印象的な記録を残している。一六三二年から一六七三年の間に毎年、布教地の長上は個々の宣教師から得た資料を用いて、フランスの管区長のために報告書を起草した。管区長はその後これを一連の四六判本として出版し、これは英語圏では『イエズス会の報告』（*The Jesuit Relations*）として知られるようになった。『報告』はフランスで広い関心を惹き起こし、次号の発刊が熱心に待たれるようになった。ウィスコンシンの大学の教授ルーベン・スウェイツ（Reuben Thwaites 一八五三―一九一三年）は、一八九六―一九〇一年に、これらの文書と、宣教師の書簡と日誌の英訳を、七三巻に達するきわめて貴重な一連の書物にして出版した。単純で率直な文体で書かれているページからは、未開人の輪の中にしゃがみ、吹きさらしの広い湖をカヌーを漕いで渡り、煙の立ち込める小屋で眠り、はやしたてるインディアンの前に愚弄の的となって立つ、教養ある洗練された「黒衣の者」をいきいきと描き出している。これらの本にあまねく輝いているキリスト教的愛という黄金は、キリスト教の歴史において、最も明るく最も純粋なものに入る。

だが一六七三年に――これは歴史家がため息をもって思い起こすことしかできない年である――、この『報告』の刊行は終わり、あますところなく世間に流れ出ていた資料は、突然、ごくわずかなものになった。教皇クレメンス十世は、中国語の典礼に関する討議の苛烈さを和らげる努力の一環として、一六七三年四月六日に教皇小書簡『クレディテ・ノビス・ケリトゥス』（*Creditae nobis coelitus*）により、布教聖省に認可されていない宣教事業についてのあらゆる文献の出版を禁じた。この小書簡の言葉遣いは厳しかった。これに背けば、教皇しか解くことのできない破門を招く。修道者も任務から放逐され、自分の修道会内のあらゆる教会法上の発言権を喪失する。布教聖省の認可により出版再開の道が開かれる可能性があったのに、フランスのイエズス会士はこうした手立てを講ずることはできなかった。というのも、フランスは、常にガリカニズムの自由を意識しており、フランス国境内でローマの聖省の管轄権を認めることを拒んだからである。[96] それゆえ、一般社会に関する限りでは、ヌーヴェル＝フランスでのイエズス会士の仕事はほとんど完全な沈黙に覆われた。だが彼らは自分たちおよびヨーロッパの同胞の間で、活発な手紙のやりとりを続けた。これらの書簡のあるものは、弾圧時のイエズス会の記録保管所の略奪を免れ、スウェイツの『イエズス会の報告および同種の文書』（*The Jesuit Relations and Allied Documents*）に入っている。

彼らの愛は、殉教において最高点に達した。幾人かの者が、当時フランス領とイギリス領の間に住む五つの部族から成る残酷で攻撃的な連合体であったイロクォイ族の急襲のもとに倒れた。彼らは、セント＝ローレンス川沿いに育ちつつあったインディアンのキリスト教共同体を鋭い棘のように刺した。一六四二年に、イザアク・ジョーグとルネ・グピル助修士(René Goupil 一六〇八―四二年）が五つのイロクォイ族のうちの一つであるモホーク族に捕えられてオセルネノン――今日のニューヨークのオリエスヴィル――へ連れて行かれた。グピル助修士はトマホークの下に倒れ、ジョーグは捕虜として一三か月留め置かれ、残酷に拷問され、フォート＝オレンジのオランダ人に救出された。ジョーグは一六四六年に、献身的にイエズス会士たちの手助けをしていた信徒のジャン・ラ・ランド（Jean La Lande 一六四六年没）を今度は伴って、和平の使命を帯びて自ら望んでモホーク族のもとに戻った。オセルネノンで両人はルネ・グピルの運命を辿った。さらに二、三年後、イロクォイ族はヒューロン族を襲って数多くの人を虐殺し、アントワーヌ・ダニエル（Antoine Daniel 一六〇一―四八年）、ジャン・ド・ブレブフ、ガブリエル・ラルマン（Gabriel Lalemant 一六一〇―四九年）、シャルル・ガルニエ（Charles Garnier 一六〇六―四九年）、ノエル・シャバネル（Noël Chabanel 一六一三／一六―四九年）を殺した。一九三〇年に教皇ピウス十一世はこれらの八人の殉教者を列聖している。他の者たちも、この宣教活動の最中に、激流や大きい雪の吹きだまりで落命し至高の犠牲に殉じた。

これらの者たちがしたことは、深い霊的な内面生活から流れ出たことだった。そのうちのある者たちは、自分の心情を書き記して、キリストのための使徒職というイエズス会の理想を、彼らがどれほど熱心に把握していたかを明らかにしている。ポール・ル・ジューヌは一六三五年に次のように書いている。

ヌーヴェル＝フランスまたはヒューロン族の地の果てしなく続く森にいる、善き志の者を慰める三つの考えがあります。第一は「神が私を派遣された場所、神が手をとって私を導かれた場所、神が私と共におられる場所、そこにしか神を求めることのできない場所に、私はいるのだ」ということであり、第二は、ダビデの言葉にある「私の心が思い煩いに占められるとき、あなたの慰めは私の魂の喜びです」〔詩編九四・一九〕というもので、第三は、私たちがよく見さえすれば、そこにイエス・キリストを見出さないような十字架、釘、棘などないということです。何人《なんぴと》も、生ける神の子と共にあるときに、不幸でありえましょうか。

私は、神が限りない慈しみのうちに私を派遣されたヒューロン族の土地のことはわかりません。しかし、私には、自分がいかなる地上の楽園よりむしろこの地に行くだろうことは確かにわかっています。というのは、神がそのようにお定めになったことを私は知っているからです。奇妙なことに、私のために用意されている十字架がその地にあればあるほど、私の心はより喜び、そちらの方へと飛んで行くのです。未開人、十字架、そしてイエス・キリスト以外に何も見ないということは、私にとってなんと喜ばしいことか。フランスにいた頃は、私は、自己を全く頼みとせず、神のみ、実際にいかなる被造物の現前もなしに神のみを信頼することの何たるかを理解したことがなかったのです。

一六四六年にイザアク・ジョーグは、四年前自分にあれほどひどい仕打ちをしたモホーク族を目指して出発する準備をしていた際、仲間のイエズス会士に宛てて次のように書いた。

イザアク・ジョーグ

私がこの布教地に派遣されるという祝福を得るなら、私は行って戻らないだろう（Ibo et non redibo）と、私の心は告げています。われわれの主が、ご自分がお始めになった場所でこの犠牲を終わらせるおつもりであるならば幸いです。私がかの地に流すわずかな血が、私の体のあらゆる血管と私の心から喜んで主に差し上げたいと思っていることのしるしとなりますように。実際、あの部族は「私にとって血の花婿」（出エジプト記四・二五）のようです。ご自分の血によってかの部族を獲得されたわれわれの主が、お望みならば、この部族、また他の四つの部族に対しても同様に、福音の扉を開けて下さいますように。親愛なる神父さま、さようなら。神が私をご自分に分ちがたく結びつけて下さるよう祈って下さい[97]。

この種の感情は、モホーク川の谷にさらに人員を派遣し続けたイエズス会士の、イロクォイ族に対する反応を説明するものである。一六五四年にシモン・ル・モワーヌ（Simon Le Moyne 一六〇四―六五年）は、稀有な宣教の能力をもった他の者たちを従えて、ヨーロッパ人として初めて、オノンダガ族の地に赴いた。イロクォイ族の性格と伝統についてよく知っており、イロクォイ族の修辞と駆け引きを解釈することに完璧に長けていたこの司祭は、一六六一年に彼を死なんばかりの目に遭わせたモホーク族の地でも働いた。植民地をめぐるフランスとイギリスの敵対関係に悩まされて、五つの部族への宣教は一六八六年に打ち切らねばならなかった。セント＝ローレンス川岸と対岸のモントリオールにあるコナワガの入植地のみは、ある程度は持続し安全であった。この入植地は今日もインディアンの町として存続しており、今なおイエズス会士が働いており、また、モホーク族の百合《ゆり》として知られるインディアンの乙女、カテリ・テカクウィザ（Kateri Tekakwitha 一六五六—八〇年）の骨があることで栄誉を受けている。列福の準備が進んでいるこの人は、一九四三年に、英雄的な道徳の持ち主であったことが教会に宣言されている。

ジョーグがオセルネノンで命を捧げる一二年前、ゴンサロ・デ・タピアがシナロアで殺された四〇年後に、ポトマック川にあるセント＝クリーメント島で、イングランド管区のアンドルー・ホワイト（Andrew White 一五七九—一六五六年）がミサを捧げていた。ホワイトは、ジョン・グレイヴナー（別名オールサム）（John Gravener; Altham 一五八九—一六四〇年）とトマス・ジャーヴェイズ助修士（Thomas Gervase 一五九〇—一六三七年）というイエズス会士二人を含むおよそ三二〇人のイギリス人と共に一六三四年三月二五日にこの地に降り立った。セシル（Cecil Calvert 一六〇五—七五年）の兄弟である第二代ボルティモア卿リオナード・カルヴァート（Leonard Calvert, Lord Baltimore 一六〇六頃—四七年）の指導下に、宗教的寛容および他宗派共存を原則とする迫害されたカトリック教徒の安住の地として、メリーランドのイギリス入植地を作るためであった。ホワイトはまた、アメリカにおける入植の歴史の古典的な文書の一つを著している。ラテン語で書いたその著『メリーランドへの旅の報告』(*Declaratio itineris in Marilandiam*)の中でポトマック川を描写して、「これまで見た中で最も美しく最も大きな川で、テムズ川はこれに比べたら小指にすぎない」と言っている。この宣教事業の地域はセント＝メリーズ＝シティを越えて拡張してゆき、イエズス会士は付近のインディアンたちを教えた。ホワイトは一六三七年にパトゥクセント族の地に会宅を作った。イングランドからイエズス会士たちが次々にやって来て、ホワイトの到着後一〇年のうちに、千人以上の原住民と、入植地の創設者たちもその中にいるプロテスタントのほとんどを改宗させた。ホワイトはセント＝メリーズ＝シティで、アメリカ教会という印象的な建物がその上に建てられることになる礎を敷いた。アメリカ教会の最初の一世紀半の歴史は、イエズス会のメリーランド宣教の歴史と事実上一致する。

一六四四年、アメリカ革命まで定期的にメリーランドに激しく打ちよせることになる反カトリック過激派の敵意の大波が、入植地に当たって砕けた。改革号でヴァージニアから侵入して来たプロテスタントが、セント＝メリーズ＝シティを燃やし、インディアン宣教地で多くの人を殺し、ホワイトとトマス・コプリ(Thomas Copley 一五九五/九六—一六五二年)を鎖で縛ってイングランドに送還した。ロジャー・リグビ(Roger Rigby 一六〇八—四六年)、バーナード・ハートウェル（Bernard Hartwell 一六〇五頃―四六年）、ジョン・クーパー（John Cooper）のまだ四〇歳にもならない三人の司祭は、火と略奪と流血の混乱の中、歴史から姿を消した。

だがリオナード・カルヴァートはまもなくして戻り、イエズス会士は自分たちの労働の廃墟の後継者となった。一六八三年から一六八四年の間に二つの進展が未来に希望の光を投げかけた。その一つは、メリーランド出身のロバート・ブルック（Robert Brooke 一七六七―一八一四年）が、植民地の立派なカトリックの家族がイエズス会に差し出すことになる修練者の先駆けとして、ベルギーのウァッテンのイエズス会の修練院に入ったことである。もう一つは、ニューヨークで、トマス・ハーヴィ（Thomas Harvey 一六三五―九六年）が、カトリックの総督トマス・ドンガン（Thomas Dongan 一六三四―一七一五年）の励ましを受けて、おそらく一六八四年に、現在ウォール街とブロードウェイの角に三位一体教会がある場所に、キングス＝ファームを財政基盤とする学校を始めたことである。ニューヨークでの計画は、イングランド管区長のジョン・ウォーナーの興味を惹き、彼は総長にメリーランドでの宣教事業を、ハドソン川沿いのこの町に付属させることを提案した。しかし一六八七年のおそらくドンガンの退任が――その理由である可能性は非常に高い――、イエズス会の学校を終わらせた。さらにスチュアートの失敗が、ウォーナーの夢を徒労に終わらせる原因となった。プロテスタントの偏狭さが重い軛となって大西洋岸沿いに教会を襲い、カトリックは絶える運命にある民となった。

宣教の一般的諸問題

初期の頃と同様、律法の字義にこだわるような性格の論争が、宣教師たちの仕事を損ない続けていた。秩序を打ち立て、それを守ろうとする諸々の組織は、しばしば権威の所有とそれが及ぶ範囲に関する苛烈な討論によって、逆の効果を上げた。以下の二つの出来事の展開がこの時期に目立っている。一つはメキシコのプエブラ・デ・ロス・アンヘレスのパラフォックス司教の件であり、もう一つは、ポルトガル王室の聖職推挙権のもとにある地に、パリ外国宣教会が入ったことである。

パラフォックス・イ・メンドサ司教（Juan de Palafox y Mendosa 一六〇〇―五九年）とイエズス会との衝突は、プエブラ・デ・ロス・アンヘレスにあるイエズス会の複数の教会で、説教と告解を聴くことに関する特許または権威についての問題に端を発していた。メキシコ管区のイエズス会士は七五年間仕事を続けており、その間ずっと、教皇グレゴリウス十三世によって与えられ、グレゴリウス十四世とパウルス五世によって確認された特許を享受していた。パラフォックス司教は、精力的な建設者であり、真に使徒的な精神を備えた人物であったが、一六四七年に、プエブラのイエズス会士に対し、説教をしたり、告解を聴くことを突然禁止し、自分が視察するまでの二四時間以内に特許を差し出すよう命じた。イエズス会士は管区長に助けを求めた。こうして、退屈で長引く訴訟の申し立てが始まり、それはいつしか植民地国家の権力、インド諸国会議、スペイン国王、教皇を巻き込んでいった。パラフォックスの数々の申し立ては、時には自己矛盾しており、また、得体の知れない彼の性格の特徴を徐々に露わにして、答えの見つからない問題をよりいっそう難解なものにした。しかし、この訴訟に単なる法的な側面以上の意味を与えたのは、パラフォックスによるかなり不正確で不公平な報告という形で、ヨーロッパにおけるイエズス会の敵対者に提供された武器である。正確さについてはほとんど注意を払わないこの熱心な高位聖職者は、イエズス会の財産と会の農場からの収入についてひどく不正確な陳述をした。実際は、パラフォックスが司教になった後の一六四四年に、管区の住居の負債総額は、収入をはるかに上回り、四三万八五二〇ペソの負債に対して、収入は一一万七七〇〇ペソだった[98]。

第二の件は、パリ外国宣教会が活動を始めたことであり、この影響はより大きかった。この会は、二人のフランス人イエズス会士、アレクサンドル・ド・ロードとジャン・バゴー（Jean Bagot 一五九一―一六六四年）によって始められた。ド・ロードは、イエズス会の宣教師の中でも最も偉大な者に数えられる人物で、アジア全体で信仰に最もよく共鳴する地域の一つであることが明らかになったインドシナから、一六五〇年にヨーロッパに戻った。この頃までにおよそ三〇万人の現地人が受洗していた。この国家の行政当局はキリスト教に敵対的な態度をとっており、数多くのヨーロッパ人司祭が流入することを嫌うことが予期されたため、ド・ロードは、現地人聖職者を教育して叙階することができる司教を数名任命するよう、教皇に依頼した。一六五二年に教皇インノケンティウス十世は、このような仕事のための素養がある教区司祭を見つけるよう、このイエズス会士に依頼した。パリでド・ロードは、著名な霊的指導者であるバゴーに会った。バゴーは自分の弟子の中に教区司祭のグループを作っていた。二人のイエズス会士のこの出会いから、教区司祭が結成するパリ外国宣教会の種が蒔かれた(99)。一六五八年から一六五九年に、教皇アレクサンデル七世は、ド・ロードの提案を採択し、極東をいくつかの代理司教区に分け、フランソワ・パリュ（François Pallu 一六二六—八四年）をトンキン代理司教に、ピエール・ランベール・ド・ラ・モット（Pierre Lambert de la Motte 一六二四—七九年）をコーチ＝シナ代理司教に任命し、布教聖省に対して責任を果たすよう指示した。この新しい宣教事業の方向づけをしたのはド・ロードの広い視野であった。彼は、教皇庁直属で、ポルトガル植民地教会の機構から独立し、教区司祭が助ける代理司教を創設した。布教聖省の会議は、この新しい代理司教たちに、可能な限り現地人の慣習を尊重すること、旅の際にポルトガルおよびその保護領を避けるよう指示した。

ポルトガルは断固とした反応を示した。コーチ＝シナの初代代理司教ピエール・ランベール・ド・ラ・モットは、一六六二年にシャム［タイ］に到着した。彼はオランダ人商人たちのもとに避難して、ようやくポルトガル人による拘留を逃れた。しかし彼の仲間の司祭たちのうち二人は、ポルトガルの認可なしに赴任先の宣教地に入ったというかどで捕えられ、長い拘留の後に獄死した。その後の年月においてカトリック教徒はカトリック教徒から、布教地の歴史においても最も厳しいたぐいに入る取り扱いをうけた。二つの強大な機関が争いの中で対峙し、その最中で捕らえられたのは、個々の宣教師、とりわけイエズス会士だった。一方への忠誠は、他方の立腹を招いた。

一六七三年教皇クレメンス十世は、代理司教の権威を確認し、宣教師たちにこれに従うよう命じた。イエズス会士たちは即座にそうした。ドメニコ・フチティ（Domenico Fuciti 一六二五―九六年）は、一六七七年九月四日に、黙従を厳粛に表明した。マヌエル・フェレイラ（Manuel Ferreira 一六九九年没）は簡潔に「片づいた」と言ったが、彼は間違っていた。フェレイラは、総長に宛てた一六八二年の書簡の中で、個々の宣教師たちの苦悩を語って、「国王に服従すれば、布教聖省に破門され、教皇に従えば、ポルトガル国籍を剝奪されます」と書いている。同年、ジャン＝バティスト・マルドナド（Jean-Baptiste Maldonado 一六三四―九九年）はこれに似た調子で、「ローマとリスボンはフェレイラを自分たちの間に挟んで圧し潰しています」[100]と書いている。

この二年前、オリヴァは極東のイエズス会士に驚くべき知らせを伝えていた。それは、この地域に関わりのある者は、従順という第三の誓願にもとづいて、代理司教への服従の誓いをすることになる、ということである。一六七八年にインノケンティウス十一世は、トンキンのフランソワ・パリュ司教の勧めで、教皇令を作成したが、それは宣教師たちがこうした誓いを公言することを強いられることになるような性質のものだった。実際には教皇はこの文書を公布しなかったが、修道会の総長たちが配下の者に、「聖なる従順において」服従を誓うことを命じるよう取り決めた。イエズス会士はオリヴァの命令に従った。しかし他の方面で反対が起こった。広東ではアウグスチノ会士とフランシスコ会士が拒絶した。誓いを立てた数人のドミニコ会士は、自分たちの長上たちから叱責を受けた。ルイ十四世は、ガリカニズムの自由に対する侵害としてこのような誓約をすることを禁じた。状況はまったくもって出口なしとなった。結局、布教聖省は誓いについて折れ、一六八八年にそれを廃止した。その後布教聖省は賢慮と先見の明のある政策を展開し、それは一般に今日まで行き渡っている。その政策の一つは、修道会が活動している地域では、代理司教はその修道会から選ばれるというものであり、もう一つは、特定の地域が一つの修道会にのみ任せられるように領土が区分されるというものである(101)。

これは悲しむべき逸話であった。布教聖省は賢明にも計画の段階で代理司教の創設の方法を採用した。それは王室による聖職推挙権制度は効率が悪くなっていたからであり、また、教会の行動が世俗の統制から自由になることは、当然好ましいことだったからである。それは評価に値する計画ではあったが、しかし実行の段階では、故国を遠く離れた利己心のない献身的な人たちに激しい苦痛を与えた。ローマとリスボンによって徹底的に議論されるべきだった計画の変更が、実際には遠く離れた布教地での一連の面倒な出来事を通して進展し、二つの強大な権力の争いによって火を点けられた熱い炭が、哀れな宣教師の頭上に降りかかった。法律尊重主義と訴訟が、宣教の歴史における英雄的行為を描く、歴史の立派な一ページにまたもや翳りを与えた。

この不必要で避けることのできた衝突だけが、不協和音を鳴らしたのではなかった。最も悲しむべきことだったのは、事実上、教義の問題ではなく、おもに宣教の方法に関して、フランシスコ会士およびドミニコ会士とイエズス会士が争ったことである。アントニオ・ヴィエイラは、「ドミニコ会士は信仰によって生計を立てているが、イエズス会士は信仰のために死ぬ」[102]といったのだが、ポルトガルの宮廷中に広まった彼のこの有名な寸評によっても、イエズス会に対する一般の好感が増すことはなかった。ポルトガルの支配圏の端から、スペインの支配圏の縁まで、ヴィエイラがイエズス会士と、ドミニコ会士およびフランシスコ会士との「絶え間のない悲惨な戦争」と呼んでいること——それはその生活がキリストの甘美な愛によって導かれていることを自称する人たちの奇妙な産物であった——で、イエズス会士から苦情が出ていた。[103]

結論

イエズス会の歴史は、諸国家の歴史の歩みとますます一致するようになった。イエズス会の命運は、それが根を下ろした国々の、より範囲の広い、成功や失敗、繁栄や受難とともに浮き沈みした。ドイツの三十年戦争による荒廃、太陽王時代のフランスの躍進、フェリペ四世のスペインの退廃、侵略者によるポーランドの焦土行動は、これらの国々におけるイエズス会士の生活のあり方に甚大な影響を及ぼした。

イエズス会の歴史は、それに加えて時代の知的な推進力とますます結びつくようになった。以前の時代精神は、思弁神学のルゴ、リパルダ、レッシウス、実証神学のペトー、シルモン、ラブ、デュ・デュク、歴史研究のファン・パーペブロホとヘンスケン（ヘンスケンス。Gottfried Henschen; Henskens 一六〇一―八一年）、文学のブウール、ラパン、バルデ、ビーダーマンといった、卓越した才能をもった人材の中に生き続け、学問の世界を動かし続けた。この世紀の新しい挑戦であるジャンセニズム、デカルト主義、ニュートン主義は、それらが始めた激しい議論にイエズス会の学者や教師を巻き込んだ。

先立つ数十年間、宣教に対する激しい熱意は、そのまま保たれていた。前人未踏の広大な辺境にいることで、チンナミ、フェルビースト、ド・ロード、ヴィエイラ、シャル・フォン・ベル、クラベル、ラ・クエバ、サンビトレス、ジョーグ、ド・ブレブフ、アンドルー・

ホワイトといった偉大な宣教師たちは、自然的および超自然的な奥深い臨機の才を発揮することになった。

成功の旗に次いで、嵐の予兆が現れ始めた。中国とインドでは他の修道会の宣教師たちが、適応の試みを公然と非難した。東洋の至るところで、プロテスタントのオランダ人とイギリス人がポルトガルの支配圏を削っていた。ヨーロッパではポール＝ロワイヤルがイエズス会の神学を非難した。布教聖省でも一部の聖職者たちがイエズス会の破壊を目論んでいた。デカルトとニュートンは、哲学の古い枠組みを揺さぶり、学者たちを悩ませた。各国語は古典のカリキュラムの優位に挑んだ。イエズス会がその中へと生み落とされた世界は、新しい秩序に場を譲りつつあった。

●脚注略号一覧

AAS—*Acta Apostolicae Sedis*
ActRSJ—*Acta Romana Societatis Iesu*
AHSJ—*Archivum Historicum Societatis Iesu*
Cons—*The Constitutions of the Society of Jesu*
ConsSJComm—*The Constitutions of the Society of Jesus.* Translated, with an Introduction and a Commentary, by G. E. Ganss, S.J.
DeGuiJes—De Guibert, *The Jesuits: Their Spiritual Doctrine and Practice*
DocInd—*Documenta Indica*
DTC—*Dictionnaire de théologie catholique*
EppMixt—*Epistolae Mixtae ex variis Europae locis, 1537-1556*
EppXav—*Epistolae S. Francisci Xaverii*
FN—*Fontes narrativi de Sancto Ignatio*
IdeaJesUn—*Ganss, St. Ignatius' Idea of a Jesuit University*
MonBras—*Monumenta Brasiliae*
MonBroet—*Epistolae PP. Paschasii Broëti, Claudii Jaji, Joannis Codurii et Simonis Rodericii S.J.*
MonFabri—*Fabri Monumenta*
MonNad—*Epistolae P. Hieronymi Nadal*
MonPaed（*1965*）—*Monumenta paedagogica S.J., I (1540-1556)*
MonSalm—*Epistolae P. Alphonsi Salmeronis*
SdeSI—*Scripta de Sancto Ignatio*
RAM—*Revue d'ascétique et de mystique*
SMV—*Sommervogel, Bibliothèque de la Compagnie de Jésus*
WL—*Woodstock Letters*

注（原注および訳注）

はしがき

†1 スペインがラテン・アメリカ植民地入植者に貢税・労役の一部使用を許す代わりにインディアン住民を管理させ、教化させることを目的とした労働力確保のための制度。

†2 フランス革命の影響から一九世紀イタリアに起こった自由と独立を求める国家統一運動。

第1章 創立者とその遺産

*AHSJ*のように、ここで用いられた略記の表としては、前ページの一覧を参照。これらの脚注に略記された文献のデータは、巻末のアルファベット順文献表Iによって見出される。

(1) P. de Leturia, S.J., *Iñigo de Loyola* (Syracuse, 1949), pp. 44-46, 52-53.

(2) Ibid., pp. 95-98.

(3) *FN*, II, pp. 518-519.

(4) *DeGuijes*, pp. 30-32, 40, 44-46; Hugo Rahner, S.J., *The Spirituality of St. Ignatius Loyola* (Westminster, Md., 1953), pp. 48-58.

(5) *DeGuijes*, pp. 593-601. 故アウトラン・イーヴンネット（H. Outram Evennett）の一九五一年のバーベック講義をジョン・ボッシ（John Bossy）が編集して *The Spirit of the Counter-Reformation* (Cambridge, England, 1968) として刊行した。イーヴンネットはそれらの講義の一つで（pp. 43-66）、イグナティウス個人の神秘的恩恵とは別に、またボッシは後書きで（pp. 126-130）、『霊操』執筆にあたってイグナティウスが受けた文化的・文学的影響について論じている。

(6) *FN*, III, pp. 658-659.

(7) P. Dudon, S.J., *St. Ignatius of Loyola* (Milwaukee, 1949), pp. 142-143.

(8) W. V. Bangert, S.J., *To the Other Towns: A Life of Blessed Peter Faure* (Westminster, Md., 1959), pp. 28-29.

(9) *MonBroet*, pp. 457-458.

(10) *FN*, I, p. 204; II, pp. 595-596. この名称については *ConsSJComm*, pp. 345-349 参照。

(11) *FN*, I, p. 313, fn. 37; Bangert, *To the Other Towns*,

p. 299. n. 17.

(12) *FN*, I, p. 541.

(13) *ConsMHSJ*, I, pp. 1-8.

(14) *MonBroet*, pp. 265-267.

(15) *MonFabri*, pp.48-49.

(16) *MonBroet*, pp. 289-290.

(17) Bienheureux Pierre Favre: *Mémorial, traduit et commenté* par M. de Certeau, S.J., "Collection Christus," no. 4 (Paris, 1959), pp. 7-11; Bangert, *To the Other Towns*, pp. 172-175.

(18) *IdeaJesUn*, pp. 153-167; F. de Dainville, S.J., *La naissance de l'humanisme moderne* (Paris, 1940), pp. 359-360.

(19) *MonPaed* (*1965*), I, pp. 17-28, 93-106, 133-163, 185-210.

(20) *EppXav*, I, p. 127.

(21) Ibid, II, pp. 29-30; I. H. Dugout, S.J., *Nos martyrs: Catalogue des Pères et Frères ... qui ... ont sacrifié leur vie* (Paris, 1905), p.62.

(22) *EppMixt*, I, p. 225; Bangert, *To the Other Towns*, pp. 245-258.

(23) *MonBras*, I, p. 141.

(24) Ibid., I, p. 36

(25) F. de Dainville, S.J., "S. Ignace et l'Humanisme," *Cahiers Universitaires Catholiques* (1956), pp. 458-479.

(26) P. de Leturia, S.J., "Conspectus Chronologicus Vitae Sancti Ignatii," *Estudios Ignacianos. Revisados por el P. Ignacio Iparraguirre, S.J.* (Rome, 1957), I, pp. 29, 33, 35, 40, 43, 47.

(27) 英訳としては、L. J. Puhl, S.J., *The Spiritual Exercises of St. Ignatius* (Chicago: Loyola University Press reprints, 1968); St. Ignatius of Loyola, *The Constitutions of the Society of Jesus: Translated, with an Introduction and a Commentary*, by G. E, Ganss, S.J. (St. Louis: The Institute of Jesuit Sources, 1970)（本注では*ConsSJComm.*と略記）を参照。

(28) これらの級位については *ConsSJComm*, pp. 65, 71, 81, 232, 349-356を参照。

(29) F. Rodrigues, S.J., *A Formação intellectual do Jesuita* (Porto, 1917), pp. 7-37.

(30) D. Knowles, *From Pachomius to Ignatius* (Oxford, 1966), pp. 59-62, 94.

（31）*DeGuiJes*, p. 72.

†1　ティエネのカイェタヌス（Cajetanus 一四八〇―一五四七年）および後出のカラッファが一五二四年に設立した律修司祭修道会。

†2　アウグスティヌス（Aurelius Augustinus 三五四―四三〇年）による修道生活の理想を求めて一三世紀に設立された托鉢系の隠修士会。

†3　プロテスタントの宗教改革に対抗して、カトリック教会の教理を明確化し、カトリック改革を打ち出した公会議。北イタリアのトリエント（トレント）で開かれた。

†4　受肉したキリストが神性と人性のうち前者の一つの本性しかもたなかったとする教え。エウテュケス（Eutyches 四五四年頃没）の思想と伝えられ、カルケドン公会議（四五一年）で異端とされた。

†5　本来総大司教とは、ローマ、コンスタンティノポリス、エルサレム、アンティオケイア、アレクサンドレイアの座の司教を指すが、これとは別にカトリックでは名目上教皇に次ぐ総大司教座がいくつかあった。これらは名義的なもので、他の司教・大司教と比べて本質的に権限がより強いということではない。

第2章　地平の絶え間なき拡大（一五五六―八〇年）

（1）M. Scaduto, S.J., *Storia della Compagnia di Gesù in Italia*, III: *L'epoca di Giacomo Laínez. Il governo (1556-1565)*（Roma, 1964）, pp. 15-18.

（2）Ibid., pp. 116-120.

（3）R. E. McNally, S.J., "St. Ignatius, Prayer, and the Early Society," *WL*, XCIV（1965）, pp. 113-115; 118-120; *DeGuiJes*, pp. 86-90, 169, 192-196, 205, 222, 227-229, 237, 552-554, M. A. Fiorito, S.J., "Ignatius' Own Legislation on Prayer," *WL*, XCVII（1968）, pp. 149-224も参照。

（4）*EppIgn*, VI, p. 91.

（5）Ibid., XII, p. 652.

（6）*ConsSJComm*, [582], pp. 259-260.

（7）O. Karrer, S.J., "Borgia's Influence on the Prayer-Life in the Society of Jesus," *WL*, XCVI（1967）, pp. 349-357. これはKarrerの *Der Heilige Franz von Borja, General der Gesellschaft Jesu, 1510-1572*（Freiburg im Breisgau, 1921）からの G. W. Traub, S.J. と W. J. Bado, S.J. による部分訳である。

(8) A. Astráin, S.J., *Historia de la Compañía de Jesús en la Asistencia de España* (Madrid, 1902-1925), III, pp. 9-10.

(9) F. Rodrigues, S.J., *História da Companhia de Jesús na Assistência de Portugal* (Porto, 1931-1950), II, i, pp. 345-349.

(10) *MonSalm*, I, p. 367.

(11) E. Villaret, S.J., "Les premières origines des Congrégations Mariales dans la Compagnie de Jésus," *AHSI*, VI (1937), pp. 25-57.

(12) *B. Petri Canisii epistulae et acta*, ed., O. Braunsberger, S.J., III, pp. 461-462.

(13) *Oxford Companion to Art*, 10th ed., s. v. "Baroque," pp. 108-109. 最近刊行されたために使用できなかったが、重要な著作として、*Baroque Art: The Jesuit Contribution*, edited by R. Wittkower and Irma Jaffe (Bronx: Fordham University Press, 1972), 144 pp. with 64 plates.

(14) F. Haskell, *Patrons and Painters* (New York, 1963), pp. 65-67; A. G. Dickens, *The Counter Reformation* (New York, 1969), pp. 165-170.

(15) J. Jungmann, S.J., *The Mass of the Roman Rite: Its Origins and Development* (New York, 1951), I, p. 142; L. Bouyer, *Liturgical Piety* (Notre Dame 1954), pp. 5-9, 43-44; E. I. Watkin, "The Splendour of Baroque," *The Tablet* (London), CCXXII (1968), pp. 387-388.

(16) F. Haskell, *Patrons and Painters*, p. 68.

(17) Astráin, *Historia*, II, pp. 267-270, 446-447, 454-459.

(18) Ibid., III, pp. 76-77, 81-82.

(19) *DeGuiJes*, pp. 225-229.

(20) J. F. Gomes, "Pedro da Fonseca: Sixteenth Century Portuguese Philosopher," *International Philosophical Quarterly*, VI (1966), pp. 632-644.

(21) H. Fouqueray, S.J., *Histoire de la Compagnie de Jésus en France* (Paris, 1910-1925), I, pp. 363-387, 434-451,452-475, 500-513, 514-531, 594-615.

(22) Ibid., pp. 535-536, 545-547.

(23) Ibid., p. 316; II, pp. 68-77; A. Poncelet, S.J., *Histoire de la Compagnie de Jésus dans les anciens Pays-Bas* (Bruxelles, 1927), II, pp. 468-469; I. H. Dugout, *Nos martyrs*, p. 71.

(24) Fouqueray, *Histoire*, I, pp. 253-257.

（25）J. M. Prat, S.J., *Maldonat et L'Université de Paris* (Paris, 1856), pp. 161-188.

（26）B. Duhr, S.J., *Geschichte der Jesuiten in den Ländern Deutscher Zunge* (München, 1907-1928), I, p. 95.

（27）Ibid., pp. 92-166; S. d'Irsay, *Histoire des Universités Françaises et Étrangères* (Paris, 1933), I, pp. 345, 356.

（28）J. Janssen, *History of the German People* (St. Louis, 1905-1910), XIII, p. 200.

（29）Edna Purdie, in: *The Oxford Companion to the Theatre*, 3rd ed., s. v. "Jesuit Drama," p. 508.

（30）Ibid., pp. 508-510.

（31）Ibid., pp. 511, 513; Janssen, *History of the German People*, XIII, pp. 199-200.

（32）Purdie, *The Oxford Companion to the Theatre*, pp. 511-512.

（33）Duhr, *Geschichte*, I, pp. 471-473.

（34）Ibid., pp. 439-441.

（35）*MonFabri*, p. 196.

（36）*MonNad*, II, pp. 488-510; J. Brodrick, S.J., *The Progress of the Jesuits* (*1556-1579*) (London, 1947), p. 175.

（37）L. von Pastor, *The History of the Popes*, XX, pp. 401-405; XXIV, pp. 125-127.

（38）Poncelet, *Histoire*, I, pp. 158, 163-180.

（39）J. Brodrick, S.J., *Robert Bellarmine. Saint and Scholar* (Westminster, 1961), pp. 27-30.

（40）Brodrick, *The Progress of the Jesuits*, pp. 193-205.

（41）O. Garstein, *Rome and the Counter-Reformation in Scandinavia, 1539-1583* (Oslo, 1964), p. 77.

（42）Ibid., pp. 94-97.

（43）Ibid., pp. 159-162, 169.

（44）Ibid., p. 201.

（45）T. Corcoran, S.J., *Clongowes Record* (Dublin, 1932), pp. 6-8.

（46）M. da Costa, S.J., "The Last Years of a Confessor of the Faith: Father David Wolf," *AHSJ*, XV (1946), pp. 127-143.

（47）Brodrick, *The Progress of the Jesuits*, pp. 234-235.

（48）Pastor, *History*, XX, pp. 491-494.

（49）Rodrigues, *História*, II, ii, pp. 453-461.

（50）*DocInd*, IX, pp. 19*-20*.

（51）Ibid., VIII, pp. 11*-12*.

（52）J. Humbert, S.J. の *DocInd*, VIII と IX に対する書

評（*AHSJ*, XXXVI [1967], pp. 176-179）。

(53) J. Laures, S.J., *The Catholic Church in Japan* (Tokyo, 1954), pp. 43-47, 54-57.

(54) Ibid., pp. 38-40, 46.

(55) C. R. Boxer, *The Christian Century in Japan, 1549-1650* (Berkeley, 1951), pp. 59-60.

(56) Laures, *The Catholic Church in japan*, pp. 86-87, 92-93.

(57) Boxer, *The Christian Century*, pp. 92-99.

(58) Ibid., pp. 49-56.

(59) Brodrick, *The Progress of the Jesuits*, pp. 263-267.

(60) Ibid., pp. 260-262.

(61) Rodrigues, *História*, I, ii, pp. 556-558; II, ii, pp. 505-515.

(62) *MonBras*, II, pp. 161-162.

(63) Helen Dominion, *Apostle of Brazil* (New York, 1958), pp. 232-233.

(64) F. Zubillaga, S.J., *La Florida. La Misión Jesuitica (1566-1572) y la Colonización Española* (Roma, 1941), pp. 239-244.

(65) C. M. Lewis, S.J. and A. J. Loomie, S.J., *The Spanish Jesuit Mission in Virginia, 1570-1572* (Chapel Hill, 1953), pp. 45-46.

(66) L. Martín, *The Intellectual Conquest of Peru. The Jesuit College of San Pablo, 1568-1767* (New York, 1968), pp. 145-146.

†1 教会の改革と近代化のために、ヨハネス二十三世（Johannes XXIII 在位一九五八—六三年）が召集した公会議。召集後まもなくヨハネス二十三世が死去したが、次の教皇パウルス六世（Paulus VI 在位一九六三—七八年）がこれを受け継いだ。公会議では、教会内部の近代化に関する問題のほか、教会一致運動（エキュメニズム）や諸宗教との関係、宗教の自由などについても審議した。こうした改革の成果として、ミサがラテン語ではなく現地語で行われるようになったほか、儀式の簡略化や廃止、枢機卿や司教・主任司祭の定年制導入などが実施された。また、他宗派、他宗教に対する対話の姿勢が強まったのも重要な成果である。この公会議は現代のカトリック教会の一大転換点と言える。

†2 トリエント公会議以降、カトリック改革の流れで教皇庁に多くの聖省が設けられたが、その一つで、布教活動を管轄する。設置は一六二二年。海外宣

教を主目的とする。

†3　イベリア半島におけるユダヤ人追放に伴いユダヤ教から改宗したキリスト教徒を指す。一四九二年、スペインはユダヤ教徒を領内から追放した。その多くはポルトガルをはじめ他国に移ったが、移動するのを拒み改宗した者も少なからずいた。また、ポルトガルでも、一四九六年に領内のユダヤ人強制改宗が行われた。これらの改宗ユダヤ人たちは、表面的にはキリスト教徒であっても心情的にはまだユダヤ人であると見なされて、周囲から猜疑の目で見られていた。

†4　この暦は現行の暦法で、グレゴリウス十三世が一五八二年より実施した。カエサル（Gaius Iulius Caesar 前一〇〇頃―前四四年）が導入したそれまでのユリウス暦では、四年に一回閏年を設けていたが、長年の間に暦にずれが生じたため、四百年に三回、すなわち、百年目、二百年目、三百年目のみ閏年を設けないことでずれを最小限に抑えるこの暦法が考案された。このため、例えば二〇〇〇年には閏年が設けられたが、一九〇〇年、一八〇〇年、一七〇〇年は四の倍数ではあるが、閏年は設けられなかった。新暦法を導入するにあたって、グレゴリウス十三世はこれまでのずれを戻し、導入初日であるこの年の一〇月四日の翌日は一〇月一五日となった。

†5　ギリシア神話。ヘラクレス（Heracles）の一二の難行の一つ。三〇年間全く掃除をしなかったアウゲイアス王（Augeias）の三千頭の牛の牛舎を一日できれいにするというもの。ヘラクレスは二つの川の流れをこの牛舎に注ぎ込んで解決した。

†6　ヒエラルキーともいう。教皇を頂点に、司教、司祭、助祭という形でピラミッド状に教会の位階が並び、その下に平信徒が位置する制度。

†7　聖ペトロの後継者、キリストの代理人たる教皇の有する最高・普遍の権威。これにより教皇は全カトリック教会に及ぶ最高の権限をもつ。

†8　教皇に忠誠を尽くす教会内部の運動。起源は一一世紀だが、第一ヴァティカン公会議体制のもと一九世紀に頂点に達する。

†9　イタリア王国による教皇領の消滅（一八六〇年。ローマ併合は公会議終了後の一八七〇年九月）を背景に、ピウス九世（Pius IX 在位一八四六―七八年）が開いた公会議。唯物論・合理主義・無神論に反対する一方で、教皇の最上裁治権と教皇の

不可謬性を宣言した。

†10 信仰や道徳問題に関して教導する教皇の最高権限による正式宣言には誤りがないということ。第一ヴァティカン公会議で初めて公式に定義された。ただし、教皇が不可謬であるのは、聖座すなわちローマ司教座として正式に宣言された場合のみであり、内容も信仰や道徳の教えのみに限定され、教皇はすべてにおいて決して誤りを犯さない、ということではない。

†11 一六世紀後半の美術様式。ルネサンスとバロックのちょうど間に位置する時期で、ルネサンスの巨匠たち、ことにミケランジェロ（Michelangelo Buonarroti 一四七五―一五六四年）の手法（マニエラ）を「型」として反復した模倣と後世から見なされたことからこの名がついた。

†12 フィリッポ・ネリ（Filippo Neri 一五一五―九五年）が創始した司祭会で、後出のフランス・オラトリオ会と区別してフィリッポ・ネリのオラトリオ会という。祈りと司牧に励み共住生活を行うが、修道誓願はしないため、修道会ではない。フランスでもこれに倣ってフランス・オラトリオ会が作られた。

†13 ラ・グランド・シャルトルーズ修道院を本院とする修道会（一一三三年認可）。一〇八四年にケルンのブルーノ（Bruno von Köln 一〇三〇頃―一一〇一年）が創始した。沈黙と清貧の隠棲修道生活を行う。

†14 フランスの身分制議会。高位聖職者と貴族の代表よりなる封建的王政諮問会議に、有力都市の市民階級（第三身分）の代表を加えた三部で構成される。

†15 三一二年、コンスタンティヌス一世が皇帝僭称者マクセンティウス（Maxentius 三一二年没）を破った戦い。この戦いの直前に見た夢に従って、コンスタンティヌスは、キリストのギリシア語表記ΧΡΙΣΤΟΣの頭文字ΧΡをかたどった象徴を軍旗に掲げて勝利したとされる。

†16 スイスの宗教改革者ツヴィングリ（Ulrich Zwingli 一四八四―一五三一年）の起こしたプロテスタントの一派。後にツヴィングリ派の多くはカルヴァン派に合流した。

†17 オランダの神学者コルネリウス・ヤンセン（Cornelius Jansen 一五八五―一六三八年）が唱えた教義。アウグスティヌスの恩寵論を踏まえ、

人間の原罪と神の恩寵による予定的救済を主張した。サン＝シラン（Abbé de Saint-Cyran 一五八一—一六四三年）によってパリのポール＝ロワイヤル修道院で特に強く受け入れられ、いわゆるポール＝ロワイヤル運動として広まった。大幅に人間の自由意志を許容するイエズス会を批判したため、激しい反発を受け弾圧された。一六五三年にインノケンティウス十世（Innocentius X 在位一六四四—五五年）によって異端とされている。

†18　一六一八—四八年、ドイツ国内のカトリックとプロテスタントの対立に諸外国が介入した戦争。当初はカトリック側にはスペイン、プロテスタント側にはスウェーデンやデンマークが加担した宗教戦争であったが、やがて、カトリック国フランスが、反ハプスブルク政策のため、公然とプロテスタント側につくなど、政治戦争化した。

†19　海外における領土紛争を避けるため、教皇アレクサンデル六世を調停者として、スペインとポルトガルの間で勢力範囲を区分した条約。大西洋上のヴェルデ岬諸島西方三七〇リーグ（約一三五〇キロ）を通る子午線（西経四五度付近、この子午線を教皇子午線という）を境に東をポルトガル、西をスペインの新領土取得範囲とした。この条約にもとづき、スペインが中南米を、ポルトガルがアジア・アフリカ方面を植民地とした。なお、南米にあるブラジルがポルトガル領となったのは、この子午線より東側に位置しているためである。

第3章　急速な発展と新たな取り組み（一五八〇—一六一五年）

（1）Astráin, *Historia*, III, pp. 209-210.

（2）Ibid., pp. 402-420, 434-448, 453-461, 471-475.

（3）J. W. Reites, S.J., "St. Ignatius of Loyola and the Jews," *Studies in the Spirituality of Jesuits*, XIII (September, 1981), pp. 31-32,46.

（4）*DeGuijes*, pp. 232-233, 237-238.

（5）*SdeSI*, I, p. 444; *Cons*,［142-144,657,658,819］も参照。

（6）*DeGuijes*, pp. 238-242.

（7）A. Ruhan, S.J., "The Origins of the Jesuit Tertianship," *WL*, XCIV（1965）, pp. 424-426; *Cons*,［514］については*ConsSJComm*, p. 233, fn. 4も参照。

（8）Astráin, *Historia*, IV, p. 775; Dickens, *The Counter*

Reformation, pp. 27-28.

（9） J. Stierli, S.J., "Devotion to Mary in the Sodality," *WL*, LXXXII (1953), pp. 17-45.

（10） Brodrick, *Robert Bellarmine*, pp. 375-376.

（11） E. Mâle, *L'art religieux de la fin du XVIe siècle ...* (Paris, 1951), pp. 120-121.

（12） Astráin, *Historia*, III, pp. 352-369. G. Lewey, "The Struggle for Constitutional Government in the Early Years of the Society of Jesus," *Church History*, XXIX (1960), pp. 141-151, 157-158 はこの挿話を「憲法原理」の名による絶対主義に対する反動と解釈している。この解釈はそれ以前の時代の人々に二〇世紀の視点を課す顕著な一例である。たしかにこれらの人々が到達しようとしたのは、事実上、修道会の集権排除に終わるはずだった。だが、彼らの戦略はスペイン君主制と異端審問所に依存するところがあるため、憲法原理に対して決して尊重することはなかった。

（13） Astráin, *Historia*, III, pp. 250-272, 278-287.

（14） Clare C. Riedl, "Suarez and the Organization of Learning," in: *Jesuit Thinkers of the Renaissance*, ed. G. Smith, S.J. (Milwaukee, 1939), p. 2.

（15） R. de Scorraille, S.J., *François Suarez de la Compagnie de Jésus* (Paris, 1911), I, pp. 283-286, 313-314.

（16） Rodrigues, *História*, II, ii, pp. 443-444.

（17） Fouqueray, *Histoire*, II, pp. 285, 445-446.

（18） Ibid., pp. 348-349.

（19） Ibid., pp. 631-632.

（20） Ibid., III, pp. 4, 162.

（21） H. Bremond, *Histoire littéraire du sentiment religieux en France* (Paris, 1924-1936), II, p. 36.

（22） Ibid., p. 76; L. Cognet, in: *De la Dévotion Moderne à la Spiritualité Française* (Paris, 1958), pp. 67-68 はブレモン（H. Bremond）の熱狂を抑制し、フランソワ・ガラス（François Garasse 一五八五―一六三六年）、ジャック・シルモン、そして時にはルイ・リシュオムのような敬虔的ヒューマニズムの運動の中にある少数のイエズス会士が、有徳に行動する人間の自然的能力の描写において驚くほどに楽観的だった、と判断している。

（23） Fouqueray, *Histoire*, III, pp. 241, 256.

（24） P. Blet, "Jésuites et libertés gallicanes en 1611," *AHSJ*, XXIV (1955), pp. 168-170; J. Brucker,

S.J., *La Compagnie de Jésus. Esquisse de son Institut et de son histoire* (Paris, 1919), pp. 232-233.
(25) Blet, "Jésuites Gallicans au XVIIe siècle?" *AHSJ*, XXIX (1960), pp. 60-63.
(26) John Courtney Murray, S.J., "St. Robert Bellarmine on the Indirect Power," *Theological Studies*, IX (1948), p. 501.
(27) Fouqueray, *Histoire*, III, pp. 351-353.
(28) L. von Ranke, *The History of the Popes* (London, 1847-1851), I, pp. 415-417.
(29) Brucker, *La Compagnie*, pp. 270-273.
(30) Purdie, in: *The Oxford Companion to the Theatre*, 3rd ed., s.v. "Jesuit Drama," pp. 509, 512-513; Janssen, *History of the German People*, XIII, pp. 202-203.
(31) Duhr, *Geschichte*, I, p. 459.
(32) J. Lecler, S.J., *Histoire de la tolérance au siècle de la Réforme* (Paris, 1955), I, p. 285, fn. 11.
(33) Duhr, *Geschichte*, I, p. 485, fn. 2.
(34) É. Amann, *DTC* XII, 1, pp. 97-100, s.v. "Pazmany"; M. P. Harney, S.J., "Cardinal Peter Pázmány," *Thought*, XI (1936), pp. 225-237.
(35) S. Bednarski, "Déclin et renaissance de l'enseignement des Jésuites en Pologne," *AHSJ*, II (1933), pp. 200-202.
(36) O. Halecki, *From Florence to Brest (1439-1596)* (Rome, 1958), pp. 197-201, 331-333, 381-382.
(37) Poncelet, *Histoire*, II, pp. 160-161.
(38) Ibid., pp.533-535.
(39) *Letters and Memorials of Father Robert Persons*, S.J., ed. L. Hicks, S.J. (London, 1942), p. xl; Philip Hughes, *The Reformation in England*, III: *True Religion Now Established* (London, 1954), pp. 305-315, 318-334.
(40) Brodrick, *Robert Bellarmine*, p. 312; J. Bossy, *The English Catholic Community 1570-1850* (London, 1975), pp. 11-48.
(41) L. Hicks, S.J., "The Foundation of the College of St. Omers," *AHSJ*, XIX (1950), pp. 146-180. サントメールはパーソンズの教育事業の一つにすぎなかった。彼は、フェリペ二世の寛大な援助によって、スペインに若干のイギリス神学校を設立した。これは、エリザベス時代に追放されたイギリスのカトリックにとって、イギリス教会に対するスペインの関心のしるしとなった。そのため、大陸内の多くのイギリス人カトリックはスペインに対して好意的であった。L. Hicks, S.J., “Father Persons and the Seminaries in Spain,” *Month*, CLVII (1931), pp. 193-204, 410-417, 497-506; CLVIII (1931), pp. 26-35, 143-152, 234-244; A. Loomie, S.J., *The Spanish Elizabethans* (New York, 1963), pp. 182-229, 235-236 参照。

(42) Corcoran, *Clongowes*, p. 7.

(43) Pastor, *History*, XX, pp. 495-498.

(44) G. Schurhammer, S.J., “Thomas Stephens (1549-1619),” in: *Gesammelte Studien*, II: *Orientalia*, ed. L. Szilas, S.J. (Rome, 1963), pp. 367-376.

(45) E. Tisserant, *Eastern Christianity in India: a History of the Syro-Malabar Church from the Earliest Time to the Present Day* (Westminster, 1957), pp. 56-68, 166; D. Ferroli, S.J., *The Jesuits in Malabar* (Bangalore City, 1939), I, pp. 193-194.

(46) Tisserant, *Eastern Christianity in India*, pp. 70-75, 176.

(47) Amann, *DTC*, IX, 2, coll. 1704-1716, s.v. “Malabar (Rites).”

(48) Boxer, *The Christian Century*, pp. 93-95, 117-121.

(49) P. D'Elia, S.J., in: *Enciclopedia Cattolica*, III, col. 1659, s.v. “Cina.”

(50) Rodrigues, *História*, II, ii, pp. 520-527, 553-564, 575-596.

(51) S. Leite, S.J., *Páginas de História do Brasil* (Rio de Janeiro, 1937), pp. 31-34.

(52) H. E. Bolton, “The Jesuits in New Spain,” *Catholic Historical Review*, XXI (1937), p. 265; E. Burrus, S.J., “Pedro de Mercado and Mexican Jesuit Recruits,” *Mid-America*, XXXVII (1955), pp. 140-152; F. Zubillaga, S.J., “La Provincia Jesuítica de Nueva España. Su fundamento económico: siglo XVI,” *AHSI*, XXXVIII (1969), pp. 164-167.

(53) H. de la Costa, S.J., *The Jesuits in the Philippines, 1581-1768* (Cambridge, 1961), pp. 257-259, 271-272.

(54) De la Costa, *The Jesuits in the Philippines*, pp. 422-423.

(55) De la Costa, S.J., “The Development of the Native Clergy in the Philippines,” *Theological*

Studies, VIII (1947), pp. 226-231.

(56) L. Lopetegui, S.J., *El Padre José de Acosta, S.I., y las misiones* (Madrid, 1942), pp. 383-386.

(57) Burrus, "Pedro de Mercado and Mexican Jesuit Recruits," *Mid-America*, XXXVII (1955), pp. 140-152; De la Costa, *The Jesuits in the Philippines*, p. 234.

(58) Boxer, *The Christian Century*, pp. 89-90, 219-220.

(59) Le Bachelet, S.J., *DTC*, XIII, 1, col. 1044, s.v. "Jésuites."

†1 一四世紀後半にネーデルラントで起こった信仰運動。司祭や一般信徒が共同生活を行い、聖書や信仰書を読んで信仰を深めるとともに、時禱書などの写本生産も行っていた。

†2 フランシスコ会の独立的な分派の一つ。一五二五年、マテオ・ダ・バシオ（Mattero da Bascio 一四九二／九五―一五五二年）により創設された。聖フランチェスコ（Francesco d'Assisi 一一八一／八二―一二二六年）〔フランシスコ会の創始者〕の規律を厳格に守ろうとする修道会派。

†3 フィレンツェの七人の有力者（七創設者）たちによって創設された托鉢修道会。はじめは信心会だったが、一二三三年共住生活を、翌年には隠修士として社会福祉活動と学芸に励む山中生活を始め、一二四〇年にアウグスティヌス会則を採用した。

†4 一二九九年、小アジアに建設されたトルコ系イスラム国家。徐々に勢力を拡大し、一四五三年にはビザンツ帝国を滅ぼして、コンスタンティノープル（イスタンブールに改称）を首都とした。一九二二年、トルコ革命により崩壊。

†5 中世末期のこと。ホイジンガ（Johan Huizinga 一八七二―一九四五年）の主著『中世の秋』（*Herfsttij der Middeleeuwen*）より採用。ホイジンガは中世末期を、「秋」という言葉で「終末」「衰退」を表象させつつ、これまであったものの結実として見た。

†6 ペラギウスはブリタニア（イギリス）出身の禁欲的修道者で、人間は神の掟を自力で実行し、その救霊を信仰における努力を通じて獲得しうるとし、聖寵はただこれを容易にするためにのみ（しかもこの聖寵は人間の霊魂を照明し改造・教化する内的な聖寵ではなく外的なものでしかない）必要だと考えた。ペラギウス派は、原罪とその結果を否定し、幼児洗礼も否定、アウグスティヌスと激し

く対立した。

†7 アンジェラ・メリチ（Angela Merici 一四七四頃—一五四〇年）が一五三五年に創始した女子修道会。教育や医療活動を中心とする。

†8 フランソワ・ド・サルとシャンタル未亡人が一六一〇年に創始した女子修道会。サレジオ修道女会とも呼ばれる。貧者や病人への慈善を主な活動とする。

†9 ジュリー・ビヤール（Marie Rose Julie Billart 一七五一—一八一六年）が一八〇四年に結成。女子教育を行う。

†10 王権は神から与えられたもので絶対神聖、不可侵で、人民の王に対する抵抗は認められないとする考え方で、絶対主義王政時代に理論化された。

†11 バーゼル公会議（一四三一—四九年）の一部。バーゼル公会議は一四三七年にフェラーラに、一四三九年にフィレンツェに移され、一四四三年にはローマに移転された。フェラーラ期をフェラーラ公会議、フィレンツェ期をフィレンツェ公会議とも呼ぶ。この公会議の主要論点の一つに、教会改革などと並んで、東西教会の合同運動があった。公会議では、正教会側からも代表が訪れ、協議の結果いったんは東西教会合同が決定されたが、ビザンツ側の皇帝や民衆がこの決定を不服とし、実現には至らなかった。

†12 メアリ・ウォードが創始した修道女会。メアリ・ウォード会または永福なる童貞聖マリア会という。慈善事業の他に女子教育に力を注ぐ。

†13 ネストリオスの教説で、キリストにおける神性と人性は別々に自存し、ただ愛のつながりだけで一致する。それゆえ、マリアはイエスの母にすぎず、神の母ではないとする。エフェソス公会議（四三一年）、カルケドン公会議（四五一年）で異端とされた。

†14 エジプト・エチオピア・アルメニアの単性論者に対して、シリア・メソポタミア・バビロニア地方の単性論者。

†15 もともとはキリスト単性説を拒絶しカルケドン公会議の教理決定を採用したアンティオケイア・エルサレム・アレクサンドレイアの総主教区のキリスト教徒を指したが、これらから由来するカトリック教徒のことをメルキト教徒という。

†16 使徒トマス（Thomas）の宣教と殉教に由来するとされる、インドのマラバル海岸のカトリック教

徒。マラバル・キリスト教徒とも呼ばれる。

†17　インドの身分制度。名称はポルトガル語のカスタ（casta）〔家系、血統〕からとられた。バラモン（僧侶）、クシャトリヤ（王族）、ヴァイシャ（庶民）、シュードラ（隷民）の四階級を基本とし、それぞれのカーストでも職業や役割別に様々な副カーストが存在する。また、このカースト以外に不可触民がある。

†18　前一五世紀から前五世紀の間に成立したとされる、インドの正統的バラモン教の聖典。ヴェーダには四種類あり、『リグ・ヴェーダ』は神々への賛歌を集めたもの、『サーマ・ヴェーダ』は韻律にあわせて歌う詩歌を集めたもの、『ヤジュル・ヴェーダ』は祭祀の実務に関するもの、『アタルヴァ・ヴェーダ』は災厄を除く呪法の句を集めたものである。各ヴェーダの主要部分はサンヒター（本集）と呼ばれ、それぞれ賛歌・歌詞・祭詞・呪詞の集録で、単にヴェーダと言う場合はこの主要部分を指す。

†19　一六〇〇年に豊後に漂着したこの船は、もとはエラスムス号といい、その船尾にはエラスムス像が据えられていた。この像は栃木県佐野市の龍江院に祀られ、貨狄（かてき）尊者として知られる。（現在は東京国立博物館寄託）。

†20　ギリシア神話。フリュギアの王ミダスは、酒の神ディオニュソスから、触れたものすべてが黄金に変わる力を授かった。しかし、食べ物までが黄金になってしまったため、飢死の憂き目に会い、後悔して元に戻してもらった。

第4章　政治・文化の新たな覇権国からの挑戦（一六一五―八七年）

（1）M. de Certeau, S.J., "Crise social et réformisme spirituel au début du XVIIe siècle: 'Une nouvelle spiritualité chez les Jésuites français,'" *RAM*, XLI (1965), pp. 354-355.

（2）Astráin, *Historia*, VI, p. 11.

（3）G. Guitton, S.J., *Le Père de la Chaize* (Paris, 1959), I, pp. 137-145.

（4）Ibid., II, pp. 79-81.

（5）Astráin, *Historia*, V, pp. 47-48; VI, p. 31.

（6）Ibid., V, pp. 91-93, 283-284; Brucker, *La Compagnie*, p. 770.

（7）*MonSalm*, II, pp. 709-715.

(8) Brucker, *La Compagnie*, pp. 647-654.
(9) Urbano Cerri, *An Account of the State of the Roman-Catholick Religion Throughout the World* (London, 1716), pp. ii-iii, 124-125, 184; Pastor, *History*, XXXIV, p. 78.
(10) Guitton, *Le Père de la Chaize*, I, pp. 66-67; Brucker, *La Compagnie*, pp. 587-588.
(11) Astráin, *Historia*, VI, pp. 43-47.
(12) F. Plattner, S.J. *Jesuits Go East* (Westminster, 1952), p. 104; *DeGuiJes*, pp. 256-257. Lamalle, "La propagande du P. Nicolas Trigault en faveur des missions de Chine," *AHSJ*, IX (1940), p. 114.
(13) Astráin, *Historia*, VI, pp. 47-48.
(14) Haskell, *Patrons and Painters*, pp. 73-74.
(15) Ibid., pp. 85-87.
(16) Ibid., pp. 78-83; Mâle, *L'Art religieux*, pp. 431-432.
(17) Haskell, *Patrons and Painters*, pp. 80-85; Mâle, *L'Art religieux*, pp. 151-152.
(18) Haskell, *Patrons and Painters*, pp. 90-91.
(19) P. Pourrat, *Christian Spirituality* (Westminster, Md., 1955), IV, pp. 129-134; *DeGuiJes*, pp. 407-410.
(20) Astráin, *Historia*, V, pp. 49, 127; VI, pp. 37-40.
(21) J. P. Grausem, *DTC*, XIV, i, p. 165, s.v. "Ruiz de Montoya, Diego."
(22) Astráin, *Historia*, V, pp. 93-94.
(23) Ibid., V, pp. 112-113.
(24) Ibid., V, pp. 94-95.
(25) C. R. Boxer, *A Great Luso-Brazilian Figure: Padre António Vieira, S.J., 1608-1697* (London, 1957), pp. 3-4.
(26) Rodrigues, *História*, III, i, pp. 165-169.
(27) Ibid., III, ii, pp. 57-59, 62, 87; F. Rodrigues, S.J., "O. P. António Vieira. Contradicções e Applausos. (Á Luz de Documentação Inedita)," *Revista de História*, XI (1922), pp. 88-91; Boxer, *A Great Luso-Brazilian*, pp. 9, 26.
(28) Blet, "Jésuites Gallicans?" *AHSJ*, XXIX (1960), p. 82.
(29) Ibid., pp. 62-63; Fouqueray, *Histoire*, IV, p. 144.
(30) Blet, "Jésuites Gallicans?" *AHSJ*, XXIX (1960), p. 69; Fouqueray, *Histoire*, IV, pp. 156-159.
(31) Blet, "Jésuites Gallicans?" *AHSJ*, XXIX (1960), pp. 73-74. ド・ラ・シェーズがルイ十四世に対す

る自分自身の限られた影響について書いたことは、太陽王の専属聴罪司祭が、最高度の政治の構成に決して積極的に参加しなかったし、一六七六年から一六七九年にかけてのユグノー教徒への厳しい措置をとることに何の役割も演じなかったという、ジャン・オルシバルの見解を確証する。その措置はナントの勅令を廃止した、一六八五年のフォンテヌブローの勅令への序曲である。J. Orcibal, *Louis XIV et les Protestants*（Paris, 1951）, pp. 91-93参照。

（32）Blet, "Jésuites Gallicans?" *AHSJ*, XXIX,（1960）, p. 76.

（33）Guitton, *Le Père de la Chaize*, I, pp. 150-151.

（34）J. Brucker, S.J., *DTC*, IV, i, coll. 175-176, s.v. "Dechamps ou Agard de Champs, Étienne"; M. Harney, S.J., *The Jesuits in History*（New York, 1941）, pp. 283-284; J. Brucker, *La Compagnie*, pp. 545-549; Blaise Pascal, *Les provinciales ou les lettres écrites par Louis de Montalte à un provincial de ses amis et aux RR.PP. Jésuites*, ed. L. Cognet（Paris, 1965）, pp. xxxviii-xlii. J. Brodrick, S.J., の J. Steinmann, *Pascal*（London, 1965）に対する書評（*The Month*, CCXXI［1966］, pp. 248-249）も参照。

（35）H. Bremond, *The Thundering Abbot. Armand de Rancé Reformer of La Trappe*（London, 1930）, pp. 144-145.

（36）P. A. Ponlevoy, S.J., *Vie du R.P. Xavier de Ravignan*（Paris, 1862）, I, p. 83.

（37）A. Matignon, S.J., "Les Doctrines de la Compagnie de Jésus sur la Liberté. La Lutte contre Jansénisme," *Études*, VIII（1866）, p. 12. Jean Steinmann（*Pascal*, p. 128）は、この問題を別の角度から判断して、パスカルは自分の不平を誇張する一方で、一八世紀の始まりには、キリスト教倫理学における理性と決疑論に対する信頼のあまり、信仰は「柔軟で順応的宗教」になってしまったと見なしたと述べている。

（38）Pascal, *Les provinciales*, ed. Cognet（Paris, 1965）, pp. xliv-xlv.

（39）L. Lallemant, S.J., *La vie et la doctrine spirituelle du Père Louis Lallemant, S.J.*, Introduction et notes par François Courel, S.J.（Paris, 1959）, pp. 29-33; *De Guifes*, pp. 353-355. Henri Bremond は Lallemant, *Spiritual Doctrine* について次のように

言う。「これは現代の宗教文学における最も基本的な著作の一つである」（*Histoire littéraire*, V, p. 64）

（40）Fouqueray, *Histoire*, V, pp. 262-264.

（41）J. Lecler, S.J., の *Correspondance du cardinal de Bérulle*, 2 vols., ed. J. Dagens（Louvain-Paris, 1937）に対する書評（*AHSJ*, VII, [1938], pp. 302-304）。

（42）Denis Petau, S.J., *Dogmata Theologica Dionysii Petavii e Societate Jesu.* editio nova, J. B. Fournials (Paris, 1845), I, p. 1.

（43）J. C. Vital Chatellain, *Le Père Denis Petau d'Orleans. Sa Vie et ses Oeuvres* (Paris, 1884), pp. 406-407, 447-448.

（44）F. de Dainville, S.J., "Collèges et fréquentation scolaire au XVIIe siècle," *Population*, XII（1957）, pp. 470-472; 474-480.

（45）Purdie, *The Oxford Companion to the Theatre*, 3rd ed., pp. 511, 513-514, s.v. "Jesuit Drama."

（46）V. M. Hamm, "Father Dominic Bouhours and Neo-Classical Criticism," in: *Jesuit Thinkers of the Renaissance*, p. 73.

（47）Pastor, *History*, XXVII, p. 279.

（48）Ibid., XXXVIII, pp. 132-133.

（49）Duhr, *Geschichte*, II, ii, p. 350. ドゥールはこのイエズス会士をネルリヒ（Nerlich）と同一視する。私はマティアス・ネンニヒェン（Mathias Nennichen）に関する情報を、ローマのイエズス会文書館主任のエドモンド・ラマル師（Edmond Lamalle）に負っている。イエズス会ボヘミア管区のカタログと他の文献の研究から、彼は皇帝への抗議をした者が、ヴェンセスラウス（Wencelaus）とパウル（Paul）のどちらかのネルリヒだったことはほとんどありえなかったこと、そして最もそれらしいのはマティアス・ネンニヒェンであることを示した。

（50）Lecler, *Histoire de la tolérance*, I, p. 295.

（51）Duhr, *Geschichte*, II, i, pp. 398-407; II, ii, pp. 157-179; C. V. Wedgwood, *The Thirty Years War*（New Haven, 1939）, pp. 411-412; R. Bireley, S.J., *Religion and Politics* ...（Chapel Hill, 1981）, pp. 113-230.

（52）Duhr, *Geschichte*, II, i, p. 596; II, ii, pp. 28, 130-131.

(53) Ibid., II, ii, pp. 120-121.
(54) Bednarski, "Déclin et renaissance," *AHSJ*, II (1933), pp. 199-223.
(55) Bober and Bednarz, "Relatio de caedibus ... in Provincia Poloniae ... 1665," *AHSJ*, XXIX (1960), pp. 329-380.
(56) Poncelet, *Histoire*, I, pp. 575-580.
(57) Ibid., II, pp. 459-468, 480.
(58) *Records of the English Province of the Society of Jesus*, ed. H. Foley, S.J. (London, 1877-1882), III, pp. 122, 400-404; IV, pp. 615-617, 668.
(59) Philip Hughes, *Rome and the Counter-Reformation in England* (London, 1944), pp. 378-407. スミスは、イエズス会士をも含む司祭修道者たちが彼を追い出そうとするのは、彼個人に対する反対からではなく、イギリスに司教がいてほしくないと強く思っていたからである、と主張した（ibid., p. 336）。
(60) J. H. Pollen, S.J., "A Jesuit 'Free School' in London 1688," *Month*, CXXVIII (1916), pp. 264-267.
(61) J. P. Kenyon, *Robert Spencer, Earl of Sunderland, 1641-1702* (London, 1958), p. 134.
(62) F. C. Turner, *James II* (London, 1948), p. 305.
(63) W. Forbes-Leith, S.J., *Memoirs of Scottish Catholics during the XVII and XVIII Centuries* (London-New York, 1909), I, pp. 11, 76-79, 190.
(64) Ibid., II, pp. 55, 138-139.
(65) V. A. McClelland, "Scots Jesuits and Episcopal Authority 1603-1773," *Dublin Review*, No. 507 (1966), p. 124.
(66) T. Corcoran, S.J., "Early Irish Jesuit Educators," *Studies*, XXIX (1940), pp. 550-551; XXX (1941), pp. 73-74; Corcoran, *Clongowes*, p. 32.
(67) Rodrigues, *História*, III, ii, pp. 133-135.
(68) Amann, *DTC*, IX, 2, coll. 1717-1718.
(69) D. Ferroli, S.J., *The Jesuits in Mysore* (Kozhikode, 1955), pp. 57-58.
(70) Ferroli, *Jesuits in Malabar*, II, pp. 45-49; Tisserant, *Eastern Christianity in India*, pp. 75-82.
(71) Laures, *The Catholic Church in Japan*, pp. 177-179; Boxer, *The Christian Century*, pp. 334-335, 448.
(72) Boxer, ibid., pp. 391-393, 445-446.
(73) P. D'Elia, S.J., *Galileo in China* (Cambridge,

Mass., 1960), pp. 22-23.

(74) Ibid., pp. 28-32. J. Needham, *Chinese Astronomy and the Jesuit Mission: An Encounter of Cultures* (London, 1958), pp. 2-3, 8-11. イエズス会士が古代中国の科学的知識を把握しえなかったという、ニーダムの結論に対して注意深く細かい点にまで目を配った評価については以下を参照。F. A. Rouleau, S.J. の *Science and Civilization in China, III: Mathematics and the Sciences of the Heavens and the Earth*, by J. Needham (Cambridge, 1959) に対する書評（*AHSJ*, XXX [1961], pp. 299-303）。

(75) G. H. Dunne, S.J., "What Happened to the Chinese Liturgy?" *Catholic Historical Review*, XLVII (1961), pp. 1-14.

(76) D. Navarrete, O.P., *The Travels and Controversies of Friar Domingo Navarrete*, ed. J. B. Cummins (Cambridge, 1962), I, pp. lxiv-lxxi.

(77) Ibid., pp. lv, lviii.

(78) Ibid., pp. cvi-cx.

(79) Ibid., pp. lxxviii-lxxxiii.

(80) Rodrigues, *História*, III, i, pp. 374-381; III, ii, pp. 193-235, 237-244, 280-284, 323-334, 348-360.

(81) J. B. Coulbeaux, *DTC*, V, i, coll. 953-956, s.v. "Éthiope (Église d')."

(82) Ibid., pp. 958-960; C. Beccari, S.J., ed., *Rerum Aethiopicarum Scriptores Occidentales Inediti* (Roma, 1907-1917), VIII, pp. xiii-xvi.

(83) J. B. Coulbeaux, *Histoire Politique et Religieuse d'Abyssinie* (Paris, 1929), II, pp. 220-224; A. Brou の書評（*AHSJ*, I [1932], p. 376）も参照。

(84) Plattner, *Jesuits Go East*, pp. 85, 169-172.

(85) Rodrigues, *História*, III, ii, pp. 178-179.

(86) Boxer, *António Vieira*, p. 21; C. R. Boxer, *The Golden Age of Brazil 1695-1750* (Berkeley and Los Angeles, 1962), p. 277.

(87) De la Costa, *Jesuits in the Philippines*, p. 437; Astráin, *Historia*, V, pp. 47-49, 263-264, 278.

(88) A von Huonder, S.J., "German Jesuit Missionaries in the Seventeenth and Eighteenth Centuries," *WL*, XXIX (1900), pp. 473-474.

(89) G. Kratz, *El tratado Hispano-Portugués de límites de 1750 y sus consecuencias* (Rome, 1954), pp. 6-7.

(90) R. García-Villoslada, S.J., *Manual de Historia de la Compañía de Jesús* (Madrid, 1954), pp. 323-325;

Astráin, *Historia*, VI, pp. 670-679. 詳細に見ることのできなかった論文として以下のものがある。J. E. Groh, "Antonio Ruíz de Montoya and the Early Reductions in the Jesuit Province of Paraguay," *Catholic Historical Review*, LVI (1970), pp. 501-533.

（91）Astráin, *Historia*, V, pp. 550-557.

（92）Ibid., p. 671.

（93）Ibid., VI, pp. 812-820.

（94）J. P. Donnelly, S.J., *Jacques Marquette: 1637-1675*（Chicago, 1968), pp. 112, 183, 209-226, 338-340. イエズス会のインディアン文化への適応に関する詳しい記述は以下を参照。J. Moore, *Indian and Jesuit: A Seventeenth Century Encounter*（Chicago, 1984).

（95）T. Hughes, S.J., *History of the Society of Jesus in North America, Colonial and Federal*（London, 1907-1917), II（text), p. 262.

（96）L. Pouliot, S.J., *Étude sur les Relations des Jésuites de la Nouvelle-France*（1632-1672）（Montreal, 1940), pp. 12-15.

（97）F. Roustang, S.J., *An Autobiography of Martyrdom*（St. Louis, 1964), pp. 71, 268.

（98）F. J. Alegre, S.J., *Historia de la Provincia de la Compañía de Jesús de Nueva España*, ed. E. Burrus, S.J. and F. Zubillaga, S.J.（Rome, 1956-1960), III, p. 3*.

（99）Brucker, *La Compagnie*, pp. 647-651.

（100）F. Rodrigues, S.J., "Nas missões do extremo-oriente. Quatro missionarios do padroado português," *Brotéria*, XX（1935), pp. 301-315.

（101）Pastor, *History*, XXXII, pp. 458-460; Brucker, *La Compagnie*, pp. 654-655.

（102）Navarrete, *The Travels*, I, p. lv.

（103）Boxer, *The Christian Century*, p. 231.

†1 教会堂の主門と祭壇の間にある外陣は、大きな教会では多くの場合、柱で区切られて三つの部分となっているが、そのうち中心にある部分。通常信徒席が設けられる。左右にある部分は側廊と呼ばれる。教会によっては、側廊が複数設けられたり、側廊がない場合もある。

†2 壁に一日で描く分の面積の漆喰を塗り、漆喰が乾かないうちに絵具で描く画法。絵具が濡れている漆喰に浸透するため比較的剝落しにくいが、漆喰

はおおむね二四時間で乾いてしまうため、迅速な作業が必要とされる。乾いた時の色の変化が多いことと、一度描いたら変更が困難であるという特徴ももっている。

†3 教皇庁が領有する地域。教皇庁はイタリア中部、ローマを中心として、アドリア海側にまで至る地域を領有していた。これはフランク王国のピピン三世（Pippin III 七一四―七六八年、在位七五一―没年）の寄進地にもとづく。なお、中世においては、この教皇領がローマ皇帝コンスタンティヌス一世の寄進にもとづくとされていたが、一五世紀に人文主義者ロレンツォ・ヴァッラ（Lorenzo Valla 一四〇六／〇七―五七年）が、コンスタンティヌスのものとされてきた寄進状は八―九世紀の偽造であることを突き止めた。

†4 フランシスコ会士で、フランチェスコの原始会則派（オッセルヴァンティ）としての立場で会の改革に努めた。説教者としても有名だった。第6章訳注†3を参照。

†5 フェラーラ出身のドミニコ会の説教家で、メディチ（Medici）家が追放された後、フィレンツェで一四九四―九七年に神政政治を行った。熱狂的な説教によって教会の刷新を促したが、一四九七年に教皇アレクサンデル六世に破門され、翌年、フィレンツェ市当局によって火刑となった。

†6 福者に列すること。福者（beatus）とは、正式の聖人（sanctus）と尊者（venerabilis）の中間に位置するもので、列福は列聖の中間段階と言える。列福によって地域的崇敬が承認される。今日では列聖には列福されていることが前提となっている。

†7 完徳は、口頌の祈禱、その他の外的信心業を伴わない、無活動による対神愛の中に存するという神秘思想。一六八七年、インノケンティウス十一世により異端とされた。

†8 フランスのベネディクト会の修族の一つ（一六一八―一八一八年）。戒律の模範的遵守と厳しい禁欲を特色とする改革修道院連合であり、一人の総会長および総会をもつ大きな共同体を形成した。これはやがて、教会史とベネディクト会史の研究に従事する学問的共同体ともなった。

†9 ドイツのアウグスティヌス会の修道士トマス・ア・ケンピス（Thomas a Kempis 一三七九／八〇―一四七一年）が著したとされる、一般信徒に修道生活の精神に倣った完徳を勧める書。

†10　レオ九世（Leo IX 在位一〇四九―五四年）に始まる一連の教会改革運動は、彼の名を冠してグレゴリウス改革と呼ばれる。この改革運動は、単に教会の刷新というだけでなく、聖職者の独身制や世俗権力による叙任の禁止などの現在まで続く教会の基本的立場を決定した重要な改革である。また、この改革の成功により、教会権力ならびに教会における教皇権が著しく拡大した。

†11　教皇権の絶頂期の教皇。第四回十字軍（一二〇二―〇四年）、異端のカタリ派（アルビジョワ派ともいう）に対するアルビジョワ十字軍を組織する。「教皇権は太陽であり、皇帝権は月である」とその権力の絶大さを豪語したが、第四回十字軍がエルサレムに向かわず、同じキリスト教のビザンツ帝国の首都コンスタンティノープルを占領して、十字軍として失敗に終わるなど、その権力は陰りのないものではなかった。

†12　知解を求める信仰という理念にもとづいて、神の存在を理性的に証明しようとした。イタリア出身で、フランスの修道院で院長、また教師を務め、カンタベリー大司教としてイギリス国王に対してイギリス教会の教皇庁とのつながりと王家に対する教会の自立を強調した。

†13　カンタベリー大司教。もとは国王ヘンリー二世の友人だったが、王が彼をカンタベリー大司教に任じた後は、教会の特権を押さえようとする王の政策にことごとく反対し、激怒した王は、カンタベリー大聖堂内で彼を暗殺させた。

†14　一〇九八年成立の修道会。修道院内の生活様式の厳しさへの欲求、東方からのギリシア人修道士たちの到来、グレゴリウス改革などを背景に、ベネディクト会則の厳密な解釈に従って孤独と清貧、労働、生活と典礼の簡素化の実行を目指した。一七世紀に、ラ・トラップのシトー会修道院は、観想生活への復帰を図り改革を行ったが、これをトラピスト会という。トラピスト会は、一八九二年に厳律シトー会として、正式に分離した。

†15　一一二〇年、ノルベルトゥス（Norbertus 一〇八〇頃―一一三四年）が創始した修道会。司牧と福音宣教を自らの課題とし、アウグスティヌス共住規則に従う。

†16　一二―一三世紀にパレスティナのカルメル山で生活した隠遁者から始まる観想修道会。当初は共住制の隠修生活の形態をとったが、一三世紀前半、

西欧に進出して托鉢修道会となり、宣教・司牧活動も行うようになる。一四—一五世紀に女子修道院が加わり、それが一六世紀にアビラのテレサによって刷新された。

†17　一六五〇年、ル・ピュイで創設された女子修道会(他にもヨセフの名を冠した女子修道会がある)。アウグスティヌス会則を採用。活動は、貧者・病人・孤児の保護を中心とする。

†18　ギリシア教父で、カッパドキア三教父の一人。アレイオス派（Areios 二五〇頃—三三六年頃）〔イエスを神の被造物と見なして、その神性を認めない異端〕に反対した。その神学的人間論において、自由な道徳的努力による超越した神への接近の道を展開した。

†19　ギリシア教父、リヨン司教。グノーシス主義〔一世紀末からの宗教運動で、二世紀にキリスト教に浸透しようとしたが、救済史と史的イエスの役割を軽視した〕を論駁し、信仰の事実的・歴史的基盤を強調し、イエスを頂点とする包括的救済史観を展開した。

†20　オランダ侵略戦争（一六七二—七八年）の講和条約。オランダ侵略戦争は、ネーデルラント継承戦争（一六六七年）〔ルイ十四世がネーデルラントの一部の相続権を主張して戦争を起こし、イギリスやスウェーデンと同盟したオランダに阻まれた〕の報復のため、ルイ十四世がオランダに侵略した戦争。この条約で、フランスはフランドル南部などいくつかのスペイン領であった地方を併合した。

†21　清教徒革命（一六四〇—六〇年）〔清教徒とはイギリスにおけるカルヴァン派のことで、ピューリタンともいう〕により、父チャールズ一世が処刑され、亡命生活を送っていた。一六六〇年、王政復古で帰国して即位したが、やがて反動化し、次のジェームズ二世期の名誉革命（一六八八年）の原因を作った。

†22　ボヘミアのヤン・フス（Jan Hus 一三六九頃—一四一五年）による教説およびその党派。フスは教会の権限と秘跡論を批判し、異端とされた。彼が火あぶりにあった後も、その党派は残り、フス戦争（一四一九—三六年）が起こった。

†23　一五三二年、ヒエロニュムス・エミリアーニ(Hieronymus Aemiliani 一四八一—一五三七年）によって創設された男子修道会。孤児院、救

貧院、病院、寄宿舎教育一般の指導などがおもな活動内容である。

†24　クロムウェルは清教徒革命で議会側の軍の指導者として活躍した人物。清教徒革命では、一六四九年にチャールズ一世が処刑され、共和制が樹立された。共和制開始直後は、クロムウェルは司令官としてアイルランドやスコットランドに対する遠征に従事していたが、帰還（一六五一年秋）後、議会に復帰して、やがて政権の中心人物となり、一六五三年には終身護国卿に就任し、独裁政治を行った。一六五八年にクロムウェルが死んだ後、息子のリチャード（Richard Cromwell 一六二七—一七一二年）が護国卿となったが、指導力不足は否めず、一六五九年に護国卿職から退いて、ここに護国卿政治は消滅し、再び共和政が復活した。しかし、この翌年にチャールズ二世がイギリス王として王政復古を果たし、共和制も消滅した。†21も参照。

†25　枢機卿たちの集合体。一二世紀にローマ近郊の司教（司教枢機卿）やローマ市内の聖職者から選ばれて教皇に仕えていた聖職者（司祭および助祭枢機卿）を一つにまとめたのがその起源。枢機卿会に任命するとは、枢機卿に任命するということである。枢機卿とは、教会のヒエラルキーにおいて教皇に次ぐ地位を占め、教会運営においては教皇を補佐する存在で、重大問題を話し合うために教皇が開く枢機卿会議の構成員であるとともに、諸官庁の長を努める。教皇死亡時には教皇選挙権をもつ唯一の存在であり（一二世紀以降）、教皇も枢機卿の中から選ばれる（一四世紀以降）。

†26　外国宣教を目的とし、現地人の司祭の養成に努めるフランスの教区司祭の会。イエズス会士アレクサンドル・ド・ロードの主唱によって設立された。

第30回	1957年9月6日—11月11日
第31回	1965年5月7日—7月15日
	1966年9月8日—11月17日
第32回	1974年12月2日—1975年3月7日
第33回	1983年9月2日—10月25日
第34回	1995年1月5日—3月22日
第35回	2008年1月7日—3月6日
第36回	2016年10月2日—11月12日

総会

第1回　1558年6月19日—9月10日
第2回　1565年6月21日—9月3日
第3回　1573年4月12日—6月16日
第4回　1581年2月7日—4月22日
第5回　1593年11月3日—1594年1月18日
第6回　1608年2月21日—3月29日
第7回　1615年11月5日—1616年1月26日
第8回　1645年11月21日—1646年4月14日
第9回　1649年12月13日—1650年2月23日
第10回　1652年1月7日—3月20日
第11回　1661年5月9日—7月27日
第12回　1682年6月22日—9月6日
第13回　1687年6月22日—9月7日
第14回　1696年11月19日—1697年1月16日
第15回　1706年1月20日—4月3日
第16回　1730年11月19日—1731年2月13日
第17回　1751年6月22日—9月5日
第18回　1755年11月18日—1756年1月28日
第19回　1758年5月9日—6月18日
第20回　1820年10月9日—12月10日
第21回　1829年6月30日—8月17日
第22回　1853年6月22日—8月31日
第23回　1883年9月16日—10月23日
第24回　1892年9月24日—12月5日
第25回　1906年9月1日—10月18日
第26回　1915年2月2日—3月18日
第27回　1923年9月8日—12月21日
第28回　1938年3月12日—5月9日
第29回　1946年9月6日—10月23日

第17代　ルイジ・チェントゥリオーネ
1755年11月30日—1757年10月2日
第18代　ロレンツォ・リッチ
1758年5月21日—1773年8月16日
第19代　タデウス・ブルツォツォフスキ
1814年8月7日—1820年2月5日
第20代　ルイジ・フォルティス
1820年10月18日—1829年1月27日
第21代　ヤン・ローターン
1829年7月9日—1853年5月8日
第22代　ピーテル・ベックス
1853年7月2日—1887年3月4日
第23代　アントン・アンデルレディ
総長代理1883年9月24日
総長1887年3月4日—1892年1月18日
第24代　ルイス・マルティン
1892年10月2日—1906年4月18日
第25代　フランツ・ヴェルンツ
1906年9月8日—1914年8月19日
第26代　ヴロディミール・レドゥホフスキ
1915年2月11日—1942年12月13日
第27代　ヨハネス＝バプティスタ・ヤンセンス
1946年9月15日—1964年10月5日
第28代　ペドロ・アルペ
1965年5月22日—1983年9月3日
第29代　ペーター＝ハンス・コルベンバハ
1983年9月13日—2008年1月14日
第30代　アドルフォ・ニコラス
2008年1月19日—2016年10月14日
第31代　アルトゥーロ・ソーサ
2016年10月14日—

歴代総長

第1代　イグナティウス・デ・ロヨラ
1541年4月19日—1556年7月31日
第2代　ディエゴ・ライネス
1558年7月2日—1565年1月19日
第3代　フランシスコ・ボルジア
1565年7月2日—1572年10月1日
第4代　エヴェラール・メルキュリアン
1573年4月23日—1580年8月1日
第5代　クラウディオ・アクアヴィヴァ
1581年2月19日—1615年1月31日
第6代　ムツィオ・ヴィテレスキ
1615年11月15日—1645年2月9日
第7代　ヴィンチェンツォ・カラファ
1646年1月7日—1649年6月8日
第8代　フランチェスコ・ピッコローミニ
1649年12月21日—1651年6月17日
第9代　ルイジ・ゴッティフレディ
1652年1月21日—1652年3月12日
第10代　ゴスヴィン・ニッケル
1652年3月17日—1664年7月31日
第11代　ジョヴァンニ・パオロ・オリヴァ
総長代理1661年6月7日
総長1664年7月31日—1681年11月26日
第12代　シャルル・ド・ノワイエル
1682年7月5日—1686年12月12日
第13代　ティルソ・ゴンサレス
1687年7月6日—1705年10月27日
第14代　ミケランジェロ・タンブリーニ
1706年1月31日—1730年2月28日
第15代　フランティシェク・レッツ
1730年11月30日—1750年11月19日
第16代　イニャツィオ・ヴィスコンティ
1751年7月4日—1755年5月4日

◎Wittkower, Rudolf and Jaffe, Irma B., editors. *Baroque Art: The Jesuit Contribution.* New York, 1972.

◎Zalenski, Stanislaus, S.J. *Les Jésuites de la Russie-Blanche.* 2 vols. Translated from Polish by Alexandre Vivier, S.J. Paris, 1886.

◎Zubillaga, Félix, S.J. *La Florida. La Misión Jesuítica(1566-1572) y la Colonización Española.* Roma, 1941.

◎———"La Provincia Jesuítica de Nueva España. Su fundamento económico: siglo XVI." *Archivum Historicum Societatis Iesu,* XXXVIII (1969), 3-169.

ries of nineteen articles in *The Month,* XCIX-CII(Feb. 1902-Aug. 1903).
◎Sorel, Albert. *Europe Under the Old Regime.* Translated by Francis H. Herrick. New York, 1964.
◎Steinman, Jean. *Pascal.* London, 1965.
◎Stierli, Josef, S.J. "Devotion to Mary in the Sodality." Translated by Joseph Vetz, S.J. and Gustave Weigel, S.J. *Woodstock Letters,* LXXXII (1953), 16-45.
◎Symlie, James H. "American Protestants Interpret Vatican Council I." *Church History,* XXXVIII(1969), 459-474.
◎Talbot, Francis X., S.J. *Jesuit Education in Philadelphia, Saint Joseph's College, 1851-1926.* Philadelphia, 1927.
◎Thayer, William R. *The Life and Times of Cavour.* 2 vols. Boston-New York, 1911.
◎Tisserant, Eugène. *Eastern Christianity in India: a History of the Syro-Malabar Church from the Earliest Time to the Present Day.* Translated by E. R. Hambye, S.J. Westminster, Md. 1957.
◎Trappes-Lomax, Michael. *Bishop Challoner.* London-New York, 1936.
◎Turner, F. C. *James II.* London, 1948.
◎Villaret, Émile, S.J. "Les premières origines des Congrégations mariales dans la Compagnie de Jésus." *Archivum Historicum Societatis Iesu,* VI(1937), 25-57.
◎Watkin, Edward I. "The Splendour of Baroque." *The Tablet*(London), CCXXII(1968), 386-388.
◎Wedgwood, Cicely V. *The Thirty Years War.* New Haven, 1939.
◎Wilckens, Ricardo Krebs. *El pensamiento histórico, político y económico del Conde de Campomanes.* Santiago de Chile, 1960.
◎――― "The Victims of a Conflict of Ideas." *The Expulsion of the Jesuits from Latin America.* Edited by M. Mörner. New York, 1965, 47-52.
◎Wilkins, Kathleen Sonia. *Studies on Voltaire and the Eighteenth Century.* Vol. LXVI: *A Study of the Works of Claude Buffier.* Edited by Theodore Besterman. Geneva, 1969.
◎Witek, John W., S.J. *Controversial Ideas in China and in Europe: A Biography of Jean-François Foucquet, S.J.(1665-1741).* Rome, 1982.

◎——"Maillard de Tournon, Papal Legate at the Court of Peking. The First Imperial Audience(31 December 1705)." *Archivum Historicum Societatis Iesu,* XXXI(1962), 264-323.

◎Roustang, François, S.J. editor. *An Autobiography of Martyrdom. Spiritual Writings of the Jesuits in New France.* Translated by Sister M. Rennelle, S. S. N. D. St. Louis, 1964.

◎Ruhan, Anthony, S.J. "The Origins of the Jesuit Tertianship." *Woodstock Letters,* XCIV(1965), 407-426.

◎Sarrailh, Jean. *L'Espagne Éclairée de la Seconde Moitié du XVIIIe Siècle.* Paris, 1954.

◎Scaduto, Mario, S.J. *Storia della Compagnia di Gesù in Italia.* Vol. III: *L'epoca di Giacomo Lainez, Il Governo 1556-1565.* Roma, 1964.

◎Schneider, Burkhart, S.J. "Der Syllabus Pius' IX. und die deutschen Jesuiten." *Archivum Historiae Pontificiae,* VI(1968), 371-392.

◎Schurhammer, Georg, S.J. "Thomas Stephens(1549-1619)." *Gesammelte Studien,* II: *Orientalia.* Edited by László Szilas, S.J.(4 vols.) Lisbon-Roma, 1963, 367-376.

◎——*Francis Xavier: His Life, His Times.* Vol. I: *Europe: 1506-1541;* II: *India: 1541-1545;* III: *Indonesia and India: 1545-1549;* IV: *Japan and China: 1549-1552.* Translated by M. Joseph Costelloe, S.J. Rome, 1973, 1977, 1980, 1982.

◎Schütte, Josef Franz, S.J. *Valignano's Mission Principles for Japan.* Vol. I: *From His Appointment as Visitor until His First Departure from Japan (1573-1582).* Part I: *The Problem(1573-1580).* Part II: *The Solution (1580-1582).* Translated by John J. Coyne, S.J. St. Louis, 1980, 1985.

◎Scorraille, Raoul, S.J. *François Suarez de la Compagnie de Jésus.* 2 vols. Paris, 1911.

◎Sebes, Joseph, S.J. *The Jesuits and the Sino-Russian Treaty of Nerchinsk.* Rome, 1961.

◎Servière, J. de la, S.J. *Les anciennes missions de la Compagnie de Jésus en China.* Shanghai, 1924.

◎Simon-Diaz, José. *Historia del Colegio Imperial de Madrid.* 2 vols. Madrid, 1952.

◎Smith, Sydney, S.J. "The Suppression of the Society of Jesus." A se-

(1963), 115-138.
◎Ricci, Matteo, S.J. *The True Meaning of the Lord of Heaven*(*T'ienchu Shih-i*). Translated, with Introduction and Notes, by Douglas Lancashire and Peter Hu Kuo-chen, S.J. A Chinese-English edition edited by Edward J. Malatesta, S.J. St. Louis, 1985.
◎Rickaby, Joseph, S.J. "Clement the Eleventh and the Chinese Rites." *The Month,* LXXIII(1891), 70-79.
◎Riedl, Clare C. "Suarez and the Organization of Learning." *Jesuit Thinkers of the Renaissance.* Edited by Gerard Smith, S.J. Milwaukee, 1939.
◎Riga, Peter, "The Ecclesiology of Johann Adam Möhler." *Theological Studies,* XXII(1961), 563-587.
◎Rochemonteix, Camille de, S.J. *Les Jésuites de la Nouvelle-France au XVIIe siècle.* 3 vols. Paris, 1895.
◎Rodrigues, Francisco, S.J. *A Formação intellectual do Jesuita.* Porto, 1917.
◎――― *História de Companhia de Jesus na Assistência de Portugal.* 4 vols. Porto, 1931-1950.
◎――― "A Companhia de Jesus em Portugal e nas Missões. Esbôço Histórico," *Revista de História,* X(1921), 161-201.
◎――― "Nas missões do extremo-oriente. Quatro missionarios do padroado português," *Brotéria,* XX(1935), 301-315.
◎――― "O. P. António Vieira. Contradicçoes e Applausos.(Á Luz de Documentação Inedita.)" *Revista de História,* XI(1922), 81-115.
◎Roeck, Josef De, S.J. "La Genèse de la Congrégation Générale dans La Compagnie de Jésus." *Archivum Historicum Societatis Iesu,* XXXVI (1967), 267-288.
◎*Roman Archives of the Society of Jesus:* France, 6-XXIII, 15.
◎Ronan, Charles E., S.J. *Francisco Javier Clavigero, S.J. (1731-1787), Figure of the Mexican Enlightenment: His Life and Works,* Rome, 1977.
◎Rouleau, Francis, S.J. Book Review of *Science and Civilization in China.* Vol. III: *Mathematics and the Sciences of the Heavens and the Earth* by Joseph Needham. *Archivum Historicum Societatis Iesu,* XXX(1961), 299-303.

Pays-Bas. 2 vols. Bruxelles, 1927.
◎Ponlevoy, Armand de, S.J. *Vie du R, P. Xavier de Ravignan de la Compagnie de Jésus.* 2 vols. Paris, 1862.
◎Pouliot, Léon, S.J. *Étude sur les Relations des Jésuites de la Nouvell-France (1632-1672).* Montreal, 1940.
◎Pourrat, Pierre. *Christian Spirituality*. Translated by S. P. Jacques, W. H. Mitchell, and D. Attwater. 4 vols. Westminster (Maryland), 1922-1955.
◎Prat, Jean Marie, S.J. *Maldonat et l'Université de Paris.* Paris, 1856.
◎Purdie, Edna. "Jesuit Drama." *The Oxford Companion to the Theatre,* 3rd edition. Edited by Phyllis Hartnoll, London, 1967, 505-515.
◎Rahner, Hugo, S.J. *The Spirituality of St. Ignatius Loyola. An Account of Its Historical Development.* Translated by F. J. Smith, S.J. Westminster (Maryland), 1953.
◎Ranke, Leopold von. *The History of the Popes, their Church and State, and especially of their Conflicts with Protestantism in the Sixteenth and Seventeenth Centuries.* Translated by E. Foster. 3 vols. London. 1847-1851.
◎Ravignan, Gustave François Xavier de, S.J. *Clément XIII et Clément XIV.* Paris, 1854.
◎——— *Clément XIII et Clément XIV. Volume Supplémentaire. Documents historiques et critiques.* Paris, 1854.
◎——— *De l'existence et l'institut des Jésuites.* Paris, 1844.
◎Reilly Connor, S.J. " A Catalog of Jesuitica in the 'Philosophical Transactions of the Royal Society of London' (1665-1715)." *Archivum Historicum Societatis Iesu,* XXVII (1958), 339-360.
◎Reinerman, Alan. "The Return of the Jesuits to the Austrian Empire and the Decline of Josephinism, 1820-1822." *The Catholic Historical Review,* LXX (1966), 372-390.
◎Reiser, Edward J., S.J. "Parochial and Allied Ministries in the American Assistancy." *Woodstock Letters,* LXXII (1943), 306-317.
◎Reites, James W., S.J. "St. Ignatius of Loyola and the Jews." *Studies in the Spirituality of Jesuits,* XIII, no. 4 (September, 1981).
◎Renaud, Rosario, S.J. "Blessed Ignace Mangin and his Companions, Martyrs." Translated by Joseph Cahill, S.J. *Woodstock Letters,* XCII

◎Pascal. Blaise. *Les provinciales ou les lettres écrites par Louis de Montalte à un provincial de ses amis et aux RR. PP. Jésuites.* Edited by Louis Cognet. Paris, 1965.
◎Pastor, Ludwig von. *The History of the Popes from the Close of the Middle Ages.* Translated by Ralph E. Kerr and E. F. Peelor. 40 vols. St. Louis, 1891-1953.
◎Paul VI, Pope. "An Appeal to the Laity, given at Frascati, Sept. 1, 1963." *The Pope Speaks,* IX (1963), 176-177.
◎Peers, E. Allison. *Spain, the Church and the Orders.* London, 1939.
◎Persons, Robert, S.J. *Letters and Memorials of Father Robert Persons, S.J.* Edited by Leo Hicks, S.J. London, 1942.
◎Petau, Denis, S.J. *Dogmata Theologica Dionysii Petavii e Societate Jesu.* Editio Nova, J. B. Fournials. 5 vols. Paris, 1845.
◎Petrucelli della Gattina, Ferdinando. *Histoire Diplomatique des Conclaves.* 4 vols. Paris-Bruxelles, 1864-1866.
◎Pinkerton, Robert, *Extracts of Letters from the Rev. Robert Pinkerton on his Late Tour in Russia, Poland, and Germany; to promote the Object of the British and Foreign Bible Society. Together with a Letter from Prince Alexander Galitzin, to the Right Honourable Lord Teignmouth.* London, 1817.
◎Pirri, Pietro, S.J. "Civiltà Cattolica, La." *Enciclopedia Cattolica,* III (1949), 1759-1762.
◎Plattner, Felix A., S.J. *Jesuits Go East.* Translated by Lord Sudley and Oscar Blobel. Westminster (Maryland), 1952.
◎Pollen, John H., S.J. "English Colleges in Eighteenth Century Spain," *The Month,* CXIX (1912), 190-193.
◎——"A Jesuit 'Free School' in London 1688." *The Month,* CXXVIII (1916), 264-267.
◎——"The Recognition of the Jesuits in England." *The Month,* CXVI (1910), 23-36.
◎——"The Restoration of the English Jesuits," *The Month,* CXV (1910), 585-597.
◎——"An Unobserved Centenary," *The Month,* CXV (1910), 449-461.
◎Poncelet, Alfred, S.J. *Histoire de la Compagnie de Jésus dans les anciens*

XIII (1952), 525-563.

◎——"St. Robert Bellarmine on the Indirect Power." *Theological Studies,* IX (1948), 491-535.

◎——"Leo XIII on Church and State: The General Structure of the Controversy." *Theological Studies,* XIV (1953), 1-30.

◎Navarrete, Domingo, O. P. *The Travels and Controversies of Friar Domingo Navarrete.* Edited by James B. Cummins. 2 vols. Cambridge (England), 1962.

◎Needham, Joseph. *Chinese Astronomy and the Jesuit Mission: An Encounter of Cultures.* London, 1958.

◎O'Brien. Charles H. "Idea of Religious Toleration at the Time of Joseph II. A Study of the Enlightenment among Catholics in Austria." *Transactions of the American Philosophical Society Held at Philadelphia for Promoting Useful Knowledge,* new series, LIX Part 7 (1969), 5-80.

◎O'Neill, George, S.J. *Golden Years on the Paraguay.* London, 1934.

◎Orcibal, Jean. *Louis XIV et les Protestants.* Paris, 1951.

◎Owens, Sister Lilliana. *Jesuit Beginnings in New Mexico.* El Paso, 1950.

◎*Oxford Companion to Art,* 11th edition. Harold Osborne, editor. Oxford, 1970.

◎*Oxford Companion to the Theatre,* 3rd edition. Phyllis Hartnoll, editor. London, 1967.

◎Padberg, John W., S.J. *Colleges in Controversy. The Jesuit Schools in France from Revival to Suppression, 1815-1880.* Cambridge (Mass.), 1969.

◎——"The Society True to Itself: A Brief History of the 32nd General Congregation of the Society of Jesus (December 2, 1974-March 7, 1975.)" *Studies in the Spirituality of Jesuits,* XV, nos. 3 and 4 (May-September. 1983).

◎Palmer, Robert R. *Catholics and Unbelievers in Eighteenth Century France.* Princeton, 1939.

◎——"The French Jesuits in the Age of the Enlightenment." *American Historical Review,* XLV (1939), 44-58.

◎Pappas, John N. *Studies on Voltaire and the Eighteenth Century.* Vol. III: *Berthier's Journal de Trévoux and the Philosophers.* Edited by Theodore Besterman. Geneva. 1957.

Pablo. 1568-1767. New York,1968.

◎Massachusetts Peace Society. *Correspondence of the Massachusetts Peace Society with the Emperor of Russia and Prince Alexander Gallitzin,* London. 1817.

◎Mathis. Michael A., C. S. C. *Modern Missions in India.* New York, 1947.

◎Matignon, Ambroise, S.J. "Les Doctrines de la Compagnie de Jésus sur la Liberté. La Lutte contre Jansénisme," *Études,* VIII(1866), 1-26.

◎Maynard, Michel Ulysse. *The Studies and Teaching of the Society of Jesus at the Time of Its Suppression, 1750-1773.* Baltimore-London, 1855.

◎Mehok, William J., S.J. "Jesuits: International Educators." *Jesuit Educational Quarterly,* XXXII(1969-1970), 275-281.

◎Messineo, S., S.J. "Il P. Luigi Taparelli d'Azeglio et il Risorgimento Italiano." *Civiltà Cattolica,* XCIX(1948), 492-502.

◎Miller. Samuel, J. *Portugal and Rome c. 1748-1830. An Aspect of the Catholic Enlightenment.* Rome, 1978.

◎Molinari, Paul, S.J. "A New Blessed of the Society of Jesus: James Berthieu, Martyr of Madagascar(1838-1896)." *Annuarium Societatis Iesu,*(1965-1966), 49-56.

◎Moody, Joseph N. Book review of *The Development of Technical Education in France, 1500-1850* by Frederick B. Artz. *The Catholic Historical Review,* LV(1969), 476-477.

◎Moore, James T. *Indian and Jesuit: A Seventeenth-Century Encounter.* Chicago, 1984.

◎Mörner, Magnus, editor. *The Expulsion of the Jesuits from Latin America.* New York. 1965.

◎Mulcrone, Thomas F., S.J. "Boscovichian Opportunities in the History of Science and Mathematics." *Bulletin of the American Association of Jesuit Scientists,* XLIII(Dec. 1966), 1-4.

◎Munby, A. N. L. *Portrait of an Obsession. The Life of Sir Thomas Phillipps, the World's Greatest Book Collector.* London, 1967.

◎Murray, John Courtney, S.J. "Christian Humanism in America." *Social Order,* III(1953), 233-244.

◎――"The Church and Totalitarian Democracy." *Theological Studies,*

◎——"Dans la crise du catholicisme libéral." *Études,* CCXCI (1956), 196-211.
◎Leite, Serafim, S.J. *Páginas de História do Brasil.* Rio de Janeiro, 1937.
◎Leturia, Pedro de, S.J. "Conspectus Chronologicus Vitae Sancti Ignatii." *Estudios Ignacianos.* Revisados por el P. Ignacio Iparraguirre, S.J. 2 vols. Roma, 1957.
◎——*Iñigo de Loyola.* Translated by Aloysius Owen, S.J. Syracuse, 1949.
◎Lewey, Guenter. "The Struggle for Constitutional Government in the Early Years of the Society of Jesus." *Church History,* XXIX (1960), 141-160.
◎Lewis, Clifford M., S.J. and Loomie, Albert J., S.J. *The Spanish Jesuit Mission in Virginia. 1570-1572.* Chapel Hill, 1953.
◎Loomie, Albert J., S.J. *The Spanish Elizabethans.* New York, 1963.
◎Lopetegui, León, S.J. *El Padre José de Acosta, S.J. y las misiones.* Madrid, 1942.
◎Lubac, Henri de, S.J. *The Splendour of the Church.* Translated by Michael Mason. New York, 1956.
◎Lynch, John. *Spain under the Habsburgs.* Vol II: *Spain and America 1598-1700.* New York, 1969.
◎McClelland, Vincent A. *Cardinal Manning. His Public Life and Influence, 1865-1892.* New York-Toronto, 1962.
◎——"Scots Jesuits and Episcopal Authority 1603-1773." *Dublin Review,* No. 507 (1966), 111-132.
◎McCool, Gerald, A., S.J. *Catholic Theology in the Nineteenth Century. The Quest for a Unitary Method.* New York, 1977.
◎McGucken, William., S.J. *The Jesuits and Education.* Milwaukee, 1932.
◎McMahon, Thomas J. "Joseph Anthony Masdeu, S.J. A Distant Herald of Aeterni Patris?" *Theological Studies,* III (1942), 163-188.
◎McNally, Robert E., S.J. "St, Ignatius, Prayer, and the Early Society." *Woodstock Letters,* XCIV (1965), 109-134.
◎Mâle, Émile. *L'art religieux de la fin du XVIe siècle, du XVIIe et du XVIIIe siècle.* Paris, 1951.
◎Martín, Luis. *The Intellectual Conquest of Peru. The Jesuit College of San*

◎Knowles, Dom David, O. S. B. *The Benedictines.* New York, 1930.
◎——*From Pachomius to Ignatius. A Study in the Constitutional History of the Religious Orders.* Oxford, 1966.
◎——*Great Historical Enterprises.* London, 1963.
◎Krahl, Joseph, S.J. *China Missions in Crisis. Bishop Laimbeckhoven and His Times 1738-1787.* Rome, 1964.
◎Kratz, Wilhelm, S.J. *El tratado hispano-portugués de limites de 1750 y sus consecuencias. Estudio sobre la abolición de la Compañía de Jesús.* Translated from German by Diego Bermúdez Camacho. Roma, 1954.
◎——"Exjesuiten als Bischöfe,(1773-1822)." *Archivum Historicum Societatis Iesu,* VI(1937), 185-215.
◎Lallemant, Louis, S.J. *La vie et la doctrine spirituelle du Père Louis Lallemant, S.J.* Introduction et notes par François Courel, S.J. Paris, 1959.
◎Lamalle, Edmond, S.J. "La Propagande du P. Nicolas Trigault en Faveur des Missions de Chine." *Archivum Historicum Societatis Iesu,* IX (1940), 49-120.
◎Lancashire, Douglas."Anti-Christian Polemics in Seventeenth Century China." *Church History,* XXXVIII(1969), 218-241.
◎Larère, Charles, S.J. "La suppression de la mission de la Guyane Française(1763-1766)." *Archivum Historicum Societatis Iesu,* IX(1940), 208-226.
◎Latourette, Kenneth S. *A History of Christian Missions in China.* London, 1929.
◎——*A History of the Expansion of Christianity.* Vol. III: *Three Centuries of Advance, A. D. 1500-1800.* New York-London, 1951.
◎Launay, Adrien. *Mémorial de la Société des Missions-Étrangères.* 2 vols. Paris, 1912.
◎Laures, Johannes, S.J. *The Catholic Church in Japan.* Tokyo-Rutland (Vermont), 1954.
◎Le Bachelet, Xavier, S.J. "Jésuites. La Théologie dogmatique dans la Compagnie de Jésus." *Dictionnaire de Théologie Catholique,* XIII, 1043-1069.
◎Lecler, Joseph, S.J. *Histoire de la tolérance au siècle de Réforme.* 2 vols. Paris, 1955.

◎——— *The Reformation in England.* Vol. III: *True Religion Now Established.* London 1954.

◎Hughes, Thomas, S.J. *History of the Society of Jesus in North America, Colonial and Federal.* 4 vols. London- New York, 1907-1917.

◎Humphreys, R. A. and Lynch, John. "The Emancipation of South America." Comité International des Sciences Historiques. *XIIe Congrès International des Sciences Historiques.* 5 vols. Wien, 1965, III, 39-56.

◎Huonder, Anton von, S.J. "German Jesuit Missionaries in the Seventeenth and Eighteenth Centuries." *Woodstock Letters,* XXIX (1900).

◎Ignatius of Loyola, St. *The Constitutions of the Society of Jesus.* Translated, with an Introduction and a Commentary, by George E. Ganss, S.J. St. Louis, 1970.

◎Iparraguirre, Ignacio, S.J. "Desmitificación de San Ignacio, La Imagen de San Ignacio en el Momento Actual." *Archivum Historicum Societatis Iesu,* XLI (1972), 357-373.

◎Irsay, Stephen d'. *Histoire des universités Françaises et étrangères des origines à nos jours.* 2 vols. Paris, 1933.

◎James, William A, "Paul I and the Jesuits in Russia." Ph. D. dissertation, University of Washington, 1977.

◎Janssen, Johannes. *History of the German People at the Close of the Middle Ages.* Translated by M. A. Mitchell and A. M. Christie. 16 vols. St. Louis, 1905-1910.

◎Jemolo, A. C. *Church and State in Italy 1850-1950.* Translated by David Moore, Oxford, 1960.

◎Jungmann, Josef, S.J. *The Mass of the Roman Rite: Its Origins and Development.* Translated by Francis A. Brunner, C. SS. R. 2 vols. New York, 1951, 1955.

◎Karrer, Otto, S.J. "Borgia's Influence on the Development of Prayer-Life in the Society of Jesus." Translated by Walter J. Babo, S.J. *Woodstock Letters,* XCVI (1967), 340-364.

◎Kenyon, J. P. *Robert Spencer, Earl of Sunderland, 1641-1702.* London, 1958.

◎Kerkvoorde, Augustin, O. S. B. "Kleutgen, Joseph." *Catholicisme,* VI, 1456-1457.

◎Hans, N. "The Dissolution of the Society of Jesus in the Eighteenth Century and its Financial Consequences," *Education and Economics: The Year Book of Education,* (1956), 137-146.

◎Harney, Martin P., S.J. *The Jesuits in History.* New York, 1941.

◎———"Cardinal Peter Pázmány." *Thought,* XI (1936), 225-237.

◎Haskell, Francis. *Patrons and Painters. A Study in the Relations between Italian Art and Society in the Age of the Baroque.* New York, 1963.

◎Hastings, Adrian. *The World Mission of the Church.* London, 1964.

◎Hay, Malcolm. *Failure in the Far East.* Philadelphia, 1957.

◎Hazard, Paul. *European Thought in the Eighteenth Century.* Translated by J. Lewis May. New Haven, 1954.

◎Hemphill, Basil, O. S. B. *The Early Vicars Apostolic of England 1685-1750.* London, 1954.

◎Hennesey, James J., S.J. "James A. Corcoran's Mission to Rome: 1868-1869." *The Catholic Historical Review,* XLVIII (1962), 157-181.

◎———"National Traditions and the First Vatican Council." *Archivum Historiae Pontificiae,* VII (1969), 491-512.

◎———"A Prelude to Vatican I: American Bishops and the Definition of the Immaculate Conception." *Theological Studies,* XXV (1964), 409-419.

◎Hering, Hollis W. "A Study of Roman Catholic Missions in China—1692-1744." *New China Review,* III (1921), 106-126; 198-212.

◎Hicks, Leo, S.J. "Father Persons and the Seminaries in Spain." *The Month,* CLVII (1931), 193-204; 410-417; 497-506; CLVIII (1931), 26-35; 143-152; 234-244.

◎Hill, Elizabeth. "Biographical Essay." *Roger Joseph Boscovich. Studies of His Life and Work on the 250th Anniversary of His Birth.* Edited by Lancelot Law Whyte. London, 1961.

◎Hocedez, Edgar, S.J. *Histoire de la théologie au XIXe siècle.* 3 vols. Paris, 1947-1952.

◎Hoffmann, Hermann. *Friedrich II. von Preussen und die Aufhebung der Gesellschaft Jesu.* Rom, 1969.

◎Hughes, Philip. *Rome and the Counter-Reformation in England.* London, 1944.

◎García-Villoslada, Ricardo, S.J. *Manual de Historia de la Compañía de Jesús.* 2d ed. Madrid, 1954.
◎Garraghan, Gilbert J., S.J. *The Jesuits of the Middle United States.* 3 vols. New York, 1938.
◎Garstein, Oskar. *Rome and the Counter-Reformation in Scandinavia. 1539-1583.* Oslo, 1964.
◎Gay, Peter. *The Enlightenment: An Interpretation.* Vol. I: *The Rise of Modern Paganism.* Vol. II: *The Science of Freedom.* New York, 1967, 1969.
◎Giblin, Gerard F., S.J. *Jesuits as Chaplains in the Armed Forces 1917-1960.* Woodstock (Maryland), 1961.
◎Godfrey, John J., S.J. "Sir William Jones and Père Coeurdoux: a Philological Footnote." *Journal of the American Oriental Society,* LXXXVII (1967), 57-59.
◎Gomes, Joaquim Ferreira. "Pedro da Fonseca: Sixteenth Century Portuguese Philosopher." *International Philosophical Quarterly,* VI (1966), 632-644.
◎Grausem, J. P. "Ruiz de Montoya, Diego," *Dictionnaire de Théologie Catholique,* XVI, i, 163-167.
◎Groh, John E. "Antonio Ruíz de Montoya and the Early Reductions in the Jesuit Province of Paraguay," *The Catholic Historical Review,* LVI (1970), 501-533.
◎Guibert, Joseph de, S.J. *The Jesuits: Their Spiritual Doctrine and Practice.* Translated by William J. Young, S.J. Chicago, 1964.
◎Guillermou, Alain. *Les Jésuites.* Paris, 1963.
◎Guitton, Georges, S.J. *Le Père de la Chaize.* 2 vols. Paris, 1959.
◎Gurr, John E., S.J. *The Principle of Sufficient Reason in Some Scholastic Systems.* Milwaukee, 1959.
◎Halecki, Oscar. *From Florence to Brest (1439-1596).* Rome, 1958.
◎Hales, Edward E. Y. *Mazzini and the Secret Societies.* New York, 1956.
◎——— *Pio Nono.* London, 1954.
◎——— *Revolution and Papacy 1769-1846.* London, 1960.
◎Hamm, Victor M. "Father Dominic Bouhours and Neo-Classical Criticism." *Jesuit Thinkers of the Renaissance.* Edited by Gerard Smith, S.J. Milwaukee, 1939.

Century. London, 1958.
◎Favre, Blessed Pierre, S.J. *Bienheureux Pierre Favre: Mémorial.* Traduit et commenté par Michel de Certeau, S.J. "Collection Christus," No. 4. Paris, 1959.
◎Ferroli, Domenico, S.J. *The Jesuits in Malabar.* 2 vols. Bangalore, 1939, 1951.
◎—— *The Jesuits in Mysore.* Kozhikode, 1955.
◎Fiorito, M. A., S.J. "Ignatius' Own Legislation on Prayer." *Woodstock Letters,* XCVII(1968), 149-224.
◎FitzGerald, Paul A., S.J. *The Governance of Jesuit Colleges in the United States, 1920-1970.* Notre Dame, 1984.
◎Fitzpatrick, Joseph P., S.J. "New Directions in the Social Apostolate," *Woodstock Letters,* LXXXIII(1959), 115-130.
◎Foley, Henry, S.J. *Records of the English Province of the Society of Jesus.* 8 vols. London, 1877-1882.
◎Forbes-Leith, William, S.J. *Memoirs of Scottish Catholics during the XVII and XVIII Centuries.* 2 vols. London-New York, 1909.
◎Fouqueray, Henri, S.J. *Histoire de la Compagnie de Jésus en France des origines à la suppression(1528-1762).* 5 vols. Paris, 1910-1925.
◎Frias, Lesmes, S.J. *La Provincia de España de la Compañía de Jesús. 1815-1863.* Madrid, 1914.
◎—— *La Provincia de Castilla de la Compañía de Jesús desde 1863 hasta 1914.* Bilbao, 1915.
◎——"La Compañía de Jesús Suprimida en España hace un Siglo." *Archivum Historicum Societatis Iesu,* V(1936), 203-230.
◎Furlong Guillermo, S.J. *The Expulsion of the Jesuits from Latin America.* Edited by Magnus Mörner. New York, 1965.
◎Gannon, Robert I., S.J. *Up to the Present. The Story of Fordham.* New York, 1967.
◎Ganss, George E., S.J. *The Jesuit Educational Tradition and St. Louis University: Some Bearings for the University's Sesquicentennial.* St. Louis, 1969.
◎—— *Saint Ignatius' Idea of a Jesuit University: A Study in the History of Catholic Education.* 2d ed. rev. Milwaukee, 1956.

◎Dominguez Ortiz, Antonio. *La Sociedad Española en el Siglo XVIII.* Madrid, 1955.
◎Dominion, Helen. *Apostle of Brazil.* New York, 1958.
◎Donnelly. Joseph, S.J. *Jacques Marquette S.J. 1637-1675.* Chicago, 1968.
◎——— *Wilderness Kingdom. Indian Life in the Rocky Mountains: 1840-1847. The Journals and Paintings of Nicolas Point, S.J.* Translated and Introduced by Joseph Donnelly, S.J. New York,1967.
◎Donohue, John W., S.J. *Jesuit Education: An Essay on the Foundations of its Idea.* New York,1963.
◎Dudon, Paul, S.J. St. *Ignatius of Loyola.* Translated by William J. Young, S.J. Milwaukee, 1949.
◎———"The Resurrection of the Society of Jesus." Translated by Gerald McCool, S.J. *Woodstock Letters,* LXXXI(1952), 311-360.
◎Dugout, Ignace Henri, S.J. *Nos Martyrs. Catalogue des Pères et Frères de la Compagnie de Jésus qui, dans les Fers ou dans les Tourments, ont sacrifié leur Vie pour leur Foi ou leur Vocation.* Paris, 1905.
◎——— *Victimes de la charité. Catalogue des PP. et FF. de la Comp. morts de maladies contagieuses contractées au service des malades.* Paris, 1907.
◎Duhr, Bernhard, S.J. *Geschichte der Jesuiten in den Ländern Deutscher Zunge.* 4 vols. in 6 parts. München-Regensburg, 1907-1928.
◎Dumas, Gustave, S.J. *Histoire du Journal de Trévoux.* Paris,1936.
◎———"Voltaire's Jesuit Chaplain." *Thought,* XV(1940), 17-25.
◎Dunne, George H., S.J. "What Happened to the Chinese Liturgy?" *The Catholic Historical Review,* XLVII(1961), 1-14.
◎Dunne, Peter M., S.J. and Burrus, Ernest, S.J. "Four Unpublished Letters of Anton Maria Benz, Eighteenth Century Missionary to Mexico." *Archivum Historicum Societatis Iesu,* XXIV(1955), 336-378.
◎Égret, Jean. "Le procès des Jésuites devant les parlements de France (1761-1770)." *Revue Historique,* CCIV(July, 1950), 1-27.
◎Ellis, John Tracy. *American Catholicism.* Chicago, 1956.
◎Evennett, H. Outram. *The Spirit of the Counter-Reformation.* Edited by John Bossy. Cambridge(England), 1968.
◎Fauchier-Magnan, Adrien. *The Small German Courts in the Eighteenth*

cisco Puig, S.J. 1768-1770. Rome, 1964.
◎Cushner, Nicholas P. *Lords of the Manor. Sugar, Wine, and Jesuit Estates of Coastal Peru, 1600-1767.* Albany, New York, 1980.
◎Dainville, François de, S.J. *La Naissance de l'Humanisme Moderne.* Paris, 1940.
◎——"Effectifs des collèges et scolarité aux XVIIIe et XVIIIe siècles dans le nord-est de la France." *Population,* X(1955), 455-488.
◎——"Collèges et fréquentation scolaire au XVIIe siècle." *Population,* XII(1957), 467-494.
◎——"S. Ignace et l'Humanisme." *Cahiers Universitaires Catholiques* (1956), 458-479.
◎Daley, John M., S.J. *Georgetown University: Origin and Early Years.* Washington, 1957.
◎Dalmases, Cándido de, S.J. *Ignatius of Loyola, Founder of the Jesuits: His Life and Work.* Translated by Jerome Aixalá, S.J. St. Louis, 1985.
◎Daniel-Rops, Henri. *The Church in the Eighteenth Century.* Translated by John Warrington. London-New York, 1964.
◎Dansette, Adrien. *Religious History of Modern France.* Translated by John Dingle. 2 vols. New York, 1961.
◎Delanglez, Jean, S.J. *The French Jesuits in Lower Louisiana, 1700-1763.* Washington, D. C., 1935.
◎Delattre, Pierre, S.J. and Lamalle, Edmond, S.J. "Jésuites wallons, flamands, français, missionaires au Paraguay(1608-1767)." *Archivcum Historicum Societatis Iesu,* XVI(1947), 98-176.
◎D'Elia, Pasquale M., S.J. *Galileo in China.* Translated by Rufus Suter and Matthew Sciascia. Cambridge, Mass., 1960.
◎——"Cina." *Enciclopedia Cattolica,* III, 1646-1667.
◎Desautels, Alfred, S.J. *Les Mémoires de Trévoux et le mouvement des idées au XVIIIe siècle.* Rome, 1956.
◎Devitt, Edward I., S.J. "The Suppression and Restoration of the Society of Jesus in Maryland." *Woodstock Letters,* XXXIII(1904), 371-381; XXXIV(1905), 113-130; 203-235.
◎Dickens, Arthur G. *The Counter Reformation.* London-New York, 1969.

Throughout the World. Translated by Sir Richard Steele. London, 1716.
◎Certeau, Michel de, S.J. "Crise social et réformisme spirituel au début du XVIIe siècle: 'Une nouvelle spiritualité chez les Jésuites français.'" *Revue d'ascétique et de mystique,* XLI(1965), 339-386.
◎Chadwick, Owen. *The Popes and European Revolution.* Oxford, 1981.
◎Chatellain, J. C. Vital. *Le Père Denis Petau d'Orléans. Sa Vie et ses Oeuvres.* Paris, 1884.
◎Cheke, Sir Marcus. *The Cardinal de Bernis.* London, 1958.
◎——— *Dictator of Portugal.* London, 1938.
◎Cognet, Louis. *De la Dévotion Moderne à la Spiritualité Française.* Paris, 1958.
◎——— *Le Jansénisme.* Paris, 1964.
◎Corcoran, Timothy, S.J. *Clongowes Record.* Dublin, 1932.
◎——— "Early Irish Jesuit Educators." *Studies,* XXIX(1940), 545-560; XXX(1941), 59-74.
◎Cordara, Giulio, S.J. "Julii Cordarae de Suppressione Societatis Jesu Commentarii." *Atti e Memorie della R. Academia di Scienze Lettere ed Arti in Padova,* XL(1923-1924), 35-79; XLI(1924-1925), 41-173. Edited by G. Albertotti.
◎Costa, Horacio de la, S.J. *The Jesuits in the Philippines, 1581-1768.* Cambridge(Mass.), 1961.
◎——— "The Development of the Native Clergy in the Philippines." *Theological Studies,* VIII(1947), 219-250.
◎Costa, Manuel da, S.J. "The Last Years of a Confessor of the Faith, Father David Wolf." *Archivum Historicum Societatis Iesu,* XV(1946), 127-143.
◎Coulbeaux, Jean B. *Histoire Politique et Religieuse d'Abyssinie.* 3 vols. Paris, 1929.
◎——— "Éthiope(Église d')." *Dictionnaire de Théologie Catholique,* V, i, 922-969.
◎Crétineau-Joly, Jacques. *Histoire religieuse, politique et littéraire de la Compagnie de Jésus.* 6 vols. Paris, 1844-1846.
◎Curran, Francis X., S.J. *The Return of the Jesuits.* Chicago, 1966.
◎Cushner, Nicholas, S.J. *Philippine Jesuits in Exile. The Journals of Fran-*

Translated by F. J. Sheed. London, 1930.
◎Brodrick, James, S.J. *The Progress of the Jesuits.* London-New York, 1947.
◎——— *Robert Bellarmine. Saint and Scholar.* Westminster, Md., 1961.
◎Brou, Alexandre, S.J. A book review of *Histoire Politique et Religieuse d'Abyssinie* by J. B. Coulbeaux. *Archivum Historicum Societatis Iesu,* I (1932), 376.
◎——— "Le point final à la question des rites chinois." *Études* CCXLII (1940), 275-288.
◎Brucker, Joseph, S.J. *La Compagnie de Jésus. Esquisse de son Institut et de son Histoire.* Paris, 1919.
◎——— "Dechamps ou Agard de Champs, Étienne." *Dictionnaire de Théologie Catholique,* IV, i, 175-176.
◎Burnichon, Joseph, S.J. *La Compagnie de Jésus en France: 1814-1914.* 4 vols. Paris, 1914-1922.
◎Burns, Robert I., S.J. *The Jesuits and the Indian Wars of the Northwest.* New Haven, 1966.
◎Burrus, Ernest, S.J. "Pedro de Mercado and Mexican Jesuit Recruits." *Mid-America,* XXXVII(1955), 140-152.
◎Butler, B. Christopher, O. S. B. "The Role of Philosophy." *The Tablet* (London), CCXXII, No.6686(July 13, 1968), 692.
◎Campomanes, Pedro de. *Dictamen Fiscal de Expulsión de los Jesuitas de España(1766-1767).* Edited with Introduction and Notes by Jorge Cejudo and Teofanes Egido. Madrid, 1977.
◎Canisius, Peter, St. *Beati Petri Canisii Societatis Jesu epistulae et acta.* Collegit et adnotationibus illustravit O. Braunsberger, S.J. 8 vols. Freiburg im Breisgau, 1896-1923.
◎Cappon, Lester, editor. *The Adams- Jefferson Letters.* 2 vols. Chapel Hill, 1959.
◎Carr, Raymond. *Spain 1808-1939.* Oxford, 1966.
◎Caussade, Jean-Pierre, S.J. *Self-abandonment to Divine Providence.* Translated by Algar Thorold. Introduction by David Knowles. London, 1959.
◎Cerri, Urbano. *An Account of the State of the Roman-Catholick Religion*

◎Beccari, Camillo, S.J. editor. *Rerum Aethiopicarum Scriptores Occidentales Inediti.* 15 vols. Roma, 1907-1917.
◎Bednarski, Stanislaus, S.J. "Déclin et renaissance de l'enseignement des Jésuites en Pologne." *Archivum Historicum Societatis Iesu,* II(1933), 199-223.
◎Bireley, Robert, S.J. *Religion and Politics in the Age of the Counter-reformation. Emperor Ferdinand II, William Lamormaini, S.J. and the Formation of Imperial Policy.* Chapel Hill, 1981.
◎Bischoff. William N., S.J. *The Jesuits in Old Oregon.* Caldwell, Idaho, 1945.
◎Blet, Pierre, S.J. "Jésuites et libertés gallicanes en 1611." *Archivum Historicum Societatis Iesu,* XXIV(1955), 165-188.
◎——"Jésuites Gallicans au XVIIe siècle?" *Archivum Historicum Societatis Iesu,* XXIX(1960), 55-84.
◎Bober, Andreas, S.J. and Bednarz, Miecislaus, S.J. "Relatio de caedibus Patrum ac Fratrum, S.J. in Provincia Poloniae a P. Joanne Zuchowics, S.J. collecta A. D.. 1665(1648-1665)." *Archivum Historicum Societatis Iesu,* XXIX(1960), 329-380.
◎Bolton, Herbert E. "The Jesuits in New Spain." *The Catholic Historical Review,* XXI(1935), 257-282.
◎Borowy, W. "Polish Literature in the Eighteenth Century." *The Cambridge History of Poland from Augustus II to Pilsudski(1697-1935).* Cambridge(England), 1941, 177-194.
◎Bossy, John. *The English Catholic Community.* London, 1975.
◎Bouyer, Louis. *Liturgical Piety.* Notre Dame, Indiana, 1954.
◎Boxer, Charles R. *The Christian Century in Japan.* Berkeley, 1951.
◎——*The Golden Age of Brazil 1695-1750.* Berkeley, 1962.
◎——*A Great Luso-Brazilian Figure. Padre António Vieira, S.J. 1608-1697.* London, 1957.
◎——A book review of the *Gesammelte Studien* of Gerg Schurhammer, S.J. *Archivum Historicum Societatis Iesu,* XXXV(1966), 259-262.
◎Bremond, Henri. *Histoire littéraire du sentiment religieux en France depuis la fin des guerres de religion jusqu'à nos jours.* 12 vols. Paris, 1924-1936.
◎——*The Thundering Abbot. Armand de Rancé Reformer of La Trappe.*

文献表 I

このオリジナル文献表は注で実際に参照した著作・論文に限られている。

◎Abbott, Walter M., S.J. editor. *The Documents of Vatican II.* New York, 1966.

◎Alegre, Francisco Javier, S.J. *Historia de la Provincia de la Compañía de Jesús de Nueva España.* Edited by Ernest Burrus, S.J. and Félix Zubillaga, S.J. 4 vols. Rome, 1956-1960.

◎Amann, Émile. "Malabares (Rites)," *Dictionnaire de Théologie Catholique,* IX, ii, 1704-1745.

◎——— "Pazmany, Pierre," *Dictionnaire de Théologie Catholique,* XII, i, 97-100.

◎Ameal, João. *História de Portugal das Origens até 1940.* 5th ed., rev. Porto, 1962.

◎*Annales de la Propagation de la Foi,* X (1837), 101-103.

◎Anonymous. "Fr. John Bapst. A Sketch." *Woodstock Letters,* XVII (1888), 361-372.

◎Arrupe, Pedro, S.J. "Men for Others," in: id., *Justice with Faith Today, Selected Letters and Addresses,* II. St. Louis, 1980, 123-138.

◎Astráin, Antonio, S.J. *Historia de la Compañía de Jesús en la Asistencia de España.* 7 vols. Madrid, 1902-1925.

◎Aubert, Roger. *Le pontificat de Pie IX (1846-1878)*. Paris, 1952.

◎Bangert, William V., S.J. *To the Other Towns. A Life of Blessed Peter Favre, First Companion of St. Ignatius.* Westminster, Md., 1959.

◎——— "The Second Centenary of the Suppression of the Jesuits," *Thought,* XLVIII (1973), 165-188.

◎Basset, Bernard, S.J. *The English Jesuits. From Campion to Martindale.* New York, 1968.

◎Batllori, Miguel, S.J. *El Abate Viscardo. Historia y Mito de la Intervención de los Jesuitas en la Independencia de Hispanoamérica.* Caracas, 1953.

◎——— "La irrupción de Jesuitas españoles en la Italia dieciochesca." *Razon y Fe,* CXXVI (1942), 108-130.

◎Beales, A. C. F. *Education under Penalty.* London, 1963.

●著者紹介
ウィリアム・V・バンガート
（William V. Bangert）
1911-1985年。1932年イエズス会入会。1944年司祭叙階。フォーダム大学修士、ウェスト・カレッジS.T.L.。ニューヨーク・イエズス会神学院の他、米国各地でヨーロッパ史とイエズス会史を教える。著書に、*To the Other Towns: A Life of Blessed Peter Favre, First Companion of St. Ignatius*, Westminster MD 1959; *A Bibliographical Essay on the History of the Society of Jesus*, St. Louis MO 1976; *Claude Jay and Alfonso Salmeron: Two Early Jesuits*, Chicago IL 1985; *Jerome Nadal, S.J.: 1507-1580*, Chicago, IL 1992 ほか。

●「追補」執筆者
クラウス・シャッツ
（Klaus Schatz）
1938年ドイツ生。グレゴリアン大学卒、教会史博士。フランクフルト・ザンクト＝ゲオルゲン神学大学教授。著書に、*Zwischen Säkularisation und Zweitem Vatikanum*, Frankfurt 1986; *Kirchengeschichte der Neuzeit*, II, Düsseldorf 1989; *Der päpstliche Primat*, Würzburg 1990; *Vaticanum I*, 3 Bde., Paderborn 1992-1994 ほか。

●訳者（50音順）
岡安喜代（おかやす・きよ）
村井則夫（むらい・のりお）（「追補」翻訳）

●監修協力者（50音順）
高久充（たかく・みつる）
田淵文男（たぶち・ふみお）
中井允（なかい・まこと）
平林冬樹（ひらばやし・ふゆき）

●文庫版 監修協力者
浅野幸（あさの・みゆき）

●監修
上智大学中世思想研究所

本書は、『イエズス会の歴史』（原書房、二〇〇四年刊）の訳を改め、文献を補追したものです。

中公文庫

イエズス会《かい》の歴史《れきし》（上《じょう》）

2018年9月25日　初版発行

著　者　ウィリアム・バンガート
監　修　上智《じょうち》大学《だいがく》中世《ちゅうせい》思想《しそう》研究所《けんきゅうじょ》
発行者　松田陽三
発行所　中央公論新社
〒100-8152　東京都千代田区大手町1-7-1
電話　販売 03-5299-1730　編集 03-5299-1890
URL http://www.chuko.co.jp/

印　刷　三晃印刷
製　本　小泉製本

Published by CHUOKORON-SHINSHA, INC.
Printed in Japan　ISBN978-4-12-206643-4 C1114

中公文庫既刊より

各書目の下段の数字はISBNコードです。978－4－12が省略してあります。

S-15-1
完訳フロイス日本史①
将軍義輝の最期および自由都市堺
織田信長篇Ⅰ
ルイス・フロイス
松田毅一
川崎桃太 訳
信長秀吉から庶民まで西欧人が戦国期の日本を描き、現代語訳された初めての日本史。第一巻は信長前史と堺の殷賑を描く。毎日出版文化賞、菊池寛賞受賞。
203578-2

S-15-2
完訳フロイス日本史②
信長とフロイス
織田信長篇Ⅱ
ルイス・フロイス
松田毅一
川崎桃太 訳
フロイスの観察と描写は委曲をつくし、わけても信任厚かった信長の人間像は躍如としている。仏僧との激越な論争や、南蛮寺建立の顛末も興味深い。
203581-2

ア-8-1
告白Ⅰ
アウグスティヌス
山田晶 訳
幼年期の影響、青年期の放埒、習慣の強固さ……、不安におののく魂が光を見出すまで。初期キリスト教最大の教父による心揺さぶる自伝。〈解説〉松崎一平
205928-3

ア-8-2
告白Ⅱ
アウグスティヌス
山田晶 訳
衝動、肉欲、厳然たる原罪。今にのみ生きる人間の悲惨と悲哀。「とれ、よめ」の声をきっかけとして、劇的な回心を遂げる。西洋世界はこの書の上に築かれた。
205929-0

ア-8-3
告白Ⅲ
アウグスティヌス
山田晶 訳
アウグスティヌスは聖書をいかに読んだのか――西洋世界最大の愛読書を、最高の訳者が心血を注いだ名訳で送る。訳者解説および、人名・地名・事項索引収録。
205930-6

エ-5-1
痴愚神礼讃 ラテン語原典訳
エラスムス
沓掛良彦 訳
痴愚女神の自慢話から無惨にも浮かび上がる人間の愚行と狂気。それは現代人にも無縁ではない。エラスムスの奇跡的な明晰さを新鮮なラテン語原典訳で堪能されたい。
205876-7

タ-9-1
帝政論
ダンテ
小林公 訳
人間に平和、正義、自由をもたらす政体とは何か。教皇派、皇帝派入り乱れ抗争する状況の中、哲学、論理学を駆使して、霊的統治と世俗的統治の分離を行う。
206528-4